农业贸易研究

2016—2019

农业农村部农业贸易促进中心　编

中国农业出版社
北　京

图书在版编目（CIP）数据

农业贸易研究．2016—2019 / 农业农村部农业贸易促进中心编．—北京：中国农业出版社，2020.8
ISBN 978-7-109-27076-3

Ⅰ．①农…　Ⅱ．①农…　Ⅲ．①农产品贸易—国际贸易—中国—2016—2019—文集　Ⅳ．①F752.652-53

中国版本图书馆 CIP 数据核字（2020）第 127506 号

中国农业出版社出版
地址：北京市朝阳区麦子店街 18 号楼
邮编：100125
责任编辑：赵　刚
版式设计：杜　然　　责任校对：刘丽香
印刷：北京大汉方圆数字文化传媒有限公司
版次：2020 年 8 月第 1 版
印次：2020 年 8 月北京第 1 次印刷
发行：新华书店北京发行所
开本：720mm×960mm　1/16
印张：20.5
字数：376 千字
定价：68.00 元

《农业贸易研究（2016—2019）》

编 辑 委 员 会

新形势下构建我国农产品贸易新格局

（代序）

张陆彪

改革开放40年来，特别是加入WTO以来我国农业开放水平不断提高，统筹利用农业两个市场两种资源能力显著提升，农产品贸易发生了巨大变化，贸易规模快速增长，已成为全球第二大农产品贸易国，贸易总额已占全球农产品贸易额的6%。粮棉油糖等大宗农产品进口相当于10亿亩①耕地播种面积的产出，增加了国内有效供给、减缓了资源压力、满足了消费需求；蔬菜、水果、水产品等优势农产品出口对促进农业增值增效和农民就业增收发挥了重要作用。当前我国已进入工业化、城镇化和信息化快速推进、农业现代化加快发展、农业供给侧结构性改革处于关键阶段的重要历史时期，随着“一带一路”农业国际合作的不断深化和乡村振兴战略的全面实施，在中美贸易争端新形势下，农产品贸易面临着诸多挑战，必须站在新的历史方位和全球视角，构建顺应新时代要求的农业对外开放新格局。

一、农产品贸易取得巨大成就

改革开放促进了我国农产品贸易的快速发展，加快了农业市场化改革，推动了农业产业结构调整和产业升级，使我国农业比较优势得到了更好的发挥，增加了农产品有效供给，促进了农民就业增收。我国农产品贸易发展对促进农业持续稳定发展发挥了十分重要的积极作用。

（一）农产品国际贸易地位显著提升

改革开放前，我国农产品贸易规模小、增长慢、结构单一，与我国开展贸易往来的60多个贸易伙伴主要是东欧、亚非拉地区的社会主义国家和其他发展中国家。改革开放特别是加入WTO以来，我国农产品贸易快速发展。

① 亩为非法定计量单位，1亩≈667平方米，下同。

2001—2017 年农产品进出口贸易总额由 279.2 亿美元增至 2 013.9 亿美元，年均增长 13.1%。其中，进口额由 118.5 亿美元增至 1 258.6 亿美元，年均增长 15.9%；出口额由 160.7 亿美元增至 755.3 亿美元，年均增长 10.2%。根据 WTO 统计，1980 年我国农产品出口额占全球农产品出口额的 1.6%，居第 15 位，进口额占全球农产品进口额的 2.2%，居第 9 位；2001 年入世时我国农产品出口占全球的 3%，居第 11 位，进口占全球的 3.4%，居第 8 位；2016 年我国农产品出口占全球的 4.8%，居第 5 位，进口占全球的 9.7%，居第 2 位。2011—2015 年我国农产品进口额超过美国，成为全球最大农产品进口国，近年受汇率等因素影响略低于美国。

（二）农产品贸易结构明显优化

人多地少的资源禀赋状况决定了我国农业在土地密集型产品上缺乏优势，而在劳动密集型产品上具有较强的国际竞争力。改革开放以来，大豆、棉花等进口缓解了农业生产对资源和环境的压力，推动了农业结构战略性调整和区域布局优化进程；水产、蔬菜、水果等出口快速增长，拓宽了农民就业和增收渠道。同时，农产品贸易市场多元化格局逐步形成。对日本、韩国、中国香港等周边传统贸易伙伴的出口比重下降，对新兴贸易伙伴的出口比重有所提高。2001—2017 年对日韩农产品出口市场份额由高达 45.9%降至 19.7%，对东盟农产品出口市场份额则由 8.1%提高到 20.9%。农产品进口来源地也日益广泛，除传统欧美市场外，来自亚洲、大洋洲、南美洲和非洲地区的进口不断增加。2017 年我国农产品进口来源地多达 179 个国家和地区，进口额超 10 亿美元以上的超过 30 多个。

（三）农业贸易促进成效日益显现

通过农业国际展会、境外展示窗口、出口示范基地和品牌建设等方式，发挥出口促进农业产业整合和市场整合功能。打造国际农业“会展航母”，中国国际渔业博览会已成为水产行业全球最大贸易合作平台；组建国家展团推动农业企业“组团出海”，树立中国优势出口农产品整体形象；设立农产品境外展示窗口，在美国、韩国等主要出口市场宣传推介中国农产品。随着我国农业贸易促进能力和水平的提升，畜产品、水产品和园艺产品等劳动密集型农产品出口保持较快增长。水产品出口额由 1995 年的 32.9 亿美元增加到 2017 年的

211.5 亿美元，增长了 5.4 倍；蔬菜出口额由 1995 年的 21.8 亿美元增加到 2016 年的 155.2 亿美元，增长了 6.1 倍；水果出口额由 5.7 亿美元增长到 70.8 亿美元，增长 11.4 倍。

（四）国际贸易规则运用日臻成熟

作为 WTO 新成员和发展中农业大国，我国对 WTO 多哈回合农业谈判始终持积极和建设性态度，建立了专门的农业谈判机构和谈判机制，有效参与了谈判全过程，正式向 WTO 提交了“WTO 农业谈判中国提案”及“WTO 农业谈判中国立场”等文件，明确提出了中国参与谈判的基本立场与主张，为推动谈判达成共识发挥了重要作用。在推动多边贸易体制加快完善的同时，积极推动区域和双边自贸区建设，农产品市场进一步开放，大幅度提升了与有关国家和地区的贸易额和贸易便利化水平。同时有效运用贸易救济手段减少进口对国内产业的冲击，对欧盟马铃薯淀粉、美国白羽肉鸡和干玉米酒糟、巴西白羽肉鸡等农产品进口采取“双反”措施，对进口食糖实施保障措施。

二、农产品贸易发展成功经验

改革开放和加入世贸组织加快了我国融入世界经济的步伐，为农业利用两个市场两种资源提供了稳定的外部环境。农业在大幅开放市场的同时，采取了一系列坚定有力的政策措施，抓住机遇，积极应对挑战；经受了入世过渡期、粮食危机、金融危机等多重重大考验，总体保持了持续稳定和较快增长。

（一）抓住入世机遇，推进贸易自由化

入世在带来竞争压力的同时，也为我国农业在更大范围内优化资源配置提供了机遇和可能。入世谈判期间中国农产品平均关税由 1992 年的 46.6%降到 1999 年的 21.2%，入世后最终削减到 15.2%，仅为世界平均的 1/4，降幅达 72%，是发达国家在乌拉圭回合中 36%降幅的两倍，是发展中国家 24%降幅的三倍，成为世界上关税水平最低和贸易自由化程度最高的国家之一。我国还承诺取消所有非关税措施和行政指导，将农产品完全关税化管理。同时加快实施自由贸易区战略，在 WTO 承诺基础上进一步开放市场。目前我国已与 25 个国家和地区达成了 17 个自贸协定，正与 27 国进行 12 个自贸协定谈判或升级谈判，农业对外开放水平将进一步提升。

(二) 做好两个统筹，推动贸易全球化

随着经济全球化和区域经济一体化不断深入，资源和生产要素在国际间的流动重组进一步加快，世界农业融合度不断提高。准确把握世界农业发展和国际农产品市场变化趋势，充分发挥农业比较优势，科学统筹农产品进出口与保障供给、农民增收和产业安全，利用好两个市场两种资源，克服农业发展瓶颈和制约，成为实现农业贸易持续健康发展的重要任务。入世以来，我国农业逐步改变了千百年来自给自足的发展模式，通过贸易在全球范围内配置资源，提高资源配置效率。大豆、棉花等农产品进口在增加供给、减缓资源压力的同时，能够更好地利用有限的资源来重点发展粮食生产，确保饭碗牢牢端在自己手里。出口劳动密集型产品则用较少土地和水资源实现农业增值增效，有效促进主产区农民就业增收。

(三) 创新贸易双轮驱动模式，推进贸易投资一体化

经济全球化背景下的农业国际贸易需要在更大范围配置生产、加工、市场等资源，农业对外投资所生产的农产品已成为国际贸易的重要来源。“一带一路”农业国际合作和农业“走出去”步伐的加快有力推动了农业贸易投资一体化进程，贸易带动投资与投资推动贸易的良性互动格局基本形成。在“一带一路”等框架下打通农产品贸易双向快速通道，投资生产、运输、仓储等农产品贸易基础设施一体化建设，一批境外渔业生产、粮食及大豆等经济作物生产和加工基地、农场、养殖场先后建成，带动了农业技术、设备和劳务输出，提升了贸易便利化水平，扩大了贸易规模，拓展了贸易范围。2016 年我国农业对外直接投资流量 32.9 亿美元，农业累计对外投资总额 157.6 亿美元，在境外 107 个国家和地区设立企业 863 家；农业领域吸引外商直接投资 18.98 亿美元，累计外资流入量 216.4 亿美元。

(四) 建立开放保护机制，推动贸易救济常态化

在开放与竞争中运用 WTO 规则加强对农业的合理保护是各国特别是发达国家的通行做法，是确保我国粮食安全和农业稳定发展的必然要求。我国人均农业资源不足，农业经营规模小，与主要出口国相比存在难以消除的竞争力差距，开放条件下加强对受冲击产业的合理保护尤为重要。一是加强农业产业损害监测预警。全国农业产业损害监测预警体系自 2007 年启动以来已建成覆盖

23个省区、26个省级项目单位的工作网络，监测9大类21种重点产品，为农产品贸易促进和农业产业保护提供了良好的技术支撑。二是开展贸易救济立案调查和贸易摩擦应对工作。贸易救济包含反倾销、反补贴及保障措施，是在产业受到进口损害时为国内产业发展保驾护航的国际通行做法。我国甘蔗种植面积受食糖过度进口影响，2013—2016年减少了近500万亩，严重影响了数千万农民生计和就业。2017年食糖保障措施的启动，扭转了“甜蜜事业苦不堪言”的局面，国内食糖种植、加工、流通等全产业形势好转、市场运行平稳、农民收入增加。

三、新形势下农业贸易发展新格局

在国际农产品市场不确定性加剧和中美经贸摩擦升级新形势下，我国农产品贸易面对农产品生产成本上升、国际竞争力下降、贸易政策调控手段和空间不足、部分农产品进口过度等诸多挑战，必须顺应乡村振兴战略实施的新形势新要求，深入推进农业供给侧结构性改革，构建农产品贸易新格局。

（一）统筹实施国家粮食安全新战略

“适度进口”作为国家粮食安全新战略的重要方面和关键环节，必须要有有效的政策手段把握进口时机和节奏，确保进口规模适度适当，做到既保证国内粮食基本供给能力不受冲击和削弱、实现产业安全和稳步发展，又弥补国内供给不足。同时要积极稳妥推动优势产品和农业企业走出去利用全球市场和资源平衡国内供需。在多双边农业谈判中，坚持“有守有攻”“有放有收”“有进有出”原则，以精准化底线思维坚守三大主粮及棉糖油胶红线不被挑战，同时对国内水土资源压力较大的资源密集型农产品采取积极主动和平衡适度的开放战略，全面提高统筹利用两个市场两种资源能力，为推进中国特色农业现代化建设和农业供给侧结构性改革提供基础支撑。

（二）探索建立农业支持保护新机制

尽管目前我国三大主粮补贴政策受到美国的质疑和挑战，但我国农业补贴总体水平和人均水平仍然较低，当前重点是整合现有农业补贴政策资金，探索建立符合国情的粮食生产功能区、重要农产品生产保护区和特色农产品优势区建设的支持政策，提高政策的精准性、协调性和系统性。针对部分农业产业在开放中受到损害不断加深的情况，在做好产业损害预警、产业安全研究等工作基础上，推动完善贸易救济工作，探索建立贸易救济刚性触发机制和产业损害补偿机制，制定贸易救济刚性触发价格标准和数量标准，出台产业损害认定标准和实施细则，减轻过度进口对国内产业和农民的损害，切实维护产业安全和农民利益。

（三）积极开拓农产品贸易新空间

中美贸易摩擦警示我们，进出口市场高度集中可能引发较大市场风险，必须加强农产品贸易战略规划和布局，不断改善贸易环境，拓展贸易渠道，提升贸易水平，推进农产品进出口市场多元化。目前全球尚有 35 亿公顷宜耕地未利用，为全球现有 16 亿公顷耕地面积的 2.2 倍，大部分集中在非洲、南美洲、中亚和中东欧，为农产品进口来源地多元化提供了有力保障；同时新兴市场与发展中国家人口和收入水平快速增长也成为我国农产品出口市场多元化和出口规模扩大的潜在动力。坚持市场导向和企业自主决策原则下，务实稳步推动农业“走出去”，特别要加大对加工、物流、仓储、码头等海外农业投资关键领域的政策支持，培育具有国际竞争力的大粮商和农业企业集团。推动金砖、G20 和 APEC 等区域农业贸易便利化，深化与“一带一路”沿线国家和地区农产品经贸关系，分散进出口市场高度集中可能产生的风险。

（四）努力打造农业贸易促进新平台

要建立健全我国农业贸易促进体系，构建农业贸易部际和部内联席会议机制，加强农产品对外营销促销公共服务。整合境外农业展会组建国家展团，加强对农产品国际营销促销的支持力度，加快实施特色优势农产品出口提升行动，扩大茶叶、水果、蔬菜、水产品等高附加值的优势农产品出口，鼓励企业申请国际认证认可、参与国际知名展会，形成出口促进“一盘棋”。

目　　录

农业供给侧改革必须统筹好两个市场两种资源

立足国内确保农产品特别是粮食基本供给，同时更加充分有效利用国际市场和资源，既是我国农业发展现实的必然，也是农业发展理性选择的必然。近年来，在粮食生产连年丰收的同时，我国农产品呈现全面净进口，进口增长迅速，进口过度问题突出，给国内农业产业发展带来了越来越大的挑战。2016年的中央1号文件明确提出，要“统筹用好国际国内两个市场、两种资源”“加快形成农业对外贸易与国内农业发展相互促进的政策体系，实现补充国内市场需求、促进结构调整、保护国内产业和农民利益的有机统一”。我国应结合当前农业实际和面临的突出问题，切实把文件要求贯彻到农业供给侧结构性改革和对农产品进出口的调控中，确保进口适度适当可靠。

一、当前农产品过剩和卖难问题与进口过度密切相关

我国大宗农产品库存大量积压，各类粮油仓储企业储存的粮食数量之大前所未有，储存在露天和简易存储设施中的国家政策性粮食数量之多前所未有。棉花、食糖、菜籽油和奶粉库存积压都比较严重。这是当前我国农业发展面临的最突出问题。

与以往不同，此次大宗农产品库存积压和“卖粮难”是在国内产需存在缺口、国内生产总量没有超过需求总量的背景下发生的。造成这一问题最重要的原因是进口过度，即超过正常产需缺口之上的“非必需进口”大量增加。2012—2014年我国粮食产需缺口每年在5 000万吨左右，而同期粮食净进口分别为8 043万吨、8 837万吨、10 429万吨，3年累计过度进口1亿多吨。棉花和

食糖常年产需缺口在 200 万吨左右，但 2011—2014 年累计进口棉花和食糖分别为 1 616 万吨和 1 470 万吨，超出正常产需缺口之上的进口为 800 万吨和 670 万吨。油籽和乳制品也存在进口过度问题。近年来收储加工的菜籽油大部分积压在库。2014 年乳制品进口折合鲜奶 1 000 多万吨，占国内原奶产量的 1/4。

2015 年，过度进口问题继续加剧。考虑可释放库存，就总量而言，2015 年我国粮食供需基本不存在缺口，但全年进口 1.25 亿吨。其中谷物进口 3 272 万吨，占粮食总进口量的 26%；谷物中高粱、大麦进口 2 143 万吨。大豆进口 8 169 万吨，占粮食进口总量的 66%。木薯进口 938 万吨。另外，玉米酒糟（DDGs）进口 682 万吨，如将其纳入粮食范畴，粮食进口量达 1.3 亿吨。综合考虑品种调剂需要和具体产品存在的硬缺口以及粮食产品间的替代性，估计进口中有一半以上为非必需进口，即过度进口。在高库存水平下，2015 年食糖进口 485 万吨，增长 39%，占国内生产量的 46%。棉花进口 176 万吨，下降 34%；但作为棉花替代性产品的棉纱进口 235 万吨，增长 17%；棉花棉纱合计进口 411 万吨，占国内生产量的 70%以上。

当然，大宗农产品生产过剩具有结构性特征，在玉米大量过剩的同时，大豆产需缺口巨大。但大豆产需缺口的形成本身也有过度进口影响和作用的因素。大豆进口不仅占据了全部大豆需求新增市场，抑制了国内生产在资源承载能力以内的应有增长，而且挤占了国内生产既有份额。受入世后市场开放影响，尽管实施了大豆振兴计划，我国大豆生产仍徘徊下滑，由最高 1 800 万吨减少到目前的 1 200 万吨，大豆自给率不足 20%。总的来看，此次农产品过剩问题的本质很大程度上主要是进口过度问题。

由于我国农产品进口主要来自于美国、澳大利亚、巴西、阿根廷等农业竞争力强的国家，其增产和出口潜力很大。如不能有效控制“非必需进口”，当前农业产业面临的问题难以根本缓解。

二、进口过度的根本原因是农业基础竞争力先天不足、保护调控手段后天缺乏、国际市场价格波动下行

过度进口的直接原因是内外价差扩大，而价差问题的本质是成本问题，根源在于我国基础竞争力先天不足。这是基础性因素。农业特别是大宗农产品是高度依赖自然资源的产业，土地经营规模决定了农业的基础竞争力。我国大宗农产品进入了成本快速上涨时期，生产成本与瑞士日韩的水平日趋接近，与美加澳等主要出口国的差距不断拉大。入世前我国农产品生产成本均低于美国，而到 2013 年我国稻谷、小麦、玉米、大豆每 50 千克生产总成本比美国高

38%、31%、91%、79%，其中人工成本高 7～20 倍，土地成本高 10%～96%。尽管通过适度规模经营、社会化服务、科技进步等措施提高我国农业竞争力仍有余地，但从整体看，我国大宗农产品基础竞争力先天不足，与主要出口国的差距短期内难以根本改变。基于成本之上的国内大宗农产品市场均衡价格与国际市场价格差距扩大的趋势不可逆转。

就贸易而言，对进口动力有实质性影响的是国内价格与进口税后价之间的差距。我国农业在入世过程做出了重大承诺，农产品关税仅为世界平均水平的 1/4。由于缺乏欧盟、日本、韩国等具有的高关税（农产品最高关税分别达 408%、1 076%和 887%）保护和调控手段，我国大宗农产品国内均衡价格不仅高于国际市场价格，而且也高于进口税后价格，这是造成“非必需进口”不断增加的政策性因素。我国对三大主粮、棉花和食糖实行关税配额管理。目前水稻、小麦国内价格还没有超过配额外进口税后价，玉米在特定时段国内价格已高于配额外进口税后价，棉糖国内价高于配额外进口税后价已成常态。其他粮食产品、植物油和油籽以及肉奶产品实行单一关税，国内价格均已高于进口税后价。由于产品间具有替代性，进口带来的影响更为广泛复杂。国内市场均衡价格高于国际市场价格，特别是高于进口税后价格所带来的挑战，即成本决定的地板价高于天花板价格所带来的挑战，是未来国内农业产业发展需要破解的一大难题。

值得关注的是，在多双边贸易谈判中，目前我国有限的关税政策和国内支持政策空间面临进一步减让的巨大压力。在 WTO 多哈回合 15 年谈判中，主要出口成员一直要求中国在入世基础上作进一步实质性减让，尽管经过艰苦不懈的努力，争取达成了比较平衡有利于我国少减免减的《框架协议》和《主席案文》，但能否守住这些谈判成果仍非易事。2013 年 WTO 巴厘岛部长会议议题之一涉及要求中国改变现行关税配额管理制度，使中国一度成为谈判的焦点。2015 年 WTO 内罗毕部长会议之前的谈判中许多成员的提案要求中国进一步削减 8.5%国内支持微量许可水平、削减重要农产品关税水平，被我国成功抵制。在中澳自贸区谈判中，对方始终坚持农产品全面零关税的主张，经过 10 年谈判我国才保持了粮棉油糖重要农产品系统例外，不做进一步减让。

除了基础性因素和政策性因素外，国际市场波动趋低是内外价差问题加剧、进口过度的周期性因素。需要注意的是，2008 年以来世界粮食生产能力得到了较大的提高，但需求增长因生物质能源发展放缓而减缓，预计未来 5 年国际农产品市场价格将继续保持低位。人民币升值对内外价差的扩大也有很大的影响，但在贸易整体顺差形势下，人民币缺乏持续贬值的基础。

内外价差扩大本质上是成本差距的扩大，与国内价格支持政策没有必然联系。最低保护价收购、临时收储这类价格支持政策是美欧西方国家普遍使用的政策，其运用有相当长的历史，与市场经济和发挥市场决定性作用并不矛盾。我国的最低保护价和临时收储价是根据国内“生产成本加合理利润”或“生产成本加基本收益”的原则确定的，实际上是保障农民种粮务农基本收益的托底价。但是在开放条件下，如果没有与内外成本差距相适应的关税政策来配套，基于顺价销售的最低保护价和临时收储价政策是不可持续的。

三、供给侧改革必须着力统筹，确保进口适度适当可靠

我国农产品贸易达到了相当大的规模，进口不再是限于品种调剂和余缺调节，而是供给的重要来源。2014 年，按播种面积当量计算，粮棉油糖、肉类和乳制品净进口相当于 9 亿亩播种面积的产出，相当于国内作物总播种面积的 36%。2015 年粮食净进口 1.3 亿吨（含玉米酒糟），占我国粮食总量的 1/5。农业供给侧改革不能不考虑进口这一因素，无论是总量平衡、结构调整还是提升供给侧效益，都必须考虑进口的影响和作用，必须着力两个市场两种资源的统筹，确保进口适度适当可靠、与国内生产和农民增收需要相协调。

（一）要建立和完善与生产、需求、进口三元平衡相适应的调控体制机制，切实保障大宗农产品进出口与国内生产、农民就业增收相协调

要在综合考虑保障基本供给、确保农民就业增收、适应资源环境承载能力、满足气候生态多样性和合理农作制度需要 4 方面因素的基础上，确定大宗农产品生产目标，把粮食稳产作为“十三五”农业发展重要任务。要在准确把握需求的基础上，确定进口的合理规模和调控目标，明确调控职能部门和职责。

（二）构建开放型农业支持和农产品价格政策体系，确保国内农业产业健康稳定

要保障农民种粮有收益有积极性，要保证生产的农产品在市场上具有价格竞争力。在缺乏欧盟、日本、韩国那样的高关税保护的情况下，加强我国财政支农力度具有更为重要的意义。要在练好内功的同时，从我国大宗农产品基础竞争力实际出发，从国内生产成本与世界主要出口国差距扩大的趋势出发，进一步加大对农业特别是粮食的支持力度，有效降低或弥补生产成本，确保国内生产的产品与进口产品在公平的基础上竞争。要完善农产品价格支持政策，在继续目标价格政策试点的同时，探索采取“稳定一头、放开一端”的思路调整

最低保护价收购和临时收储政策。在适当完善的基础上继续对三大主粮进行最低保护价和临储价收购，以保障种粮收益；引入竞争机制适度扩大收储企业范围，放开收储企业收储粮销售；财政对收储企业进行价差补贴或市场价格损失保险补贴。

（三）加强进口调控，健全贸易救济机制，确保进口适度适当

贸易救济措施是指反倾销、反补贴和保障措施。采取贸易救济措施就是在产业受到损害和损害威胁时，通过征收额外附加关税或实行临时进口数量限制，来有效调控进口。这是 WTO 规则赋予的权利，是保障国内产业安全的法定手段。应坚持“两反一保”条例立法宗旨，更加积极地利用贸易救济措施手段。

针对当前贸易救济措施、特别是保障措施立案缺乏裁定所需的客观定量标准，而且容易引起受影响国家的误解和争议，应研究建立重要农产品贸易救济立案刚性触发机制。明确重要农产品基础进口数量，明确贸易救济特别是保障措施立案的进口增幅触发标准。立案标准触发后，即根据“两反一保”条例的规定和要求启动贸易救济措施程序，对不是在短缺情况下发生的进口过度和增长过快采取措施。由于粮食产品间具有很强的替代性，应研究建立基于粮食进口总量增加幅度和三大主粮各自进口量增加幅度之上的刚性触发机制。

贸易救济立案刚性触发机制应以公开、透明、明确且符合 WTO 规则的方式实施。这一机制的建立有利于在进口过度和进口增长过快情况下，及时立案以启动贸易救济（特别是保障措施）程序、控制进口；有利于将贸易救济立案置于公开、客观、明确的数量标准之上并限于防止和减缓产业损害之需要，从而避免引起不必要的多双边争议；同时还有利于给国际贸易商一个可预见、稳定的、可持续的预期（这是许多贸易商所希望和关注的）。

（四）扩大优势农产品出口，推进农业走出去和市场多元化战略实施，确保进口来源和渠道可靠

要加大对优势农产品出口促进的支持力度，着力提升优势农产品国际竞争力，充分发挥农产品出口增值增效作用，提升更大范围配置资源的能力和效率。要积极推进战略性农业国际合作，结合一带一路倡议，务实稳步推动农业走出去，推进进口市场多元化。要把推进走出去与推进市场多元化战略有机结合，提高走出去目标国家和区域生产及进出口能力，促进建立多元稳定可靠的进口渠道，减少进口依存度提高带来的风险。

（倪洪兴、徐宏源、吕向东、马建蕾，2016 年第 2 期）

开放视角下的我国农业供给侧结构性改革

党的十九大提出要深化供给侧结构性改革、实施乡村振兴战略、推动形成全面开放新格局，这为今后我国农业改革发展指明了方向，为推进农业供给侧结构性改革提供了基本遵循。入世以来，我国农业高度开放，与世界的关联度不断提高，国际国内两个市场相互作用不断加深。推动农业供给侧结构性改革，不论是总量平衡还是结构调整，不论是农业增效还是农民增收，不论是业态创新还是发展动能换挡，都不能不考虑国际市场的因素，不能不考虑世界农业和国外农业政策变化带来的影响。农业供给侧改革必须坚持开放发展理念，在全球视野下来谋划、在国际竞争中求发展、在统筹两个市场中保稳定保增长。

一、开放视角下我国农业供给侧的阶段性特征

（一）进口已成为供给重要组成部分，农产品总量平衡由产需两元均衡转变为产需与进口三元均衡

入世以来，我国农业快速、全面、深度融入到世界农业经济体系中，农业利用国外市场和资源已达到相当的规模和水平，国内农业受世界农业和国际农产品市场的影响巨大。

一是农产品贸易持续快速增长。农产品贸易是利用国外市场和资源最主要最重要的渠道和形式。2001—2014 年，我国农产品贸易总额由 279 亿美元增长到 1 945 亿美元，年增 16%；其中，进口额由 118 亿美元增长到 1 225 亿美元，年增 20%，每 3.5 年进口额翻番；出口额由 161 亿美元增长到 720 亿美元，年增 12%。2015 年和 2016 年，受国际农产品价格下行影响，贸易额略降但仍保持在较大规模（表 1）。2011 年开始我国超过美国成为最大农产品进口国，目前农产品进口额已占世界农产品贸易额 1/10 以上。

二是大宗农产品呈现全面净进口。我国农产品净进口范围已由入世初期的大麦、大豆、植物油等部分产品，到 2011 年扩大至粮棉油糖以及肉类和乳制品所有大宗农产品。自 2004 年农产品贸易由顺差转为逆差以来，逆差不断扩

大，2014 年最高达 506 亿美元，近两年因国际市场农产品价格下跌，逆差略有下降，但仍保持在 380 亿美元以上的规模。

表 1　1995—2016 年我国农产品贸易额

单位：亿美元

年份	进出口总额	出口额	进口额	贸易平衡
1995	268.7	146.9	121.8	25.0
2000	269.4	156.8	112.6	44.2
2001	279.0	160.5	118.5	42.0
2002	306.1	181.3	124.7	56.6
2003	403.8	214.1	189.7	24.4
2004	514.5	233.6	280.9	−47.2
2005	563.4	275.5	287.9	−12.4
2006	635.5	313.8	321.7	−7.8
2007	781.8	369.9	412.0	−42.1
2008	992.4	404.7	587.7	−183.0
2009	922.4	395.4	527.0	−131.6
2010	1 219.3	493.7	725.5	−231.8
2011	1 555.9	607.2	948.7	−341.5
2012	1 757.3	632.5	1 124.8	−492.3
2013	1 866.9	678.3	1 188.7	−510.4
2014	1 945.0	719.6	1 225.4	−505.8
2015	1 875.6	706.8	1 168.8	−462.0
2016	1 845.6	729.9	1 115.7	−385.8

数据来源：中国海关数据库。

三是国内农业与世界的融合度达到了相当高水平。2016 年我国农产品贸易额相当于当年农业增加值的 19.4%。其中进口额相当于农业增加值的 11.7%，出口额约为农业增加值的 7.7%。按播种面积当量计算，全年粮棉油糖肉奶进口相当于 10 亿亩以上耕地播种面积的产出，进口播种面积当量占国内作物总播种面积超过 40%，其中 2015 年净进口增加量就相当于 1 亿亩播种面积的产出（表 2）。按照国内粮食口径，将大豆和薯类进口计入粮食范畴，2015 年我国粮食[①]进口 1.3 亿吨，2016 在强化调控的情况下粮食进口量仍达到 1.17 亿吨，占国内粮食产量约 1/5。就具体产品进口量与国内产量的相对

① 包括谷物、大豆、干豆、玉米酒糟和干木薯。

关系而言，2016 年我国大豆进口 8 391 万吨，是国内产量的 6.5 倍；棉花和棉纱进口 321 万吨，进口量相当于国内产量的 61%；食糖进口 307 万吨，约为国内产量的 1/3；乳制品进口 218 万吨，折合鲜奶 1 364 万吨，约为国内产量的 38%（表 3）。农产品贸易已不再限于“余缺调剂”和“品种调剂”，而成为供给的重要组成部分。农产品总量平衡不再是产需二元平衡，而是生产、需求和进口三元之间的平衡。

表 2 “十二五”期间我国主要农产品净进口量折耕地面积

单位：亿亩

年份	2011	2012	2013	2014	2015
播种面积当量	7.1	8.4	8.6	9.2	10.5

数据来源：根据中国海关统计进口数据计算而得。

表 3 近 5 年主要农产品产量与进口量表

单位：万吨

年份		2011	2012	2013	2014	2015	2016
粮食	进口量	6 543	8 245	9 033	10 576	13 150	11 680
	产量	57 121	58 958	60 194	60 703	62 144	61 624
大豆	进口量	5 263	5 838	6 340	7 140	8 174	8 323
	产量	1 449	1 301	1 195	1 215	1 179	1 294
棉花	进口量（棉花棉纱合计）	447	694	660	468	410	321
	产量	660	684	630	618	560	534
油菜籽	进口量	126	293	366	508	447	357
	产量	1 343	1 401	1 446	1 477	1 493	1 400
食糖	进口量	292	375	455	349	485	307
	产量	1 045	1 152	1 307	1 332	1 056	870
乳制品	进口量	91	115	159	194	179	218
	进口量折鲜奶*	741	902	1 214	1 397	1 168	1 364
	产量	3 658	3 744	3 531	3 725	3 755	3 602

* 乳制品中奶粉按 1∶8.56 折合，乳清粉按 1∶8.8 折合，鲜奶按 1∶1 折合，其他乳品按 1∶6.85 折合。

（二）农业基础竞争力不足显性化，大宗农产品生产成本在国际比较中发生逆转

农业是高度依赖自然资源的产业，土地规模决定了种植业基础竞争力，进

而决定了养殖业的基础竞争力。我国农业户均规模只有0.5公顷，农业经营规模大体相当于日本的1/6、欧盟的1/30和美国的1/340。劳动力转移需要历史的耐心，即使到2050年我国农村人口减少至3亿~4亿，农业户均经营规模也只有1公顷左右，与美、加、澳、巴西等主要出口国的生产规模无法相提并论。我国农业生产规模小不仅受制于人均农业资源，还受制于自然条件，云南、贵州和广西等一些地方的农田很难进行大规模耕作。近年来，随着劳动力、土地、环境保护、质量安全成本的显性化和不断提高，由经营规模决定我国农业基础竞争力不足的问题日益凸显，我国大宗农产品生产成本与瑞士、日本和韩国的水平日趋接近，与美国、加拿大和澳大利亚等主要出口国的差距不断拉大。这是我国经济发展阶段变化带来的必然结果。

美国是世界上最大的大宗农产品出口国，其生产成本很大程度上决定着国际大宗农产品的价格，中美农业生产成本的比较具有典型意义。入世时我国主要农产品成本普遍低于美国，但近年发生逆转。2006年我国稻谷和小麦每50千克生产成本分别比美国低35.6%、42.7%，玉米和大豆生产成本与美国基本持平；到2016年我国每50千克稻谷、小麦、玉米和大豆生产成本比美国高38.5%、68.5%、123.8%和161.8%（表4）。2016年我国玉米、棉花和大豆的成本分别为每吨2 142.4元、18 726.8元和5 507.2元，而美国为957.1元、11 103.2元和2 104.1元，我国均大幅高于美国。

表4　中美主要农产品百斤*成本对比

单位：元

年份		2006	2007	2008	2009	2010	2011	2012	2013	2014	2015	2016
稻谷	美	89.9	81.7	89.8	85.8	87.5	92.9	87.9	87.5	86.2	82.3	88.3
	中	58.0	60.3	70.2	72.4	84.0	95.2	108.7	120.3	119.8	120.5	122.3
小麦	美	95.6	87.7	89.0	89.9	71.0	89.3	79.9	91.2	96.3	88.6	72.1
	中	55.5	58.8	62.2	73.0	81.6	89.2	105.6	119.5	110.5	114.4	121.5
玉米	美	46.6	46.5	51.2	47.1	49.9	55.1	68.8	52.8	49.0	49.7	47.9
	中	46.9	51.7	55.6	62.2	67.9	78.9	91.6	101.1	103.9	107.6	107.1
大豆	美	88.0	104.0	115.9	96.1	100.9	108.8	121.3	123.8	112.2	113.7	105.2
	中	100.3	129.4	121.8	143.4	142.4	163.4	193.4	222.4	228.2	238.9	275.4
棉花	美	595.7	485.1	630.8	720.7	582.5	939.1	724.7	825.2	703.1	531.2	555.2
	中	437.7	467.4	530.7	522.3	710.3	799.9	900.4	1 035.9	953.7	996.4	936.3

*斤为非法定计量单位，1斤=500克，下同。

数据来源：历年《全国农产品成本收益资料汇编》。

从具体构成分析，我国生产成本高于美国主要是因为劳动力成本和土地成本高。2016 年，我国每 50 千克玉米生产总成本比美国高 59.3 元、1.2 倍，其中土地成本和人工成本高 57.8 元，占高出部分的 97.5%；大豆高 170.2 元、1.6 倍，其中土地成本和人工成本高 158.4 元，是高出部分的 93%（表 5）。我国畜产品成本高很大程度上主要是因为饲料成本高（2015 年我国每 50 千克生猪饲料成本比美国高 96.5 元），归根结底还是因为农业总劳动力投入成本和土地成本高。当然还有消费偏好的问题，欧美等西方国家饮食传统中基本不吃动物杂碎，猪杂和牛杂等缺少市场，因而价格极低。

表 5 中美主要农产品百斤劳动成本和土地成本对比

单位：元

项目			2010	2011	2012	2013	2014	2015	2016
大豆	劳动成本	中	38.9	46.6	60.5	72.8	75.5	77.8	90.7
		美	5.2	5.3	5.4	5.5	5.0	5.3	5.0
	土地成本	中	50.9	59.1	66.8	79.9	86.2	93.1	107.7
		美	33.5	36.8	38.1	40.8	37.4	38.7	35.0
玉米	劳动成本	中	26.0	31.3	40.4	46.7	47.5	47.9	47.7
		美	2.6	2.6	2.8	2.1	2.0	2.1	2.2
	土地成本	中	15.1	17.0	18.4	20.2	22.5	24.4	24.8
		美	11.7	12.6	16.3	13.1	12.5	13.2	12.5
小麦	劳动成本	中	24.2	29.0	38.1	45.9	42.6	43.3	45.7
		美	5.0	5.8	5.0	5.7	6.0	5.9	5.1
	土地成本	中	16.4	16.6	18.6	20.6	21.2	23.7	25.5
		美	12.9	16.3	15.2	18.6	19.9	18.9	15.1
稻谷	劳动成本	中	29.8	35.3	44.6	51.9	51.6	51.6	51.1
		美	6.9	6.7	6.3	6.2	6.0	8.2	9.4
	土地成本	中	15.8	17.2	18.3	20.5	21.2	21.8	22.9
		美	15.6	17.1	17.2	18.2	17.1	13.2	14.0
棉花	劳动成本	中	470.3	510.7	639.5	770.5	718.0	747.5	707.1
		美	39.7	58.6	45.1	51.6	44.1	45.0	49.8
	土地成本	中	113.5	117.3	124.3	143.0	140.1	151.0	153.3
		美	67.4	106.5	85.1	101.6	88.4	61.5	64.3

数据来源：根据历年《全国农产品成本收益资料汇编》数据计算而得。

土地租金和劳动成本实际上转化成了农民收入，这是支撑我国农民生计的重要来源。因此，中美大宗农产品生产成本差异本质是两国农业所负担的生计成本存在差异，即我国大宗农产品生产成本高主要是支撑农业人口的生计成本高。据 FAO 数据，我国每公顷耕地要支撑的农业人口约 5 人、美国为 0.014 人、欧盟为 0.1 人，日本为 0.6 人，按照我国统计的农村人均收入以及世行人均国民收入数据计算，中美欧日每公顷需要负担的生计成本分别为 50 000 元、5 000 元、22 000 元、156 000 元，中国是美国的 10 倍。此外，我国农村社会保障体系建设起步晚，农业多功能特性显著，承担着粮食安全、社会保障、环境保护及农村发展等多种非商品功能，上述功能的实现是以牺牲效率为代价的，一定程度上也削弱了我国农业的竞争力。

当然，从单个劳动力成本比较看，我国的劳动力价格仍远低于美国，我国在蔬菜、小宗特色产品等劳动密集型农产品生产方面仍将保有比较优势和竞争力。2016 年蔬菜、水果、水产品出口额分别为 147 亿美元、72 亿美元和 207 亿美元，净出口额分别为 142 亿美元、14 亿美元和 114 亿美元；出口量分别为 1 011 万吨、516 万吨和 424 万吨，相当于国内产量的 1.3%、1.8%和 6.1%。随着生产成本的上涨，这些产品出口优势也呈下降的趋势，特别是水果贸易顺差由 2008 年的 30 亿美元下降到 2016 年的 14 亿美元。

虽然我国在劳动力密集型产品上有一定比较优势，且通过适度规模经营、社会化服务、科技进步等措施提高农业竞争力有一定余地，但整体看我国农业特别是大宗农产品产业与世界主要出口国间的基础竞争力差距巨大并难以改变，而且随着我国居民收入水平提高和农业劳动力机会成本的上升将进一步扩大。

（三）农业政策选择受到的外部约束日趋增强，多年行之有效的价格支持政策面临两难困境

一是关税政策受入世承诺的约束增强，关税水平与我国基础竞争力差距不相匹配。在缺乏基础竞争力的情况下，最有效、也是最为普遍的做法是加强对农业的关税保护，通过征收必要的关税确保进口产品在公平的价格基础上与国产产品进行竞争。日本之所以能够在生产成本远远高于主要出口国的情况下，维持国内大米价格是国际价格 8 倍以上的水平，就是因为日本征收了 800%～1 000%的关税（从量税）。日本对需要保护的农产品关税都很高，大米和食糖等 5 大“神圣产品”不仅在 WTO 框架下维持了高关税和有限的市场准入，在一般自贸区中基本不做减让，即使在 TPP 谈判中也只做了象征性的承诺。大米关税未做任何削减，仅分别给美国、澳大利亚 7 万吨和 0.84 万吨的国别配额，对作为大米出口大国的越南未做任何开放承诺。小麦仍保持现行关税，仅

对美国、澳大利亚和加拿大设置了少量的国别配额；牛肉关税仅部分减让，税率在 16 年间由 38.5%降至 9%，且辅以特别保障措施。乳制品主要采取保留从价税、逐步削减从量税、增设配额的方式，其中奶粉的配额量折原奶数量总计约 8.6 万吨。食糖仍维持现行进口管理制度，新增配额仅 0.05 万吨。

目前世界农产品平均约束关税水平为 60%，挪威、瑞士、日本、欧盟、印度平均关税分别为 70.7%、85%、41.8%、22.8%和 114%，最高关税分别高达 1 062%、1 909%、1 706%、408%和 300%。世界重要产品如大米、小麦、玉米、食糖、牛肉、猪肉、禽肉、豆油和乳制品的关税水平多数成员都非常高。即使美国和巴西等农业基础竞争力很强的国家，对其需要保护的农产品也保留了高关税。美国食糖和乳品关税分别高达 185%和 139%（表 6）；巴西大米、玉米、棉花、牛肉和猪肉的关税均为 55%，大豆关税为 35%。此外，美国、欧盟、日本和韩国还分别对其 9%、31%、12%和 8%的农产品税目可以使用以数量和价格自动触发为特征的特殊保障机制，以有效应对进口激增和进口价格过低的情况。此外，各国越来越注重使用技术性和检疫性措施实施对农业的有效保护。

表 6　主要国家主要农产品关税

单位：%

	挪威	瑞士	日本	美国	欧盟	中国
稻米	85	126	778	11	97	配额内 1～10，配额外 65
小麦	139	156	248	4	82	配额内 1～10，配额外 65
玉米	178	39	87	1	73	配额内 1～10，配额外 65
豆油	126	260	21	19	10	9
食糖	148	100	346	185	218	配额内 15，配额外 50
家禽	665	1 019	12	20	94	10～20
猪肉	500	369	252	1	66	12～20
牛肉	604	523	50	26	146	12～25
乳品	528	900	661	139	264	10～20

我国农业在入世过程中做出了重大承诺，农业保护手段主要限于关税和关税配额管理，农产品平均约束关税水平仅 15.2%，只有世界平均水平的 1/4，最高约束关税只有 65%。除一些岛国和个别农业规模大竞争力很强的国家外，其他国家农产品关税水平都比我国高。不仅如此，在自贸区谈判中，我国农产品关税面临进一步减让的巨大压力。农产品约束关税水平与我国农业基础竞争

力差距不相匹配，在生产成本发生阶段性变化后，这导致进口税后价低于成本价，使关税防火墙的作用日益削弱。我国三大主粮实施关税配额管理，配额内只有1%～10%的关税，配额外65%的关税，配额量总计2 200万吨。近年来，某些时段玉米、小麦配额外进口税后价已低于国内价格，大米配额外关税的保护作用也非常有限。2017年8月，美国针对我国配额完成率低在WTO就我国关税配额管理措施正式提出挑战，质疑我国违反入世承诺。

开放条件下，进口价格加上关税构成了国内市场价格的最高价，即天花板价格，若国内农产品价格高于该价格则差价驱动型进口增加，价差越大进口越多，最终把国内价格拉到进口的税后价水平。进口税后价对国内价格具有的这种天花板作用构成了开放条件下国内农产品价格形成机制最重要内容。由于进口税后价取决于国际农产品价格水平和国内关税水平两大要素，因此，就进口国和进口产品而言，这两个水平即决定了国内农产品价格的长期趋势。进口价格“天花板”低于生产成本的“地板”，将是未来中国农业发展面临十分严峻的阶段性挑战。

二是国内支持政策面临WTO成员挑战的压力增大，选择空间受到越来越大的约束。农业支持补贴政策主要有三大目标功能。一是弥补农业比较效益缺口。通过支持补贴来保证农业具有与其他产业大体相当的比较效益。二是弥补开放条件下农业基础竞争力差距。通过支持补贴缩小竞争力差距，保证开放中农业健康发展。三是保障农民生计需要。在二元经济结构特征明显的发展中国家，对农业进行支持很大程度是为了保障小农的就业收入和基本生计需要。美国农业支持主要是解决比较效益低的问题；欧盟、日本等国家农业支持补贴既要解决比较效益低的问题，更要解决竞争力不足的问题。而中国、印度、印度尼西亚等发展中国家则面临解决上述三重问题的重任。

中国承诺保留的国内支持政策空间特别是生产性支持政策空间十分有限，对国内农业支持政策选择的约束日益明显。“黄箱”政策被WTO定义为最具贸易扭曲作用的政策，也是激励生产最有效的政策。我国“黄箱”综合支持量（AMS）空间为零，政策空间只有8.5%的微量许可，比其他发展成员低1.5个百分点；发展中成员可以使用的不受限制的发展箱政策（《农业协定》6.2条款），我国也需要计入“黄箱”政策而受到约束。在关税保护不足的情况下，缺乏足够的农业支持政策空间，不仅使我国农业政策难以有效弥补基础竞争力差距，而且面临在WTO受到合规性质疑和挑战的巨大压力。2016年9月，美国在WTO就我国三大主粮国内支持政策正式提出磋商和争端解决诉求，认为中国政府对三大主粮实施的国内支持政策与中国加入世贸组织相关承诺不符。美国挑战我国不是说我国对三大主粮的补贴过多，而是说我国的支持政策突破了入世承诺。实际上，我国对三大主粮的补贴远低于美国。根据美国向WTO的通报数据，2001 年美国对大米的产品特定支持达到产值的 82.5%。根据美国有关机构研究，2014 年美国小麦种植者每人获得的补贴为 4.4 万美元，玉米种植者每人 9.9 万美元，大米种植者每人 4.6 万美元。美国因为拥有最终约束水平为 190 亿美元的 AMS，从而拥有了提供超出微量允许水平的政策空间，能够将补贴向重要作物倾斜，而我国却无法使用。我国棉花国内支持政策也受到了一些成员非正式质疑。当然 WTO 定义的“绿箱”政策和“蓝箱”政策目前是不受约束的，学界也在探讨“黄转绿”和“黄转蓝”的可能性，也有的提出把对农业的支持政策转变为对农民收入的直接补贴，但要真正实现转箱并不受挑战面临许多实际困难。

三是多年来行之有效的最低收购价和临时收储政策失去了运行基础和条件，面临难以持续的困境。这类政策是美欧等西方国家普遍使用的政策，其运用有相当长的历史，现在仍在使用，尽管使用的范围、数量、力度呈不断下降的趋势，具体形式也在不断变化。美国的贷款价格政策、反周期支付政策、价格损失保障政策以及欧盟的干预价格政策均属于此类。根据 2013 年欧盟共同农业政策改革方案，2014—2020 年欧盟继续对谷物、乳制品和牛肉 3 大类 8 个产品实施价格公共干预政策，对食糖、猪肉和脱脂奶粉等产品通过特定条件下补贴私人储备进行价格干预。

最低收购价和临时收储价实际上是保证种粮务农者最基本效益的一个托底价格，目的是为了在推进市场化进程中保障市场稳定和生产者最基本收益。这些政策在现实中确实发挥了重要作用，指责其有违“发挥市场在资源配置中的决定性作用”的观点也是站不住脚的。即使在实施价格支持政策情况下，粮棉油糖等大宗农产品的价格涨幅仍落后于成本涨幅。2006—2015 年，我国水稻、小麦、玉米、大豆、油菜籽和甘蔗平均售价的年均增长率分别为 6.2%、5.5%、4.5%、5.2%、7.8%、6.1%，均低于同期成本涨幅，棉花价格甚至出现下降（表 7）。

表 7　我国主要农产品成本与价格增长情况

单位：元/50 千克，%

年份		2006	2007	2012	2015	2006—2015 年均增长
稻谷	价格	80.6	85.2	138.1	138.0	6.2
	成本	58.0	60.3	108.7	120.5	8.5
小麦	价格	71.6	75.6	108.3	116.4	5.5
	成本	55.5	58.8	105.6	114.4	8.4

（续）

年份		2006	2007	2012	2015	2006—2015 年均增长
玉米	价格	63.4	74.8	111.1	94.2	4.5
	成本	46.9	51.7	91.6	107.6	9.7
大豆	价格	125.8	207.1	236.4	198.1	5.2
	成本	100.3	129.4	193.4	238.9	10.1
油菜籽	价格	116.8	175.6	247.0	229.5	7.8
	成本	115.8	114.3	277.8	321.5	12.0
棉花	价格	606.5	655.2	912.1	595.2	−0.2
	成本	437.7	467.4	900.4	996.4	9.6
甘蔗	价格	13.1	13.1	23.4	22.2	6.1
	成本	9.2	9.8	19.5	21.1	9.7
居民消费价格指数	（1978=100）	471.0	493.6	579.7	615.2	3.0

数据来源：成本和价格数据来自历年《全国农产品成本收益资料汇编》，居民消费价格指数来自《中国统计年鉴》。

但是，随着我国大宗农产品生产成本发生阶段性变化并越来越高于主要出口国，由于缺乏相应的关税保护，近年来主要农产品进口税后价格低于收储价格成为常态，进口天花板效应使得这些政策失去了“低吸高出、吞吐储备、稳定市场、发挥托底作用”的运作环境，使得本应该在特殊情况下才启动的措施变成永久性措施，造成“边收储边进口”“洋货入市、国货入库”。任何一个国家不可能对全世界的产品进行最低价收购和收储，在当前阶段和条件下，这一政策面临难以持续的困境。如果要保持目前收储价格水平，库存将进一步增加，财政负担和库存损失进一步加重。随着价差的扩大，这一政策面临着突破我国黄箱政策8.5%微量许可承诺带来的挑战。美国起诉我国三大主粮国内支持政策不合规，挑战的主要是最低收购价和临时收储政策。

但调整政策、降低价格也面临着艰难抉择。开放条件下国内农产品市场价格很大程度上取决于进口税后价格。在进口税后价格低于政策性收储价格、也就是低于成本价的常态下，市场定价就是内外价格并轨，就是降价，这意味着国内市场价格低于目前的平均成本，这将给国内农业发展和重要农产品基本供给保障带来长期挑战。

二、开放视角下我国农业供给侧面临的问题和挑战

（一）价差驱动下的非必需进口大量增加，给农产品总量和结构平衡带来挑战

适度进口是我国国情决定的必然选择。新粮食安全战略的核心之一就是适度进口。由于受入世承诺约束，我国农业保护和进口调控手段严重不足，近年来在内外价格倒挂情况下，大宗农产品进口动力强劲，进口过度问题凸显，超过正常产需缺口之上的“非必需进口”大量增加。造成进口过度的直接原因是内外价差扩大，根本原因在于基础竞争力先天不足和保护调控手段后天缺乏。内外价差扩大是我国农业进入新的发展阶段后，基础竞争力先天不足的必然表现形式。在国内产需存在缺口、国内生产总量没有超过需求总量的背景下，近年来我国大宗农产品出现库存积压和“卖粮难”，其原因主要不是生产过剩，而是过度进口。

过度进口是造成当前大宗农产品过剩和库存积压的主要原因。目前三大谷物进口量仍维持在关税配额量之内，但大麦、高粱、木薯、玉米酒糟（DDGs）等玉米替代品进口量增长迅速。按照我国传统的粮食口径，将大豆和薯类进口计入粮食范畴，2012—2015 年，我国每年粮食产需缺口约为 5 000 万吨，但净进口量在 8 000 万吨到 1 亿吨，4 年累计过度进口 1.5 亿吨左右。2016 年我国粮食产量 6.16 亿吨，消费量 6.7 亿～6.8 亿吨，进口 1.14 亿吨，过度进口仍在 5 000 万～6 000 万吨。年度供需难以平衡，就不可能有空间来吸纳释放的库存，这给粮食去库存带来了很大压力。粮食以外的棉油糖进口过度问题也比较突出。我国棉花和食糖年产需缺口均在 150 万～300 万吨左右，但 2011—2015 年我国累计进口棉花和食糖分别为 1 800 万吨和 2 000 万吨，分别超出正常产需缺口 1 000 万吨和 600 万吨（表 8、表 9）。2016 年加大了进口调控，在大量库存积压情况下，棉花和食糖进口仍达到 120 万吨和 300 万吨。2014 年棉花实行目标价格政策后，棉花市场价格下跌，棉花进口下降，但棉纱进口增加，综合考虑来看棉花棉纱过度进口问题仍比较突出。油籽和植物油进口也存在过度问题，导致近年来收储加工的菜油大部分积压在库，2015 年油菜籽临时收储政策不得不做出较大调整（表 10）。今年前 10 个月，谷物和大豆分别进口 2 210 万吨和 7 731 万吨，比上年同期增加 13.5% 和 16.4%。进口过度给农产品总量平衡和农业供给侧结构性改革带来了很大的挑战。

表 8 我国棉花产需平衡情况

单位：万吨

年度	2011/2012	2012/2013	2013/2014	2014/2015	2015/2016	合计
产量	659.8	683.6	629.9	617.8	560.3	3 151.4
消费量	806.9	801.2	770.8	776.4	759.3	3 914.6
产需缺口	147.1	117.6	140.9	158.6	199.0	763.2

数据来源：产量数据来自《中国统计年鉴》，消费量数据来自中国棉花网。

表 9 我国食糖产需平衡情况

单位：万吨

年度	2011/2012	2012/2013	2013/2014	2014/2015	2015/2016	合计
产量	1 152	1 307	1 332	1 056	870	5 717
消费量	1 283	1 393	1 500	1 530	1 400	7 106
产需缺口	131	86	168	474	530	1 389

注：产量和消费量数据来自天下粮仓网。

表 10 油菜籽油产量及国家临时收储菜籽油库存量

单位：万吨

年份	2010	2011	2012	2013	2014	2015
油菜籽产量	1 308.2	1 342.6	1 400.7	1 445.8	1 477.2	1 493.1
油菜籽折油量	470.9	483.3	504.3	520.5	531.8	537.5
进口大豆折油量	986.4	947.5	1 050.9	1 140.8	1 285.2	1 470.5
油菜籽油库存	88.0	228.0	377.0	547.0	662.0	638.0

进口过度和非必需进口的大量增加，也是国内农产品结构失衡的重要原因。从直观分析来看，我国进口最多、占比最大的是大豆，而国内生产积压严重、库存较大的主要是玉米，进口与国内供给侧结构失衡关系不大，但考虑到粮食产品间在种植和消费上存在的替代性，深入分析来看，进口过度对造成供给侧结构失衡作用显著。进口过度不可能所有产品进口都过度，必然集中在那些竞争力相对更弱、保护和支持水平相对更低的产品上，由此引发的不同产品生产过剩程度也必然不尽相同。就耕地等农业资源用途替代性而言，多种大豆可以减少玉米种植，而且可以优化农作制度，有利于更好实现可持续发展。根据大豆和玉米单产测算，如果增加 2 000 万吨大豆种植，就可以减少 6 500 万吨左右玉米产能，但前提是我国必须要有有效的手段来调减 2 000 万吨大豆进口。我国

历史上大豆最大播种面达 2 亿亩，按当前单产水平计算，总产可达 2 500 万吨。如果没有过度进口的影响，当前大豆产量达到 3 000 万吨是比较合理、可行和可持续的。事实上，入世之初我国就实施了大豆振兴计划，但在进口影响下收效甚微。目前形成的产需缺口不全部是硬缺口，有相当一部分是因为过度进口造成的。过度进口导致国内大豆生产的停滞和减少，从而增加了玉米生产过剩压力。就农产品消费替代性而言，大麦、高粱、DDGS 和干木薯等玉米替代品进口过快增长，减少了玉米消费、加剧了玉米库存积压。2010—2015 年，每年玉米替代品进口量由 1 128 万吨增至 3 745 万吨，年均增长 27%。2016 年，在国内玉米供大于求、库存严重积压情况下，玉米替代品仍进口 2 212 万吨。

非必需进口大量增加对农业供给侧结构性调整带来了挑战。从 2014 至 2016 三年平均看，我国粮棉油糖播种面积占作物总播种面积的 80%，蔬菜、中药材占比分别为 13.2%和 1.3%，茶园、果园面积分别相当于农作物总播种面积的 1.7%和 7.8%[①]。在粮棉油糖普遍受到进口过度影响而库存积压的情况下，粮棉油糖大宗农产品类别之间的结构调整几无余地。如果将一小部分用于粮棉油糖大宗农产品生产的耕地资源，调整到蔬菜、水果、茶叶等小宗和特色作物生产上，这将对小宗农产品市场稳定和供需平衡带来巨大甚至灾难性的影响，大宗农产品调整到小宗农产品生产的余地也非常有限。大宗农产品非必需进口大量增加对供给侧结构调整的挑战是巨大的。

值得注意的是，近年来乳制品和肉类产品进口呈快速增长势头，2011—2016 年，乳品进口量由 91 万吨增至 218 万吨，年均增长 19.2%，2014—2016 年平均每年进口 197 万吨；猪牛羊肉进口量由 149 万吨增至 396 万吨，年均增长 21.6%，2014—2016 年平均每年进口 279 万吨。在最终消费相对稳定的情况下，畜产品进口与饲料粮进口具有强替代关系。尽管目前畜产品进口规模有限，乳制品和猪牛羊肉进口折合玉米[②]约 2 800 万吨，如果进口势头继续，将对我国农产品总量和结构平衡带来越来越大的压力。

（二）进口对国内价格打压和抑制增强，给产业发展动力换挡和农民增收带来挑战

随着大宗农产品全面净进口和进口量的增加，进口对国内价格的抑制和打压作用越来越显著，即进口价格的天花板效应不断增强。近年来国际大宗农产

① 农作物总播种面积不包含茶园、果园面积。

② 料肉比分别按照以下数值计算：牛肉为 6∶1，羊肉为 5∶1，猪肉为 3∶1；乳制品先根据产品构成按相应比例折合为鲜奶，再按照 1∶1 的比例折合为玉米。

品市场处于下行周期，农产品价格已跌至2010年以来最低点，这进一步增强了进口对国内价格的打压作用。

近年来内外价差扩大成为常态。在我国大宗农产品生产成本日益接近日、韩、瑞士等国的同时，由于缺乏这些国家所具有的数百上千关税水平的保护，大宗农产品进口税后价低于国内成本价成为常态。棉花和食糖成本价已经常性高于配额外进口税后价；玉米成本价在一定时段已高于配额外进口税后价，高于替代品进口税后价；大米小麦成本价目前尚低于配额外进口税后价，但空间非常有限。按2016年运费和我国配额外关税折合，主要出口国玉米、高粱、大豆、棉花和甘蔗折合到岸税后价的底线水平分别为2 217元/吨、1 442元/吨、2 642元/吨、16 677元/吨和389元/吨，分别比我国成本低－140元/吨、635元/吨、1 922元/吨、2 397元/吨和47元/吨。玉米按配额内关税计算，进口税后价也大幅低于国内成本价。

进口价格打压使得玉米临时收储政策不得不调整，玉米种植收益大幅下降。粮食最低收购价和临时收储价是根据国内“生产成本加合理利润”或“生产成本加基本收益”的原则确定的，实际上是保证种粮务农者最基本效益的一个托底价格。这些政策本身就是市场化改革的结果，目的是为了在推进市场化进程中保障市场稳定和生产者最基本收益。这些政策在现实中确实发挥了重要作用。但是，受进口价格天花板效应的作用，这一政策难以持续，不得不进行调整。2016年根据“市场定价、价补分离”的原则调整了玉米临时收储政策，玉米价格大幅下跌，农民因此损失1 300亿元，考虑财政补贴近400亿元，农民收入净损失仍高达900亿元。

价格打压使得许多重要农产品国内市场价格跌破生产成本。2012—2016年，国际棉价持续低于国内生产成本。2014年价格政策调整后，受低价进口棉打压，国内棉价大幅下跌至低于成本价格的14 000元/吨左右。国家对新疆棉区实行目标价格政策，2014年目标价格为19 800元/吨，新疆棉区需支付的价差补贴达5 800元/吨左右，财政负担很大。2015年和2016年目标价格分别下调为每吨19 100元和18 600元，但每吨价差仍高达5 100元和4 600元。除新疆外，黄淮海等棉区实施2 000元/吨补贴政策，但市场价加补贴仍低于成本，导致棉花生产连续5年减产。2014年我国食糖价格下跌至每吨4 450元，低于5 164元的成本，糖企全面亏损100亿元。为减轻企业压力，广西不得不下调甘蔗收购价。2015年糖企为降低进口影响实行行业自律，价格稳定在5 350元，糖企减亏至18亿元，但蔗农因甘蔗价格下调净收入减少80亿元，植蔗积极性下降。

乳制品和肉类产品内外价差也在扩大，价格打压作用将进一步显现。随着进口量的增加，乳制品和肉类产品受到的价格打压作用不断增强。2014 年国际全脂奶粉价格从年初的每吨 5 158 美元降至年底的 2 576 美元，跌幅达 50%；折合人民币约 1.6 万元，远低于国内奶粉每吨 3.5 万～4 万元的生产成本。国内牛肉价格 2012 年下半年起高于国际价格，每吨价格由 2012 年的 4.5 万元上涨到 2014 年的 6.3 万元，而澳大利亚进口牛肉到岸价同期从 4.5 万元跌至 3.5 万元；国内羊肉每吨价格由 2012 年的 5.2 万元上涨到 2014 年的 6.5 万元，而新西兰羊肉到岸价在 2.5 万元左右并呈不断下降趋势，受进口影响国内羊肉价格在 2017 年 7 月跌至 5.4 万元/吨。

一个产业没有合理的价格以获得基本的利润，产业发展就缺乏必要的激励和动力，就不可能持续发展。受价格下跌影响，农民生产积极性严重受挫。2012 年以来，我国棉花和糖料的播种面积持续大幅下降。据国家棉花市场监测系统的调查，2016 年全国棉花播种面积 4 385 万亩，比 2011 年下降了 44.8%。根据中国糖协的统计，2012—2015 年全国糖料播种面积连续三个榨季减少，累计减少 600 多万亩。由于国内原奶销售困难、奶价下跌，"倒奶""杀牛"现象层出不穷且日益加剧。如果说大豆等个别产业受到进口冲击后，还可以通过调整结构、腾出资源改种其他作物来减缓其实质性影响以及对农业的整体影响，那么在大宗农产品大范围受到进口影响的情况下，农业调整结构余地有限，进口冲击和影响带来的挑战将是前所未有的。

长期来看，国际进口价格对国内价格的打压作用、抑制作用将持续存在。在开放条件下，进口税后价就是国内价格的"天花板"。只要国内价格高于进口税后价，进口就有动力，最终使得国内价格与国际价格趋于一致。而国际价格取决于主要出口国的商业农场的生产成本。美国玉米、高粱、大豆的参考价分别为 918 元/吨、980 元/吨和 1 944 元/吨，棉花目标价为 9 893 元/吨；巴西和泰国甘蔗收购价分别为 196 元/吨和 181 元/吨。这实际上是其保障农业基本收益的成本价，也是主要出口商能接受的底价，远低于我国这些农产品的生产成本。

（三）国际农产品市场波动对国内影响加深，给国内市场稳定和产业安全带来了挑战

近 10 多年来，国际农产品市场受气候变化、生物质能源、投机资本等非传统因素的影响加深并呈现不确定、波动性和风险性加剧态势。生物质能源发展不仅大幅增加了对农产品的非传统需求，而且打通了粮食市场与能源市场的价格通道，使农产品市场受能源市场的影响不断加深；国际投机资本在农产品现货市场和期货市场大进大出，大大增加了农产品市场的不稳定性；极端气候导致农业灾害频发多发，直接影响农产品生产和供给的稳定。自 2008 年世界粮食

危机以来，国际农产品市场已经历了3次较大波动，波幅加大且频率加快。

我国农业生产规模小，农业组织化程度低，农产品供需平衡脆弱。在两个市场深度融合背景下，国际市场的波动性、不确定性和风险性更加广泛、充分和直接地传导到国内市场，给我国国内市场稳定和产业安全带来了挑战。一方面使得国内农产品市场的波动周期缩短、波动加大、农产品市场调控环境更加错综复杂，保持国内生产和市场稳定难度加大；另一方面，大大增加了企业开展生产经营的风险，使许多中小农业企业面临生死考验。2003/2004年度大豆风波中，美国农业部以天气影响为由调低了大豆产量预测值，导致国际大豆价格暴涨，我国依赖进口大豆原料的加工企业发生恐慌性抢购，在价格高位签下大量订单，随后国际大豆价格随着南美大豆丰收迅速回落，国内豆企大面积破产，被外资借机收购。2010/2011年度，国际棉价一年内由每磅90多美分飙升到200多美分并再次跌回原点，波幅之大、速度之快前所未有。在本次棉价波动中，我国部分纺织企业因对形势误判在高价时盲目大量进口，损失惨重。可以肯定，随着大宗农产品进口范围和进口量不断扩大，国际市场的波动性、不确定性、风险性对国内生产和市场的传导和影响将进一步加强。

三、开放条件下推进农业供给侧结构性改革的建议

实施乡村振兴战略，产业兴旺是首要。我国农业承担着粮食安全、农民生计等重要基础功能，确保农业健康持续发展对于经济社会发展大局具有重要意义。开放条件下，我国大宗农产品不具比较优势，市场配置资源方向与我国农业定位不相一致，给农业发展带来了许多新的阶段性问题和挑战，必须高度重视，积极妥善应对。

（一）建立健全开放型农产品总量平衡和调控体系

我国农产品市场已高度开放，农产品贸易达到了相当规模，进口不再是限于品种调剂和余缺调节，而是供给的重要来源。这是我国粮食安全和农业发展面临的新常态。过去讲“总量平衡、丰年有余”、“农产品供需处于紧平衡”都是从两元平衡的角度来说的。开放条件下实现农产品总量平衡要有全球视野，要适应开放新格局，调整总量平衡思路，变保障产需两元平衡为确保生产、需求、进口三元平衡，确保国内产业政策与贸易政策相衔接，国内生产力布局与充分利用国际市场相匹配，国内供需趋势与进出口增长相协调。

要创新农业发展模式，变需求导向和追求数量增长发展模式为资源环境承载能力导向和追求内涵和质量的发展模式。要根据“以我国为主、立足国内、

确保产能、适度进口、科技支撑”的国家粮食安全战略以及确保“谷物基本自给”“口粮绝对安全”的需要，结合粮食功能区和重要农产品保护区建设，在综合考虑保障基本供给、确保农民就业增收、适应资源环境承载能力、满足气候生态多样性和合理农作制度需要等4方面因素基础上确定大宗农产品合理的生产指标，明确粮食和重要农产品需要确保的基本面积和基础产量。

要根据宏观调控有度的要求，建立健全与三元平衡模式相适应的进口调控体制机制。要在明确国内基础产量和准确把握需求的基础上确定进口的合理规模、结构和调控目标。要明确职责，明确手段，有效统筹国内生产和进口需求，确保进口适度适当可靠，确保进口不给国内产业带来冲击、不会削弱国内粮食基本供给能力。

要着力更加有效利用国际市场和资源，加强对农产品贸易的战略规划，努力构建持续、稳定、高效的资源性农产品进口供应链。要积极推进战略性农业国际合作，结合一带一路战略的实施，不断拓展贸易渠道，提升贸易水平，推进进口市场多元化。在坚持市场导向和企业自主决策的原则下，借鉴国外经验，抓住重点环节，突出重点领域，发挥企业主体作用，务实稳步推动农业走出去，逐步提升对大宗农产品贸易的掌控能力。

要针对国际农产品市场波动性、不确定性和风险性加剧及我国农产品生产成本快速增长的现实，特别注重在多双边农业贸易谈判中切实保护好现有的弥足珍贵的农产品关税政策和国内支持政策空间。

（二）建立健全开放型农业支持政策体系

开放型农业支持政策体系目标是要保障农民种粮务农有收益有积极性，要保证生产的农产品在市场上具有价格竞争力。在缺乏关税保护情况下，加强我国财政支农力度更具重要意义。要在练好内功的同时，从我国大宗农产品基础竞争力实际出发，从国内生产成本与世界主要出口国差距扩大的趋势出发，进一步加大对农业特别是粮食的支持力度，有效降低或弥补生产成本，确保国内生产的产品与进口产品在公平基础上竞争。

要在有效统筹好价格与补贴的前提下，调整完善农产品价格政策。价格政策调整的原则已经明确，即市场定价、价补分离、价补统筹。开放条件下，市场定价实际就是国内市场价格与国际市场价格的并轨，在价格倒挂形势下意味着降价，这有助于增强国内农产品的市场价格竞争力，有助于减少库存压力、减小进口动力，但市场定价将使得国内价格低于生产成本，这导致生产亏损和不可持续。价格政策改革成功的关键在于价补有机统筹，在于近期与远期、去库存与保基本、收入与就业的平衡兼顾。要在继续目标价格政策试点的同时，探索采取“稳定一头、放开一端”的思路调整完善水稻小麦最低保护价收购政策；在明确和稳定基本产量基础上引入竞争机制扩大收储企业范围，放开收储企业收储粮销售；财政对收储企业进行价差补贴或市场价格损失保险补贴。要继续坚持省长“米袋子”责任制，分解任务，发挥地方积极性。

要加大农业农村金融政策制度创新，着力解决农业农民缺少金融和保险服务、金融机构缺乏支农助农动力这个问题。要强化制度安排，明确金融保险部门支持粮食生产的责任，切实加强金融保险对粮食和农业产业的支持。鉴于农村金融保险服务滞后最根本的原因在于提供农村金融保险服务的比较收益低，因此应通过立法等制度性安排明确金融机构在粮食安全领域的法定义务，着力解决当前农村金融信贷服务发展滞后问题。可借鉴储备金制度，规定任何从事放贷业务的金融机构都须有一定比例的贷款直接或通过小额信贷机构、农村信用合作社投向粮食和农业生产。

要着力练好内功，不断提升我国农业竞争力。引导农村土地承包经营权有序流转，发展多种形式的适度规模经营。建立健全农业社会化服务体系，强化农业科技创新驱动作用，推进“互联网＋现代农业”。大力拓展农业功能，积极发展“农家乐”、休闲农业和乡村旅游，培育分享农业、定制农业等新产业、新业态，推动一二三产业融合发展。

（三）建立健全开放条件下的农业产业安全保障体系

强化对大宗农产品国际市场的监测、研判和预警等基础性工作，及时跟踪重点国家、重点市场、重点品种的农产品供需和贸易动态，加强公益性信息服务，切实提高国内农业企业应对国际市场波动和风险能力。

要着力健全完善贸易救济制度。在产业受到损害和损害威胁时采取“两反一保”贸易救济措施是WTO规则赋予的权利，措施的核心是通过征收额外关税确保国内产业具有合理的利润空间。我国承诺的约束关税低，贸易救济措施应成为应对价差扩大、保障大宗农产品产业安全最为有效的手段。

要针对当前启动该措施缺乏裁定所需的客观定量标准且易引起受影响国误解和外交争议问题，建议借鉴WTO农业特保措施以进口增幅和进口价格跌幅为基础自动触发的做法建立公开透明的刚性触发启动机制，明确重要农产品基础进口量和启动保障措施的进口增幅触发标准，规定启动标准触发后即根据“两反一保”条例启动保障措施。由于相关产品间具有很强的替代性，应建立基于同类产品进口总量增加幅度和各品种进口量增加幅度之上的刚性触发机制。总量增幅达到触发水平后，所有同类产品进口均需征收附加关税或进行限制；即使总量增幅没达到触发水平，任何一个品种进口达到触发水平，该品种进口需征收附加关税或进行限制。

(四) 建立健全农业贸易促进和农业走出去支持体系

我国果蔬和养殖水产品等劳动密集型产品出口量占国内总产量比重小、占用国内农业资源有限，但对特定地区和相关产业的农民增收非常重要，在当前优势农产品出口面临价格竞争力下降、国外壁垒增加形势下应加大出口促进支持力度，充分发挥农产品出口的增值增效作用，为农业供给侧结构性改革创造良好的贸易环境。要加强农业贸易促进体系建设，形成一套机构完善、功能齐全、手段灵活、服务高效并符合我国国情和国际规则的农业贸易促进体系。要加强农产品品牌建设，通过支持出口示范基地建设、品牌创建、国际认证、互认合作以及公共品牌宣传推荐等促进活动树立优质农产品形象，打造国际品牌，促进形成一批农产品出口龙头企业和一批拳头出口产品。要强化农产品对外营销促销，打造国际品牌农业展会，引导企业和协会有效参加国际展会，支持鼓励企业开拓海外市场。

要着力更加有效利用国际市场和资源，推进战略性农业国际合作。要结合“一带一路”倡议，务实稳步推动农业走出去，推进进口市场多元化。要进一步明确农业走出去在粮食安全中的定位，把农业走出去作为在适度进口范围内提高进口调控能力的举措，着力提升走出去企业的竞争力。要把推进走出去与推进市场多元化结合，提高走出去目标国家粮食生产和进出口能力，促进建立多元稳定可靠的粮食进口渠道，减少进口依存度提高带来的风险。

（倪洪兴、吕向东、刘启正、马建蕾、王丹，2017 年第 12 期）

开放条件下农产品价格形成机制与价格政策选择

近年来，我国农产品内外价差扩大，粮食最低收购价政策和重要农产品临时收储政策面临困境，对此问题的认识和观点不尽相同，需要在更广视野下进行更加深入、系统和全面的思考。

一、开放条件下农产品价格形成机制

就进口产品而言，开放条件下国内农产品价格很大程度上取决于进口税后价格。进口税后价又取决于国际农产品市场价格（进口到岸价）和关税水平。只要国内价格高于进口税后价，进口就有动力，最终使得国内价格与国际价格趋于一致。进口价格对国内价格具有抑制和打压作用，进口价格天花板效应（ceiling effect）构成了开放条件下国内农产品价格形成机制最重要的制约因素。

（一）在相对封闭和能够有效调控条件下，国内农产品市场价格取决于国内生产（供给）与需求之间的均衡，取决于影响国内生产和需求的各种因素

供需两方面力量相互作用，达到平衡形成国内市场均衡价格（图 1）。国内市场均衡价格足以弥补生产成本，同时为消费者所能接受。当然，均衡是通过市场波动来实现的。当实际市场价格高于和低于均衡水平时，供给和需求将朝着均衡的方向做出相应调整。价格信号具有市场调节作用，既调节消费和需求，也调节生产和供给。在宏观经济、农业生产成本和消费需求发生阶段性上涨时，国内市场均衡价格将发生阶段性上涨（图 2）。随着经济的持续增长，我国农业进入了成本快速上涨、需求不断升级的阶段，国内市场均衡价格必然呈现上涨趋势。

图 1 和图 2 中横轴为产品数量（Q），纵轴为产品价格（P）；S 为供给曲线，反映供给量与市场价格之间的关系；D 为需求曲线，反映需求量与市场价格之间的关系；供给曲线与需求曲线的交叉点为市场均衡点，此时产品供给数量等于需求数量，Q_1 为市场均衡数量，P_1 为市场均衡价格。当供给曲线由 S_1 移至 S_2，反映随着农业生产成本的提高，同样的价格水平下产品供给量降低

了；需求曲线由 D_1 移至 D_2，表示随着人们收入增长等因素变化，同样的价格水平下产品需求量增加了。

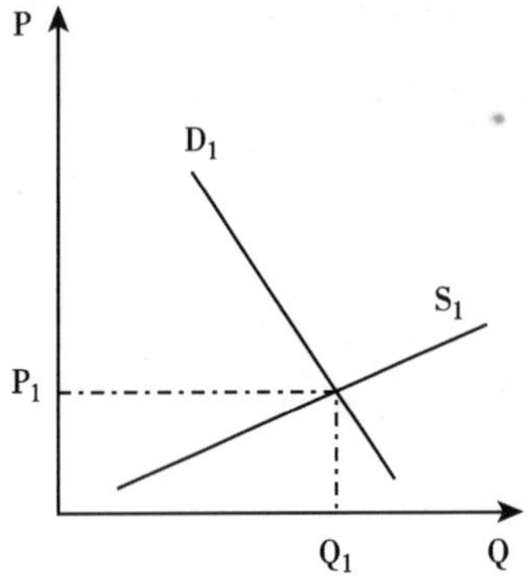

图 1 有效调控条件下国内供求与价格

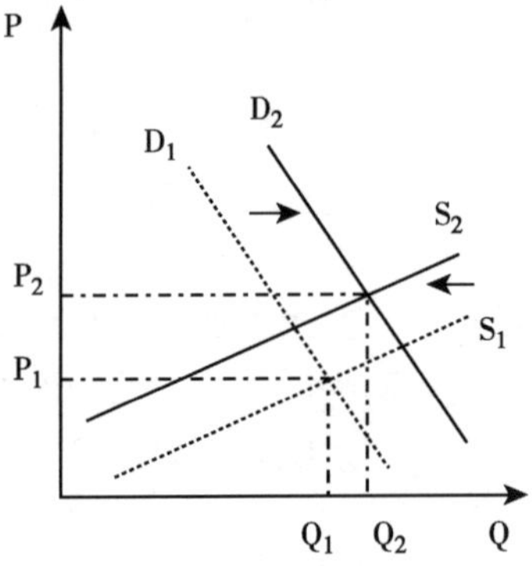

图 2 供求发生阶段性变化后的价格

（二）在没有关税和其他贸易壁垒的开放条件下，国内农产品市场价格将取决于国际市场价格、取决于农产品进口到岸价格

市场开放意味着商品的自由流动。由资本逐利性决定，只要国内价格高于国际市场价格，进口就有增长的动力，最终迫使国内价格降到与国际水平相当。进口价格对国内价格具有抑制、打压和封顶作用（图 3、图 4）。大国效应在短期内能有作用，但长期看作用效果有限。根据联合国粮农组织（FAO）全球农业生态区（GAEZ）数据库统计，即使考虑环境保护、社会经济等制约因素，主要出口国可开发潜在耕地面积达 7 亿公顷，潜在粮食产量 27.3 亿吨，全球粮食产量可在现有基础上翻番。从实际情况看，国际市场能够对需求增长作出有效反应。2001—2014 年，中国大豆进口量增加了 5 746 万吨，中国之外

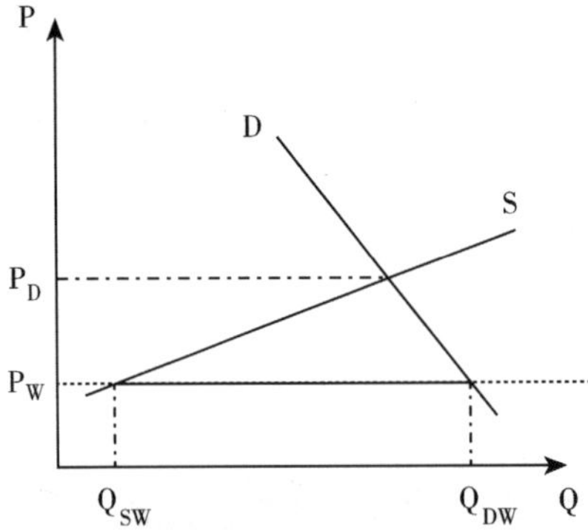

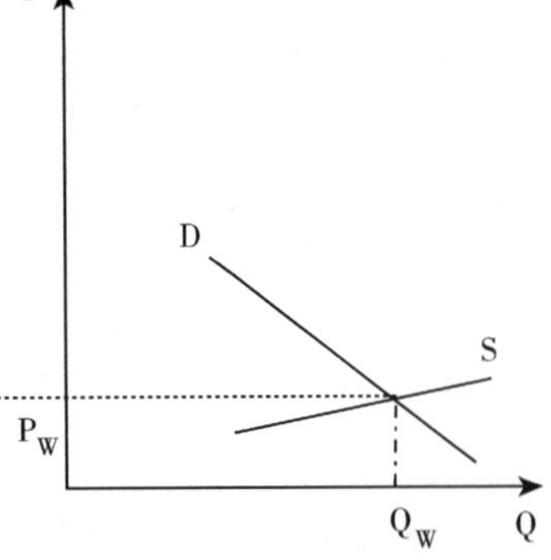

图 3 开放条件下国内市场供求与价格 图 4 国际市场供求与价格

的其他国家进口量仅增加 1 269 万吨，同期世界大豆贸易量由 5 354 万吨增加到 12 369 万吨，增长了 7 015 万吨，世界大豆贸易量的增长主要是对中国进口需求增长做出的反应。中国大豆进口增长拉动了国际供给的增加，但对国际市场价格的影响（大国效应）非常有限。

当国内价格 P_D 高于国际价格 P_W 时，进口会持续增加，导致国内供给增加、价格下降，直至国内价格降至 P_W 才达到均衡。Q_{SW} 为均衡状态下的国内供给量，Q_{DW} 为均衡状态下的国内需求量，Q_{SW} 与 Q_{DW} 的差应为进口量。

（三）各国农业基础竞争力存在比工业更加难以克服的差距，国际市场价格与特定国家的国内市场均衡价格差异巨大

农业是高度依赖自然资源的产业，养殖业的基础是种植业，种植业的基础是水土资源，土地经营规模决定了农业特别是大宗农产品的基础竞争力。耕地和劳动力不能跨国自由流动，这造成了不同国家农业规模、生产成本和基础竞争力的巨大差异。日本、韩国、瑞士的大宗农产品生产成本和价格必然大幅高于美国、加拿大、澳大利亚和巴西。

美国用 70 公顷耕地、欧盟用 10 公顷、日本用 2 公顷耕地来支撑和保障 1 个农民的生活和生计，我国用 1/4 公顷耕地支撑一个人的生计，而按各国当前的人均收入计算，不同国家每公顷耕地所要负担的生计成本差异巨大。根据我国统计的农村人均收入水平以及世界银行人均国民收入数据计算，中国、美国、欧盟和日本每公顷需要负担的生计成本分别为 50 000 元、4 800 元、22 000 元、156 000 元。

当国际市场均衡价格低于特定国家大多数生产者的国内生产成本（成本价）**时，其国内农业将基本失去竞争力，存在被配置掉的风险。**这是完全开放和市场规律作用的必然、是开放条件下根据比较优势配置资源的必然结果。

我国农业小规模特性难以改变，大宗农产品生产缺乏基础竞争力。我国农业户均规模只有 0.5 公顷，如果农村人口减少到 3 亿～4 亿，农业户均经营规模也只有 1 公顷，而且这需要很长的过程。尽管我国在劳动力密集型产品上有一定比较优势，通过适度规模经营、社会化服务、科技进步等措施提高农业竞争力仍有一定余地，但从整体看，我国农业特别是大宗农产品基础竞争力先天不足。随着经济发展的阶段性变化，我国农业基础竞争力缺乏、生产成本高的问题将越来越凸显。

我国农业规模小不仅受制于人均农业资源，还受制于自然条件。云南、贵州、广西的耕地多为山地、梯田、山坡地，难以实现连片大规模作业和技术、

农机应用，生产成本也难以降低。农业基础竞争力弱不仅仅是经营土地面积大小的问题，关键是土地上承担的生计成本和多种功能成本。农业多功能的实现是以牺牲效率为代价的。我国每公顷耕地平均要支撑两户农民的生计，通过合作社和土地流转等方式实现规模经营，并不能减少每公顷耕地所要承担的生计成本和其他多功能成本。土地流转费一定程度上是这些成本的货币化。

（四）关税是开放条件下确保国内市场价格具有合理水平的最有效最重要的手段

农业作为基础产业不仅仅具有农产品供给的功能，而且对农民就业增收和生计保障至关重要。不论发达国家还是发展中国家，不论农业基础竞争力如何，各国都高度重视保护和发展国内农业。通过关税保护来弥补基础竞争力差距、保证国内农产品具有合理的价格水平、确保国内产业健康发展，是国际通行的做法。在具有关税保护的情况下，国内农产品市场价格则取决于进口税后价。进口关税直接影响进口税后价格水平，决定着价格“天花板”的高低（图 5）。日本之所以能够保持国内大米价格高于国际市场 8 倍的价差，是因为日本可以对其进口大米征收 800%以上的关税，而且这一关税是从量税，不会因为进口价格下降而减少征税的额度。关税具有防火墙保护作用，各国在多双边贸易谈判中都十分重视关税政策的保护作用。即使美国这样的农业竞争力强国也在美国—澳大利亚自贸区谈判和 TPP 谈判中对其食糖和乳制品进行了例外处理，保留了必要的关税。目前世界农产品平均关税水平为 60%，重要农产品的关税水平都非常高。挪威、瑞士、日本、美国、欧盟、巴西、印度农产品平均关税水平分别为 71%、85%、42%、11%、23%、36%和 114%，最高关税水平分别达 1 062%、1 909%、1 706%、440%、408%、55%和 300%。

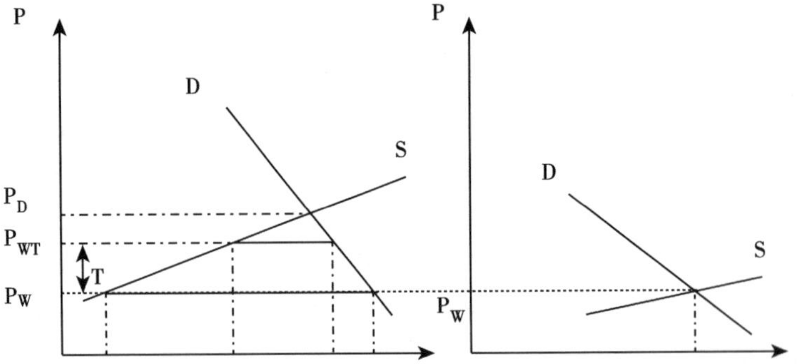

图 5　征收关税条件下国内市场

美国、欧盟、日本和韩国等 39 个成员对部分农产品进口保有采取特殊保障机制的权力，在这些产品进口增加和进口价格下跌达到一定幅度时，自动提高关税以保证国内市场稳定。

若对进口产品征收关税 T，则进口税后价格为 P_{WT}（即 $T+P_W$），只要国内价格 PD 高于 P_{WT}，进口会持续增加，导致国内供给增加、价格下降，直至国内价格降至 P_{WT} 达到均衡，此价格高于完全开放条件下的价格 P_W；在此价格水平下，国内供给量为 Q_{ST}，需求量为 Q_{DT}，进口量为 Q_{DT} 与 Q_{ST} 之间的差，低于不征收关税时的进口量（图 5）。

除关税保护外，克服农业基础竞争力差异、弥补国内生产成本过高、保证国内生产具有必要竞争力的另一个有效措施是国内农业支持补贴。世界上发达国家农业支持水平都非常高，越是竞争力缺乏的国家农业国内支持水平越高。

二、最低收购价和临时收储政策的作用与面临的困境

粮食最低收购价政策和重要农产品临时收储政策是我国最重要的农产品价格政策，这些政策本身就是市场化改革的结果，目的是为了在推进市场化进程中保障市场稳定和生产者最基本收益。这些政策在现实中确实发挥了重要作用。但是，随着我国经济发生阶段性变化，我国大宗农产品生产成本越来越高于主要出口国，在缺乏有效关税保护的情况下，最低收购价和临时收储政策失去了赖以运营的条件、面临难以持续的困境。

（一）最低收购价和临时收储政策与市场经济和发挥市场决定性作用并不矛盾

价格支持政策是美欧西方国家普遍使用的政策。价格政策包括价格支持政策（Price Support Policy）和基于价格的支持政策（Price Based Support Policy）两类，目标是为了减少价格波动、保证国内市场稳定、保障农民基本收益。这类政策是美欧等西方国家普遍使用的政策，其运用有相当长的历史，现在仍在使用，尽管使用的范围、数量、力度呈不断下降的趋势，具体形式也在不断变化。美国的贷款价格政策、反周期支付政策、价格损失保障政策，欧盟的价格干预政策均属于此类。根据 2013 年欧盟共同农业政策改革方案，2014—2020 年欧盟继续对谷物、乳制品、牛肉 3 大类 8 个产品实施价格公共干预政策，对食糖、猪肉、脱脂奶粉等产品通过特定条件下补贴私人储备进行价格干预。在中国历史上，吞吐储存、平抑价格的做法也是“古已有之”。农产品需求弹性缺乏，相对稳定的市场无论对消费者还是对生产者都有利。价格

政策作为有形之手，很大程度上是对“市场失灵”的弥补和纠正，指责价格支持政策有违市场经济、有违“发挥市场在资源配置中的决定性作用”“扭曲市场价格”的观点是站不住脚的。

最低收购价政策和临时收储政策出台的本意是为了弥补市场失灵、更好地推进市场化改革。政策设计目的是为了在国内生产过剩、粮价过低的情况下，通过最低价收购和临时收储拉高国内市场价格、保障种粮收益、避免谷贱伤农；在国内市场供需趋紧价格高涨时，通过顺价销售来稳定市场和价格。粮食最低收购价政策可追溯到2004年。当时国务院发布了《关于进一步深化粮食流通体制改革的意见》，决定全面放开粮食收购市场，实现粮食购销市场化，明确“一般情况下，粮食收购价格由市场供求形成”，但是“当粮食供求发生重大变化时，为保证市场供应、保护农民利益，必要时可由国务院决定对短缺的重点粮食品种，在粮食主产区实行最低收购价格”。改革的指导思想是走市场化道路，“充分发挥市场机制在配置粮食资源中的基础性作用”。据此，2004年出台了稻谷最低收购价政策，2006年出台小麦最低收购价政策。历年出台的稻谷和小麦最低收购价执行预案有明确的价格、地区、时间要求。

临时收储政策是为了解决部分重要农产品价格下跌和“卖难”问题、保障农民基本收益而出台的。2007年、2008年和2009年，国家先后对东北主产区的玉米、大豆，以及湖北、安徽等省的油菜籽实行临时收储政策。2011—2013年，国家连续3年对全国主产区的棉花实行了临时收储政策。2011/2012榨季开始对主产区的食糖实行临时收储和收储贴息。临储政策由中央财政承担费用、临储价在即将收获时公布、收购量有限定并自上而下分配。

在实际中，最低收购价政策和临时收储政策在保障农民最基本收益和稳定国内市场方面发挥了重要作用。在国内市场均衡价格低于国际市场的情况下，对于确保国内生产、供给和市场稳定，价格政策是执行成本最低、最有效的工具。在实际中，在特定的阶段，在调动农民粮食生产积极性、稳定市场、保障粮食生产方面，这些政策确实发挥了重要的作用，确保了粮食生产“十二连增”、农民收入增长“十二连快”，为整个社会经济发展提供了重要的基础支撑。在2008年以价格大幅上涨为特征的全球粮食危机中，以及随之而来的2010年、2012年、2014年3次大幅震荡中，国际市场价格波动幅度都超过40%，而国内粮食价格始终保持平稳态势，最主要的原因就是我国实行了农产品价格支持政策。

（二）最低收购价和临时收储价政策与价差扩大和库存积压没有必然联系

内外价差扩大问题本质上是成本问题。粮食最低收购价和临时收储价是根据国内"生产成本加合理利润"或"生产成本加基本收益"的原则确定的，实际上是保证种粮务农者最基本效益的一个托底价格。近年来，随着劳动力、土地、环境保护、质量安全成本的显性化和不断提高，我国农业进入了成本快速上涨时期，大宗农产品生产成本与瑞士、日本和韩国的水平日趋接近，与美国、加拿大和澳大利亚等主要出口国的差距不断拉大。这是发展阶段变化带来的必然结果。入世时我国主要农产品成本普遍低于美国，到2014年我国每千克稻谷、小麦、玉米、大豆生产成本比美国高出40%、16%、112%、104%，其中人工成本高6～25倍，土地成本高10%～130%。成本上升必然推动价格上涨，基于成本之上的国内市场价格与国际市场价格差距扩大的趋势不可逆转。

在成本不断攀升的情况下，要保证粮食和重要农产品生产的稳定和发展，最低收购价和临时收储价必须相应提高。2008—2014年，稻谷最低收购价连续7年提高，累计提价幅度早籼稻达到93%、中晚籼稻达到92%、粳稻达到107%；2009—2014年，小麦最低收购价连续6年提高，累计提价幅度白小麦达到64%、红小麦和混合麦达到71%。但是，我国粮食生产成本上涨幅度更大。2006—2014年，我国水稻、小麦、玉米的生产成本年均增长率分别为9.5%、9%、10.4%，同期这些产品的国内价格年均增长率分别为7.2%、6.7%、7.4%。

粮食价格涨幅低于成本涨幅，价格提高没能完全消化成本的上涨。把农产品价格上涨和内外价差扩大归因于最低收购价、临时收储政策，是没有道理的。如果问题仅仅是收储价格政策推高了国内价格，那么解决办法也很简单，调减收储价格即可解决所有问题。

当然，国内价格和内外价差还受国际市场波动影响。当国际市场价格处于谷底时，国内价格下行压力加大；当国际市场价格处于高峰时，国内价格面临上涨的拉力。2008年发生世界粮食危机，国际市场价格大幅上涨，由于粮食进口有限和粮食价格政策的作用，国内粮食供给充裕价格稳定；但大豆由于进口量大，价格随国际市场波动而大幅上涨，仅2008年一年进口成本增加500亿元，而当时用于大豆振兴计划的财政支持只有1亿元，进口成本一年增加的数额可以用来实施大豆振兴计划500年。2010年以来，国际市场价格进入下行周期。2015年全球谷物价格跌至2010年以来的最低点，基本上回调至本轮粮食危机前的水平，成为内外价差扩大的加剧性因素。值得注意的是，2008年以来世界粮食生产能力得到了较大的提高，但需求增长因生物质能源发展放缓而减缓，预计未来5年国际农产品市场价格将继续保持低位，这一价格水平与2008年国际粮食危机前3年的水平相当。人民币升值对内外价差的扩大也有很大的影响，但人民币汇率变化本身是我国比较优势和竞争力变化的结果，在贸易整体顺差形势下，人民币缺乏持续贬值的基础。

库存积压主要是因为价差驱动下的进口失控。当前农业面临的突出问题是大宗农产品供给过剩，大宗农产品库存大量积压，粮食库存数量之多“前所未有”，棉花、食糖、菜籽油和奶粉库存积压也都比较严重。有些专家把当前供给过剩和库存积压归因于最低收购价和临时收储价政策、归因于价格政策对国内生产造成的过度激励，也不完全有道理。与以往不同，此次大宗农产品库存积压和“卖粮难”是在国内产需存在缺口、国内生产总量没有超过需求总量的背景下发生的。就总量而言，不存在或者说没有显著存在价格支持政策对国内生产过度激励的问题。造成这一问题最重要的原因是进口过度，即超过正常产需缺口之上的“非必需进口”大量增加。2012—2014 年我国粮食产需缺口每年在 5 000 万吨左右，而同期粮食净进口分别为 8 043 万吨、8 837 万吨、10 429 万吨，3 年累计过度进口 1 亿多吨。棉花和食糖常年产需缺口在 200 万吨左右，但 2011—2014 年累计进口棉花和食糖 1 616 万吨和 1 470 万吨，超出正常产需缺口之上的进口为 800 万吨和 670 万吨。油籽和乳制品也存在进口过度问题。近年来收储加工的菜籽油大部分积压在库。2014 年乳制品进口折合鲜奶 1 000 多万吨，占国内原奶产量的 1/4。2015 年，过度进口问题加剧。考虑可释放库存，就总量而言，2015 年我国粮食供需基本不存在缺口，但全年进口 1.25 亿吨。综合考虑品种调剂需要和具体产品存在的硬缺口以及粮食产品间的替代性，估计进口中有一半以上为“非必需进口”。在高库存水平下，2015 年食糖进口 485 万吨，占国内生产量的 46%。棉花进口 176 万吨，作为棉花替代性产品的棉纱进口 235 万吨，棉花、棉纱合计进口 411 万吨，占国内生产量的 70%以上。

从产需分析，大宗农产品生产过剩具有结构性特征，在玉米大量过剩的同时，大豆产需缺口巨大。但从供需分析，大宗农产品生产过剩是普遍性的，即使是大豆也存在卖难的问题。大豆产需有硬缺口，但进口量已超出了合理需求量。入世以来，大豆进口不仅占据了全部大豆需求新增市场，抑制了国内生产在资源承载能力以内的应有增长，而且挤占了国内生产既有份额。受入世后市场开放影响，尽管实施了大豆振兴计划，大豆生产仍徘徊下滑，年产由最高的 1 800 万吨减少到目前的 1 100 万吨，大豆自给率不足 20%。

因此，从生产结构性过剩分析，玉米过剩主要是因为玉米和替代品的进口，包括豆粕一定程度上对饲用玉米的替代；大豆不合理产需缺口的形成不是因为对粮食过度激励引发生产转移，而是因为对大豆关税保护不够和过度进口对国内生产的挤压。

（三）价格政策面临困境的原因在于缺乏与内外成本差距相适应的关税政策配套

关税水平与基础竞争力差距不相适应，导致国内成本价高于进口税后价。在基础竞争力缺乏和国际国内价格差距扩大的情况下，如果有足够的关税保护空间，使进口农产品税后价格高于国内成本价并在公平的基础上与国内产品进行竞争，国内价格水平就可以保持在合理区间，国内价格支持政策可以继续发挥托底和稳定市场的作用。但是由于受入世承诺制约，我国农产品关税水平不能提高，难以与国内农业生产阶段性变化相适应，导致进口税后价大幅低于国内成本价，即基于成本之上的托底收储价格高于进口天花板价格。

我国对大米、小麦、玉米、棉花和食糖实行关税配额管理，这些产品相当于有两层天花板，配额内税后价为第一层，配额外税后价为第二层。由于承诺的配额内外关税有限，目前棉花和食糖国内价格高于第一、第二层天花板已成常态；三大谷物国内价格都已顶破第一层天花板，玉米在特定时段已顶破第二层天花板，小麦大米价格离第二层天花板还有距离，但已非常狭小。我国对大豆、大麦、高粱、木薯、DDGs实行单一关税，关税只有2%～5%；对其他油籽和植物油进口实行9%的单一关税；主要乳制品关税为10%。对于这些产品，只有一层天花板，而且天花板很低。目前的国内价格均已顶破了天花板。由于农产品使用上具有很强的替代性，天花板效应不仅来自同类产品，而且来自替代品进口。因此玉米价格不仅受进口玉米价格影响，而且受到大麦、高粱、干木薯、DDGs等替代品进口价格天花板效应的影响（表1）。

表1　2015年我国玉米替代品进口税后价

单位：元/吨，%

产品	进口产品				价差
	到岸价	关税	增值税	进口税后价	
大麦	1 848	3	13	2 088	−102
高粱	1 782	2	13	2 054	−136
干木薯	1 486	5	13	1 679	−511
DDGS	1 895	5	13	2 249	59

注：①大麦进口主要来源国为澳大利亚，高粱、DDGS为美国，干木薯为泰国；泰国和澳大利亚为中国FTA伙伴国，上述农产品进口关税为零。②价差＝各产品进口税后价－玉米年均国内批发价格。

进口税后价低于政策性收储价，给现行政策的可持续带来了挑战。国内生产成本和价格发生了阶段性变化，同时又缺乏市场开放必需的关税政策空间，使国内市场价格低于政策性收储价格成为常态，价格支持政策失去了“低吸高出、吞吐储备、稳定市场、发挥托底作用”的运作环境，特殊情况下才启动的政策变成了永久实施的政策，库存变成了只进难出的“貔貅”，这是难以持续的。

在政策性收储价格经常性高于进口税后价的情况下，要保证收储农产品顺价销售，“边收储、边进口”“洋货入市、国货入库”成为必然结果，库存积压日趋严重。任何一个国家不可能对全世界的产品进行保护价收购和收储，这使得最低收购价和临时收储政策面临两难选择。如果要保持目前收储价格水平，库存将进一步增加，财政负担和库存损失进一步加重。过度进口和库存积压使得最低保护价收购和临时收储政策的执行成本巨大，这一成本不仅包括了收储价与市场价的差价费用，还包括库存费用、收储企业因缺乏经营动力而造成的效率损失费用、库存时间过长造成的粮食损失费用。最低收购价和临时收储价实际上是具有托底作用的成本价。市场价格信号既调节消费和需求，也调节生产和供给。如果降低目前收储价格水平，特别是如果收储价格降低到成本价之下，这将影响到产业安全的基础。

三、未来价格政策调整需要注意的问题

收储价格政策在现实条件下不可持续，必须进行调整。近两年国家对价格政策已开始采取一些改革措施，食糖临时收储办法不再实行国家收储，改由制糖企业自主储存、自负盈亏，国家仅对企业储存补贴半年利息；油菜籽临时收储政策改为地方自主决策，中央财政给予一定补助。最引人注目的是对棉花和大豆实施了目标价格补贴改革试点。这些调整和试点的效果有待实践的进一步验证，但取得的经验毫无疑问有助于三大主粮价格政策的改革。粮食价格政策调整既要保障种粮务农有效益、有积极性，又要保障生产的产品有市场竞争力、能实现价值。目前粮食价格政策调整的原则也已经明确，即市场定价、价补分离、价补统筹，但在具体落实中，需要注意把握以下几个问题。

（一）去库存与保产能、稳产量的协调问题

当前粮棉油糖大宗农产品过剩和库存积压严重，需要逐步将库存减少到合理水平。这就意味着当年供给（包括国内生产和净进口）不仅要在现有水平上有所减少、不能超过当年消费总量，而且要腾出部分空间用来吸纳释放的库存。就粮食总量平衡而言，2015 年我国粮食产量为 6.2 亿吨、净进口量 1.3 亿吨，总供给量 7.5 亿吨，而总消费量约为 6.5 亿吨。假如今后 5 年每年平均

释放库存 4000 万～5000 万吨，每年粮食消费量增加 1 500 万吨，那么“十三五”期间我国粮食年平均供给总量（生产量加进口量）需在目前的基础上减少 1 亿吨（表 2）。减少供给量需要在调减国内产量和减少进口量之间进行平衡。如果进口难以控制而继续增长，今后 5 年国内年平均产量需要在 2015 年基础上调减 1 亿吨以上。这一数量远远大于资源环境承载能力限制下的需要退出的边际产量。如果考虑科技进步等内涵增长因素带来的产量增加，1 亿吨的调减幅度和调减任务是非常巨大的。调减产量的方法：一是减少播种面积如休耕；二是高产作物调向低产作物如粮改豆；三是粮食作物调向非粮作物如粮改饲。“十三五”期间能否控制进口，对去库存、调结构能否成功十分重要。

表 2 “十三五”期间粮食供需平衡表

单位：万吨

项　目	基期	2016	2017	2018	2019	2020
消费量	65 000	66 500	68 000	69 500	71 000	72 500
库存释放量	—	4 500	4 500	4 500	4 500	4 500
生产总量	62 000	62 000	62 000	62 000	62 000	62 000
进口量	13 000	13 000	13 000	13 000	13 000	13 000
供给过剩量	10 000	13 000	11 500	10 000	8 500	7 000

从中长期来看，我国大宗农产品特别是粮食的基本供给必须立足国内，必须确保必要的国内产能。假定到 2020 年我国粮食产量稳定在目前 6.2 亿吨，需求量增加到 7.25 亿吨，我国粮食自给率为 85%。如果粮食产量下降到 5.2 亿吨，粮食自给率就只有 75%。从粮食安全的角度分析，保持与目前产量水平相当的产能，对确保我国粮食最基本供给和粮食安全十分重要。统筹考虑保障基本供给、确保农民就业增收、适应资源环境承载能力、满足气候生态多样性和合理农作制度需要等方面的因素，到 2020 年我国粮食产量应稳定在目前的水平，保持 6.0 亿～6.2 亿吨的产量。这是一个比较合理、可行、可持续的，而且是必需的产量目标①。

在当前去库存压力下，强调保产能是必需的，但产能与产量不能过度偏离。20 世纪粮食产量在 1998 年达到历史最高点，达 5.13 亿吨，之后连续 5 年滑坡，下降到 2003 年的 4.32 亿吨，2004 年开始在国家高度重视和政策支持下，经过 5 年才恢复到 1998 年的水平，整个周期是 10 年。把潜在的产能变成现实产量并非易事。近年来，由于价格支持政策的作用，进口对国内生产影

① 详见《农业贸易研究》2015 年第 9 期，“粮食安全与非必需进口控制问题研究”。

响表现为国产农产品从市场转入库存，如果不能有效消除进口影响，价格支持政策调整有可能导致对国内产能的削减。因此，在去库存的同时必须避免对国内产能的削弱，避免对我国保障大宗农产品基本供给能力的削弱。价格政策的调整要考虑如何兼顾好近期和长远的需要。

（二）价补分离与价补统筹的结合问题

粮食价格政策调整的原则是市场定价、价补分离。根据开放条件下农产品市场价格形成机制，市场定价实际上是国内市场价格与国际市场价格的并轨，国内价格实际上取决于主要出口国的商业农场的生产成本。在内外价差扩大的形势下，市场定价实际就是降价，这有助于增强国内农产品的市场价格竞争力，有助于减少库存压力、减小进口动力。但市场定价将使得国内价格低于目前的平均生产成本，这导致生产亏损和不可持续。要确保基本生产，调价带来的损失需要财政补贴来弥补。根据市场定价、价补分离原则进行改革，成功的关键在于价补统筹。

首先要区分价格补贴统筹不同的目标和性质。最低收购价和临时收储价政策既是为了保障农民最基本的收益，更是为了保障生产的稳定和发展。执行市场定价后，市场价格将在很大程度上由进口税后价决定，因而将较大幅度低于国内生产成本，或者说较大幅度低于国内大多数生产者的生产成本。因此，基于世界主要出口国生产成本上的市场价格对国内生产主要具有下调作用，国内生产稳定和发展将主要靠财政补贴来调节。

因此，价补统筹目的和性质主要有三：一是保障粮食基本产量和基本产能，价补统筹的目的主要是保证粮食生产有效益、农民种粮有动力。二是在产需结构性过剩问题突出的情况下，调整结构，价补统筹的目的主要是保证结构的经济合理性。例如“粮改豆”要保证种豆的效益与原来种植玉米的效益相当，“粮改饲”要保证种植青贮玉米与种植籽粒玉米的效益相当。三是在当前去库存压力下，合理调减产量，价补统筹的目的主要是保障产量调减后的农民收益。如开展耕地重金属污染治理、地表水过度开发与地下水超采区治理、新一轮退耕还林、湿地恢复与保护、农牧交错带已垦草原治理、东北黑土地保护等农业环境突出问题治理需要退出的边际产量。

其次要选择好补贴与生产的挂钩方式。市场定价后的财政补贴不仅仅是为弥补农民的损失，保障农民收益，而且必须保基本生产和基本产能。补贴挂钩方式主要有三种：一是与生产量挂钩，这对保障生产最为有效；二是与生产面积挂钩，由于价格低于成本，生产意味着亏损，这将导致重种不重收；三是不挂钩或单纯与耕地面积挂钩，补贴纯粹是收入保障，在大宗农产品全面过剩的情况下农民要寻找新的产业支撑十分困难。

再次要确保补贴水平与价格损失相当。任何一个产业要保持健康发展，必须具有合理的利润，其产品必须具有高于成本之上的合理价格。根据WTO规则，通过承诺的约束关税水平之内的关税保护，来保持较高的国内价格水平以支持农业，这不算入国内支持政策。但根据经济与合作组织（OECD）方法，关税保护形成的价格支持也列入国内支持范畴并计入市场价格支持（MPS）。由于中国承诺的关税水平低，关税保护空间非常有限，中国国内支持比其他缺乏基础竞争力的国家具有更重要的意义。由于进口税后价与国内生产成本差异很大，要保障国内基本生产，必须加大财政支持力度，确保补贴水平与市场定价后生产者收益相当。

我国目前玉米、棉花、大豆、糖料甘蔗的成本分别为2 077元/吨、19 074元/吨、4 564元/吨、436元/吨。美国玉米、高粱、大豆的参考价分别为918元/吨、980元/吨和1 944元/吨，棉花目标价为9 893元/吨；巴西和泰国甘蔗收购价分别为196元/吨和181元/吨，这实际上是其保障农业基本收益的成本价，也是主要出口商能接受的底价。按目前运费和我国配额外关税折合，主要出口国玉米、高粱、大豆、棉花、糖料甘蔗折合到岸税后价的底线水平分别为2 217元/吨、1 442元/吨、2 642元/吨、16 677元/吨和389元/吨，分别比我国成本低−140元/吨、635元/吨、1 922元/吨、2 397元/吨和47元/吨（表3）。

表3 部分产品进口税后价与国内成本比较

单位：元，%

产品	国外参考价	运费	配额外关税	增值税	税后底价	国内成本价	差额
玉米	918	271	65	13	2 217	2 077	140
高粱	980	271	2	13	1 442	2 077	−635
大豆	1 944	326	3	13	2 642	4 564	−1 922
棉花	9 893	649	40	13	16 677	19 074	−2 397
甘蔗	196	252	50	13	389	436	−47

注：①国外参考价是指美国玉米、高粱、大豆的参考价，美国棉花目标价；巴西甘蔗收购价。②差额＝税后底价−国内成本价。

（三）利用现有粮食购销主体与发展新主体并重的问题

粮食最低收购价政策和临时收购政策具体实施形式包括顺价销售的要求，不仅导致粮食收储企业缺乏经营动力和具有储存偏好，而且导致了阶段性变化过程中其他市场主体在这一领域的进入、发育和成长。实施市场定价政策后，面对千家万户的生产者，补贴政策的落实、粮食生产的保障和粮食市场的有效运营离不开现有购销主体作用的发挥和新的主体的成长。统筹考虑保障种粮务农效益、保障产品市场竞争力、发挥新老市场主体作用，可在继续目标价政策试点的同时，探索采取“稳定一头、放开一端”的思路改革粮食价格政策。基于保障基本产量，以高于国内生产成本的价格对三大主粮进行收购，保障种粮农民收益和种粮积极性；引入竞争机制扩大收储企业范围，在发挥现有购销主体作用的同时吸纳、培育、发展新的主体，提高企业经营活力动力和效益；放开收储企业收储粮销售，由市场决定价格，与进口同类产品和替代产品在市场上开展竞争；根据市场价格与收购价格的价差以及收购数量，财政对收储企业进行价差补贴或市场价格损失保险补贴。

价格政策改革必须与其他政策措施配套。在内外竞争力和成本差距凸显、正常的关税等政策空间缺乏的情况下，应更加积极有效应用贸易救济等应急措施，有效控制进口增长。

（倪洪兴、吕向东、刘启正、马建蕾、王丹，2016 年第 9 期）

2017年农业政策与粮食安全国际研讨会观点综述

2017年10月26日，由贸促中心与经合组织（OECD）、联合国粮农组织（FAO）、国际贸易与可持续发展中心（ICTSD）联合主办的2017年农业贸易政策国际会议在北京举行。本届会议探讨了全球粮食安全形势以及多边贸易体制改革对粮食安全的影响，并重点就中国农业可持续发展、农业供给侧结构性改革等问题进行讨论。现将会议主要观点汇总如下：

一、关于世界粮食安全形势及面临的挑战

粮食安全问题是国际社会关注的重要议题。世界粮食安全面临的风险和不确定性持续存在，环境约束、气候变化、人口增长、城镇化等也为粮食安全带来了新挑战。

（一）世界粮食安全依然面临严峻挑战

过去几十年，得益于技术创新、劳动生产率大幅提高和农产品贸易快速发展，世界粮食安全取得了巨大进展。但粮食安全的基础依然薄弱，粮食危机始终没有根除，饥饿和营养不良问题依然严峻。目前全球仍有近8亿人口生活在饥饿和营养不良困境中，与20世纪70年代情况大体相当。

从粮食不安全的国别构成看，发展中成员面临的粮食短缺挑战更为突出。据世界银行和FAO统计，1996年以来全球粮食净进口国家增加了16个，全部是发展中成员；长期遭受饥饿和营养不良的8亿人口绝大部分生活在发展中国家。发展经济、减少贫困、实现粮食安全是广大发展中成员的热切愿望和迫切任务。

（二）粮食安全需侧重于减少贫困和改善收入分配

FAO高级经济学家Lorenzo Bellu认为，粮食安全包含两方面基本要素：一是粮食的可及性，即是否有充足而稳定的粮食供给；二是粮食的可获得性，即是否所有人都能够买得起粮食。从粮食的可及性分析，世界粮食供给中长期增长稳定。FAO即将发布的《世界农业展望（2030—2050）》显示，2050年

世界粮食产量与2012年相比将增加50%；粮食价格在2030年之前基本保持稳定；粮食贸易将随生产增长呈现稳定增长趋势，不会出现急剧膨胀。粮食的可获得性是今后全球粮食安全面临的主要挑战。各国应该更多地实施以改善收入分配、减少贫困和增加低收入群体收入水平为目标的政策措施，以提高他们对食品的支付能力。他同时强调，尽管全球粮食供给增长稳定，但仍需关注人口增长、气候及环境变化、技术进步、贸易波动等对粮食生产的影响。

（三）强化消费、生产和市场三个层面的公共政策以改善粮食安全状况

OECD农业贸易政策司高级经济师Frank van Tongeren认为，消费侧改革对粮食安全意义同样重要，政府需要通过税收等方式改善消费类型，引导具有可持续性的生活方式。生产方面，一是要加强风险管理，应对未来可能发生的灾害、气候变化等自然风险和市场波动风险。在此过程中，最重要的是明确政府、公司和农民等不同主体的责任边界；二是要提高可持续劳动生产率，更加关注农业创新体系。市场方面，要提高农产品市场监管规则的协调性和一致性，使农业生产从种子到最终产品都可以自由流动。

二、关于贸易与多边贸易体系对粮食安全的作用

贸易是解决全球粮食安全问题的重要途径，农产品贸易规则是确保全球贸易有序发展的保障。国际农产品贸易规则如何既能保障贸易增长，又能促进全球粮食安全受到普遍关注。

（一）贸易有助于农产品在全球范围内的流通和有效分配，促进粮食生产和提高农业生产率

OECD高级农业政策分析师Jared Greenville认为，2000年以后，随着全球价值链的发展和自由化推进、农产品关税和扭曲贸易的国内支持下降，国际农产品市场与20世纪90年代相比呈现新变化：一是全球农产品贸易快速增长；二是贸易增长带动农业生产快速发展；三是国际农产品价格总体上呈波动上涨趋势。今后一段时间粮食贸易量与产量之比将继续稳定在十分之一左右，贸易仍将是各国，特别是低收入国家平衡粮食供需矛盾、解决粮食安全问题的重要工具。

（二）WTO多边贸易规则对改善全球粮食安全作用积极，但仍需进一步改革

Jared Greenville认为，乌拉圭回合农业贸易规则一定程度减轻了贸易限

制和贸易扭曲对农产品市场的不利影响，2015年内罗毕部长会议达成了取消出口补贴的协议，这些成果对全球农产品贸易发展带来非常积极的影响。但是这些规则还很不完善：一是扭曲贸易的国内支持仍占很大比重，OECD国家2000年以后对生产者的支持大幅下降，新兴国家支持水平快速增长；二是国营贸易、粮食援助、出口限制等方面的规则还不清晰完善，均在阻碍贸易和抑制生产。

贸促中心副主任徐宏源认为，乌拉圭回合《农业协定》最大的贡献在于将贸易政策改革与国内农业政策改革相结合，在市场准入、国内支持和出口竞争领域建立了规则约束。这不仅为各成员提供了一个改善贸易政策的框架，而且为其国内农业政策确立了一套行为准则，增强了贸易的可预见性，改善了粮食市场状况。但《农业协定》未能实质性改善发展中成员市场准入条件，发展中成员与发达成员间在市场准入、国内支持、出口补贴等方面存在严重的不平衡，对发展中成员生计型小农的特殊性和特殊关注没有充分考虑。

（三）改革完善农产品多边贸易规则有利于保障全球粮食安全

与会专家强调进一步改革完善多边贸易规则、减少扭曲，对保障世界粮食生产、提高农民收入和福利具有积极意义，但对下一步如何改革存在较大分歧。

Jared Greenville认为，推动多边贸易体制改革需要发达成员和发展中成员共同努力。在多边贸易体制下，发展中成员和发达成员共同改革，发展中成员将从中受益更多；如果仅发达成员做出改革，效果将特别有限。从全球价值链角度分析，各成员都进行改革会使中间产品贸易大幅增加，发展中成员也将更多受益。ICTSD专家Jonathan Hepburn认为，下一步WTO农业谈判应该对所有成员总的扭曲贸易支持设置同一个上限，共同减少贸易扭曲；同时要重视粮食收储问题、提高透明度以提升全球粮食安全水平。

徐宏源认为，当前全球粮食安全主要是发展中成员的粮食安全问题。WTO多哈农业谈判截至目前取得的一系列共识及谈判结果中，对发展中成员粮食安全关注予以了一定考虑和体现。未来谈判应从推动解决发展中成员粮食安全的角度出发，针对不同类型发展中成员面临的挑战，继续履行多哈发展授权，给予发展中成员切实有效的特殊差别待遇，推动建立公平的和以市场为导向的农业贸易体制。

三、粮食安全问题的中国经验、对策和农业供给侧结构性改革

作为最大的发展中成员，中国以不足世界1/10的耕地生产了世界1/4的

粮食，养活了世界 1/5 的人口，成功解决粮食安全问题。目前粮食生产条件持续改善，粮食安全基础更加牢固。中国不仅自己解决了吃饭问题，还在努力帮助其他国家解决吃饭问题，是维护世界粮食安全的积极力量。

（一）中国解决粮食安全问题为国际社会提供了重要经验

改革开放近 40 年，中国从自身农业资源禀赋和农业生产实际出发，努力探索出了一条符合中国国情的粮食安全之路，即坚持以我国为主、立足国内，同时充分利用国际市场和资源。中国粮食产量和消费量大约占世界粮食产量和消费量的 1/4，粮食需求具有很强的刚性，我国的饭碗必须牢牢端在自己的手上。中国的粮食供给不可能大量依赖国际市场。国际粮食贸易数量有限，全球贸易量每年 3 万吨左右，尽管世界粮食生产仍有较大增长潜力，但国际贸易不足以为中国提供稳定而充裕的粮源。中国在国际粮食市场上的“大国效应”明显，中国粮食安全政策的选择必须考虑其他发展中成员的粮食安全需要。

北京大学中国农业政策研究中心黄季焜教授认为，中国农业在过去 40 年取得了快速发展，年均增长率达到 4.6%，农村贫困人口显著下降，粮食安全水平大幅提升，主要是依靠制度创新、技术进步、市场改革和农业投入四大驱动力。

（二）保障中国农业产业健康发展，维护粮食安全需要处理好国内生产与进口的关系

中国农业基础竞争力不足，与主要农产品出口国竞争力差距持续存在。在市场开放的情况下保障中国农业产业健康发展、维护粮食安全，一是要注意确保适度进口，二是要注意加强对小农合理支持与保护。中国要在 WTO 规则允许范围内，不断调整完善农业支持政策体系，切实加强对小农的支持；同时需要根据 WTO 赋予的权利，在国内产业受到损害和损害威胁时，及时启动“两反一保”贸易救济措施，确保中国保障粮食安全的基本能力不受影响。

黄季焜认为，中国农业过去 40 年高增长模式引起了一系列问题，目前已经难以持续。中国今后要进一步加强贸易在解决粮食安全中的作用。据测算，到 2030 年大约 9%的食物需要依赖进口，这相当于帮助中国节约大概 35%～40%灌溉水，节省 49%种植面积，对保障粮食安全具有重要意义。

（三）推进农业供给侧结构性改革，保障中国农业可持续发展能力

国务院发展研究中心农村研究部部长叶兴庆认为，中国农业发展目前面临国内外成本倒挂、资源环境超载、发展动能衰减三道坎。农业供给侧改革要沿

着三条主线推进：一是提高农业竞争力。深化流通体制改革，降低农产品价格；推动适当形式的土地流转，扩大经营规模、降低成本。二是提高农业可持续发展能力。加大农业突出环境问题治理，调整种植业、养殖业生产方式，促进种植业和畜牧水产边际产能退出。三是要培训农业农村发展新动能。从人、地、钱三方面着手，培养农业人才、为农村一二三产业融合发展提供保障用地，建立农业信贷担保体制、鼓励资本下乡等。

黄季焜认为农业供给侧结构性改革关键是要解决好政府和市场的关系。未来中国应继续将制度创新、技术进步、市场改革、农业投入作为引擎，推动实现农业可持续发展。

OECD 农业与贸易司分析员 Silvia Sorescu 认为，中国目前对农业的生产者支持为农业总收入的 6%左右，与 OECD 国家支持力度相当。支持结构中，对市场产生扭曲作用的生产者支持比重偏高，一般性服务支持和直接补贴占比不断下降。未来中国应该加强对一般性服务支持力度，对农业补贴更多体现绿色发展理念。

（四）中国农业政策改革应注意对世界市场的影响

FAO 经济学家 Holger Matthey 认为，鉴于中国是农业生产和贸易大国，农业政策改革的时点、速度和顺序非常重要。改革应最大程度减少对农民收入、粮食安全和世界市场的不利影响。OECD 分析师 Shingo Kimura 同样认为，中国政策改革对国际市场会产生较大影响，影响程度取决于具体补贴方式和公共储备政策的变化。中国农业改革次序非常重要，必须是渐进的、可预测的，这不仅对中国非常重要，对世界粮食安全也至关重要。

（邢晓荣、施展、霍春悦、王占禄，2017 年第 10 期）

从美国诉我国农业补贴案看我国农业支持政策调整

美国起诉我国三大主粮的国内支持政策违反我国入世承诺和WTO规则案，预计WTO将于2018年9月裁定。该案因影响巨大而广受WTO成员关注。如果裁定我国相关政策违反WTO规则，那么我国农业政策应怎样调整才能既符合WTO规则，又能较好实现农业发展的目标呢？

一、案件背景

WTO《农业协定》主要包括国内支持、市场准入、出口竞争等规则。国内支持规则旨在规范成员对国内农业生产的支持和补贴行为；市场准入规则旨在规范成员的进口保护行为，主要是约束农产品关税；出口竞争规则主要是限制出口补贴等行为。

2016年9月13日，美国提出中国政府2012—2015年对小麦、大米和玉米的国内支持水平超过了中国入世承诺，违反了WTO规则。按照WTO争端解决机制程序，中美双方随后在日内瓦WTO总部进行了磋商但未取得一致。2017年1月美国向WTO提出申请，要求成立专家组审理此案，专家组于6月成立。2017年下半年中美双方均递交了第一次书面陈述，专家组于2018年1月和4月举办了两次听证会，中美双方进行了辩论，2018年9月专家组将裁定该案。由于本案涉及WTO相关规则的法律解释，并对未来规则的执行具有潜在的系统性影响，受到了WTO成员的广泛关注，共有27个成员，包括欧盟、日本、澳大利亚、印度、巴西和印度尼西亚等申请作为第三方参与案件。

随着案件审理的深入，美国又对所诉政策的时间从2012—2015延续到2015年以后，范围从诉三大主粮价格政策扩展到所有支持政策，所诉对象甚至包括了近年我国中央1号文件。该案将中国农业政策用放大镜展示在世人面前，让所有成员进行评论并予以监督。受其影响，我国今后农业支持政策创设将面临更大挑战。

二、被起诉的原因分析

我国农业基础竞争力不强，主要体现在农户规模小、单位农地面积供养人口成本高，小规模也使我国在农业生产技术革新、管理和产业链发展等环节上与发达国家存在巨大差距。此外，我国农业在一定程度上还承担了农村社会保障的功能，也进一步限制了农业竞争力的提高。国际竞争力不强的农业更需要在市场开放过程中加大支持和保护，但与其他 WTO 成员相比，我国在农业国内支持、市场准入、出口竞争等三方面的政策空间均明显不足，限制了我国农业政策创设。

国内支持方面，我国主要是“黄箱”空间小。WTO 根据对生产和贸易的扭曲程度不同，将农业国内支持政策分为“绿箱”、“黄箱”和“蓝箱”。“绿箱”政策指对生产和贸易没有影响或影响微弱的政策，不受限制。“黄箱”政策指对生产和贸易有直接扭曲作用的政策，包括价格支持、挂钩的直接支付、投入品补贴和投资补贴等，WTO 各成员可在受到数量约束的“黄箱”综合支持量（AMS）及微量许可（发达成员 5%，发展中成员 10%，中国 8.5%）水平下使用“黄箱”补贴，即“黄箱”政策的使用有上限约束。美、欧、日等成员除了微量许可外，分别有 191 亿美元、722 亿欧元、39 729 亿日元的每年度的 AMS 支持空间，可补贴任何产品不受限制。从实际补贴情况看，2010 年美、欧、日和中国农民人均补贴分别为 59 073 美元、11 674 美元、9 937 美元和 306 美元。“蓝箱”政策是黄箱政策特例，以限产为前提，不限制使用。WTO 同时为发展中成员设置了“发展箱”，内容包括提供给低收入资源匮乏农民的投入物补贴和结构调整补贴（这类补贴属“黄箱”范畴），补贴数量不受限制，但中国这类补贴必须计入 8.5%的微量许可予以限制。

市场准入方面，我国主要是关税水平低。关税政策是弥补本国基础竞争力不足，确保公平竞争的最有效措施，通过征收必要的关税，可以克服国与国之间因为资源禀赋而存在的基础竞争力差距。世界农产品平均关税水平为 62%，我国仅有 15.1%。瑞士、日本、美国、欧盟、印度农产品平均关税分别为 85%、42%、11%、23% 和 114%，最高关税分别为 1 909%、1 706%、440%、408%和 300%，且关税形式复杂。美国作为农产品出口强国，其食糖和乳品关税分别高达 185%和 139%。日本稻米、乳品、食糖等关税为 778%、661%和 346%，水果、蔬菜平均关税虽不足 10%，但其以配额和技术性贸易壁垒调控进口，视国内供需形势灵活调节。美、欧、日、韩等成员都拥有相当数量的重要农产品使用因进口量过快增长或进口价格过低时而自动提高关税的特殊保障措施（SSG）的权利，从而可有效保护其国内产业免受进口冲击。

出口竞争方面，我国承诺取消所有形式出口补贴。

从国际经验看，综合利用国内支持、市场准入和出口竞争措施确保国内农产品市场稳定和农业产业健康发展是世界各国的通行做法。由于我国农产品关税水平低，又不能使用农产品特保等措施，保障国内农业健康发展只能更倚重于农业国内支持政策。然而，缺乏有效关税、特保等边境措施相匹配的国内支持政策本身效果就受到制约，加之我国黄箱空间的不足，导致了个别产品价格支持可能突破特定产品微量许可水平。不少发达成员之所以可以拥有大量的农业补贴而没有违反 WTO 规则，原因在于这些成员除了有效的关税、特保等边境措施之外，还拥有可供使用的且数量可观的 AMS 政策空间，只要某个产品的“黄箱”补贴超过微量许可限制，该补贴就会被自动计入 AMS，从而轻松解决“破箱”问题。因此可以看出，美国起诉针对的是我国农业“黄箱”政策空间不足的弱点，而不是真正意义上的农业支持过高扭曲了贸易。这也警示我国需要在未来多双边农业贸易谈判中加强对政策空间的保护。

从战略意图角度分析，美国起诉我国国内支持政策的用意，总体上是服务其遏制中国崛起的战略需要。美国意在通过诉讼向世界证明中国是一个不守规矩的国家，难以引领国际规则的制定。同时，三大主粮涉及中国粮食安全，是中国农业的根本和稳定的压舱石，挑战中国三大主粮补贴政策将对中国农业产生巨大影响。与此同时，美国的起诉也符合其现实利益需要。就多边而言，美国在 WTO 农业谈判中一直面临来自其他成员要求其削减国内支持的压力，起诉该案可将中国引向谈判的漩涡中心，从而极大地缓解其谈判压力。就双边而言，通过对中国施压扩大其农产品对华出口。

三、我国农业政策调整方向

入世以来我国农业补贴逐步增加，在总补贴中“黄箱”的占比也呈上升趋势，但农业总体补贴水平并不高。按照我国向 WTO 的通报，2010 年我国非特定产品“黄箱”政策空间利用率不足 20%，尚有较大“黄箱”政策空间可以使用，但近几年个别特定产品存在突破微量许可上限的风险，美国诉中国三大主粮案正是着眼于此。如果 WTO 裁定我国农业支持政策违反了 WTO 相关规则，作为负责任大国，我国对相关农业政策将不得不进行调整，这些政策主要是特定产品“黄箱”政策。与“绿箱”政策相比，“黄箱”支持政策具有针对性强、效率高等特点，在政策效果上能起到“四两拨千斤”的作用。从我国国情看，现阶段政策的调整方向应重点考虑“黄箱”和“蓝箱”。

（一）“黄转绿”有可能削弱政策效果

从我国国情看，农产品供给压力将始终存在，补贴政策需要与生产挂钩才能最具效果。“黄箱”政策对生产刺激效果明显，而“绿箱”投入实现政策目标需要财政投入更大且周期更长。少数发达国家在外界压力下对部分“黄箱”政策转“绿箱”有较成熟的条件：一是长期的补贴形成了成熟和相对稳定的产业结构；二是高额的补贴保证其政策效果基本不减弱；三是仍保留了大量的“黄箱”（欧盟占比约 20%）。此外还有相匹配的关税、特保等边境措施保护国内产业。由于发展阶段所限，发展中国家不可能拿出大量的资金补贴农民。我国是 21 世纪初才取消农业税和对农民发放补贴，补贴时间短且人均水平低。在国家财力允许的情况下，可继续加大“绿箱”投入。如果短期内大幅增加农业投入有难度，只是对现有可能违规的“黄箱”政策进行调整，则应继续选择“黄箱”类政策，争取政策效果不减弱。

（二）完善“黄箱”政策使其符合 WTO 规则

与发达国家相比，我国农业补贴水平不高，要发挥有限补贴的最大效率，用好用足“黄箱”是政策选择的必然。对部分现有可能突破特定产品微量许可承诺上限的政策，通过适当调整就能符合 WTO 规则，比如对大米等产品的最低收购价政策，只要事先公布合适的收购量就能保证补贴水平不突破约束上限。当然，限定收购量也可能产生一定的负面影响，可以考虑设计一些其他政策予以弥补。

（三）部分政策“黄转蓝”可能是最优选择

“蓝箱”政策主要侧重于限产计划下的差额补贴，不限制使用。目前，我国存在突破特定产品微量许可风险的产品主要是棉花、水稻等大宗农产品。我国对棉花支持主要集中在新疆，而新疆棉花等大宗农产品种植面临水资源约束。因此，对新疆棉花支持政策可以采取“蓝箱”政策，即以本区域现有产量的 85%为限产目标，具体内容上可基本保持目前新疆棉花目标价格政策内容不变。我国从 2018 年开始调减东北地区水稻种植，对东北水稻支持政策可以探索“黄转蓝”试点。农业支持政策的“黄转蓝”不仅可解决“破箱”问题，还可腾出黄箱支持的政策空间。

（徐宏源，2018 年第 3 期）

2019年农业贸易政策国际会议观点综述

2019年12月1—2日，农业农村部农业贸易促进中心与联合国粮食与农业组织（FAO）及经济合作与发展组织（OECD）在京联合举办第11届（2019年）农业贸易政策国际会议。会议以“农业贸易与乡村振兴国际会议”为主题，围绕当前全球农业贸易和中国乡村振兴战略重点关注，就农业贸易、粮食安全、技术创新及乡村振兴热点问题展开交流讨论。主要观点如下。

一、国内外农产品贸易发展及趋势

（一）入世以来中国农业贸易的发展成就及未来发展方向

农业农村部张桃林副部长指出，新中国成立70年来特别是入世以来，中国奉行互利共赢的开放战略，全面开放农产品市场，深度融入世界农业发展，农产品贸易稳定发展，为丰富国内市场、促进农民增收作出了积极贡献；农业贸易大国地位显著提升，在世界市场中影响力不断扩大；国际市场空间不断拓展，贸易伙伴趋于多元；“一带一路”农业合作步伐加快，目前中国已成为全球农业最开放的国家之一。未来农业贸易发展，要清醒地认识到中国农业人多、地少、水缺，农业小规模经营、农业基础竞争力相对不足的基本国情，认识到大宗农产品生产成本与世界主要出口国存在较大差距的客观现实。今后要进一步推动中国农业贸易政策向更加适应世贸规则、更加有效支持农业发展、更加有力促进农民增收的方向调整。一要挖掘农业对外开放潜力，积极、稳妥、有序地扩大农业对外开放；二要加强与各国的涉农政策协调，共同促进农业贸易调整更加便利；三要积极参与世界农业贸易规则制定，促进形成更加公平合理的农业国际贸易秩序；四要用好超大规模市场优势，促进农业贸易与相关领域协同发展，推动农业领域的双向投资和农业贸易投资一体化。

（二）当前国际农业生产、农产品市场状况及挑战和改革方向

OECD贸易与农业总司数据与模型分析司Frank van Tongeren认为，总

体上，过去20多年世界农业生产持续增长，但农业贸易增长更快；粮食价格波动变化，目前呈下降趋势；农产品贸易关税持续缓慢下降。OECD成员整体生产者支持（PSE）水平下降，12个新兴经济体近十年间呈现增长。1992—2002年间随着农业生产率逐渐上升，粮食价格呈现上升但随后以大幅度下降的趋势；2002—2012年价格水平出现整体上升。贸易方面，亚洲的贸易增长趋势更明显且增幅更大，南南贸易总量持续增长而北北贸易小幅收缩。全球价值链（GVCs）日益扩展促进了农业贸易发展，带动了农业与其他产业间关联不断加深，同时有利于创造更高的农产品附加值。而各国不断增多的非关税措施，增加了出口成本，给农业贸易带来负面影响。OECD对53个国家的测算显示年度农业支持开支超过7 000亿美元，总量规模非常大。其中75％是对生产者个体的支持，只有15％用于支持服务。支持保护水平非常高的国家包括挪威、日本、韩国、瑞典等，中国农业支持在各国中处于中间位置。

（三）关于贸易政策上的“有所为”（Dos）和“有所不为”（Don'ts）

国际食物政策研究所（IFPRI）所长樊胜根博士指出在“有所不为”（Don'ts）方面：一是贸易的限制，多年实例表明贸易禁令未必能实现禁运或稳定国内供应预定目标，反而可能诱发贸易转移和国内价格波动扩大。二是利用关税措施限制进口，以实现国内自给自足。实践中高关税侵蚀了消费者，特别是贫困消费者的福利，造成贫困、营养不良，恶化粮食安全形势。三是人为隔绝国内国际市场价格，结果是削弱了各国之间互相调剂缓冲，导致国际市场的价格持续波动。四是对生产资料的补贴降低了资源配置效率，并可能造成环境恶化。五是国家储备不仅成本巨大，储备释放不当又加剧了国内和国际市场的波动。关于“有所为”（Dos）：一是利用公共政策调节价格使其真正反映资源外部效应的所有成本，建议对不可持续和不健康的食品或生产方式进行征税。二是完善补贴政策，支持生产有机环保产品，支持环保减排的生产方式。三是改革国际贸易体制，应把气候变化、温室气体排放等纳入未来农业国际贸易规则之中。发展中国家须充分参与未来的贸易改革之中以制定一套全世界公认的规则。四是农业科研要同时关注主粮生产、健康营养、气候变化和资源保护。

（四）关于进口多元化

农业农村部农业贸易促进中心杨静博士介绍，进口多元化的意义在于拓宽国际供应渠道，保障和稳定部分农产品供给，是应对国际市场波动、降低进口依赖集中度、化解贸易风险的必然选择。中国农产品进口为平衡货物贸易逆差、丰富国内市场选择做出了巨大贡献，但进口市场整体呈现产品、国别集中度均较高的趋势。目前国际农产品市场贸易及生产增长还有进一步发展的潜力，在扩大进口的同时要推动贸易和双向投资有效互动和协调发展；在继续深耕传统市场的同时要着力深化“一带一路”国家贸易合作；逐步增加自贸签订伙伴国提升新兴市场和发展中国家外贸占比；综合考虑相邻国家市场规模、贸易潜力等因素调整国际农产品贸易合作模式。

二、农产品市场动态及对粮食安全的影响

（一）关于中国农业贸易对粮食安全的影响

南京农业大学朱晶教授认为，中国现已成为全球农产品贸易大国和最大农业进口国，同时出口迅速增加。但中国人口规模巨大，不可能依赖国际市场保障粮食供应。政府对内要通过完善农业支持政策，利用价格和收入支持政策保障农民收入、推进机制创新扩大经营规模、推广技术创新提高产量降低生产成本；根据国情准确定位国际市场依赖度，在提高利用国际市场水平，国内政策在关注国内发展和需求等目标的同时与国际法、国际贸易规则等接轨；积极参与 WTO 规则制定和改善多边框架；通过创新提高竞争力更好地进行国内外市场布局并不断提高全球市场利用率。

（二）关于全球棉花市场状况

FAO 贸易市场司高级经济学家 Georgios Mermigkas 指出，近些年全球纺织服装行业原料结构性变化显著。目前人造纤维占 72%，棉花只占 26%～27%，主要原因在于棉花成本。在价格上，过去 30 年间服装生产成本持续上升而服装价格水平相对平稳，进而抑制了棉价，中期展望显示未来 10 年棉花真实价格将继续下降。国际棉花市场整合和集中的趋势明显。各国政府对棉花种植补贴支持政策总体呈波动下降趋势。

中国农业大学田维明教授指出，全球棉花加工和贸易高度集中，是各国根据比较优势进行产业调整的结果。中国棉纺织业比较优势逐渐减弱，国内棉花生产趋于稳定甚至有所下降，同时棉纺织业出现向内陆和境外转移趋势。棉花种植成本上升但纺织品价格趋稳，压低了落后发展中国家的棉花生产收益，造成国际收益分配不公。中国应根据自身比较优势调整棉花和纺织业发展政策。WTO 多哈回合棉花谈判应以降低全球棉花市场扭曲程度为目标，为发展中成员，特别是欠发达棉花生产国营造有利的多边框架。

（三）关于非洲猪瘟的贸易影响分析

FAO专家Mischa Tripoli认为，中国生猪饲养占世界50%，非洲猪瘟对中国和整个世界肉类市场都造成重大损失。2019年第三季度中国肉类生产下降1 000万吨，减少42%，2019年度产量降低20%，预计2020年及以后还会持续下降。中国猪肉供应压力明显，肉价短期内快速增长，需进一步提高生产效率，同时加强疫情防控措施并通过进口满足部分消费需求。非洲猪瘟还涉及饲料供应，中国大豆和油籽进口波动，大麦和高粱进口整体下降。FAO模型预测在产量下降50%情况下需三年才能恢复到正常供应。生猪养殖规模下降还对重要制药原料肝素供应造成影响，未来生物安全水平更高的生猪饲养模式可能得到推广。

三、农业贸易政策评价

（一）关于农业支持政策

同济大学程国强教授提出了三个衡量国内支持政策的新概念，即总体国内支持（TADS，包括WTO规则之下约束和非约束性国内支持政策）、特定产品支持补贴（TSSP，包含涉及粮食安全、小农生计安全的特定产品蓝箱、黄箱补贴）和国内支持强度（IDS，包括单位农业产值国内支持强度、单位面积国内支持强度和农业人均国内支持强度）。对比发现中国国内支持总量世界最高但人均国内支持强度最低，同时中国农业支持以“绿箱”补贴为主，扭曲性国内支持水平较低。程国强认为现有WTO规则存在内在的不平衡，并建议改革WTO规则，更加关注粮食安全问题，尤其保障人口大国和资源稀缺国家粮食安全，更多关注发展和实施联合国2030年可持续发展议程。

OECD贸易与农业总司Florence Bossard女士介绍，OECD建立了多元政策整合量化分析工具，综合考虑纳税人、消费者和个体生产者间的交换机制和政府对消费者、生产者和一般服务支持，估算政府农业支持政策对农业整体促进作用。OECD认为，中国现行市场价格支持具积极意义，但市场价格支持也存在消费者税负增加、效率低下、环境破坏等风险。中国农业支持预算支出连年增长，农民15.3%净收入来自国内和贸易政策支持。消费者隐形赋税重、对公共产品投入水平低在中国和其他新兴经济体中普遍存在。各国政府应通过加大价格体制改革、增加对公共产品投入等为农业发展创造更有利的环境。

国务院参事、中国农业大学何秀荣教授指出，中国是人多地少的大国，必须保证基本农产品供给，负起粮食安全大国责任，否则就是向世界输出压力。中国农业经营规模小，农业比较效益相对在衰落。为保供给和增加农民收入，政府必然给予农业支持，但在政策选择上面临两难：公共产品形式的绿箱政策难以直接提高农民收入，黄箱政策可增收却面临规则限制。中国政府努力通过农业改革尤其是改革中国土地制度、土地流转制度以扩大经营规模提高农业竞争力，减少农业补贴、改善生态任重道远，需要相当时间才能有较好改观。

（二）关于粮食安全公共储备和特殊保障机制

FAO 贸易市场司高级经济学家 Georgios Mermigkas 指出，比较印度、巴西、突尼斯、马里、欧盟等经济体使用的采购和分销政策工具时发现，实施公共储备难点在于制定有关储备库存采购方式、库存规模与库存释放及库存产品出口的具体政策。关于特殊保障机制，103 个发展中国家 20 世纪 80 年代以来都经历了农产品进口大幅增长，进口激增现象一般发生在价格上涨时期，激增认定以数量激增和价格下跌两指标为基准。建立特殊保障机制是具有维护市场环境重要意义的理性之选。

（三）关于非关税措施

农业农村部农业贸易促进中心谢众民博士介绍了技术性贸易措施对我国农产品出口企业的倒逼效应。随着全球关税水平不断降低，以技术性贸易措施为代表的非关税壁垒对国际贸易影响加深，成为影响中国农产品出口主要障碍。利用 Melitz 异质性企业模型对技术性贸易措施的量化分析显示，在进口国技术性贸易措施压力下，出口企业平均技术水平得到提升。利用中国技术性贸易措施调查数据库和中国税务调查系统数据库数据进行实证分析得出，当出口企业遭遇国外技术性贸易措施影响时，企业增加其研发投入的可能性扩大；最大残留限量及美欧日技术性贸易措施对中国农产品出口企业研发投入影响显著；国外技术性贸易措施首先“倒逼”了农产品出口企业增加其研发投入，再“倒逼”了这部分企业技术水平提升。

四、农业发展与技术创新

（一）关于从政策上推动农业创新

OECD 专家 Shingo Kimura 介绍了 OECD 对中日韩三国的政策评估结论，

认为加强农业创新关键在于是对创新系统的管理。农业创新越来越依赖于在农业之外的技术发展，创新本身是高度互动过程和不同因素间相互协作的结果，包括农业、私营部门、政府部门、研究机构，因此政策目标不能局限于知识创造，要培育有利的政策和市场环境，鼓励农民和产业采用新技术。中国已是最大研发公共投资者，建议向私营部门开放，允许私营部门间分担更多研发责任，同时还应加强农业创新国际协作。关于农业创新政策改革方向，OECD 国家评估认为，其一是政策驱动从供给型向需求型转变，以解决生产者面临的约束和拓展经营机会为目标；其二是农业政策从产业专向性向全局性政策转变，期间需考虑到农业与其他产业互动的重要性，通过政策把农业部门和其他行业紧密结合。

（二）关于信息通讯技术在农业中的应用

中国农科院孙坦副院长认为，计算机视觉与表型技术是连接农业和计算机科学的重要枢纽和技术应用重点，目前研究重点集中在计算育种和精准农业上。目前中国农科院表型分析主要包含技术任务，如对穗、叶进行计数，羽翼分割任务，对羽翼实体进行图像级别上识别及分类三类任务等。已开展的机制化数据采集产品包含苹果、柑橘、茭白和生猪，通过大数据建模未来可实际应用于产品品质检测、健康预警、采摘机器人开发。在技术创新和落地应用上，玉米植株株高和节间距分析、胚芽面模式认识、苹果分级和自动测产、生猪健康监测预警和精准饲喂已取得良好效果。

（三）关于电商在农业领域的发展

阿里巴巴集团国际政府和公共事务总监罗琳介绍了通过推进电商世贸平台（eWTP）建设发展跨境贸易的经验。2016 年阿里巴巴集团提出了 eWTP 倡议，并与马来西亚、泰国、卢旺达、埃塞俄比亚政府开展合作。借助电商平台，泰国的大米和榴莲及卢旺达的咖啡豆对华出口都取得了良好效果。建议政府间加强合作，完善跨境电商基础设施、改善和创新监管服务并鼓励中小企业发展促进包容性全球贸易发展。

五、推进乡村振兴及国别经验

（一）关于脱贫攻坚和乡村振兴

农业农村部农村经济研究中心宋洪远主任认为，脱贫攻坚是中国政府为全面建成小康社会做出的重大决策，主要目标是实现“两不愁三保障”；实现脱贫目标要坚持因人因地、因贫困原因和贫困类型施策；要着力解决扶持谁、谁来扶、怎么扶、如何退的问题；要实施发展产业、易地搬迁、生态补偿、发展教育以及社会保障兜底脱贫工程；要做到“精准扶贫”，确保2020年底打赢脱贫攻坚战。在政策走向上，要聚焦深度贫困地区，同时解决脱贫攻坚的新矛盾和问题，并防止和减少返贫问题。乡村振兴战略可概括为五方面内容：要走中国特色社会主义乡村振兴道路；乡村振兴总目标是实现农业农村现代化；以农业农村优先发展为总方针；以产业兴旺、生态宜居、乡风文明、治理有效、生活富裕为总要求；以城乡融合发展的体制机制和政策体系为乡村振兴的制度保障。目前乡村振兴的制度框架和政策体系已基本形成。未来在政策上要促进脱贫攻坚与乡村振兴的战略衔接，实现从脱贫攻坚到乡村振兴的战略转变。

（二）关于全球视角下的乡村振兴

浙江大学中国农村发展研究院院长陈志钢教授列举了美、欧、法、德、日、泰乡村振兴政策亮点及启示，认为中国正处于经济转型关键期，国家层面提出乡村振兴具有重要战略意义。他提出“城乡融合经济”概念，提倡把乡村经济和城市经济放在平等位置以实现整体经济的包容性和可持续发展。应把乡村经济构建成城市经济平等发展伙伴，解决城乡二元经济结构造成的发展不均衡问题；树立全球视角积极参与农业农村发展相关国际标准制定；更多关注和反映农村居民需求，把发展地方产业融入到国家多元化产业体系中，与可持续发展的经济基础对接，在国家和全球变革中主动寻求和扩大地方发展机遇，赋予地方社区和地方政府权利，通过跨界（级别）和跨部门合作促进乡村振兴。

（三）关于韩国农村发展经验

韩国农村经济研究院金容烈博士介绍了韩国农村产业政策，主要包括农村产业促进、创建产业集群、本地复兴三部分。近年农村产业政策升级为区域性农村产业聚合政策，注重建立个体商业间网络联系，实现区域性发展。利用区域性社交网络联系形成商业生态系统，低廉的地价、完善的基础设施，使更多企业从城市走向农村。农村聚合产业发展中具有地方资源特色的生产活动已深入产区。合作网络发展还有助于提高当地产业竞争力。农村产业政策需通过农村区域化产业集聚，从而形成地方特色产业龙头企业的区域性网络。农村产业政策需鼓励地方提高自我监管和区域创新能力，鼓励振兴区域内上下游产业实现平衡发展。

六、未来关注重点

农业农村部农业贸易促进中心张陆彪主任提出，当前国际社会需重点关注并共同致力解决区块链与贸易、国际贸易格局演变以及WTO规则等问题。在当前形势下，国内农业贸易政策领域分析和研究重点主要有以下几个方面：一是要分析判断消费升级对贸易的影响；二是探索在乡村振兴过程中产业转型的影响；三是科技创新与贸易问题，探讨如何促进农业科技创新与农业农村发展、贸易及企业诉求更紧密结合；四是从经济和政治两个层次来研究粮食安全问题。

（徐亦琦、吴薇、李晶、陈宁陆、谢众民、王占禄，2019年第5期）

2015 年我国农产品贸易形势分析及 2016 年展望

2015 年，世界经济复苏依然缓慢，需求疲软，全球大宗农产品产量、库存增加，供需格局整体宽松，价格延续下降趋势。受此影响，我国农产品进出口额双双下降，进口额降速高于出口额降速。全年农产品贸易额 1 875.6 亿美元，同比下降 3.6%。其中，出口 706.8 亿美元，下降 1.8%；进口 1 168.8 亿美元，下降 4.6%；贸易逆差 462 亿美元，同比缩小 8.7%。进口额虽然下降，但在国内供给充裕、库存压力巨大的情况下，大宗产品进口量仍然快速增加或保持较高水平，国内产业发展压力加大。

一、2015 年农产品贸易主要特点

（一）低价造成贸易额下降，但谷物、油籽、食糖等大宗产品进口量仍高位快速增加

2015 年，我国农产品进出口额 6 年来首次下降，国际市场价格较低是造成我国农产品贸易额下降的主要原因。受宏观经济、供需格局、汇率变动等因素影响，国际市场农产品价格保持下行趋势，且跌幅加大。截至 2015 年 12 月，大米、小麦、玉米、棉花和原糖的国际市场平均到岸价均比上年同期下跌 10%以上，其中大米下跌 10.2%、小麦下跌 14.1%、玉米下跌 16.4%、棉花下跌 16.2%、原糖下跌 14.5%。尽管农产品进口额比上年下降 4.6%，但如果按 2014 年进口价格计算，进口额则增加 13%。这意味着我国农产品进口量在高基础上呈快速增加势头，量额增长出现显著分离。从具体产品进口量看，

谷物、食用油籽、食糖等大宗农产品进口在高基础上继续迅猛增长。其中，谷物净进口 3 218 万吨，同比增长 72%；食用油籽进口 8 757 万吨，增长 13%；食糖进口 485 万吨，增长 39%。

（二）农产品贸易波幅小于整体货物贸易，贸易额降幅也低于全球整体农产品贸易额降幅

2015 年世界经济复苏缓慢，国内经济下行压力较大，对外贸易发展进入新常态。我国货物贸易进出口总额为 4.0 万亿美元，同比下降 8.0%；其中农产品贸易总额为 1 875.6 亿美元，同比下降 3.6%，下降幅度低于货物贸易下降幅度。截至 2015 年 8 月，欧盟、日本、墨西哥等国（地区）农产品进口额同比分别下降 13.8%、10.9% 和 9.8%，全球整体下降 9.7%，而我国下降 7.6%；新西兰、欧盟、巴西、美国等国（地区）农产品出口额同比分别下降 17.4%、14.3%、13.2% 和 9.5%，全球整体下降 11.3%，而我国下降 3.4%。我国农产品贸易额下降幅度低于全球整体农产品贸易额降幅（表 1）。

表 1　2015 年 1—8 月全球主要国家（地区）农产品贸易情况

单位：亿美元，%

国家（地区）	进口额	同比增长	国家（地区）	出口额	同比增长
欧盟（28）	3 526.7	−13.8	欧盟（28）	3 579.1	−14.3
美国	980.9	1.9	美国	963.8	−9.5
中国	788.7	−7.6	巴西	506.4	−13.2
日本	450.3	−10.9	中国	441.8	−3.4
加拿大	246.6	−4.3	加拿大	315.5	−7.2
中国香港	183.4	0.1	澳大利亚	241.9	−7.7
墨西哥	170.0	−9.8	墨西哥	185.7	6.1
马来西亚	105.6	−7.1	新西兰	155.8	−17.4
澳大利亚	94.5	−6.4	马来西亚	142.0	−15.6
土耳其	87.6	−9.4	智利	119.5	−8.2
全球合计	7 010.3	−9.7	全球合计	7 204.2	−11.3

数据来源：根据 WTO 数据整理计算。

（三）替代性进口问题更加突出，进口调控难度进一步加大

我国对三大主粮及棉花等实行关税配额管理和国营贸易，配额外关税相对较高（三大主粮 65%，棉花 40%），对配额外进口可以形成一定的“防火墙”

作用，但大麦、高粱、玉米酒糟（DDGs）、棉纱等相关替代产品实行单一关税且税率较低，均在5%以下，无其他调控手段。在内外价差较大背景下，替代产品进口增长问题日益凸显，2015年大麦和高粱进口量合计超过2 100万吨，在上年高基础上又翻了近一番；干木薯和DDGs的进口也高位增加。进口高粱、大麦、DDGs均可对饲用玉米形成替代，加剧了国内玉米库存积压的严峻形势。在棉花进口量下降的同时，作为直接下游产品的棉纱进口大幅增长，替代了国产棉消费，削弱了棉花进口调控政策效果。

（四）出口形势相对稳定，但优势产品竞争力有所下降

2015年，农产品出口额为706.8亿美元，同比下降1.8%。从出口量看，蔬菜出口1 018.0万吨，增长4.3%；水果出口450.3万吨，增长3.3%，但仍低于2012年的出口量；水产品出口406.0万吨，下降2.5%；扣除市场价格波动因素，出口形势整体相对稳定。由于国内劳动力成本刚性上升，优势产品出口竞争力下降已现端倪。2015年，水产品出口额入世以来首次下降，下降6.3%；蔬菜出口额增速同比下降1.6个百分点；水果出口额增速有所恢复，但仍低于进口增速。2015年蔬菜、水果、水产品等优势出口产品仍保持贸易顺差，但仅蔬菜顺差同比扩大6.2%，水果和水产品顺差同比分别减少4.2%和9.3%。

二、2015年主要农产品进出口形势及影响分析

（一）谷物及木薯、DDGs

自2011年我国大宗农产品全面呈净进口以来，谷物进口快速增加，2015年共计进口3 271.5万吨，同比增长67.6%；出口53.3万吨，下降30.8%。其中大米进口增加三成，小麦进口在高位与上年持平，玉米、大麦和高粱进口激增近一倍（表2）。另外，木薯进口增长8.4%，玉米酒糟（DDGs）进口增长26.0%。

表2　2015年谷物、木薯及DDGs进口、出口及净进口情况

单位：万吨，%

产品	进口量	进口量同比	出口量	出口量同比	净进口
谷物	3 271.5	67.6	53.3	−30.8	3 218.2
稻谷产品	337.7	30.9	28.7	−31.5	309.0
小麦产品	300.7	0.1	12.2	−35.8	288.5
玉米产品	473.0	82.0	1.1	−44.6	471.9

（续）

产品	进口量	进口量同比	出口量	出口量同比	净进口
高粱产品	1 070.0	85.3	0.8	−15.9	1 069.2
大麦产品	1 073.2	98.3	0.0	−27.4	1 073.2
木薯	937.6	8.4	0.0	76.2	937.6
玉米酒糟（DDGs）	682.1	26.0	1.5	−56.1	680.6

数据来源：中国海关统计。

1. 大米进口增加三成。2015 年，大米进口 337.7 万吨，同比增长 30.9%。我国已成为全球第二大大米进口国。大米进口来源地以越南、泰国为主，其到港税后价比国产大米（晚籼米、标一）每吨分别低 1 274 元、1 088 元。价差导致低价大米进口增加，不仅对广西、云南、广东等销区形成冲击，也进入湖南、江西等主产区，给整个大米市场价格带来下行压力。受最低收购价政策的支撑，稻谷价格相对稳定，出现"稻强米弱"现象，加工企业生产成本居高不下，但米价难以提高，利润空间受到挤压，造成部分加工企业亏损甚至倒闭，产业长期稳定发展受到挑战。

2. 小麦进口保持较高水平。2015 年，小麦进口 300.7 万吨，同比增长 0.1%。我国小麦产量世界第一，近年来国内小麦丰收、库存量较大，供需基本面宽松。但国内市场对用于中高档品种调剂的优质小麦进口仍有刚性需求。

3. 玉米进口增加八成。2015 年，玉米进口 473.0 万吨，同比增长 82.0%，为历史次高水平，主要进口来源地为乌克兰和美国。由于国际能源价格下行、生物质能源需求增长趋缓，国际玉米市场供需总体宽松，价格下跌，4 月中旬以来进口玉米配额外税后价连续 2 个多月低于国内价，最高时每吨低 200 多元。尽管国内下调了玉米临储价格，但受劳动力、土地成本等因素限制，国内外市场价差仍然较大。据统计，2015 年 10—12 月美国玉米到港配额内价格与国内市场价差仍超过每吨 600 元，这使得进口玉米仍然有利可图，企业进口动力不减。近年来，国内玉米库存压力巨大，进口增长压力常态化使玉米产业发展形势更为严峻。

4. 大麦、高粱进口翻一番。2015 年，大麦进口 1 073.2 万吨，同比增长 98.3%；高粱进口 1 070.0 万吨，同比增长 85.3%。由于大麦、高粱进口关税仅分别为 3%、2%，且无任何限制进口措施，在国内外玉米价格"倒挂"且玉米受关税配额管理的情况下，大麦和高粱进口几近"失控"，全年合计进口量达 2 143.2 万吨，比上年高位进口量又翻了近一番。由于饲料配方的改进，南方饲料企业更愿意选择低价进口大麦、高粱替代国产玉米，使得国内市场对北方玉米需求量大减，使玉米“去库存”难度进一步加大。

5. 木薯、DDGs 进口继续较快增加。2015 年，木薯进口 937.6 万吨，同比增长 8.4%；DDGs 进口 682.1 万吨，同比增长 26.0%。国内外价差是决定木薯和 DDGs 进口的关键因素。进口木薯的主要用途是制作淀粉，对玉米淀粉形成替代；而 DDGs 用作饲料，作为能量饲料可以替代 40%的玉米，作为蛋白饲料可以替代 60%的豆粕。

国内外价差是决定谷物等农产品进口的关键因素，在价差驱动下包括大麦、高粱、DDGs 等小品种饲用粮的大量进口使国内外粮食市场融合度进一步提高，并间接对国内传统以玉米作为饲用原料的市场形成冲击（图 1）。初步估计，剔除部分用于酿酒的大麦，2015 年进口的大麦、高粱和 DDGs 合计替代饲用玉米 1 900 多万吨；再加上进口玉米，总计替代国产饲用玉米约 2 400 万吨。在粮食生产“十二连增”的形势下，玉米、大麦、高粱、DDGs 等非必需进口大幅增加给我国实现“适度进口”的粮食安全战略带来挑战。随着农产品之间的关联性逐步显现，特别是饲料原料呈多品种替代趋势，研究国内农产品市场变动及制定相关政策措施将面临新的复杂性和不确定性。

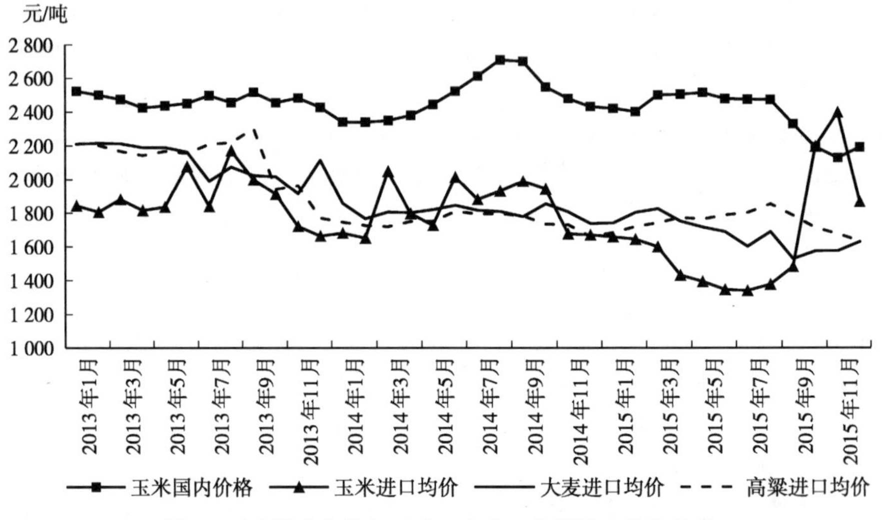

图 1　玉米国内价格与玉米、大麦、高粱进口价格比较

（二）棉花和食糖

1. 棉花进口下降但棉纱进口增加。2015 年，棉花进口 175.9 万吨，同比

下降 34.1%，仍居于高位。由于实施目标价格政策后价格更多由市场决定，国内棉价大幅下行，国内外价差收窄（图 2）。另外，国家严控配额外进口，除入世承诺的 89.4 万吨配额外不再增发滑准税配额。这两个因素使得 2015 年企业进口棉花动力减弱，进口量下降。与此同时，作为棉花替代性产品的棉纱进口 234.5 万吨，同比继续增长 16.7%，创造了新的历史记录，加大了“去库存”难度。按照加工过程损耗 5%的比例估算，进口棉纱相当于进口约 240 万吨棉花。在宏观经济环境和进口产品冲击的双重作用下，内地棉农种植收益和种植意愿受到很大影响，国内产量不断萎缩。据中国棉花经济信息系统预测，2015 年我国棉花产量约 485 万吨，同比下降 24.9%，产业发展面临巨大挑战。

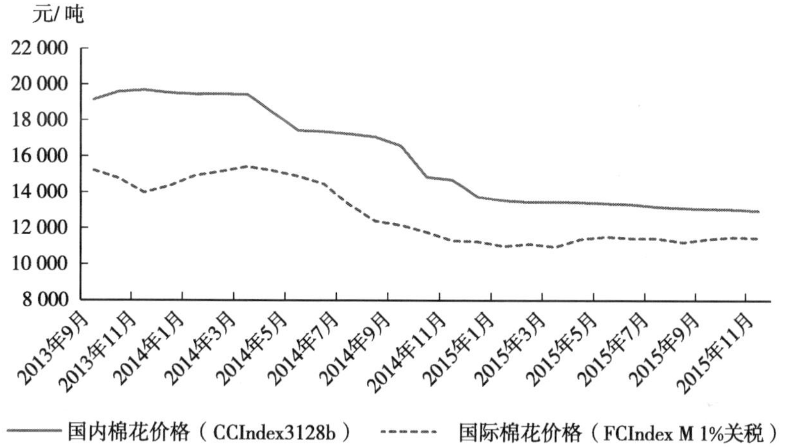

图 2　棉花国内价格与国际价格比较

2. 食糖进口快速增加。2015 年，食糖进口 484.6 万吨，同比增长 39.0%，创进口新高。国际市场连续 5 年供大于求、库存不断增加，再加上主产区巴西货币雷亚尔贬值幅度较大，国际糖价走低，国内外价差扩大，企业进口积极性高涨（图 3）。在连续 4 年超配额进口的情况下，2015 年食糖进口继续大幅增加，对国内市场价格造成明显打压，严重影响了主产区蔗农收益和种植积极性，榨糖企业亏损情况也未明显改善，产业可持续发展举步维艰。据统计，在 9 月份结束的 2014/2015 榨季，我国糖料种植和食糖生产严重滑坡，全国糖料种植面积下降 11.3%，食糖产量下降 10.7%，是 21 世纪以来减幅最大的年份，也是食糖连续第 2 年减产。若食糖行业延续此趋势发展下去，可能出现“温水煮青蛙”效应，保障蔗糖产业健康发展和蔗农收入稳定增长将面临挑战。

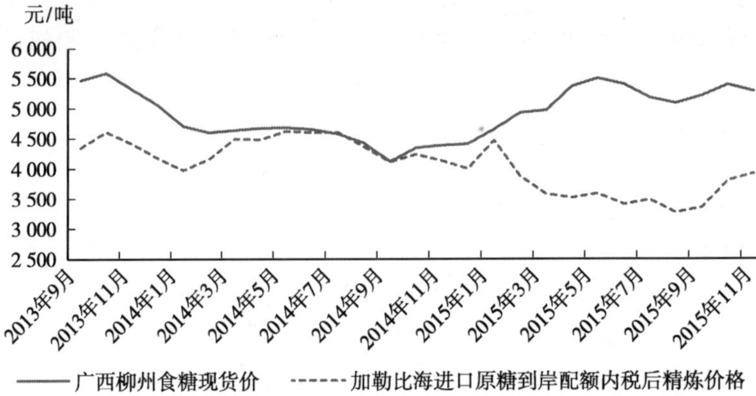

图 3　食糖国内价格与国际价格比较

（三）食用油籽和食用植物油

1. 食用油籽进口高位增加。2015 年，食用油籽进口 8 757.1 万吨，同比增长 13.0%，其中大豆进口 8 169.4 万吨，增长 14.4%；其他食用油籽进口 587.7 万吨，下降 4.0%。全球大豆连年丰产，国际大豆价格下跌，我国大豆进口持续增加。全球油菜籽减产，供应能力下降，价格相对大豆偏高，导致 2016 年进口量有所下降，但仍居于高位。国内大豆产业长期受进口打压，种植效益不断下降，产业发展缺乏动力，不仅生产萎缩，科研、技术推广等整个产业链也缺乏投入意愿，对产业发展产生深远影响。由于大豆压榨量不断增加，豆油对菜籽油、豆粕对菜粕等具有替代作用，我国利用冬闲田种植的油菜籽产业发展也受到影响，临储收购的菜油由于难以顺价销售造成库存积压，油菜籽产业发展面临萎缩威胁。

2. 食用植物油进口继续增加。2015 年，食用植物油进口 839.1 万吨，同比增长 6.6%。其中棕榈油进口 590.9 万吨，增长 11.0%；豆油进口 81.8 万吨，下降 28.0%；菜油进口 81.5 万吨，增长 0.6%；葵花油和红花油进口 65.1 万吨，增长 43.1%。食用植物油进口增加主要表现为棕榈油和葵花油的增加。

（四）畜产品和水产品

1. 猪肉、牛肉进口快速增加，羊肉、奶粉进口下降。2015 年，畜产品进口 204.5 亿美元，同比下降 7.8%。其中，猪肉进口 77.8 万吨，增长 37.8%；牛肉进口 47.4 万吨，增长 59.0%；羊肉进口 22.3 万吨，下降 21.2%；猪牛羊肉合计进口147.5万吨，同比增长28.8%。奶粉进口73.4万吨，比2014年历史记录水平（105.4万吨）下降30.3%；鲜奶进口46.0万吨，增长43.7%；乳清粉进口43.3万吨，增长7.9%；其他乳品进口16.4万吨，增长2.2%。

随着国内经济发展进入新常态，国内畜产品市场消费需求整体低迷。国内羊肉供给充裕、市场活羊价格大幅下降，羊肉价格由1月的每千克64.8元跌至12月的56.1元，而国际市场羊肉供应有限、价格上涨，羊肉进口需求受到抑制。奶粉由于上年进口增速较快，国内库存量较高，需要消化，加上国内鲜奶价格较低，5月以来维持在每吨3 400多元的较低价位，12月虽涨至3 540元，但同比仍下跌6.8%。牛肉和猪肉进口快速增加的主要原因在于国内外价差较大。国际市场牛肉价格偏低，而国内牛肉价格维持较高水平，国内批发市场牛肉价格由1月的每千克54.2元涨至12月的63.4元，相较国际市场牛肉价格缺乏竞争力，因而进口量增长较快。2015年3月以来国内猪肉价格探底回涨，但生猪存栏增速较慢，市场供需保持偏紧局面，国内外价差扩大，进口动力强劲，全年进口量达到历史最高水平。

2. 水产品出口额入世以来首次下降。2015年，水产品出口203.3亿美元，同比下降6.3%；出口量406万吨，下降2.5%；贸易顺差113.5亿美元，减少9.3%。水产品是我国传统优势出口产品，一直稳居出口额首位。近年来，随着国内生产成本增加以及国际需求减弱，国际市场竞争加剧，国内水产品加工贸易受到一定影响，2015年水产品出口额入世以来首次出现下降。随着国内劳动力生产成本进一步提高，水产品等劳动密集型产业进一步发展面临挑战。

（五）园艺产品

1. 蔬菜贸易顺差继续增加。2015年，蔬菜出口额132.7亿美元，同比增长6.2%；出口量1 018.0万吨，增长4.3%；贸易顺差127.3亿美元，增长6.2%。我国是世界最大蔬菜生产国，出口蔬菜在国际市场保持较大比较优势，主要出口至日本、东南亚、美国、俄罗斯等地，日本一直是我国蔬菜出口第一大市场。近年来，由于消费市场对食品安全、中高档蔬菜等提出更高要求，出口企业随之不断提升出口蔬菜的质量，抽检合格率不断上升，对促进蔬菜出口起到了积极作用。

2. 水果贸易顺差继续下降。2015年，水果出口额68.9亿美元，同比增长11.5%；出口量450.3万吨，增长3.3%；进口额58.7亿美元，增长14.7%；进口量448.5万吨，增长11.9%；贸易顺差10.2亿美元，减少4.2%。受劳动力等投入成本不断攀升影响，水果出口价格持续升高，2015 年在出口数量小幅增加的情况下出口额出现较快恢复性增长。另外，由于国内市场需求拉动，中高档水果进口继续高速增加，导致贸易顺差较上一年有所下降。

三、2016 年农产品贸易趋势展望

近年来，由于全球大宗农产品产量较快增长，供需基本面总体宽松。在世界经济复苏缓慢、消费需求不旺的宏观形势下，农产品供给充裕局面将持续较长时间，全球农产品价格将面临进一步下行压力。从国内情况看，我国经济进入新常态，“去库存”压力进一步加大。在内外形势双重影响下，我国农产品贸易将迎来更大挑战，“适度进口”难度加大，扩大出口任重道远。

（一）大宗农产品价格继续面临下行压力

近年来，全球经济一直低速增长，复苏乏力。世界金融危机和欧洲经济危机的效应仍在延续，据世界银行 2016 年 1 月发布的《全球经济展望》预测，2015 年全球 GDP 增长率仅为 2.4%，2016 年将略有好转，但仅为 2.9%左右。2015 年国际贸易增速连续第 3 年低于经济增速，2016 年也难以大幅提高。据联合国粮农组织（FAO）预测，2015/2016 年度全球谷物产量约为 25.3 亿吨，库存消费比 25.4%，继续维持较高水平；而食糖、油籽、棉花等大宗农产品均呈现供大于求的趋势，棉花的库存消费比更是高达 84.6%以上。在库存充裕的情况下，国际市场供需面保持宽松，大宗农产品价格继续面临下行压力，国际农产品市场价格低位运行的状态难以改变。

（二）大宗农产品进口持续增加的压力将延续

受国内需求增长、国内外价差较大以及国际市场价格下行等因素影响，2015 年我国大宗农产品进口继续快速增加或保持高位，预计这一态势将在 2016 年得到延续。虽然由于临储政策调整造成国内玉米价格下跌，内外价差缩小，但在玉米价格一度跌至低谷时国内外价差仍达每吨 600 元以上，国内企业进口饲用谷物的动力仍然较强，预计在玉米临储政策不作进一步调整的前提下，2016 年玉米及替代产品进口量仍将居于高位。受中泰“高铁换大米”协议以及放开美国大米进口的影响，预计 2016 年自泰国、美国进口大米量可能会有所增加，大米进口量也将保持较高水平。今后一段时期，我国农业生产成本的“地板”和进口价格的“天花板”效应将不断增强，在基础竞争力不足和保护调控手段后天缺乏的情况下，我国农产品进口压力仍将持续较长时间。

（三）进一步提高优势农产品出口竞争力面临挑战

当前，世界经济总体处于低速增长时期，外部需求没有显著改善，而我国出口优势产品的国际价格竞争力在劳动力成本刚性增长的作用下已逐渐呈下降态势。蔬菜将保持净出口态势；水果净出口量继续呈下降趋势；水产品出口将继续受国际市场不景气影响，出口面临一定压力。随着人民币汇率的小幅下降，短期内我国农产品的出口价格竞争力可能会在一定程度上得到提升，但从长远看进一步提升出口竞争力难度较大。未来，重点还在于提高出口产品的附加值，特别是要抓住“一带一路”建设的战略机遇，加快转变农产品出口发展方式，加大农业贸易促进力度，促进优势农产品出口增长。

（杨静、赵军华、梁勇，2016 年第 1 期）

2016年我国农产品贸易形势分析及2017年展望

2016年，世界经济复苏依旧乏力，需求难以提振。全球大宗农产品产量和库存增加，供给充裕，价格低位波动。在此背景下，我国农产品贸易总额连续两年下降，其中进口额延续上年走势继续下降，出口额由上年的同比下降转为小幅增长，逆差收窄。全年农产品贸易总额1 845.6亿美元，同比下降1.6%。其中，出口729.9亿美元，增长3.3%；进口1 115.7亿美元，下降4.5%；逆差385.8亿美元，下降16.5%。大宗农产品进口量仍保持较高水平，产业发展依然面临较大进口压力。预计2017年全球经济继续呈缓慢增长态势，但不确定性明显加大，需要加大农业供给侧结构性改革力度，积极妥善应对进口压力。

一、2016年主要农产品进出口情况

粮食进口总量下降。按我国传统粮食口径（包括大豆），再加上玉米酒糟（DDGs），粮食净进口1.16亿吨，同比减少1 665万吨，下降12.5%。畜产品进口增势强劲。猪、牛、羊、禽肉（含猪、禽杂碎）合计净进口398万吨，增加176万吨，增长79.5%；奶粉及乳清粉进口134万吨，增长14.9%。食糖、棉花在高库存背景下进口量较大幅度下降。食糖进口306万吨，同比下降36.8%，但仍占国内产量的35.2%；棉花和棉纱进口320.8万吨，下降21.8%，但仍占国内产量的65.8%。在我国商品出口整体下降的形势下农产品出口增长3.3%。

（一）谷物、木薯及玉米酒糟

自2011年小麦、大米、玉米三大谷物产品全面净进口以来，2016年谷物进口量首次下降，但仍为历史次高。全年谷物进口2 199.7万吨，同比下降32.8%，出口63.6万吨，增长19.5%。分产品看，小麦、大米进口量增长，玉米、大麦、高粱、木薯和玉米酒糟进口量均下降（表1）。

1. 小麦进口增幅明显。全年小麦进口341.2万吨，同比增长13.5%，占配额量的35%，主要来自澳大利亚（占40.3%）、美国（25.3%）和加拿大

(25.2%)。国内对高品质小麦产品调剂需求增加以及国际价格大幅下跌，致使国内外价差扩大是进口快速增加的主因。国内小麦广州港口到岸月均价为每吨2 505元，比上年下降50元；而美国软红小麦广州到港配额内税后月均1 722元，比上年下降186元；价差达783元，比上年扩大136元。

表1　2016年谷物、木薯及玉米酒糟进出口情况

单位：万吨，%

产品	进口量	同比	出口量	同比	净进口
谷物	2 199.7	−32.8	63.6	19.5	2 136.1
小麦	341.2	13.5	11.3	−7.4	329.9
大米	356.2	5.5	39.5	37.5	316.7
玉米	316.8	−33	0.4	−63.4	316.4
大麦	500.5	−53.4	—	−47.0	500.5
高粱	664.8	−37.9	2.8	229.0	662.0
木薯	770.4	−17.8	—	29.0	770.4
玉米酒糟	306.7	−55.0	1.0	−29.7	305.6

数据来源：中国海关统计。

2. 大米进口小幅增加。全年进口356.2万吨，同比增长5.5%。其中，碎米外的大米进口295.8万吨，占配额量55.6%；碎米（非配额管理产品）进口60.4万吨。净进口316.7万吨，增长2.5%。越南、泰国、巴基斯坦仍是主要进口来源国，分别占进口总量的45.4%、26.9%和19.8%。高价差是大米进口增加的主要驱动力。国内大米价格与进口越南大米配额内税后全年月均价差始终在每吨1 000元以上，最高达1 266元。

3. 玉米进口大幅下降。全年进口316.8万吨，同比下降33%，占配额量的44%，主要来自乌克兰（84%）和美国（7%）。受去库存政策、进口调控及国内外价差缩小等因素综合影响，进口量显著回落。2016年美国2号黄玉米到港配额内税后价比国内玉米广州到港价每吨月均价低456元，价差同比缩小389元。

4. 大麦和高粱进口高位回落。全年大麦进口500.5万吨，同比下降53.4%，主要来自澳大利亚（64.9%）、加拿大（14.6%）、法国（12.7%）和乌克兰（7%）；高粱进口664.8万吨，下降37.9%，主要来自美国（88.3%）和澳大利亚（11.7%）。由于国内玉米价格走低、国内外玉米价差大幅缩小，大麦和高粱进口替代作用减弱，进口受到一定程度抑制（图1）。

5. 玉米酒糟和木薯进口快速下降。全年玉米酒糟进口306.7万吨，同比

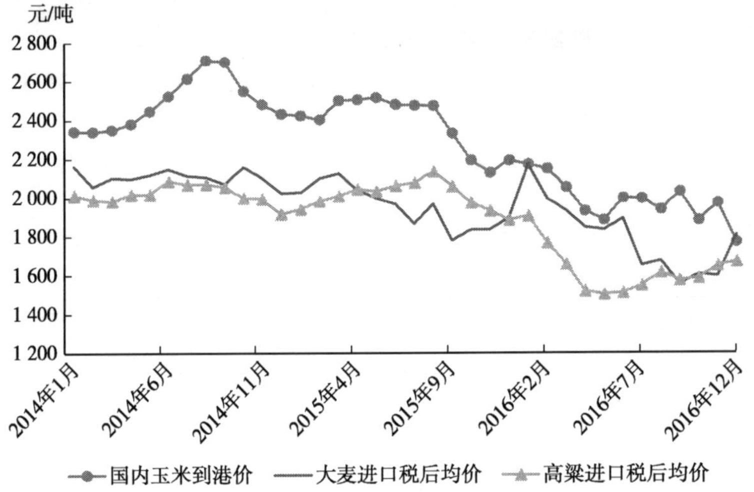

图 1　玉米国内价格与进口大麦高粱价格比较

下降 55%，几乎全部来自美国；木薯（主要是干木薯）进口 770.4 万吨，下降 17.8%，主要来自泰国（80.4%）和越南（18.7%）。我国对进口玉米酒糟实施贸易保障措施、相关企业行业自律、玉米价格下跌以及木薯用于加工淀粉的竞争力减弱等是玉米酒糟和木薯进口量高位回落的主因。

（二）棉花和食糖

1. 棉花和棉纱进口下降但绝对量仍较大。高库存形势下，2016 年继续大量进口棉花和替代性产品棉纱。全年进口棉花 124 万吨，同比下降 29.5%，主要来自美国（21.8%）、澳大利亚（17.6%）、印度（16.2%）及乌兹别克斯坦（12.4%）；进口棉纱 196.8 万吨，下降 16.1%，按 5%加工损耗率计算，相当于进口棉花 207.2 万吨；合计折合进口棉花 331.2 万吨，是配额量的 4.1 倍。从价格看，受国内目标价格政策影响，2014 年下半年以来，国内棉价大幅走低，国内外价差缩小，2016 年 4 月进口棉配额内税后价与国产棉价差曾缩至每吨 283 元，但受第四季度国内价格上涨影响，12 月价差回升至 1 910 元（图 2）。

2. 食糖进口量虽降但仍远超配额量。全年进口 306.2 万吨，超配额进口 111.7 万吨，同比下降 36.8%，主要来自巴西（65%）、古巴（14.3%）和澳大利亚（6.4%）。国内外价差缩小是进口下降主因。2010—2014 年国际市场连续 5 年供过于求，2015—2016 年又连续出现产销缺口，2016 年 4 月后国际糖价快速升高，国内外价差缩小。6 月，国内价与配额内进口税后精炼价的价差缩至每吨 536 元，远低于上年同期的 1 993 元，企业进口动力减弱。此外，我国启动进口食糖保障措施立案调查及糖企行业自律也是进口大幅减少的重要原因（图 3）。

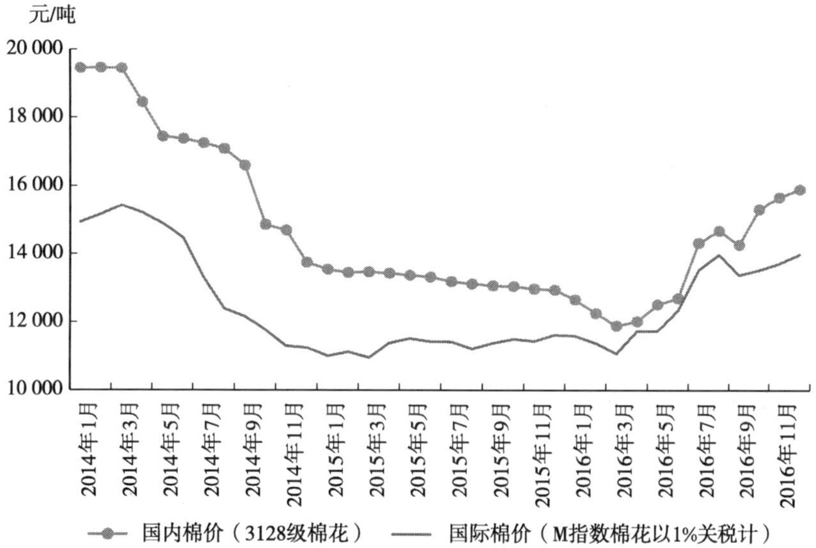

图 2　棉花的国内与国际价格比较

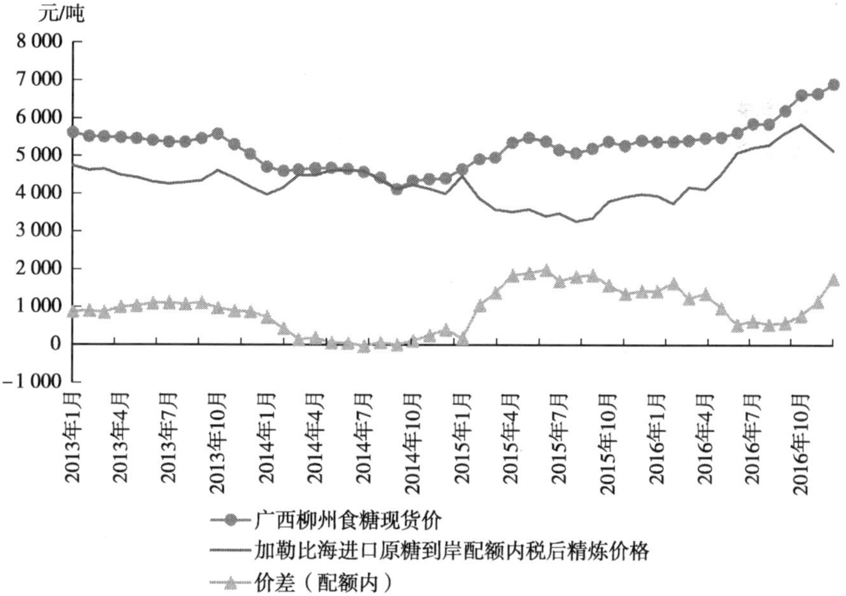

图 3　食糖国内与国际价格比较

（三）食用油籽和食用植物油

1. 大豆进口量持续增加。全年食用油籽进口 8 952.9 万吨，同比增长 2.2%。其中大豆在上年进口量创历史新高基础上又有增加，全年进口 8 391.3 万吨，增长 2.7%，主要来自巴西（45.6%）、美国（40.7%）和阿根廷（9.6%）。国内当年大豆种植面积和产量虽有所增加，但价格竞争的弱势局面无大改变。油菜籽进口 356.6 万吨，下降 20.2%，96.4%来自加拿大。我国加大了菜籽油去库存力度，进口油菜籽的压榨利润受到挤压，进口量减少。

2. 食用植物油进口同比下降。全年进口 688.4 万吨，下降 18%。其中棕榈油、菜油和豆油分别进口 447.8 万吨、70 万吨和 56 万吨，分别下降 24.2%、14.1%和 31.5%；葵花油和红花油进口 95.7 万吨，增长 47%。

（四）畜产品和水产品

1. 畜产品进口总体全面快速增加。全年进口 234 亿美元，同比增长 14.5%；出口 56.4 亿美元，下降 4.2%。除羊肉进口微量下降外，主要产品进口均大幅增长。其中猪肉进口 162 万吨，增加 1.1 倍；猪杂碎进口 149.1 万吨，增长 82.5%；牛肉进口 58 万吨，增长 22.4%，巴西取代澳大利亚成为第一大进口来源国；羊肉进口 22 万吨，下降 1.3%；禽肉及杂碎净进口 13 万吨，而上年净出口 7.9 万吨；奶粉进口 84.6 万吨，增长 15.2%；鲜奶进口 63.4 万吨，增长 37.8%；乳清粉进口 49.5 万吨，增长 14.3%；奶酪、黄油等其他乳制品进口 20.6 万吨，增长 26.1%。高价差仍是进口快速增加的主因。

2. 水产品出口恢复增长。2016 年出口额比上年有所增长，但仍未恢复到 2014 年的历史最高水平；出口量超越 2014 年创历史新高。全年出口 207.4 亿美元，进口 93.7 亿美元，顺差 113.6 亿美元，同比分别增长 2%、4.4%和 0.1%；出口量 423.8 万吨，增长 4.4%。水产品是我国传统优势出口产品，一直稳居出口额首位，但近年受国内人工成本增加、国际需求减弱及国际市场竞争加剧影响，出口面临较大压力。

（五）园艺产品

1. 蔬菜出口额较快增加，顺差继续扩大。全年出口额 147.2 亿美元，同比增长 11%；顺差 141.9 亿美元，扩大 11.5%，继续居顺差产品首位；出口量 1 009.8 万吨，下降 0.8%。分产品看，鲜冷冻蔬菜出口量下降 3.7%，但因出口价格上涨，出口额 64.2 亿美元，增长 18.9%；加工保藏蔬菜出口量增长 2.7%，出口额 44.4 亿美元，下降 1.8%；干蔬菜出口量增长 14.9%，出口额 37.2 亿美元，增长 17.8%。

2. 水果出口额增速放缓，顺差扩大。全年出口额 71.4 亿美元，同比增长 3.6%，出口量 512.4 万吨，增长 13.8%；进口额 58.1 亿美元，下降 1.0%，进口量 417.9 万吨，下降 6.8%；顺差 13.3 亿美元，增长 30.5%。国内市场价格下降带来出口竞争优势，鲜果和果汁出口量分别增长 20.8%和 5.9%，是水果出口额增长主因。鲜果进口量下降 7.8%，进口额下降 2.3%，水果连续多年顺差下滑趋势中止，同比有所扩大。

二、2017 年趋势展望

2017 年，国际经济形势不确定性加大。英国即将与欧盟开始脱欧谈判，美元升值与欧日等主要经济体货币宽松并存，美国强化贸易保护主义、鼓励产业资本回流等政策主张或将兑现。全球范围内贸易保护主义势力抬头，贸易环境可能恶化，我国农产品贸易发展将面临新的挑战。

（一）全球大宗农产品价格继续低位运行

据国际货币基金组织（IMF）2016 年 10 月预测，2017 年全球经济的增速较 4 月预测下调 0.1 个百分点，为 3.4%，略高于 2016 年的 3.1%和 2015 年的 3.2%，远低于金融危机前水平。其中，发达经济体为 1.8%，略高于 2016 年的 1.6%，但低于 2015 年的 2.1%；新兴市场和发展中国家为 4.6%，高于 2016 年的 4.2%和 2015 年的 4%。联合国粮农组织（FAO）预测，2016/2017 年全球谷物产量约 25.8 亿吨，同比增长 1.5%，创出新高，库存消费比继续保持高位，为 25.3%。国际市场大宗农产品将保持供大于求态势，价格将继续低位运行。

（二）我国大宗农产品进口压力不会大幅减弱

2016 年，在国内去库存、人民币贬值以及进口调控等因素共同影响下，农产品进口强劲势头受到一定抑制，但对农业发展的影响并未明显减弱。2017 年，面对贸易摩擦增多等新的国际贸易环境，国内农业生产成本较高、农产品价格竞争力较弱等因素的影响依然存在，预计大宗产品国内外价差仍将维持较高水平，粮棉油糖肉奶等将继续面临较大进口压力，应着力处理好粮食产品、棉花及食糖等产品的去库存、控进口与调产量间的关系，维护好产业安全。

（三）优势农产品出口继续面临挑战

外部需求改善有限，产业发展将继续面对劳动力、质量安全及环境约束等成本刚性增长局面，出口优势产品的国际竞争力仍面临挑战。应继续推动农业供给侧结构性改革，进一步提高农业生产、加工及贮运等环节的现代化水平，加大特色产业发展扶持力度和出口促进力度，保持优势特色产品出口增长势头。

（杨静、赵军华、梁勇、黄昕炎，2017 年第 1 期）

2017年我国农产品贸易形势分析及2018年展望

2017年，世界经济复苏力度加大，需求稳中有增。部分大宗产品国际价格回升，全球农产品市场继续保持供需宽裕格局。2017年我国农产品贸易额首次突破2 000亿美元，逆差重回500亿美元高位。分产品看，谷物、棉花、油籽及植物油、牛羊肉、奶产品等进口量快速增加，食糖进口在贸易救济措施作用下大幅下降；蔬菜出口延续稳定增长势头，但水产品和水果出口增长乏力，扩大优势产品出口力度仍需加强。2018年，全球经济贸易增长面临的不确定因素较多，将在一定程度上影响我国农产品市场，应进一步加快农业供给侧结构性改革步伐，积极推进优势农产品出口，推动农产品贸易由大国向强国的转变。

一、2017年农产品贸易特点

（一）农产品进出口贸易额创新高

2017年我国农产品贸易额2 013.9亿美元，同比增长9.1%；其中出口额755.3亿美元，进口额1 258.6亿美元，均为历史新高，同比分别增长3.5%和12.8%；贸易逆差503.3亿美元，扩大30.4%。贸易额再创新高既有农产品进口量快速增长的作用，也有国际农产品市场价格略升的影响。根据国际货币基金组织（IMF）最新数据，2017年全球经济增长3.7%，比2016年增加0.5个百分点；全球贸易总量增长4.7%，比2016年增加2.2个百分点。部分大宗产品国际价格出现回升，2017年12月，国际市场大米、小麦、玉米、棉花的平均到岸价同比分别增长5.3%、6.2%、4.5%、14.1%。

（二）大宗农产品进口快速增长

国际农产品市场价格回升未改变我国与国际市场价差较大格局，也未减缓部分大宗农产品进口势头。在国内大力推进去库存、调结构背景下，粮食产品（包括谷物、豆类、薯类、干玉米酒糟）总进口量1.3亿吨，与2015年峰值持平。大豆进口 9 552.6 万吨，创历史新高；谷物进口 2 560.1 万吨，其中大米、小麦、玉米产品合计进口 1 127.5 万吨，比 2012 年峰值仅少 0.3 万吨，大米、小麦进口量分别为历史最高和历史次高。棉花进口量在 4 年连降后首次增加，同比增长 9.9%；牛羊肉进口 94.4 万吨，同比增长 18%，为历史峰值；乳品进口量为历史峰值，其中鲜奶、奶粉分别为历史最高和历史次高；鱼粉进口 157.2 万吨，比 2005 年进口峰值仅低 0.8 万吨。传统优势出口产品的进口也增加明显，其中水果、水产品进口量同比分别增长 13.6%和 21.2%，进口额分别增长 7.6%和 21.0%。

（三）传统优势产品出口总体增长乏力

蔬菜、水果、水产品等传统优势产品出口额总体保持低速增长，增长率 2.7%，低于上年的 5.2%。从具体产品出口额看，蔬菜增幅 5.4%，水产品增幅 2%，水果则减少 0.9%。从贸易顺差看，仅蔬菜增长 5.5%，水果、水产品分别下降 38.3%和 13.7%。值得关注的是，2016 年水果贸易顺差增长 30.5%的良好势头并未延续，近年来"高端进口、低端出口"的趋势日益明显。茶叶出口额同比增加 7.9%，全年出口额 17.3 亿美元。我国是世界第一大绿茶生产和贸易国，但出口均价仅为主要绿茶出口国日本和德国的 13.5%和 33.5%。

（四）农产品进口集中度上升，出口集中度下降

谷物、棉花、油籽、牛羊肉和乳制品进口额合计占农产品进口总额的 51.4%，水产品、蔬菜和水果出口额合计占农产品出口总额的 57.9%。从结构变化来看，进口集中度上升，谷物、棉花和油籽等进口额占比由 39.9%增至 41.2%，前十大主要进口来源国进口额占比由 70%增至 71.5%；出口集中度略降，水产品、蔬菜及水果出口额合计占比由 58.4%降至 57.9%，前十大主要出口市场出口额占比由 66.4%降至 65.6%。

（五）贸易政策调控作用有所显现

与 2014 年（"一带一路"倡议正式提出的第二年）相比，2017 年农产品贸易额总体增长 3.5%，但与"一带一路"沿线国家（地区）间的贸易额增长了 4.8%；贸易政策推动作用有所显现。对重点产品食糖和干玉米酒糟的贸易救济措施效果明显。2017 年 5 月 22 日起，中国政府对进口食糖产品实施三年保障措施，第一年加征 45%的进口关税。分阶段看，1—5 月国内外食糖配额内价差为 1 685 元/吨，同比扩大 26.5%，进口量增 31.9%；6—12 月国际原糖现货均价比 1—5 月下降了 22.2%，但实施保障措施后，进口价格每吨高于

国内711美元，使得6—12月食糖累计进口量同比减少51.7%。另外，2017年1月中国政府对原产于美国的进口干玉米酒糟征收为期5年的反倾销和反补贴税，税率分别为42.2%～53.7%和11.2%～12.0%。进口继续减少，同比下降八成。

二、2017年主要农产品贸易形势分析

（一）谷物及木薯、干玉米酒糟

自2011年大宗农产品全面净进口以来，谷物进口量总体增加，2016年虽在国内调控作用下下降，但2017年重回历史次高位，全年进口2 560.1万吨，同比增长16.4%，仅次于2015年峰值水平。三大主粮产品全年共出口146.5万吨，同比增长1.9倍（表1）。

表1　2017年谷物等产品进出口及净进口情况

单位：万吨，%

产品	进口量	进口量同比	出口量	出口量同比	净进口量	净进口量同比
谷物	2 560.1	16.4	161.6	154.1	2 398.5	12.3
稻谷产品	402.6	13.0	119.7	202.9	282.9	−10.7
小麦产品	442.2	29.6	18.3	61.9	424.0	28.5
玉米产品	282.7	−10.7	8.6	2 010.4	274.1	−13.4
高粱产品	505.7	−23.9	4.1	49.4	501.5	−24.2
大麦产品	886.3	77.1	0.0	104.7	886.3	77.1
木薯	812.8	5.5	0.0	−40.8	812.8	5.5
干玉米酒糟	39.1	−87.3	1.3	24.1	37.8	−87.6

数据来源：海关数据库。

1. 大米进口量增长13%。进口402.6万吨，同比增长13%；其中碎米进口87.8万吨，占21.8%；其他大米进口314.8万吨，占配额量59.2%。我国是全球最大稻谷种植国和大米消费国，2014年以来成为最大进口国，进口量占全球大米贸易量10%左右。越南和泰国是主要进口来源国，自其进口占近九成。大米国内库存量较大，2017年达1亿吨以上，但由于越南、泰国等国大米价格优势明显（中越、中泰大米年内月均价差分别达每吨1 004元和966元），进口快速增长。

2. 小麦进口量增长30%。进口442.2万吨，同比增长29.6%，占配额量

45.9%。国内小麦市场供应整体充足，但普通小麦库存量大、优质小麦量少价高，供需结构不平衡导致小麦进口存在刚性需求。进口小麦主要为优质强筋和弱筋小麦。小麦国内外价差在一定程度上也刺激小麦进口，2017 年国内普通小麦每吨价格 2 658 元，美国软红冬小麦进口税后价为每吨 1 838 元，价差同比扩大 5.9%。

3. 玉米高粱进口减，大麦进口增。玉米进口 282.7 万吨，同比减少 10.7%；高粱进口 505.7 万吨，减 23.9%；大麦进口 886.3 万吨，增 77.1%。2016 年玉米实施“价补分离”以来，国内玉米价格快速下跌，玉米及其替代品进口量减少。2017 年价差进一步缩小，玉米进口量继续下降，但不受配额管理约束的大麦和高粱进口量仍保持较高水平。由于澳大利亚大麦增产约 300 万吨，大麦进口均价同比下降 10.2%，降幅大于高粱的 5.5%，使得大麦进口大增而高粱进口下降。

4. 木薯进口增，干玉米酒糟减。木薯进口 812.8 万吨，同比增长 5.5%；干玉米酒糟进口 39.1 万吨，同比减少 87.3%，与国内实施贸易救济措施征收“双反”关税密切相关。

（二）棉花和食糖

1. 棉花进口量增近一成。进口 136.3 万吨，同比增长 9.9%；进口额 23.6 亿美元，增 32.7%。棉花替代性产品棉纱[①]进口 198.3 万吨，同比增 0.8%。自 2014 年实施棉花目标价格补贴政策以来，国内外价差有所减小，高库存形势下棉花进口量连续下降。2017 年，棉花产业深入推进改革，适度延长储备棉拍卖时间，棉花去库存效果明显。国内棉花产量略增，全球经济回暖使得纺织服装出口和国内需求增长，加之国内对化纤厂家污染治理使化纤成本上升，保持在每吨 1.6 万元左右，棉花消费回暖；而国际价格疲软，棉花国内外价差再次扩大至每吨 1 479 元，同比扩大 45.5%。在价差作用下，棉花进口快速增长（图 1）。

2. 食糖进口前高后低，全年进口量减 25%。进口 229 万吨，同比减少 25.2%；进口额 10.8 亿美元，同比减少 7.9%。2017 年，全球食糖供需缺口在巴西丰收支撑下有所缩小，国际价格快速下跌，且市场普遍预计 2017/2018 榨季将供应过剩，国内外价差再次扩大至每吨 2 089 元。前 5 个月食糖进口量激增 31.9%。2017 年 5 月 22 日国内对配额外进口食糖征收 45%的保障措施关税，配额外进口利润锐减，进口量随即下降，回到 2011 年前水平（图 2）。

---

① 棉纱在进出口统计归类中属于工业品。

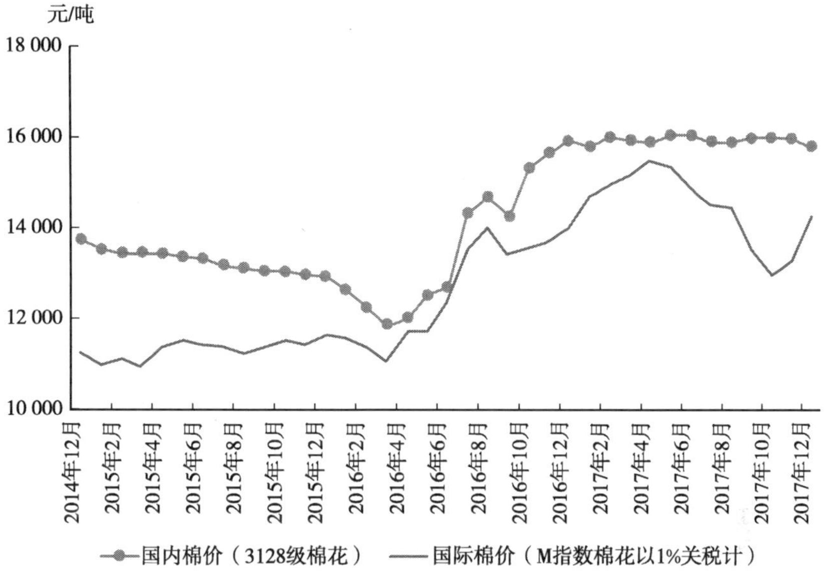

图 1　棉花国内价格与国际价格比较

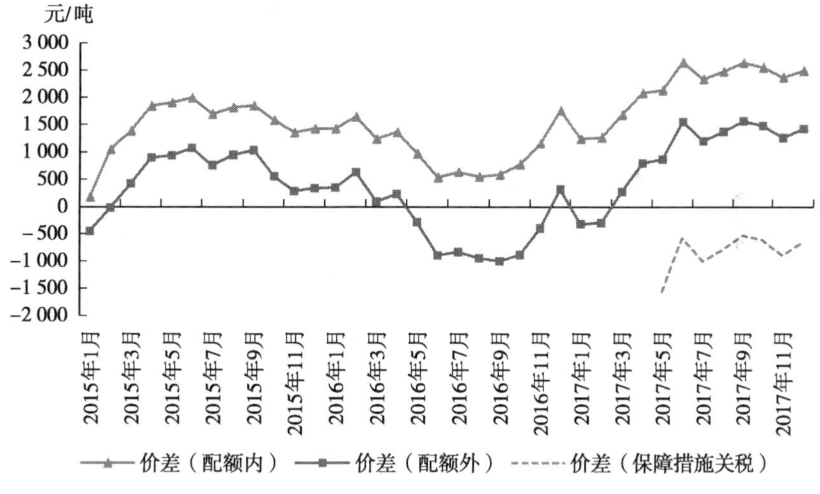

图 2　食糖国内外价差比较

（三）食用油籽和食用植物油

1. 食用油籽进口量突破 1 亿吨。食用油籽进口超 1 亿吨，同比增长 13.9%。其中大豆进口 9 552.6 万吨，增 13.8%，为历史新高；油菜籽进口 474.8 万吨，增 33.2%，为历史次高。全年大豆进口量占全球大豆贸易量

64.5%，进口来源国仍主要为美国、巴西和阿根廷。为优化种植结构，国内大力推进“粮改饲”，调减部分玉米种植大豆，2017 年大豆种植面积增加了 871 万亩，产量增加 130 万吨，但大豆总产量的增量仅为大豆进口增量的 1/10，我国大豆进口已成为全球大豆产量和贸易增长的主要动力。持续激增的大豆进口已对国内产业造成显著损害，抑制了国内市场价格，影响了农民就业收入，也给农业供给侧结构性改革带来困难。作为全球第三大油菜籽主产国、第二大油菜籽消费国和库存国，我国油菜籽进口量稳居全球首位，主要来自加拿大。

2. 食用植物油进口量增长 8%。食用植物油进口 742.8 万吨，同比增长 7.9%；出口 20.2 万吨，增 75.5%。其中棕榈油进口 507.9 万吨，增 13.4%；菜油进口 75.7 万吨，增 8.2%；葵花油和红花油进口 74.5 万吨，减 22.1%；豆油进口 65.3 万吨，增 16.6%。

（四）畜产品

猪产品进口减少，牛羊肉、奶粉进口快速增加。畜产品进口 256.2 亿美元，同比增长 9.5%；出口 63.6 亿美元，增 12.7%；贸易逆差 192.6 亿美元，扩大 8.4%。其中猪肉进口 121.7 万吨，减 24.9%；猪杂碎进口 128.2 万吨，减 14.1%。2017 年国内白条肉出厂价整体下跌，同时美国、欧盟猪肉价格震荡上涨，国内外猪产品价差略有缩小，猪产品进口减少。

牛肉进口 69.5 万吨，同比增长 19.9%；羊肉进口 24.9 万吨，增 13.1%。国内牛羊肉集市均价分别自 7 月底和 8 月中持续回升，到 12 月价格分别为每千克 64.2 元和 59.9 元，而国际市场牛羊肉价格下跌，进口均价折合每千克为 38.2 元和 35.0 元。自 6 月正式恢复进口美国牛肉以来，进口均价为每千克 11.9 美元，明显高于乌拉圭、巴西等其他主要进口来源国。《中澳自贸协定》已进入第四年降税，来自澳洲的牛羊肉价格将可能进一步下跌。

奶粉进口 104 万吨，同比增长 22.9%（其中婴幼儿配方奶粉进口 29.6 万吨，增 33.7%）；鲜奶进口 66.8 万吨，增 5.3%；乳清粉进口 52.7 万吨，增 6.4%；其他乳品进口 24.3 万吨，增 17.9%。近年奶粉进口快速增长，2017 年进口量仅比 2014 年历史峰值少 1.4 万吨，奶粉进口折合液态奶相当于 832 万吨；鲜奶进口增势强劲，进口量占乳品进口总量 26.9%。在进口打压下，主产区原料奶收购价下跌，难以维持正常盈利水平。

（五）水产品、蔬菜、水果

1. 水产品出口额略增。出口 211.5 亿美元，同比增长 2%；进口 113.5 亿美元，增 21%；贸易顺差 98 亿美元，缩小 13.7%。加工贸易进口额占比 21.9%，同比减少 2.4 个百分点。水产品是我国传统优势出口产品，一直稳居出口额首位。近年因国内生产成本增加、渔业绿色转型以及国际市场竞争加剧，劳动密集型产业进一步发展面临挑战。

2. 蔬菜贸易顺差继续增加。出口 155.2 亿美元，同比增长 5.4%；进口 5.5 亿美元，增 4.3%；贸易顺差 149.7 亿美元，扩大 5.5%。我国仍是全球最大蔬菜出口国，但国际市场竞争激烈，特别是荷兰、西班牙和美国等蔬菜出口国竞争力增强，我国需在质量、储存、加工、包装和销售等环节缩小与发达国家差距，进一步增强蔬菜竞争优势。

3. 水果贸易顺差下降。出口 70.8 亿美元，同比减少 0.9%；进口 62.6 亿美元，增 7.6%；贸易顺差 8.2 亿美元，缩小 38.3%。近年国内水果一直呈现“高端进口、低端出口”现象，从产品看，出口主要有苹果、梨、柑橘等传统品种，量大价低；进口主要为车厘子、葡萄、火龙果、猕猴桃和榴莲等高附加值品种，价格高昂，造成顺差连年下降。

三、2018 年农产品贸易趋势展望

（一）全球经济增长向好，但农产品市场仍维持宽松格局，农产品国际价格将继续小幅波动、低位运行态势

2017 年，全球经济增长态势良好，实现经济增长的国家范围广泛。其中，阿根廷、巴西、俄罗斯等较大新兴市场经济体走出经济衰退，欧元区国家也实现了经济快速增长。全球需求增长势头加强及能源部门的供给限制对大宗商品价格起到一定支撑作用。由于需求较为稳定，部分大宗农产品市场价格出现回升态势，但长期看，全球谷物、棉花、油籽、食糖等主要农产品库存庞大，国际农产品市场供需将继续保持宽松，农产品价格仍将处于较低水平。尽管经济发展预期良好，但国际形势复杂多变，农产品价格持续上涨可能性较小，国际农产品市场将长期保持小幅波动、低位运行态势。

（二）大宗农产品进口将继续保持高位

预计 2018 年粮棉油肉等农产品进口将继续保持高位。特别是在国内供给侧结构性改革作用下，玉米、棉花等库存积压严重的产品库存消费比已明显下降，在国内外价差及国内消费需求升级等因素作用下，进口可能继续增长或保持高位。继对美国牛肉、大米放开进口限制后，我国市场准入还将扩大。首届

进口博览会预计满足国内多样化消费需求的农产品进口将有所增加。未来我国将继续加强与“一带一路”沿线国农产品贸易合作，完善贸易政策、拓展进口渠道。

（三）优势农产品出口需加大促进力度

在劳动力成本刚性上涨趋势下，劳动密集型出口产品竞争力挑战加剧。同时，世界经济总体处于复苏时期，外部需求有所改善。应抓住全球经济增长机遇，大力促进出口优势产品扩大国际市场份额。应切实提高农产品加工水平，提升出口农产品附加值，扩大出口农产品品牌的国际影响力，利用国际知名展会和农产品推介会为出口企业提供有效服务，提高国内企业海外推介活动影响力。

（徐宏源、张晓婉、赵军华、杨静，2018 年第 1 期）

2018 年我国农产品贸易形势分析及 2019 年展望

2018 年，在全球经济和贸易增速放缓的形势下，我国经济继续保持中高速增长，GDP 较上年增长 6.6%；货物贸易额增长 12.6%。农产品贸易总额再创历史新高，连续两年突破 2 000 亿美元；贸易逆差进一步扩大，其中，谷物、油籽进口下降但仍保持高位，棉花、食糖、牛羊肉、乳制品等进口大幅增长；蔬菜、水果、水产品出口增长放缓，水果贸易首次出现逆差；茶叶出口继续保持较快增长。受中美经贸摩擦影响，自美农产品进口大幅下降。

一、2018 年农产品贸易特点

（一）农产品进出口创历史新高，逆差进一步扩大

农产品贸易总额再创历史新高，达 2 168.1 亿美元，较上年增长 7.7%；进口、出口和逆差均为历年最高水平。其中，进口 1 371 亿美元，增长 8.9%；出口 797.1 亿美元，增长 5.5%；贸易逆差 573.9 亿美元，扩大 14%。

（二）粮棉油糖进口保持高位，牛羊肉和奶粉达历史最高水平

粮食（包括谷物、豆类和薯类）进口下降，达 1.2 亿吨（占国内粮食产量的 17.6%），同比下降 11.5%。棉花、食糖、牛羊肉、奶粉等产品进口大幅增长。棉花和食糖进口均突破配额量，超配额进口量分别达 73.3 万吨和 85.1 万吨。牛羊肉进口 135.8 万吨、奶粉进口 115.3 万吨，分别增长 43.9%和 10.9%，均为历年最高水平。

（三）果蔬、水产品出口增长放缓，茶叶出口继续保持快速增长

传统优势出口产品水产品和水果出口额分别较上年增长 5.6%和 1.2%，贸易顺差缩减 23.9%和 3.7%；蔬菜出口减少 1.8%，由上年顺差 8.2 亿美元转为逆差 12.6 亿美元。茶叶出口继续保持快速增长，同比增长 10.3%。

(四) 中美经贸摩擦影响双边农产品贸易，自美进口大幅下降

受中美经贸摩擦影响，自美进口大幅下降。2018 年中美农产品贸易总额为 245.7 亿美元，同比下降 22.8%；其中对美出口 83.4 亿美元，增长 7.9%，自美进口 162.3 亿美元，下降 32.7%。主要进口产品中，大豆进口量下降 49.4%，高粱、玉米进口量分别下降 32.5% 和 58.7%。主要出口产品中，水产品、水果出口额分别增长 6.4%和 16.5%，蔬菜下降 11.8%。

二、2018 年主要农产品贸易形势分析

(一) 谷物进口减少，出口增加

全年谷物进口 2 050.2 万吨，同比下降 19.9%；出口 254.4 万吨，增长 57.4%；净进口 1 795.8 万吨，下降 25.1%。除玉米外，大米、小麦、高粱、大麦进口均有不同程度下降。

1. 稻米进口 307.7 万吨（占配额量 57.8%），**同比下降 23.6%，出口大幅增加。**进口主要源自越南和泰国，进口量分别为 145.2 万吨和 93.7 万吨，同比分别下降 35.9%和 18.4%。近年来国内稻谷市场持续供大于求，在去库存力度加大以及稻谷最低收购价下调的背景下，国内外价差不断缩小，进口动力减弱。自越南和泰国配额内进口大米价差较上年分别下降 158 元/吨和 65 元/吨。出口方面，全年出口 208.9 万吨，同比增长 74.6%，主要出口至科特迪瓦、韩国和日本等。

2. 小麦进口 309.9 万吨（占配额量 32.2%），**同比下降 29.9%。**主要进口来源国为加拿大、哈萨克斯坦、澳大利亚、美国和俄罗斯，进口量分别为 138.3 万吨、56.9 万吨、49.6 万吨、36.1 万吨和 17.4 万吨，受澳大利亚减产以及对美加征关税影响，自澳、美进口量分别为分别下降 73.9%和 76.8%；自加拿大、哈萨克斯坦和俄罗斯进口分别增长 164.1%、83.8%和 259.5%。

3. 玉米进口 352.4 万吨（占配额量 48.9%），**同比增长 24.7%。**主要进口来源国为乌克兰和美国，进口量分别为 293 万吨和 31.2 万吨，分别占进口总量的 83.1%和 8.9%。玉米替代品大麦和高粱进口下降。其中，大麦进口 681.5 万吨，同比下降 23.1%，主要进口来源国为澳大利亚和加拿大，进口量分别为 417.8 万吨和 168 万吨；高粱进口 365 万吨，下降 27.8%，主要进口来源国为美国和澳大利亚，进口量分别为 321.4 万吨和 42.9 万吨。

（二）棉花和食糖进口增幅较大

1. 棉花进口162.7万吨，同比增长19.4%。主要进口来源国为美国、澳大利亚、印度和巴西，进口量分别为53.4万吨、42.4万吨、19.3万吨和18.9万吨，分别增长3.2%、64.2%、12.5%和161%。受中美贸易摩擦影响，美棉进口主要集中在上半年，7月6日对美加征关税后进口量锐减。棉花替代品棉纱进口保持稳定，全年进口206.4万吨，增长4.1%，保持在2012年以来200万吨左右进口水平。

2. 食糖进口279.6万吨，同比增长22.1%。进口增量主要来自萨尔瓦多、尼加拉瓜、南非等实施食糖保障措施例外的国家，进口量分别为21.3万吨、17.6万吨和12.4万吨，分别增长90.9%、14.8倍和98.6%。8月1日取消保障措施例外待遇后，进口开始转向巴西、泰国等传统市场，8—12月自两国合计进口85.6万吨，占当期进口总量的72.5%。自5月起，配额外进口食糖保障措施附加关税由45%降至40%，国内外价差进一步扩大，进口压力增大。

（三）大豆进口下降，植物油进口稳定增长

1. 食用油籽进口9 448.9万吨，同比下降7.4%。其中大豆进口8 803.1万吨，下降7.9%；油菜籽进口475.6万吨，增长0.2%。中美经贸摩擦及国内需求降低是大豆进口下降主因，自美进口大豆仅1 664万吨，同比下降49.4%。7月6日对美加征25%关税后，美豆进口基本停滞。巴西大豆成美豆重要替代来源，进口6 608.2万吨，同比增长29.8%，增加1 515.5万吨；进口额288.3亿美元，增长37.8%。此外，非洲猪瘟疫情和低蛋白饲料配方推广对豆粕需求下降，也相应减少了大豆进口需求。

2. 食用植物油进口808.7万吨，同比增长8.9%。其中棕榈油进口532.7万吨，增长4.9%；菜油进口129.6万吨，增长71.2%；葵花油和红花油进口70.3万吨，下降5.7%；豆油进口54.9万吨，下降16%。

（四）牛羊肉和乳制品进口快速增加，猪肉进口下降

畜产品进口285亿美元，同比增长11.3%；出口68.6亿美元，增长7.9%。牛羊肉及乳制品进口量快速增加，猪肉进口下降。

1. 牛肉进口103.9万吨，同比增加49.5%。主要进口来源国为巴西、乌拉圭、阿根廷，合计占进口总量的69.5%。羊肉进口31.9万吨，同比增长28.1%。新西兰、澳大利亚仍是主要进口来源国，合计占进口总量的98.4%。

国内消费量增长及产量增长缓慢是牛肉羊肉进口快速增加的主因。2018 年国内牛肉产量 644 万吨，增长 1.5%；羊肉产量 475 万吨，增长 0.8%。猪肉进口 119.3 万吨，下降 2%；猪杂碎进口 96.1 万吨，下降 25.1%。

2. 乳制品进口 264.5 万吨，同比增长 6.8%。其中奶粉进口 115.3 万吨，增长 10.9%；鲜奶进口 67.3 万吨，增长 0.9%；乳清粉进口 55.5 万吨，增长 5.3%；其他乳品进口 26.3 万吨，增长 8.4%。新西兰是乳制品第一大进口来源地，奶粉进口量 64 万吨，增长 7.2%，占进口总量的 55.5%。

（五）水产品出口增长放缓、进口大幅增加，贸易顺差下降

水产品出口 223.3 亿美元，同比增长 5.6%；进口 148.6 亿美元，增长 31%；贸易顺差 74.7 亿美元，下降 23.9%。出口方面，对主要出口市场日本、美国、东盟和欧盟出口分别为 40.3 亿美元、34.3 亿美元、27.7 亿美元和 25.3 亿美元，分别增长 4.8%、6.4%、1.4%和 7.9%。在中美贸易摩擦背景下，尽管对美部分产品如罗非鱼、鳗鱼、扇贝等出口有所下滑，但总体仍保持增长。进口方面，鱼粉进口保持稳定，龙虾、螃蟹和对虾等产品快速增长。具体看，鱼粉进口 22.2 亿美元，增长 0.2%；大龙虾进口 20.5 亿美元，增长 63.1%；螃蟹进口 10.8 亿美元，增长 41%；对虾进口 11.8 亿美元，增加 1.8 倍。

（六）蔬菜出口下降，水果首现贸易逆差，茶叶保持出口优势

1. 蔬菜出口 152.4 亿美元，同比下降 1.8%；进口 8.3 亿美元，增长 50%；贸易顺差 144.1 亿美元，减少 3.7%。其中主要出口产品大蒜出口 19.9 亿美元，下降 38.3%，主要原因是出口价格下跌。主要出口市场为东盟、日本、中国香港、韩国和美国，出口额分别为 46.3 亿美元、22.9 亿美元、22.3 亿美元、13.5 亿美元和 10.1 亿美元，对美国出口下降 11.8%，对其他主要出口市场仍保持增长态势。

2. 水果出口 71.6 亿美元，同比增长 1.2%；进口 84.2 亿美元，增长 34.5%；贸易平衡由上年顺差 8.2 亿美元转为逆差 12.6 亿美元。水果进出口首次出现逆差，一是第一大出口产品苹果因国内减产及价格上涨而出口增长乏力，出口量下降 16.2%，出口额下降 10.8%，影响了水果整体出口增速。二是部分产品进口激增，如樱桃、榴莲进口额分别较上年增长 69.3%和 98.3%，仅此两项产品进口额就占水果进口总额的 28.5%。

3. 茶叶出口 19.1 亿美元，同比增长 10.3%；进口 2 亿美元，增长 19.7%；贸易顺差 17.1 亿美元，增长 9.6%。茶叶主要出口市场为中国香港、摩洛哥、

越南和美国，合计 8 亿美元，占出口总额的 41.9%；主要出口品种为绿茶，出口额 12.2 亿美元（占出口总额的 63.9%），增长 7.8%。茶叶进口主要来自斯里兰卡、中国台湾和印度，合计 1.4 亿美元，占进口总额的 70%；主要进口品种为红茶，进口额 1.2 亿美元（占进口总额的 60%），增长 10.4%。

三、2019 年农产品贸易趋势展望

展望 2019 年，国际农产品市场供应充裕，产量和库存继续保持高位，大宗农产品价格将延续低位运行趋势。根据联合国粮农组织（FAO）等主要机构预测，2018/2019 年度，全球谷物产量 26 亿吨、期末库存 7.6 亿吨、消费量 26.4 亿吨；棉花产量 2 599.4 万吨、期末库存 1 643 万吨、消费量 2 692 万吨；食糖产量 1.8 亿吨、期末库存 0.5 亿吨、消费量 1.76 亿吨，供需均较宽松。但 2019 年世界经济下行风险增大，将导致国际农产品市场需求增速放缓。国际货币基金组织（IMF）2019 年 1 月已将本年度全球经济增速下调至 3.5%，为近三年最低水平。综合看，2019 年国际农产品价格将延续低位运行趋势。

进口方面，中美贸易磋商如双方达成一致，预计自美大豆、谷物及其他农产品进口将进一步增长；受非洲猪瘟疫情影响，国内猪肉供给偏紧，预计肉类进口将大幅增加。

出口方面，国际农产品市场需求增速放缓，优势出口产品竞争形势严峻，预计蔬菜、水果和水产品等传统优势产品出口将延续低速增长态势。

（梁勇、杨海成、张明霞，2019 年第 1 期）

“十二五”时期中国农产品贸易形势

“十二五”时期，全球经济复苏乏力，国际市场需求不旺，农产品价格下行明显。中国大宗农产品全面净进口，价差驱动下过度进口问题凸显，对农业产业发展的影响加深。农业生产成本“地板”效应和农产品价格“天花板”效应增强，库存压力加大，产量、进口量、库存量三量齐增，统筹用好两个市场两种资源难度加大。预计“十三五”时期，受国际农产品价格持续低迷影响，价格“天花板”效应依然存在，大宗农产品仍将继续面临较大进口压力，需要积极、妥善面对。

一、“十二五”时期贸易特点

“十五”和“十一五”时期，中国农产品贸易额高速增长，年均增速分别达19.2%和17.7%，“十二五”时期贸易额年均增速大幅放缓至4.8%，其中2011—2014年平均增速为7.7%，2015年贸易额同比下降3.6%。从贸易额绝对量看，“十一五”比“十五”增长了1.2倍，“十二五”比“十一五”增长了97.8%，达9 000亿美元，占农牧渔GDP比重约13%；其中进口额5 656亿美元，同比增1.2倍，出口额3 344亿美元，增七成（表1）。虽然“十二五”时期进口额年均增速大幅放缓，但从具体产品进口量看，粮棉油糖等大宗农产品进口迅猛增加，对国内农业产业发展影响日益加深。概括起来，主要有以下特点。

表1 “十二五”时期农产品贸易额

单位：亿美元，%

时间	贸易额	贸易额占农牧渔GDP比例	出口额	进口额
“十五”时期	2 066.8	11.3	1 065.1	1 001.7
“十五”年均增长	19.2	—	14.5	24.8
“十一五”时期	4 551.5	12.5	1 977.6	2 573.9
“十一五”年均增长	17.7	—	12.0	22.5

（续）

时间	贸易额	贸易额占农牧渔GDP比例	出口额	进口额
“十二五”时期	9 000.8	13.0	3 344.4	5 656.4
“十二五”年均增长	4.8	—	3.9	5.4
“十二五”同比变化	97.8	—	69.1	119.8

注：①“十二五”时期贸易额占农牧渔GDP比例为2011—2014年数据；②贸易数据来自中国海关统计。下同。

（一）大宗农产品全面净进口，粮棉油糖肉奶等进口大幅增长

“十一五”时期，部分农产品进口量高于出口量已成常态。大麦、棉花、食糖、大豆、奶粉等在2006年前已处于净进口状态，小麦、牛肉和玉米酒糟（DDGs）在2009年转为净进口，玉米和高粱在“十一五”的最后一年转为净进口。“十二五”首年，大米成为最后一个净进口产品，标志着大宗农产品在“十二五”时期进入全面净进口阶段。值得注意的是，大宗农产品在“十二五”首年进入全面净进口阶段后，进口量呈迅猛增加趋势。“十二五”时期，粮食产品（谷物、豆类、薯类和DDGs）进口量4.8亿吨，同比增长1倍；其中谷物增长4.5倍，大豆增长7成，薯类增长6成，DDGs增长4.3倍。

除粮食产品外，其他大宗农产品进口量也大幅增长。其中，食糖进口同比增加1 337.5万吨，增长2.2倍。棉花进口增加403.6万吨，增长29.1%（棉花棉纱简单合计进口增加814.0万吨，增长43.6%）。油菜籽进口增加967.4万吨，增长1.2倍。食用植物油进口增加183.5万吨，增长4.5%。牛肉进口增加110万吨，增长23.5倍；羊肉进口增加70.9万吨，增长2.7倍；猪肉进口增加209.6万吨，增长2.6倍；奶粉进口增加268.2万吨，增长2.7倍（表2、表3）。

表2 “十二五”时期主要农产品净进口量

单位：万吨

年份	小麦	玉米	大米	高粱	DDGs	牛肉	猪肉
2006	−89.7	−303.4	−52.3	−2.0	−3.9	−2.6	−24.5
2007	−297.2	−488.3	−85.6	−23.4	−7.6	−2.5	−4.8
2008	−26.7	−22.3	−64.2	−10.9	−19.7	−1.8	29.1
2009	65.9	−4.5	−42.9	−2.2	59.1	0.1	4.8
2010	95.3	144.6	−23.4	4.0	311.7	0.2	9.1

（续）

年份	小麦	玉米	大米	高粱	DDGs	牛肉	猪肉
2011	93.0	161.8	8.2	−6.9	162.3	−0.2	38.7
2012	341.5	495.1	208.9	4.9	232.6	4.9	45.6
2013	525.7	318.8	179.3	106.1	394.7	28.8	51.0
2014	281.5	257.9	216.0	576.6	538.0	29.1	47.3
2015	288.5	471.9	309.0	1 069.2	680.6	46.9	70.6

表3 “十二五”时期粮食产品进口量

单位：万吨

	粮食*	谷物	大豆	薯类	干豆	DDGS
“十一五”进口量	23 882.9	1 555.2	19 387.6	2 342.6	214.5	382.9
“十二五”进口量	47 620.9	8 624.5	32 749.3	3 764.0	452.8	2 030.3
“十二五”比“十一五”增长（%）	99.4	454.6	68.9	60.7	111.1	430.2

*：此处粮食产品包括谷物、大豆、薯类、干豆和玉米酒糟（DDGs）。

（二）大宗农产品国内外价差进一步扩大，“非必需”进口问题愈发凸显

“十二五”时期，国际市场产量增加、供应充足，加上全球经济复苏缓慢、生物质能源消费趋稳，国际市场供大于求，大宗农产品价格持续下跌。2015年FAO食品价格指数比2011年下跌28.7%，其中谷物、植物油、食糖、肉、奶分别下跌32.6%、42.2%、48.3%、8.3%、30.1%。相反，由于国内劳动力、土地等价格不断上升，中国农业进入成本快速上涨时期，国内农产品价格虽然受到低价进口产品打压但依然涨多跌少，2015年小麦、玉米、稻谷、大豆、棉花、蔗糖价格比2011年分别上涨11.1%、6.5%、8.3%、4.6%、−44.5%、−29.0%。在国际国内价格变化综合影响下，大宗农产品内外价差总体大幅扩大。2015年小麦、玉米、稻谷、大豆的国内外价差比2011年分别扩大6.4倍、6倍、23.3%、2.3倍，2015年食糖的国内外价差虽然比2011年有所缩小，但仍然高达2 735元/吨，企业进口动力强劲；棉花的内外价差在2013年达到约7 000元/吨的峰值，后因实施目标价格改革国内价格下跌导致价差缩小，但2015年仍接近2 000元/吨（表4）。受价差扩大驱动，大宗农产品进口势头迅猛，在弥补国内大豆等部分产品产需缺口的同时，玉米、大米、棉花、食糖、植物油、奶粉等“非必需进口”问题日益凸显。据测算，2014年进口的1.1亿吨粮食中，50%以上属于超出产需缺口的“非必需进

口”。考虑到巨量待释放库存，2015 年进口的 1.3 亿吨粮食中，大多数都属于“非必需进口”；进口的 176 万吨棉花中，绝大多数属于“非必需进口”。

表 4 “十二五”时期主要农产品国内外价差

单位：元/吨

年份	小麦	玉米	稻谷	大豆	食糖	原棉
2006	−23	22	818	387	1 368	3 314
2007	−297	388	776	533	1 309	2 986
2008	98	226	285	701	338	1 742
2009	247	142	205	745	1 343	3 326
2010	344	428	622	785	2 195	6 095
2011	69	120	824	455	2 950	5 942
2012	391	351	1 049	821	2 440	4 586
2013	377	644	967	1 314	2 601	6 972
2014	487	697	786	1 303	1 792	4 457
2015	514	837	1 016	1 488	2 735	1 980
2015 年比 2011 年价差扩大（%）	644.9	597.5	23.3	227.0	−7.3	−66.7

注：以上产品的国内价格除棉花为 3128B 级棉花国内市场成交价外，其余均为集贸市场价格，国际价格均为进口（配额内）税后价。

（三）国际市场对国内农业产业的影响深刻显现，统筹用好两个市场两种资源难度加大

与“十五”、“十一五”时期“入世对农业未产生影响”的论调不同，“十二五”时期内外价差扩大导致大宗农产品进口大幅增加，对国内农业产业发展的影响开始显现，且影响程度不断加大。从玉米及其替代产品进口影响看，玉米及其替代品的大幅增加（玉米、大麦、高粱进口 5 798.2 万吨，同比增 4.7 倍；玉米酒糟、木薯进口 5 788.2 万吨，同比增 11.2 倍），使国内玉米消费受到影响，国内玉米库存连年增加，达到“前所未有”的程度。由于只能对玉米替代品征收 3%～5%的低关税，为遏制进口量增加导致国内库存不断增加的势头，国家不得不对玉米产业政策做出调整，2015 年下调临时收储价格，2016 年进一步取消实施了多年的临时收储政策，实施“镰刀弯”地区玉米面积调减计划。同样，棉花和棉纱进口大幅增加（简单合计进口 2 679.2 万吨同比增 43.6%），导致国内棉花库存量巨大，难以消化（“十二五”末库存仍维持在 1 200 多万吨的较高水平），给产业健康发展带来巨大压力，国家不得不

于 2014 年取消临时收储政策，转而实施目标价格政策。由于农民收入减少，产业发展动力不足，2015 年棉花种植面积大幅减少，产量大幅下降。食糖进口迅猛增加（进口 1 954.4 万吨，同比增 2.2 倍），造成国内库存积压，打压了国内甘蔗收购价，造成糖企普遍亏损，产量大幅下降，蔗农收入减少，国内产业发展难度加大，呈现“温水煮青蛙”特征。油菜籽进口大幅增加（进口 1 740.6 万吨，同比增 1.2 倍），导致菜油库存量高达 600 多万吨，油菜产业发展受到打压，临时收储政策被迫取消，油菜生产出现滑坡。粮食、棉花、油菜、食糖等大宗农产品非必需大量进口，给国内产业发展带来巨大压力，影响了国内产业政策效果，有些实施了多年的政策不得不做出调整。在国内农业生产成本保持上涨势头、关税政策保护空间有限且不断承受多双边农业谈判压力的形势下，统筹用好国际、国内两个市场两种资源面临前所未有的挑战。

（四）优势农产品出口增长但增速趋缓，维持出口竞争力难度加大

与“十一五”时期相比，“十二五”时期优势农产品出口额大幅下降。水产品、蔬菜和水果出口额年均增速由 10.2%、16.2%和 15.2%分别下降为 3.4%、3.2%和 5.7%。到“十二五”末年，优势出口产品仍保持贸易顺差，但除蔬菜顺差同比增长 5.2%外，水果和水产品顺差比上年分别减少 45.9%和 10.0%。特别是水果，2013 年以来顺差逐年减少；“十二五”时期年均减少 19.4%（表 5）。

表 5 “十二五”时期优势农产品出口额

单位：亿美元，%

年份	水产品		蔬菜		水果	
	出口额	顺差	出口额	顺差	出口额	顺差
2006	93.6	50.6	54.5	53.1	24.8	17.1
2007	97.5	50.3	62.5	60.9	37.5	27.8
2008	106.7	52.7	64.8	63.0	42.3	30.2
2009	108.0	55.3	68.3	66.5	38.4	21.8
2010	138.3	72.9	99.5	96.7	43.6	23.3
“十一五”年均增长	10.2	9.6	16.2	16.2	15.2	8.1
2011	177.9	97.8	117.2	113.9	55.2	24.1
2012	189.8	109.8	99.7	95.6	61.8	24.2
2013	202.6	116.3	115.8	111.6	63.2	21.7
2014	217.0	125.1	125.0	119.8	61.8	10.6
2015	203.3	113.5	132.7	127.3	68.9	10.2
“十二五”年均增长	3.4	3.8	3.2	2.8	5.7	−19.4

二、主要农产品贸易情况及对国内影响分析

(一) 谷物

"十二五"时期，谷物产品大量、快速进口，共计进口 8 624.5 万吨，占国内产量的 3.2%，占国内表观消费量的 3.1%，同比增加 7 069.3 万吨，增 4.5 倍，年均增速 56.5%，高于上期年均增速 44.2 个百分点。小麦、大米、玉米、大麦、高粱等主要品种进口全面大幅增加。此外，玉米酒糟（DDGs）和木薯进口也迅猛增加。出口量大幅下降，5 年仅出口 453.4 万吨，同比减少 1 695.2 万吨，减幅为 77.9%，年均减 18.6%。总体看，谷物贸易主要表现为净进口，净进口量达 8 171.1 万吨，年均净进口 1 634.2 万吨。如果把 DDGs 也计算在内，谷物净进口量达 1 亿吨以上，年均净进口 2 035.8 万吨（表 6）。

表 6 "十二五"时期谷物产品进出口数量

单位：万吨，%

产品	"十二五"进口			"十一五"进口	
	进口量	同比增长	年均增速	进口量	年均增速
小麦	1 650.6	470.9	24.3	289.1	19.0
大米	1 119.3	388.3	54.2	229.2	−14.6
玉米	1 755.7	870.8	28.2	180.8	121.5
大麦	2 278.4	176.6	56.8	823.6	2.5
高粱	1 764.1	13 936.2	2 045.9	12.6	74.2
谷物合计	8 624.5	454.5	56.5	1 555.2	12.3
DDGs	2 030.3	430.3	41.8	382.9	745.0
木薯	3 757.9	60.5	16.9	2 341.5	3.9

产品	"十二五"出口			"十一五"出口	
	出口量	同比增长	年均增速	出口量	年均增速
小麦	120.4	−77.8	−21.9	541.5	−34.5
大米	198.0	−60.2	−13.6	497.7	−16.1
玉米	50.2	−94.1	−46.5	854.8	−55.0
大麦	1.2	−92.7	−65.8	16.6	23.5
高粱	14.2	−70.0	−40.8	47.1	10.5
谷物合计	453.4	−77.9	−18.6	2 048.6	−32.8
DDGs	22.2	−48.8	−30.5	43.3	4.4
木薯	—	—	—	0.1	−84.7

小麦。进口 1 650.6 万吨，同比增加 1 361.5 万吨，增 4.7 倍，年均增 24.3%，高于上期年均增速 5.3 个百分点。出口 120.4 万吨，同比减少 321.1 万吨，减幅为 77.8%，年均减 21.9%，延续上期出口下降趋势。净进口 1 539.2 万吨，年均净进口 307.8 万吨。

大米。进口 1 119.3 万吨，同比增加 890.1 万吨，增 3.9 倍，年均增 54.2%，而上期年均降 14.6 个百分点。出口 198.0 万吨，同比下降 299.7 万吨，减 60.2%，年均减 13.6%，延续上期出口下降趋势。净进口 921.3 万吨，年均净进口 184.3 万吨。

玉米。进口 1 755.7 万吨，同比增加 1 574.9 万吨，增 8.7 倍，年均增 28.2%。出口 50.2 万吨，同比下降 804.6 万吨，降 94.1%。净进口 1 725.5 万吨，年均净进口 345.1 万吨。

大麦。进口 2 278.4 万吨，同比增加 1 454.8 万吨，增 1.8 倍，年均增 56.8%，高于上期年均增速 54.3 个百分点。出口 1.2 万吨，同比下降 15.4 万吨，降 92.7%。净进口 2 277.2 万吨，年均净进口 455.4 万吨。

高粱。进口 1 764.1 万吨，同比增加 1 751.5 万吨，增 139.4 倍，年均增 20.5 倍。出口 14.2 万吨，同比减少 32.9 万吨，减 70.0%。净进口 1 749.9 万吨，年均净进口 350.0 万吨。

玉米酒糟（DDGs）。进口 2 030.3 万吨，同比增加 1 647.4 万吨，增 4.3 倍，年均增 41.8%。出口 22.2 万吨，同比下降 21.1 万吨，降 48.8%。净进口 2 008.1 万吨，年均净进口 669.4 万吨。

木薯。进口 3 757.9 万吨，同比增加 1 416.4 万吨，增 60.5%，年均增 16.9%，高于上期 13.0 个百分点。“十二五”时期无出口，年均进口 751.6 万吨。

“十二五”时期中国大量进口的谷物中，小麦进口大多为优质专用品种，主要用于国内品种调剂，玉米、大麦、高粱等产品的进口则主要用作饲料，并对国产玉米消费形成替代。国内外价差较大是谷物产品大幅增加的主要原因。尤其是 2012 年以来，国内粮食价格稳中有升，国际价格持续低迷，大米、小麦和玉米的国内外价差月均最高时分别达到每吨 1 475 元、819 元、1 097 元，国内企业进口动力强劲。在国内库存充足、供给充裕的形势下大量进口谷物，加剧了国内供需矛盾，给国内产业健康、可持续发展带来挑战。

（二）食糖和棉花

“十二五”时期，共计进口食糖 1 954.4 万吨，占国内产量的 43.3%（注：2015 年产量为 900 万吨估计数），占国内表观消费量的 32.9%，同比增加

1 337.5 万吨，增 2.2 倍，年均增 13.5%，高于上期年均增速 6.9 个百分点。出口 27.5 万吨，同比减少 21.1 万吨，减 43.4%。净进口 1 926.9 万吨，年均净进口 385.4 万吨。“十二五”时期国际食糖市场进入增产周期，产量、库存连年增加，价格持续走低。国内外食糖价差进一步扩大，至 2015 年 6 月，国内外食糖配额内税后价差已经达到每吨 1 993 元，为“十二五”时期最高，配额外税后价差甚至超过每吨 1 000 元，企业进口动力较强。在价差刺激下，国内食糖进口持续增加，不仅增加了国内库存，更压低了国内甘蔗收购价，造成蔗农收入下降，国内产业可持续发展面临挑战（表 7）。

表 7 “十二五”时期食糖和棉花进出口量

单位：万吨，%

产品	“十二五”进口			“十一五”进口	
	进口量	同比增长	年均增速	进口量	年均增速
食糖	1 954.4	216.8	13.5	616.9	6.6
棉花	1 790.8	29.1	−16.2	1 387.2	−5.8
棉纱	888.4	85.9	26.9	478	4.3
棉花棉纱合计	2 679.2	43.6	—	1 865.2	—
产品	“十二五”出口			“十一五”出口	
	出口量	同比增长	年均增速	出口量	年均增速
食糖	27.5	−43.4	6	48.6	−11.6
棉花	10.3	25.6	1.5	8.2	−18
棉纱	211.1	−23.2	−3.1	274.8	−2.5
棉花棉纱合计	221.4	−21.8	—	283	—

“十二五”时期，共进口棉花 1 790.9 万吨，占国内产量的 56.8%，占国内表观消费量的 36.3%，同比增加 403.6 万吨，增 29.1%；出口 10.3 万吨，同比增加 2.1 万吨，增 25.6%；净进口 1 780.6 万吨，年均净进口 393.5 万吨。此外，进口棉纱 888.4 万吨，同比增加 410.4 万吨，增 85.9%；出口棉纱 211.1 万吨，同比下降 23.2%；净进口棉纱 677.3 万吨，年均净进口 135.5 万吨。“十二五”时期棉花棉纱简单合计进口 2 679.2 万吨，同比增加 814.0 万吨，增 43.6%；合计出口 221.4 万吨，同比下降 21.8%；合计净进口 2 457.8 万吨，年均净进口 491.6 万吨。“十二五”时期国际棉花产量保持高位，库存消费比一直保持在 80%以上，国际棉价持续下跌，内外棉价差距较大使得“十二五”时期棉花“国货入库、洋货入市”问题突出。自国内 2014 年实施目标价格政策后，国内外价差从最高时每吨约 7 000 元逐渐缩小到 2015

年的近 2 000 元，企业进口动力减弱，进口量下降，但绝对进口量仍处于较高水平。值得注意的是，尽管棉花进口减少，但棉纱进口对国内棉花消费的替代效应更加明显，2015 年中国棉纱进口 234.5 万吨，折合棉花约 248.6 万吨。棉花棉纱年均近 500 万吨的净进口量造成国内库存居高不下，国内市场棉花价格低位震荡。与“十一五”相比，国内棉花种植面积缩减、产量下滑，棉花产业处于动态调整阶段，国内外棉价联动性增强，保障棉花产业稳定发展面临较大挑战。

（三）食用油籽

“十二五”时期，共计进口 3.50 亿吨，同比增加 1.46 亿吨，增 71.9%，年均增 12.4%，低于上期年均增速 5.7 个百分点。出口 450.1 万吨，同比减少 117.7 万吨，减幅为 20.7%。净进口 3.46 亿吨，年均净进口 6 910.4 万吨。其中，大豆进口 3.27 亿吨，占国内产量的 5.2 倍（注：2015 年产量为 1 100 万吨估计数），占国内表观消费量的 84.2%，同比增加 1.34 亿吨，增 68.9%，年均增 11.6%，低于上期年均增速 6.4 个百分点；出口 108.6 万吨，同比减少 79.7 万吨，减幅为 42.3%；净进口 3.26 亿吨，年均净进口 6 528.1 万吨。油菜籽进口 1 740.6 万吨，同比增加 967.4 万吨，增 1.2 倍，年均增 37.2%，高于上期年均增速 15.8 个百分点。出口 0.1 万吨，同比下降 0.05 万吨，减幅为 35.2%。净进口 1 740.5 万吨，年均净进口 348.1 万吨（表 8）。

表 8 “十二五”时期食用油籽进出口量

单位：万吨，%

产品	“十二五”进口			“十一五”进口	
	进口量	同比增长	年均增速	进口量	年均增速
食用油籽	35 002.3	71.9	12.4	20 361.4	18.1
大豆	32 749.3	68.9	11.6	19 387.6	18.0
油菜籽	1 740.6	124.3	37.2	775.9	21.3
产品	“十二五”出口			“十一五”出口	
	出口量	同比增长	年均增速	出口量	年均增速
食用油籽	450.1	−20.7	−2.0	567.8	−8.0
大豆	108.6	−42.3	−11.1	188.3	−18.6
油菜籽	0.1	−35.2	−12.7	0.1	−6.6

“十二五”时期，由于居民收入增长和生活水平提高拉动了肉蛋奶及植物油消费增加，市场对油籽和植物油需求增加。由于国际市场大豆供需基本面宽松，价格保持低位，国际大豆具有较强的市场竞争力，大豆进口快速增长。一

方面，在国内土地及水资源紧缺的局面下，进口大豆缓解了国内油料市场的产需缺口，同时作为养殖业蛋白饲料的重要来源，促进了国内畜牧业的较快发展；另一方面，国际低价大豆对国产大豆价格形成较强压制，导致大豆产业颓势发展，种植面积逐年下降。特别是自 2014 年取消大豆临时收储政策后，国内市场大豆价格进一步下跌，进口量继续增长，产量持续下降，2015 年进口量达 8 169.4 万吨，是国产大豆产量的 7 倍。大豆榨油量的增加对菜籽油形成了替代消费。另外，油菜籽的大量进口也造成国内菜油库存居高不下，对国内油菜产业发展带来负面影响，与“十一五”相比油菜籽生产出现下滑。

（四）食用植物油

“十二五”时期，食用植物油进口稳步增长。共计进口 4 288.3 万吨，同比增加 183.5 万吨，增 4.5%，年均增 1.8%，低于上期年均增速 3.5 个百分点。其中，葵花籽油和红花油、花生油、菜油增幅明显。出口 61.5 万吨，同比减少 41.4 万吨，减幅为 40.3%。其中，棕榈油进口 2 946.6 万吨，同比增加 186.9 万吨，增 6.8%；出口 0.7 万吨；净进口 2 945.8 万吨，年均净进口 589.2 万吨。豆油进口 608.0 万吨，同比减少 460.3 万吨，减幅为 43.1%，年均减 8.0%，高于上期年均减速 4.6 个百分点；出口 41.0 万吨，同比减少 3.6 万吨，减幅为 8.0%；净进口 567.0 万吨，年均净进口 113.4 万吨。菜油进口 487.9 万吨，同比增加 273.7 万吨，增 1.3 倍，年均增速 10.3%；出口 2.7 万吨；净进口 485.1 万吨，年均净进口 97.0 万吨。葵花籽油和红花油进口 172.1 万吨，同比增加 132.6 万吨，增 3.4 倍，年均增 73.4%，高于上期年均增速 28.3 个百分点；出口 0.7 万吨；净进口 171.4 万吨，年均净进口 34.3 万吨。花生油进口 40.7 万吨，同比增加 30.0 万吨，增 2.8 倍，年均增 20.2%；出口 4.4 万吨；净进口 36.3 万吨，年均净进口 7.3 万吨（表 9）。

表 9 “十二五”期间食用植物油进出口数量

单位：万吨，%

产品	“十二五”进口			“十一五”进口	
	进口量	同比增长	年均增速	进口量	年均增速
食用植物油	4 288.3	4.5	1.8	4 104.7	5.3
豆油	608.0	−43.1	−8.0	1 068.3	−3.4
棕榈油	2 946.6	6.8	−0.01	2 759.7	2.9
菜油	487.9	127.8	10.3	214.1	117.5
花生油	40.7	281.9	20.2	10.7	284.9
葵花油和红花油	172.1	335.9	73.4	39.5	45.1

（续）

产品	“十二五”出口			“十一五”出口	
	出口量	同比增长	年均增速	出口量	年均增速
食用植物油	61.5	−40.3	2.5	102.9	−30.1
豆油	41.0	−8.0	19.6	44.6	−15.8
棕榈油	0.7	59.1	6.8	0.5	19.5
菜油	2.7	−85.3	8.9	18.6	−59.7
花生油	4.4	−15.1	1.7	5.2	−12.0
葵花油和红花油	0.7	75.0	6.2	0.4	−24.9

（五）畜产品

“十二五”时期，畜产品进口稳步增长，共计进口 3 015.6 万吨，同比增加 1 067.9 万吨，增 54.8%，年均增速 8.5%，低于上期年均增速 2.6 个百分点。牛肉、羊肉、猪肉、猪杂碎、奶粉等主要品种进口量大幅增加。出口量随着国内消费的增加及生产成本的上涨而逐年减少，5 年仅出口 709.5 万吨。总体看，畜产品贸易表现为全面净进口，净进口量达 2 306.1 万吨，年均净进口 461.2 万吨。其中，牛肉进口 114.7 万吨，同比增加 110 万吨，增 23.5 倍，年均增 1.2 倍；出口 5.1 万吨；牛肉由上期净出口转变为全面净进口，净进口 109.6 万吨，年均净进口 21.9 万吨。羊肉进口 97.1 万吨，同比增加 70.9 万吨，增 2.7 倍，年均增速 28.1%，高于上期年均增速 16.6 个百分点；出口 2.5 万吨；净进口 94.7 万吨，年均净进口 18.9 万吨。猪肉进口 291.5 万吨，同比增加 209.6 万吨，增 2.6 倍，年均增速 13.6%；出口 38.3 万吨，同比下降 43.8%；净进口 253.2 万吨，年均净进口 50.6 万吨。猪杂碎进口 418.5 万吨，同比增加 196.9 万吨，增 88.9%；出口 1.2 万吨；净进口 417.4 万吨，年均净进口 83.5 万吨。奶粉进口 368.4 万吨，同比增加 268.2 万吨，增 2.7 倍，年均增 12.7%，低于上期年均增速 19.6 个百分点；出口 5.2 万吨；净进口 283.2 万吨，年均净进口 72.7 万吨（表 10）。

“十二五”期间中国畜产品进口增长较快，出口降幅明显。随着城乡居民收入水平提升、消费结构优化，国内对于优质畜产品的需求不断增加，肉奶产品的消费量稳定增长。尽管国际市场畜产品价格稳中略涨，但国内产品价格受成本上涨推动增势强劲，国内外价差保持较高水平，2015 年欧盟和美国猪肉批发价格与国内白条肉出厂价格价差分别达到每千克 10.81 元和 10.76 元，而国际奶粉每吨价格比国内低 10 591 元。受国内需求增加、国内外价差等因素综合影响，肉、奶产品进口快速增长。

表 10 “十二五”时期畜产品进出口数量

单位：万吨，%

产品	“十二五”进口			“十一五”进口	
	进口量	同比增长	年均增速	进口量	年均增速
畜产品	3 015.6	54.8	8.5	1 947.7	11.1
牛肉	114.7	2 347.1	120.4	4.7	112.6
羊肉	97.1	270.3	28.1	26.2	11.5
猪肉	291.5	256.0	13.6	81.9	70.4
猪杂碎	418.5	88.9	−1.9	221.6	37.7
奶粉	368.4	267.4	12.7	100.3	32.4
产品	“十二五”出口			“十一五”出口	
	出口量	同比增长	年均增速	出口量	年均增速
畜产品	709.5	−46.9	−0.1	1 336.0	−6.5
牛肉	5.1	−55.1	−32.0	11.4	−5.2
羊肉	2.5	−73.6	−17.5	9.3	−20.3
猪肉	38.3	−43.8	−3.0	68.2	−20.0
猪杂碎	1.2	142.5	72.3	0.5	−49.6
奶粉	5.2	−74.5	−12.9	20.2	−34.1

（六）园艺产品

“十二五”时期，蔬菜、水果、茶叶等园艺产品出口额继续保持增长，但出口增速下降。

1. 蔬菜。出口 590.3 亿美元，同比增加 240.7 亿美元，增 68.8%，年均增 3.2%，低于上期 13.0 个百分点。进口额 22.2 亿美元，同比增加 12.5 亿美元，增 1.3 倍，年均增速 13.5%，低于上期 3.8 个百分点。其中，鲜冷冻蔬菜出口 3 054.9 万吨，同比增加 630.5 万吨，增 26.0%，年均增 2.5%，低于上期 0.6 个百分点；进口 12.2 万吨，同比减少 3.9 万吨，减 24.1%。加工保藏蔬菜出口 1 573.9 万吨，同比增加 216.1 万吨，增 15.9%，年均减 0.5%，增速低于上期 4.8 个百分点；进口 81.4 万吨，同比增加 44.6 万吨，增 1.2 倍，年均增 11.6%，高于上期 2.6 个百分点（表 11）。

2. 水果。出口 311.0 亿美元，同比增加 124.4 亿美元，增 66.7%，年均增速 5.7%，低于上期 9.5 个百分点。进口 220.2 亿美元，同比增加 153.9 亿美元，增 2.3 倍，年均增 17.2%。其中，鲜冷冻水果出口 1 478.4 万吨，同比增加 104.3 万吨，增 7.6%；进口 1 694.8 万吨，同比增加 862.3 万吨，增 1.0

倍；净进口 216.4 万吨。水果汁出口 310.2 万吨，同比减少 130.5 万吨，减 29.6%；进口 55.4 万吨，同比增加 14.8 万吨，增 36.4%。水果罐头出口 298.6 万吨，同比减少 7.7 万吨，减 2.5%；进口 14.2 万吨，同比增加 8.7 万吨，增 1.6 倍（表 12）。

表 11 “十二五”时期蔬菜产品进出口数量

单位：万吨，%

产品	“十二五”进口			“十一五”进口	
	进口量	同比增长	年均增速	进口量	年均增速
加工保藏蔬菜	81.4	121.2	11.6	36.8	9.0
鲜冷冻蔬菜	12.2	−24.1	−0.1	16.0	−7.6
蔬菜种子	6.8	112.2	28.0	3.2	13.9
干蔬菜	6.1	87.4	−8.3	3.2	24.6
产品	“十二五”出口			“十一五”出口	
	出口量	同比增长	年均增速	出口量	年均增速
鲜冷冻蔬菜	3 054.9	26.0	2.5	2 424.4	3.1
加工保藏蔬菜	1 573.9	15.9	−0.5	1 357.8	4.3
干蔬菜	223.9	4.5	−3.2	214.2	4.2
蔬菜种子	3.0	29.8	11.8	2.3	−6.1

表 12 “十二五”期间水果产品进出口数量

单位：万吨，%

产品	“十二五”进口			“十一五”进口	
	进口量	同比增长	年均增速	进口量	年均增速
鲜冷冻水果	1 694.8	103.6	8.3	832.5	19.1
其他加工水果	98.3	−4.5	−9.5	103.0	23.7
水果汁	55.4	36.4	1.6	40.6	8.8
水果罐头	14.2	158.9	8.6	5.5	24.9
产品	“十二五”出口			“十一五”出口	
	出口量	同比增长	年均增速	出口量	年均增速
鲜冷冻水果	1 478.4	7.6	−0.3	1 374.0	11.5
水果汁	310.2	−29.6	−6.1	440.7	4.6
水果罐头	298.6	−2.5	−1.3	306.3	4.1
其他加工水果	248.9	1.8	−3.3	244.5	3.0

3. 茶叶。出口 63.5 亿美元，同比增加 28.5 亿美元，增 81.7%，年均增 10.0%，高于上期 0.5 个百分点。进口 4.5 亿美元，同比增加 3.1 亿美元，增 2.2 倍，年均增速 15.9%，低于上期 34.3 个百分点。其中，绿茶出口 129.2 万吨，同比增加 16.3 万吨，增 14.4%，年均增 1.4%，低于上期 0.3 个百分点；进口 2.0 万吨。红茶出口 16.0 万吨，同比减少 1.9 万吨，减 10.4%；进口 7.4 万吨，同比增加 5.0 万吨，增 2.1 倍。乌龙茶出口 8.3 万吨，同比减少 2.6 万吨，减 23.6%；进口 0.3 万吨（表 13）。

表 13 “十二五”时期茶叶产品进出口数量

单位：万吨，%

产品	“十二五”进口			“十一五”进口	
	进口量	同比增长	年均增速	进口量	年均增速
红茶	7.4	210.7	12.1	2.4	55.9
绿茶	2.0	272.0	10.4	0.5	2.0
其他茶	0.5	50.6	10.5	0.3	14.6
乌龙茶	0.3	180.4	59.4	0.1	3.8
花茶	0.1	89.0	7.2	0.0	19.2
马黛茶	0.1	248.3	23.9	0.0	−18.9
普洱茶	0.0	−7.8	21.5	0.0	−58.0
产品	“十二五”出口			“十一五”出口	
	出口量	同比增长	年均增速	出口量	年均增速
绿茶	129.2	14.4	1.4	112.9	1.7
红茶	16.0	−10.4	−5.7	17.9	3.8
乌龙茶	8.3	−23.6	−3.8	10.9	−1.6
其他茶	4.9	15.2	13.6	4.3	−22.6
花茶	3.3	−6.9	−4.7	3.6	−2.5
普洱茶	2.0	−23.2	−6.4	2.6	−10.6
马黛茶	0.0	−99.3	1.2	0.0	−80.5

（七）水产品

出口 990.7 亿美元，同比增加 446.4 亿美元，增 82.1%，年均增 3.4%，低于上期 6.9 个百分点。进口 428.2 亿美元，同比增加 165.9 亿美元，增 63.3%，年均增 2.9%，低于上期 8.1 个百分点。其中，鲜冷冻鱼出口 1 018.9 万吨，同比增加 314.5 万吨，增 44.7%，年均减 1.4%，增速低于上期 6.6 个百分点；进口 1 055.8 万吨，同比增加 127.1 万吨，增 13.7%，年均减 2.4%，增速低于上期 6.3 个百分点。贝类及软体动物出口 330.4 万吨，同比增加 168.6 万吨，增 1.0 倍，年均增 15.0%，高于上期 6.5 个百分点；进口 216.4 万吨，同比增加 51.0 万吨，增 30.8%，年均增 11.1%，高于上期 13.7 个百分点。加工鱼产品出口 330.1 万吨，同比增加 37.9 万吨，增 13.0%，年均增 6.0%，高于上期 6.2 个百分点；进口 6.7 万吨。虾产品出口 140.0 万吨，同比减少 2.6 万吨，减 1.8%；进口 43.2 万吨，同比增加 16.4 万吨，增 61.3%。螃蟹出口 38.8 万吨，同比增加 6.9 万吨，增 21.8%；进口 28.4 万吨，同比增加 6.8 万吨，增 31.4%。饲料用鱼粉进口 549.5 万吨，同比减少 14.5 万吨，减 2.6%；出口 0.5 万吨（表 14）。

表 14 “十二五”期间水产品进出口数量

单位：万吨，%

产品	“十二五”进口			“十一五”进口	
	进口量	同比增长	年均增速	进口量	年均增速
鱼类（鲜冷冻）	1 055.8	13.7	−2.4	928.7	3.9
饲料用鱼粉	549.5	−2.6	−4.1	564.0	1.5
贝类及软体动物	216.4	30.8	11.1	165.4	−2.6
水生植物	122.5	138.9	5.1	51.3	17.4
其他水产品	60.7	8.8	−11.6	55.8	20.1
虾类	43.2	61.3	17.5	26.8	2.0
螃蟹	28.4	31.4	−1.2	21.6	7.4
鱼类（加工）	6.7	1.3	20.3	6.6	−6.8
鱼类（活鱼）	6.3	91.5	17.8	3.3	45.0
哺乳及爬行动物	0.7	55.6	−25.1	0.5	107.1
珍珠	0.2	−99.7	−12.5	45.6	−81.7
产品	“十二五”出口			“十一五”出口	
	出口量	同比增长	年均增速	出口量	年均增速
鱼类（鲜冷冻）	1 018.9	44.7	−1.4	704.4	5.2
贝类及软体动物	330.4	104.3	15.0	161.7	8.5
鱼类（加工）	330.1	13.0	6.0	292.2	−0.2
虾类	140.0	−1.8	−9.7	142.5	0.7
其他水产品	49.5	−60.4	−20.6	125.1	−8.2
鱼类（活鱼）	44.1	−32.7	2.4	65.6	−10.1
螃蟹	38.8	21.8	3.8	31.9	−6.7
水生植物	36.9	37.5	−4.7	26.8	4.7
饲料用鱼粉	0.5	−82.4	68.3	3.1	−37.6
珍珠	0.2	−99.6	−18.7	58.0	−81.0
哺乳及爬行动物	0.1	−1.2	−29.0	0.1	22.2

三、"十三五"时期相关建议

"十三五"时期，农业贸易发展将面临国际国内多重因素的严峻挑战。国际方面，世界经济复苏缓慢，需求增长乏力，受大宗农产品供给充裕影响，国际农产品价格将继续低位运行。从国内情况看，中国经济进入新常态，国内生产总值将保持年均6.5%以上的增长速度，农产品供给侧结构性改革压力加大，资源、环境压力趋紧，提高农业竞争力水平任重道远。总体看，大宗农产品仍将面临较大进口压力，需要妥善应对。

（一）需要处理好进口与国内生产、去库存的关系

考虑到粮食、棉花、菜油、食糖等大宗农产品库存量巨大，研究供需平衡问题时要充分兼顾和平衡生产、库存和进口需求的关系，要考虑当前与长远的关系，注重处理好国家粮食安全、农民就业和农业产业发展需要的关系，合理规划农业生产。要在准确把握需求量、去库存规模和生产量的基础上，科学测算合理的进口规模。

随着人口数量的继续增加，"十三五"时期中国稻谷、小麦食用需求将稳中有升；在种植面积基本稳定或略有减少的情况下，单产将由于科技进步继续得到提高，预计小麦、稻谷产量将保持基本稳定，进口需求量不大，将主要用于品种调剂。关于玉米，由于库存量巨大，假定用5年时间将临储库存消化完毕，在产需基本平衡、基本无进口的条件下则需年均消化库存5 000万吨左右。因此，从总量看，"十三五"时期仅需少量进口谷物，且主要用于品种调剂，如要多进口，则要少生产。据《中国农业展望报告（2016—2025）》数据，2020年棉花产量与消费量的缺口为200万吨。假设库存量由"十三五"初期的1 200万吨降至末期的200万吨（库存消费比约为30%），则需年均消化库存200万吨，与产需缺口基本相当，说明从总量看"十三五"时期基本不存在产需缺口。另据《中国农业展望报告（2016—2025）》测算，2020年食糖产需缺口约600万吨。我们认为，由于每年可释放一定数量的库存（据专家估计，"十三五"初期库存量为1 200多万吨），预计每年约需进口300多万吨，如果进口多了，国内生产就要相应减少。

（二）需要处理好价格"天花板"与"地板"的关系，推动健全贸易救济措施，努力实现"适度进口"目标

"十三五"时期，随着劳动力、土地、环境保护、质量安全成本的不断提

高，农业生产成本上涨的趋势难以改变，“地板”效应会进一步增强。由于国际农产品供给充裕，国际原油价格低位波动、农产品价格仍将处于低迷状态，国内关税政策难以充分发挥“防火墙”作用，国内农产品“天花板”效应不会大幅减弱。粮棉油糖肉奶等大宗农产品内外价差将继续保持较高水平，农业产业发展面临的价差驱动下的进口压力难以大幅缓解，实现“适度进口”目标仍将面临挑战。

要实现“适度进口”目标，除现有相关调控措施外，应加强对贸易救济措施的研究与应用。国际上，加强对农业合理保护的做法主要有三种。一是高关税保护，如日本、韩国、瑞士等国为保护本国农业，对农产品实行高关税、从量税和难以进行从价税转换的复合税等复杂关税；对重要产品实施关税配额管理制度，配额量小，配额外关税复杂，基本为禁止性关税。二是使用特殊保障措施，如美国、欧盟、日本和韩国有权对其 9%、31%、12%和 8%的农产品税目使用以数量触发和价格触发为特征的特殊保障机制，征收附加关税，限制进口数量。三是使用贸易救济措施。中国在入世过程中做出了重大承诺，农产品平均关税水平只有 15.2%，远低于世界 60%的平均水平，不足以弥补国内外竞争力差距造成的价差，不足以对进口进行有效调控；入世时承诺放弃使用特殊保障机制的权利。因此，要实现“适度进口”目标，需要对国际上通常使用的第三种农业保护措施，即贸易救济措施加强研究和应用。应坚持“二反一保”条款立法宗旨，更加积极利用贸易救济措施。要研究建立大宗农产品贸易救济立案刚性触发机制，对超过产需缺口的过度进口产品采取贸易救济措施，保护国内产业安全。

（三）需要加大国内支持力度，促进农业可持续发展

农业是高度依赖自然资源和自然条件的产业，资源禀赋和生产规模决定了农业基础竞争力。中国人均农业资源不足，特别是水土资源相对短缺，农业生产经营规模小，劳动生产率低，大宗农产品基础竞争力先天不足，“十三五”时期难以根本改变。在面临主要出口国大规模生产且高额补贴的大农场竞争下，必须加强对农业的支持和保护。在加强“供给侧改革”的新形势下，尤其要进一步加强和完善国内支持政策体系，更有效调动农民从事农业生产的积极性，让农民成为体面的职业。在苦练内功、不断提高基础竞争力的同时，更要从国内生产成本与世界主要出口国差距扩大的趋势出发，进一步加大对农业的支持力度，有效弥补生产成本差距，确保国内产品价格具有与进口产品竞争的能力。要继续完善其他大宗农产品临时收储政策或目标价格政策，稳定农业生产，确保农民收入水平稳中有升，不断缩小城乡收入差距。

（四）需要加强贸易促进，增加优势农产品出口

受国内生产成本居高难下、国际市场竞争加剧影响，“十三五”时期优势农产品出口所依赖的价格优势可能受到进一步削弱。因此，在国际市场贸易堡垒有增无减的新形势下，既要通过多双边农业谈判和“一带一路”建设创造更好贸易环境，也要更加注重优势农产品品牌建设，加大出口促进力度，同时转变农产品出口增长方式，培育新的竞争优势，扩大高附加值及特色农产品出口。

（梁勇、赵军华、马建蕾，2016 年第 7 期）

玉米产业损害分析报告

我国是玉米生产和消费大国，产量和消费量连续三年位居世界第一，播种面积占国内农作物播种面积23%，占粮食作物播种面积和产量的34%和36%。产区广泛分布于北方的春玉米区（黑龙江、吉林、内蒙古、辽宁等7省区），黄淮海的夏玉米区（山东、河南、河北、山西、陕西、安徽、江苏等省）及西南玉米区（四川、云南、湖北、贵州、广西、重庆、湖南等）。玉米产业既关系到国家粮食安全，也关系到20多个省（区、市）的农民增收和生计安全，在农业乃至国民经济中具有举足轻重地位。

一、近年玉米产业发展情况

（一）2016年产量和播种面积被迫调减

根据农业部数据，受需求拉动和政策支持影响，2010—2015年国内玉米播种面积从4.9亿亩增至5.7亿亩，年均增长3.2%。其中东北主产区黑龙江、吉林和内蒙古年均分别增长5.9%、4.5%和6.5%；产量从1.8亿吨增至2.2亿吨，年均增长4.9%，其中3省（区）年均分别增长8.8%、7%和9%。2011年起，玉米进口大幅增长。2014年起，玉米替代品大量进口并对国产玉米生产形成巨大压力。2015年起，国家调整相关产业政策，2016年播种面积和产量被迫调减。据国家统计局数据，2016年玉米播种面积和产量分别为5.5亿亩和2.2亿吨，较上年分别下降2 039万亩和507.8万吨，降幅分别为3.6%和2.3%；农业部市场与预警专家委员会玉米品种供需分析评估组估计2016年玉米播种面积和产量分别为5.4亿亩和2.1亿吨，较上年分别下降

3 100 万亩和 1 000 万吨。主产区农业和粮食部门调查显示，2016 年东北和华北黄淮海产区玉米播种面积和产量基本全部调减（表 1、表 2）。

表 1　全国及主产省份玉米播种面积

单位：万亩，%

年份	全国	黑龙江	吉林	内蒙古	山东	河南	河北	辽宁	山西	四川	云南
2010	48 750.2	6 552.6	4 570.1	3 728.4	4 433.0	4 419.0	4 512.9	3 139.5	2 323.4	2 033.1	2 126.7
2011	50 312.5	6 881.1	4 701.3	4 004.5	4 493.8	4 537.5	4 553.7	3 201.9	2 470.1	2 044.7	2 113.5
2012	52 544.7	7 785.9	4 926.5	4 250.5	4 527.1	4 650.0	4 573.7	3 310.0	2 503.5	2 056.7	2 185.4
2013	54 477.0	8 171.3	5 248.7	4 755.9	4 591.1	4 805.0	4 663.4	3 368.4	2 505.0	2 067.0	2 257.7
2014	55 685.1	8 160.3	5 544.9	5 058.3	4 689.7	4 925.8	4 756.3	3 495.1	2 514.8	2 071.8	2 288.6
2015	57 179.0	8 731.7	5 699.9	5 110.9	4 760.7	5 015.8	4 872.1	3 625.2	2 515.3	2 103.0	2 276.0
2016	55 139.6										
2010—2015 年均增长	3.2	5.9	4.5	6.5	1.4	2.6	1.5	2.9	1.6	0.7	1.4

数据来源：2010—2015 年数据来自农业部种植业司，2016 年数据来自国家统计局。

表 2　全国及主产省份玉米产量

单位：万吨，%

年份	全国	黑龙江	吉林	内蒙古	山东	河南	河北	辽宁	山西	四川	云南
2010	17 724.5	2 324.4	2 004.0	1 465.7	1 932.1	1 634.8	1 508.7	1 150.5	766.0	669.0	613.0
2011	19 278.1	2 675.8	2 339.0	1 632.1	1 978.7	1 696.5	1 639.6	1 360.3	854.6	701.6	598.2
2012	20 561.4	2 887.9	2 578.8	1 784.4	1 994.5	1 747.8	1 649.5	1 423.5	903.9	701.3	700.0
2013	21 848.9	3 216.4	2 775.7	2 069.7	1 967.1	1 796.5	1 703.9	1 563.2	955.5	762.4	734.2
2014	21 564.6	3 343.4	2 733.5	2 186.1	1 988.3	1 732.1	1 670.7	1 170.5	938.1	751.9	743.3
2015	22 463.2	3 544.1	2 805.7	2 250.8	2 050.9	1 853.7	1 670.4	1 403.5	862.7	765.7	747.3
2016	21 955.4										
2010—2015 年均增长	4.9	8.8	7.0	9.0	1.2	2.5	2.1	4.1	2.4	2.7	4.0

数据来源：2010—2015 年数据来自农业部种植业司，2016 年数据来自国家统计局。

（二）国产饲用玉米市场占有率下降

国内玉米 60%以上用于饲料，饲用玉米消费量由 2012/2013 年度最高的

1.28 亿吨降至 2014/2015 年度的 9 950 万吨，主要原因是进口饲用的高粱和大麦、干玉米酒糟（DDGs）及干木薯作为饲料或深加工原料替代了玉米。2011/2012 年度至 2014/2015 年度国产饲用玉米占饲用玉米及替代品总消费的比例由 89%降至 72%，下降 17 个百分点。2015/2016 年度因国内玉米临储价格下调并严格调控进口，上述比例才恢复至 79%（表 3）。

表 3 国产饲用玉米市场份额

单位：万吨，%

年度	2011/2012	2012/2013	2013/2014	2014/2015	2015/2016
(1) 饲料大麦进口量	0.0	0.0	54.1	570.8	253.5
(2) 饲用玉米消费量	11 900.0	12 750.0	12 100.0	9 950.0	10 400.0
(3) 玉米进口量	523.1	270.3	327.8	551.7	317.6
(4) 国产饲用玉米消费量=(2)−(3)	11 376.9	12 479.7	11 772.2	9 398.3	10 082.4
(5) 干玉米酒糟（DDGs）进口量	251.8	283.2	664.8	561.2	424.3
(6) 饲用高粱进口量	0.7	55.0	410.0	970.0	930.0
(7) 木薯干进口量	653.2	689.2	864.2	933.6	731.7
(8) 国产饲用玉米市场份额=(4)/[(1)+(2)+(5)+(6)+(7)]	88.8	90.6	83.5	72.4	79.1
(9) 玉米及替代品进口份额=[(1)+(3)+(5)+(6)+(7)]/[(1)+(2)+(5)+(6)+(7)]	11.2	9.4	16.5	27.6	20.9

注：大麦和高粱年度为当年 6 月至次年 5 月，玉米、干玉米酒糟和木薯年度为当年 10 月至次年 9 月。

数据来源：①进口饲用大麦量根据国产饲用大麦与饲用大麦消费量推算，国产饲用大麦量来自国家大麦青稞产业技术体系，饲用大麦消费量来自国家粮油信息中心；②因国产高粱主要用于酿酒，将饲用高粱消费量作为饲用高粱进口量（略小于高粱进口量）；③玉米饲用消费量和饲用高粱消费量来自天下粮仓网；④玉米、干木薯进口量来自中国海关数据库。

（三）国产玉米库存严重积压

近 5 年玉米库存持续增长，期末库存由 2010/2011 年度的 3 437 万吨持续增至 2015/2016 年度的 2 亿多吨，近两个年度均超年度总消费量，即库存消费比达 100%以上，库存严重积压。预计 2016/2017 年度仍将维持高库存水平（表 4）。

表4　玉米供需平衡表

单位：万吨、万公顷

年度	2010/2011	2011/2012	2012/2013	2013/2014	2014/2015	2015/2016	2016/2017
期初库存	3 520.1	3 436.6	4 969.5	6 900.7	11 206.0	17 333.8	22 915.8
播种面积	3 250.0	3 343.0	3 495.0	3 569.0	3 650.0	3 720.0	3 550.0
产量	17 724.5	19 175.0	20 812.0	21 800.0	21 567.0	22 000.0	20 300.0
进口量	99.0	523.0	270.2	327.6	552.0	317.0	200.0
年度供应量	21 343.6	23 134.6	25 748.7	29 028.3	33 325	39 651.2	43 415.8
年度国内使用量	17 896.0	18 153.0	18 840.0	17 820.0	15 990.0	16 735.0	18 790.0
饲料消耗	11 800.0	11 900.0	12 750.0	12 100.0	9 950.0	10 400.0	11 700.0
工业消耗	4 857.0	4 820.0	4 550.0	4 350.0	4 650.0	4 950.0	5 700.0
种用及食用	1 115.0	1 143.0	1 190.0	1 230.0	1 240.0	1 230.0	1 210.0
损耗量	124.0	290.0	350.0	140.0	150.0	155.0	180.0
年度出口量	11.0	12.1	8.0	2.3	1.3	0.4	150.0
年度需求总量	17 907.0	18 165.1	18 848.0	17 822.3	15 991.3	16 735.4	18 940.0
期末库存	3 436.6	4 969.5	6 900.7	11 206.0	17 333.8	22 915.8	24 475.8

数据来源：天下粮仓网。

（四）国内玉米生产出现亏损

因内外价差较大，国产玉米滞销，2015/2016 年度国家调低临储收购价格，由每千克 2.22～2.26 元调至 2 元，国内市场价持续下降，农民种玉米每吨亏损 266 元（表 5）。2016/2017 年度国家取消玉米临储收购，实行价补分离，因补贴范围仅限东北主产区、补贴面积仅限于法定实际种植面积，与农民实际种植面积存在差距，亏损可能进一步扩大。

表5　玉米成本收益

单位：元/吨

年份	2010	2011	2012	2013	2014	2015
生产成本	1 357.8	1 578.2	1 831.0	2 021.4	2 077.2	2 151.0
农民出售价格	1 872.4	2 121.4	2 222.6	2 176.2	2 237.0	1 884.6
每吨净收益	514.6	543.2	391.6	154.8	159.8	−266.4
玉米临储价格	1 800.0	1 980.0	2 120.0	2 240.0	2 240.0	2 000.0

数据来源：全国农产品生产成本收益资料汇编，2016。

二、玉米及其替代品进口情况

据业内人士估计，在饲料行业，高粱、大麦和干玉米酒糟分别可按 1∶1、1.1∶1 和 1.18∶1 替代玉米。干木薯替代玉米主要用于生产酒精和淀粉，玉米淀粉含量 70%左右，略低于干木薯淀粉含量（70%～72%），因此干木薯对玉米的替代程度也很高。2014 年起上述替代品进口量激增，价格持续下降。

（一）玉米及其替代品进口成倍增长

2010—2015 年，玉米进口从 157 万吨增至 473 万吨，增加 2 倍，同时对玉米具有较强替代作用的大麦、高粱、木薯和干玉米酒糟也成倍增长，年均分别增长 35.3%、164.1%、10.2%和 16.6%。5 类产品进口合计从 1 295 万吨增至 4 236 万吨，5 年增加 2.3 倍。2016 年，因采取调控措施，进口降至 2 544.4 万吨，比上年下降 40%，但不排除未来进口反弹可能（表 6）。

表 6　玉米及其替代品进口量

单位：万吨

年份	大麦	高粱	木薯干	干玉米酒糟	玉米	合计
2010	236.7	8.3	576.3	316.4	157.3	1 295.1
2011	177.6	0.0	502.6	168.6	175.4	1 024.1
2012	252.8	8.7	713.8	238.2	520.8	1 734.2
2013	233.5	107.8	738.8	400.2	326.6	1 806.9
2014	541.3	577.6	865.1	541.3	259.9	2 785.2
2015	1 073.2	1 070.0	937.6	682.1	473.0	4 236.0
2016	500.5	664.8	755.7	306.7	316.8	2 544.4

数据来源：中国海关数据库。

（二）玉米及其替代品进口价格持续下降

2011—2016 年，国际市场玉米、高粱、大麦价格均呈下跌态势。美国 2 号黄玉米美湾出口离岸价从每吨 1 887 元降至 1 057 元，年均下跌 10.9%，国内玉米进口到岸税后价随之从每吨 2 394 元降至 1 598 元，年均下跌 7.8%。美国 2 号高粱美湾出口离岸价从每吨 1 804 元降至 1 022 元，年均下跌 10.7%。澳大利亚饲用大麦出口价从 2012 年的每吨 1 757 元降至 2016 年 1 085 元，年均下跌 11.4%。高粱和大麦进口税后价也随之下降，从 2013 年每吨 2 402 元、2 423 元分别降至 2016 年 1 720 元和 1 845 元，年均分别下跌 10.5%和 8.7%（表 7）。

（三）进口玉米及替代品的占有率逐年提升

进口的玉米及替代品在饲用玉米及替代品总消费中所占比例由 2011/2012 年度的 11.2%提至 2014/2015 年度的 27.6%，提高 16.4 个百分点。2015/2016 年度因政策调整降至 20.9%（表 3）。

表 7　玉米及替代品价格

单位：元/吨

产品	价格类别	2010	2011	2012	2013	2014	2015	2016
玉米	美国 2 号黄玉米美湾出口离岸价	1 252.0	1 886.9	1 883.1	1 611.8	1 184.8	1 058.9	1 057.3
	进口到岸价	1 557.8	2 097.6	2 022.4	1 747.0	1 741.0	1 515.5	1 400.1
	配额内到岸税后价	1 777.9	2 394.0	2 308.1	1 993.8	1 987.0	1 729.7	1 597.9
高粱	美国 2 号高粱美湾出口离岸价	1 283.0	1 803.8	1 706.2	1 504.3	1 279.4	1 272.3	1 021.8
	进口到岸价	1 587.2	1 442.5	1 678.4	2 084.1	1 758.4	1 795.4	1 492.2
	到岸税后价	1 829.4	1 662.6	1 934.5	2 402.1	2 026.8	2 069.3	1 719.9
大麦	澳大利亚饲用大麦出口价	1 316.9	1 632.8	1 757.1	1 625.5	1 510.1	1 363.0	1 084.5
	进口到岸价	1 508.5	2 193.5	1 927.1	2 081.2	1 803.1	1 723.0	1 584.8
	到岸税后价	1 755.7	2 553.0	2 242.9	2 422.4	2 098.6	2 005.4	1 844.5

注：玉米配额内关税 1%，高粱、大麦关税分别为 2%和 3%，增值税均为 13%。

数据来源：国际价格来自 FAO，进口到岸价和配额内到岸税后价根据中国海关数据计算。

三、进口对国内玉米产业的影响

进口对国内玉米产业的冲击和损害已逐步显现。未来 3 年国际市场玉米需求及价格仍将呈低迷走势，意味着国内玉米生产比较效益将进一步下降，在对种植亏损弥补政策支持有限情况下，国内玉米产业可能进一步萎缩。进口长期增长趋势意味着对国内产业损害将持续扩大。

（一）国内价格受到严重打压

从 2008 年起国内实施玉米临储政策，且收储价格随着生产成本上涨逐年上涨。但因替代品进口量猛增、玉米价格下跌，从 2013 年开始，玉米价差持续扩大，导致国内玉米滞销，库存积压严重。2014/2015 年度玉米临储价格与上年度相同，2015/2016 年度则调低 11%，2016/2017 年度取消了玉米临储收购。临储价格调低改革及进口替代品价格持续下跌导致玉米国内市场价 2015 年和 2016 年持续下跌，分别比上年下跌 6.9%和 18.2%（表 8、表 9）。

表 8　国内玉米价格和饲用谷物及替代品进口价格

单位：元/吨

年份	农民出售玉米价	国内玉米市场价	配额内玉米到岸税后价	大麦到岸税后价	高粱到岸税后价	干玉米酒糟到岸税后价	木薯干到岸税后价
2010	1 872.4		1 777.9	1 755.7	1 829.4	1 886.9	1 591.9
2011	2 121.4	2 243.5	2 394.0	2 553.0	1 662.6	2 169.2	2 027.7
2012	2 222.6	2 355.3	2 308.1	2 242.9	1 934.5	2 404.5	1 791.8
2013	2 176.2	2 306.4	1 993.8	2 422.4	2 402.1	2 536.5	1 727.6
2014	2 237.0	2 364.7	1 987.0	2 098.6	2 026.8	2 396.3	1 723.1
2015	1 884.6	2 201.3	1 729.7	2 005.4	2 069.3	2 249.2	1 675.2
2016	—	1 801.3	1 597.9	1 844.5	1 719.9	1 838.1	1 440.2

数据来源：玉米农民出售价来自历年农产品成本收益资料汇编，玉米国内市场价来自天下粮仓网，其他价格根据中国海关到岸价格计算。

表 9　玉米临时收储价格

单位：元/吨

年度	辽宁及内蒙古	吉林	黑龙江	标准
2008/2009	1 520	1 500	1 480	国标二等
2009/2010	1 520	1 500	1 480	新国标三等
2010/2011	1 820	1 800	1 780	新国标三等
2011/2012	2000	1 980	1 960	新国标三等
2012/2013	2 140	2 120	2 100	新国标三等
2013/2014	2 260	2 240	2 220	新国标三等
2014/2015	2 260	2 240	2 220	新国标三等
2015/2016	2 000	2 000	2 000	新国标三等

数据来源：天下粮仓网。

玉米在主产区尤其是东北地区的农民收入中占有重要地位。东北地区为一季生产，可选择的大宗作物主要是玉米和大豆。因大豆受进口冲击严重，种植面积大幅下降，玉米成为近年多数农民种植的唯一选择。河南、山东等主产区尽管可替代作物多，但因棉花受进口冲击严重以及花生和杂粮等受市场空间和资源条件约束，也将玉米作为普遍种植的秋粮作物。玉米价格下降给主产区农民收入造成巨大损失。2015/2016 年度黑龙江种植玉米的农民减收 120 亿元，2016/2017 年度因开秤后价格走低，预计农民减收 300 亿元，扣除国家补贴后减收约 150 亿元。

（二）玉米出库压力巨大

由于进口替代品挤占了国产玉米市场份额，近 5 年我国玉米库存持续增长，库存严重积压，库存消费比由 2010/2011 年度的 19％增至 2015/2016 年度的 137％（表 10）。国家采取多种措施解决库存玉米积压问题，包括为深加工企业提供优惠利息贷款、提供补贴，为社会多元主体入市收购提供信贷支持，2016 年 9 月 1 日起将玉米淀粉、酒精等玉米深加工产品增值税出口退税率恢复至 13％等，但因库存量太大且存放集中，玉米及替代品市场价格持续低迷，上述政策虽取得一定效果，但短期内难以解决根本性问题。

表 10　玉米库存及消费情况

单位：万吨，％

年度	2010/2011	2011/2012	2012/2013	2013/2014	2014/2015	2015/2016	2016/2017
年度需求总量	17 907.0	18 165.1	18 848.0	17 822.3	15 991.3	16 735.4	18 940.0
期末库存	3 436.6	4 969.5	6 900.7	11 206.0	17 333.8	22 915.8	24 475.8
库存消费比	19.2	27.4	36.6	62.9	108.4	136.9	129.2

数据来源：天下粮仓网。

（三）玉米支持政策改革面临两难

在开放市场条件下，随着国内玉米生产成本提升及国际市场玉米及替代品价格下降，我国玉米临储收购政策由托底价收购演变成了市场最高价收购，导致玉米越收越多，质量难以保证。但实施价补分离政策改革后，由于生产成本刚性上涨，在国际市场价格继续走低形势下，则需要较高的补贴水平才能确保农民有收益，也意味着补贴水平可能超出 WTO 规定的 8.5％微量允许，面临被其他成员起诉的风险，同时面临沉重的财政负担。而补贴水平低则使产业失去发展动力而萎缩。

（四）国内粮食安全面临威胁

玉米是我国重要主粮，也是畜牧业主要饲料来源。如果玉米市场价格持续下跌，受进口冲击，即使东北三省一区靠政策补贴能够保证一定播种面积和产量，农民获得补偿后的比较效益如仍较低将可能导致粗放经营，产量和质量均将下降。其他主产省如山东、河南、河北等生产亏损基本得不到补偿，生产将大幅下滑。这将严重影响到“谷物基本自给，口粮绝对安全”的国家粮食安全目标的实现，同时严重影响国内畜牧业产业安全。

（五）进口压力将长期存在

据 FAO/OECD 预测，未来 3 年国际农产品市场仍低迷，玉米及其他粗粮价格仍将维持较低水平，分别为每吨 163～166 美元和 154～161 美元（按当前汇率 6.88：1 计算，分别折合 1 121～1 142 元和 1 060～1 108 元），世界玉米产量维持在 10 亿～11 亿吨，出口量保持 1.3 亿吨左右，其他粗粮产量维持 3 亿吨左右，出口量保持 4 100 万吨左右。中国未来 3 年玉米进口量 165 万～220 万吨，其他粗粮进口量仍为世界第一，在 1 000 万吨左右。到 2025 年，我国玉米进口量将增至 622 万吨，其他粗粮进口量将增至 1 600 万吨，因此，未来 3 年仍将面临低价进口玉米及替代品的冲击压力，未来 10 年新增进口饲料粮将达 1 000 多万吨，将进一步挤占国内玉米市场份额。

四、结论

近年由于玉米去库存压力大，我国一方面通过结构调整削减玉米产能，一方面通过“价补分离”支持措施改革引导国内外市场价格接轨，这无疑对削减玉米产能起到了积极作用，2016 年玉米播种面积已经下降。但因“价补分离”政策以法定实际播种面积作为补贴依据，黑龙江目前核算的亩补贴额为 154 元，以亩产 400 千克玉米计算，补贴水平相当于每千克 0.38 元，与玉米市场价格降幅相比，仅能部分弥补种植户收益损失，2016/2017 年度玉米生产亏损将进一步扩大。在缺少价格支持情况下，随着国内玉米市场与国际市场联动性增强，玉米产业面临的进口损害风险不断扩大。在土地、劳动力成本刚性快速上涨、与美国等农业强国成本（中国劳动力成本是美国的 16 倍，土地成本是美国的 1.3 倍）差距不断拉大的情况下，低水平的边境保护和受约束的支持水平难以确保国内玉米产业平稳持续发展。因此长期看，玉米产业发展必须依靠科技投入和政策改革夯实产业基础来提升产业国际竞争力。短期内则应综合采取贸易救济、贸易补偿等 WTO 规则允许的合法手段构筑防火墙，维护国内产业安全。

（张永霞、张军平，2017 年第 3 期）

2010—2015 年我国大豆产业损害分析报告

我国是大豆原产国，拥有得天独厚的大豆种质资源优势，曾是世界最大的大豆生产国和出口国。大豆是入世过程中开放最早、开放幅度最大的产品，也是入世后最先出现进口迅速大幅增加的大宗产品。随着大豆市场不断开放及国内需求的快速增长，我国逐步成为世界第一大大豆进口国和消费国，产量则降至世界第四位。大豆进口规模持续快速扩大对国内生产造成过度挤压，尤其是东北主产区榨油大豆生产受到严重损害。

一、近 5 年大豆产业运行情况

（一）播种面积和产量均迅速下降

播种面积和产量大幅下滑主要发生在最近几年。2010—2015 年，全国大豆播种面积由 12 774 万亩下降至 9 759 万亩，5 年下滑 23.6%，年均下滑 5.2%。其中，黑龙江、内蒙古、吉林、陕西等主产区降幅均超过 30%（表 1）。

表 1　2010—2015 年全国及主产区大豆播种面积

单位：万亩

年份	2010	2011	2012	2013	2014	2015
全　国	12 773.7	11 832.8	10 757.6	10 185.8	10 199.8	9 759.2
黑龙江	5 321.9	4 802.6	3 995.7	3 644.7	3 865.1	3 600.9
安　徽	1 408.4	1 328.9	1 315.0	1 285.1	1 277.4	1 231.4
内蒙古	1 218.0	1 031.4	925.1	846.6	755.5	794.9
河　南	679.5	668.5	690.8	665.9	599.6	549.1
四　川	331.7	337.5	334.7	332.3	337.2	339.8
江　苏	340.4	329.6	315.7	314.1	305.1	302.3
山　西	292.7	297.1	299.5	299.3	287.7	284.1

（续）

年份	2010	2011	2012	2013	2014	2015
吉　林	565.2	457.2	345.0	321.8	320.4	242.1
山　东	235.4	234.2	219.6	218.9	224.2	205.7
贵　州	197.7	197.0	200.7	192.3	195.9	202.7
云　南	192.6	187.9	190.6	187.2	186.2	182.6
河　北	221.9	204.1	191.4	186.8	183.5	173.8
陕　西	267.9	261.6	250.2	229.7	168.7	166.6
辽　宁	185.1	180.3	173.6	172.4	159.6	160.7

数据来源：农业部种植业司。

2010—2015 年，全国大豆总产量下降 21.9%，年均下降 4.8%，其中黑龙江、内蒙古、河南、吉林、辽宁等主产区降幅均超过 25%（表 2）。

表 2　2010—2015 年全国及主产区大豆产量

单位：万吨

年份	2010	2011	2012	2013	2014	2015
全　国	1 508.3	1 448.5	1 305.0	1 195.1	1 215.4	1 178.5
黑龙江	585.0	541.3	463.4	386.7	460.4	428.4
安　徽	119.8	107.5	113.0	107.0	115.0	126.8
内蒙古	133.4	137.2	122.0	119.7	81.9	88.8
四　川	53.1	48.0	51.9	51.8	51.9	52.7
河　南	86.4	88.0	78.1	72.9	54.6	49.9
江　苏	59.8	57.6	55.3	47.0	47.3	48.3
山　东	38.6	40.6	37.4	35.8	36.7	34.8
云　南	27.1	24.3	26.9	31.8	33.9	30.9
吉　林	86.6	78.8	40.8	45.4	37.4	29.0
江　西	20.4	20.7	21.5	22.4	23.5	24.3
辽　宁	34.1	34.1	31.2	28.4	22.3	24.0
浙　江	13.0	14.0	25.2	22.6	24.2	23.4
河　北	27.7	29.5	25.9	24.4	25.0	22.6

数据来源：农业部种植业司。

（二）生产现状与合理可行的增产潜力差距较大

为应对入世冲击，我国于 2002 年实施大豆振兴计划，当时预期目标是用

5 年时间实现大豆播种面积 1.5 亿亩，大豆产量 2 000 万吨，平均亩产 200 千克，含油率提升 2 个百分点至 19%～21%。从大豆振兴计划实施效果来看，播种面积、产量、单产、含油率均未达到预期目标。全国《大豆优势区域布局规划（2008—2015 年）》提出：到 2015 年，全国大豆面积恢复至 1.45 亿亩，总产量达到 2 175 万吨。从目前大豆生产情况看，远未达到规划目标，播种面积只达到规划的 67.3%、产量只达到规划的 54.2%。我国历史上大豆播种面积曾高达 2 亿亩，按当前单产水平计算，总产可达 2 500 万吨。考虑到大豆合理轮作体系的需要，当前大豆产量达到 3 000 万吨是比较合理、可行和可持续的选择，是目前年产量的近 3 倍。

（三）国产大豆市场占有率低且呈持续下降趋势

在不考虑国产大豆库存变化因素的情况下，以国内大豆产量作为国产大豆消费量，国产大豆消费占国内总消费量的比重较小且近 5 年逐年下降，由 2010/2011 年度的 22.9%降至 2015/2016 年度的 12.1%，下降了 11 个百分点（表 3）。

表 3　2010—2015 年大豆消费情况

单位：万吨，%

年度	2010/2011	2011/2012	2012/2013	2013/2014	2014/2015	2015/2016	2016/2017（预计）
期初库存	1 320.9	1 453.8	1 590.9	1 237.8	1 387.7	1 703.4	1 551.4
大豆产量	1 508.0	1 448.5	1 305.0	1 195.0	1 215.0	1 160.0	1 250.0
进口量	5 233.9	5 923.1	5 986.5	7 036.4	7 835.0	8 250.0	8 600.0
压榨量	5 500.0	6 097.0	6 495.0	6 885.0	7 450.0	8 180.0	8 700.0
国内食用消费	910.0	930.0	945.0	985.0	1 020.0	1 080.0	1 120.0
国内饲用消费和损耗	180.0	180.0	178.0	190.0	250.0	290.0	300.0
国内总消费	6 590.0	7 207.0	7 618.0	8 060.0	8 720.0	9 550.0	10 120.0
出口量	19.0	27.5	26.6	21.5	14.3	12.0	15.0
总需求量	6 609.0	7 234.5	7 644.6	8 081.5	8 734.3	9 562.0	10 135.0
期末库存	1 453.8	1 590.9	1 237.8	1 387.7	1 703.4	1 551.4	1 266.4
大豆产量占国内总消费比重	22.9	20.1	17.1	14.8	13.9	12.1	12.4

注：中国大豆市场年度为 10 月/9 月。

数据来源：国家粮油信息中心。

（四）国产大豆以食用消费为主，榨油消费数量所占比例较小

2010/2011年度至2015/2016年度，国内食用大豆消费从910万吨增加至1 080万吨，年均增长3.5%，预计2016/2017年度将继续增至1 120万吨，将比上年度增长3.7%，国产大豆主要供国内食用。国产榨油用大豆则由原来的450万吨降至2015/2016年度190万吨。国产榨油消费大豆占国产大豆总量比例由原来的30%降为目前的16%（表4）。

表4　2010—2015年国产大豆消费情况

单位：万吨，%

年度	2010/2011	2011/2012	2012/2013	2013/2014	2014/2015	2015/2016
（1）国产大豆压榨用量	450.0	412.0	350.0	250.0	180.0	190.0
（2）大豆产量	1 508.0	1 448.5	1 305.0	1 195.0	1 215.0	1 160.0
(1)/(2)	29.8	28.4	26.8	20.9	14.8	16.4

注：中国大豆市场年度为10月/9月。

数据来源：天下粮仓网。

（五）大豆市场价格持续下跌而生产成本持续上涨，近年生产收益出现亏损

2013年以来，国产大豆价格持续下跌，而生产成本则逐年刚性上涨。2012—2015年，大豆价格由每吨4 727.8元降至3 533.3元，年均下跌9.3%，而生产成本则年均上涨8.6%。因此，大豆生产收益近年呈持续下跌趋势，2014年开始亏损，2015年在大豆价格大幅下跌，亏损程度进一步加深，每吨亏损1 244元（表5）。

表5　2010—2015年国产大豆成本收益情况

单位：元/吨

年份	价格	成本	利润
2010	3 872.2	2 847.6	1 024.6
2011	4 083.4	3 268.0	815.4
2012	4 727.8	3 867.4	860.4
2013	4 687.2	4 447.8	239.4
2014	4 388.2	4 564.2	−176.0
2015	3 533.3	4 777.2	−1 243.9

数据来源：农产品成本收益资料汇编。

二、2010—2015年我国大豆及其替代品进口情况

（一）大豆、豆油及其替代品进口均高位持续增长

入世以来，我国大豆进口持续快速增长，由2001年的1 394万吨增至2010年的5 480万吨。2010年以来，大豆进口仍高位持续增长，2015年增至8 169万吨。此外，在进口大豆的同时，油菜籽及食用植物油等替代品也大量进口。2010年以来，油菜籽和其他食用油籽进口大幅增加，分别从2010年的160万吨、65万吨大幅增至2015年的447万吨、141万吨，食用植物油进口始终保持在800万吨左右的高位，2012年则高达960万吨（表6）。

表6　2010—2015年我国大豆及其替代品进口量

单位：万吨

年份	食用油籽			食用植物油			
	大豆	油菜籽	其他	豆油	棕榈油	菜籽油	其他
2010	5 479.7	160.0	64.9	134.1	569.6	98.5	23.9
2011	5 264.0	126.2	91.6	114.3	591.2	55.1	19.1
2012	5 838.5	293.0	96.6	182.6	634.1	117.6	25.6
2013	6 337.5	366.2	79.7	115.8	597.9	152.7	55.8
2014	7 139.9	508.1	103.8	113.5	532.4	81.0	60.4
2015	8 169.4	447.1	140.6	81.8	590.9	81.5	84.9

数据来源：中国海关统计。

（二）大豆进口主要来自美国、巴西，非转基因大豆进口增长较快

我国大豆进口主要源自美国、巴西和阿根廷，从3国进口合计占总进口的95%以上，自其进口的大豆主要是转基因榨油用大豆。近年来随着国内食用高蛋白大豆消费的增长，从俄罗斯、加拿大等国进口的非转基因大豆增长较快（表7）。

表7　2010—2015年我国大豆进口主要来源国

单位：万吨

年份	2001	2010	2011	2012	2013	2014	2015
巴　西	316.0	1 858.8	2 062.5	2 389.1	3 180.9	3 200.5	4 007.8
美　国	572.6	2 359.7	2 235.1	2 597.2	2 223.4	3 002.5	2 841.5

（续）

年份	2001	2010	2011	2012	2013	2014	2015
阿根廷	502.0	1 119.0	784.2	589.6	612.5	600.5	943.8
乌拉圭	0.0	134.8	143.0	190.4	230.0	244.2	231.8
加拿大	1.7	7.4	38.8	63.0	84.0	86.3	107.1
俄罗斯	1.5	0.1	0.4	9.2	6.8	5.9	37.4

数据来源：中国海关统计。

（三）大豆及其替代品进口价格持续下跌

2011—2015 年，国际市场大豆、油菜籽、菜籽油、棕榈油价格均呈下跌趋势，芝加哥大豆期货价格由每吨 3 481 元降至 2 185 元，年均下跌 11%。加拿大油菜籽和菜籽油价格分别由每吨 3 582 元、7 376 元降至 2 638 元、4 506 元，年均分别下跌 7.4%和 11.6%；马来西亚棕榈油价格年均下跌 17.9%（表 8）。受国际市场价格下跌影响，我国进口大豆、油菜籽、菜籽油、棕榈油到岸税后价均大幅下跌，年均跌幅分别为 6.5%、7.5%、9.2%、13.2%。

表 8　主要食用油籽及植物油国际价格及进口价格

单位：元/吨

产品及价格		2011 年	2012 年	2013 年	2014 年	2015 年
大　豆	芝加哥期货价格	3 480.7	3 453.3	3 252.8	2 834.2	2 184.6
	进口价格	3 604.2	3 736.5	3 647.7	3 498.0	2 757.2
	到岸税后价格	4 195.0	4 348.9	4 245.6	4 071.4	3 209.1
	国产价格	3 862.2	4 211.7	4 273.5	4 030.0	3 533.3
油菜籽	加拿大价格	3 581.6	4 040.3	3 808.2	2 966.7	2 638.3
	进口到岸价格	4 040.0	4 168.7	4 028.4	3 420.0	2 955.7
	到岸税后价格	4 976.0	5 134.6	4 961.8	4 212.4	3 640.5
	国产价格	4 676.2	4 999.9	5 251.5	5 153.2	4 347.2
菜籽油	加拿大价格	7 376.0	7 548.7	7 140.1	5 249.6	4 505.9
	进口到岸价格	7 672.4	8 042.4	7 608.2	6 262.8	5 216.2
	到岸税后价	9 450.1	9 905.8	9 371.0	7 713.9	6 424.7
	国产价格	10 205.9	10 685.9	9 972.0	8 287.9	7 531.1

（续）

产品及价格		2011年	2012年	2013年	2014年	2015年
棕榈油	马来西亚价格	8 326.7	6 331.9	5 100.5	4 833.2	3 786.9
	进口到岸价格	7 135.6	6 393.5	4 991.3	5 106.3	4 054.2
	到岸税后价格	8 789.0	7 874.9	6 147.8	6 289.5	4 993.6

注：进口到岸税后价，按中国海关到岸价加上关税和增值税后计算得出。

数据来源：国内市场价格来自天下粮仓网；进口价格来自中国海关统计；加拿大油菜籽和菜籽油价格来自加拿大油菜籽委员会；芝加哥大豆期货价格及马来西亚棕榈油价格（FOB）来自农业部信息中心。

（四）进口大豆市场占有率高位持续增长

在不考虑进口大豆库存变化情况下，2010/2011—2015/2016年度，进口大豆占国内总消费比重由79.4%提升至2014/2015年度的89.9%，2015/2016年度略有下降，但仍在85%以上，进口大豆市场占有率始终居于高位。就榨油大豆市场而言，进口大豆市场份额由2010/2011年度的92%提升至2015/2016年度的98%（表9）。

表9　2010—2015年我国压榨用大豆情况

单位：万吨，%

年度		2010/2011	2011/2012	2012/2013	2013/2014	2014/2015	2015/2016
压榨大豆总用量		5 505.0	6 090.0	6 258.0	7 150.0	7 680.0	8 221.0
国产大豆	压榨用量	450.0	412.0	350.0	250.0	180.0	190.0
	所占比例	8.2	6.8	5.6	3.5	2.3	2.3
进口大豆	压榨用量	5 055.0	5 678.0	5 908.0	6 900.0	7 500.0	8 031.0
	所占比例	91.8	93.2	94.4	96.5	97.7	97.7

数据来源：天下粮仓网。

三、进口大豆对国内大豆产业影响

进口大豆对国内大豆产业发展已造成严重损害。未来国际市场大豆等油籽及植物油生产和出口仍将继续增长，尽管增速较过去10年放缓，但对国内大豆产业的损害影响却进一步深化。

（一）对国内大豆生产造成过度挤压

随着中国经济社会快速发展和人均收入水平提高，食用植物油和豆粕消费迅速增长，对大豆的需求大幅增加。

进口大豆不仅挤占了新增大豆市场份额，而且挤占了既有大豆市场份额。一是相对于国内需求的快速增长，国内大豆生产受到过度挤压。2001—2015年，我国新增大豆需求 6 413 万吨，而进口增加 6 775 万吨，不仅新增市场需求 100%被进口大豆所挤占，而且原有市场需求也被进口大豆挤占，造成国内需求与生产未能同步快速增长，大豆产量不增反降，尤其是黑龙江、吉林、辽宁、内蒙古等省（区）榨油大豆生产受到严重挤压。二是国内临时收储大豆库存时有积压。为保证主产区豆农收入，2008 年开始我国在东北 3 省和内蒙古自治区对大豆实施临时收储政策，从临储及抛售、拍卖情况看，每年有 500 万吨左右积压在库，给国家造成重大财政损失（表 10、表 11）。

表 10　大豆收储和抛售情况

单位：万吨，元/吨

年度	临储大豆收购量	收储价格	临储大豆抛储量	结余量
2010/2011	308	3 800	262.2	604.8
2011/2012	320	4 000	344.2	580.6
2012/2013	88	4 600	221.4	447.2
2013/2014	333	4 600	304.7	475.5
2014/2015	0		0	475.5
2015/2016	0		0	475.5

数据来源：天下粮仓网。

表 11　大豆拍卖和成交情况

单位：万吨，元/吨，%

年份	拍卖量	成交量	成交均价	成交率
2011	693.4	1.6	3 966.2	0.2
2012	1 038.4	368.1	4 274.3	35.5
2013	382.3	210.9	4 026.1	55.2
2014	303.8	127.8	4 177.6	42.1

数据来源：天下粮仓网。

（二）国内大豆价格受到过度打压

与国产大豆相比，进口大豆在成本、出油率、整齐度及购买便利性等方面有优势，因此进口大豆在榨油大豆市场占据98%的份额，而80%以上的国产大豆主要用于食品领域。但尽管用途不同，从价格变化趋势看，国内大豆价格则受到进口价格的打压，价格从2013年开始逐年下跌，2012—2015年年均跌幅分别为9.6%和9.3%（表12）。

表12　2010—2015年进口和国内大豆价格

单位：元/吨

年份	2010	2011	2012	2013	2014	2015
进口价格	3 048.5	3 604.2	3 736.5	3 647.7	3 498.0	2 757.2
进口税后价格	3 548.1	4 195.0	4 348.9	4 245.6	4 071.4	3 209.1
国产大豆价格	3 872.2	4 083.4	4 727.8	4 687.2	4 388.2	3 533.3

注：进口价格＝进口额/进口量。

数据来源：中国海关统计；2010—2014年国产大豆价格来自《农产品成本收益资料汇编》，2015年国产大豆价格来自天下粮仓网。

（三）农民收入受到影响

由生产规模决定，中国大豆生产成本与世界主要出口国相比差异很大。2014年，美国大豆的生产成本为每吨2 245元，而中国的生产成本为4 564元。近年来，生产成本快速上涨，国产大豆生产成本由2010年的每吨2 848元提高到2014年的4 564元，涨幅达60.3%。国外低价大豆的大量进口，使得国内大豆价格既不能随着生产成本的上升而相应上升，也不能随需求的拉动而相应提高，大豆种植的比较收益因此不断下降。

在我国大豆产区，替代大豆种植的主要作物是玉米。大豆受进口冲击后，在黑龙江、吉林、辽宁及内蒙古等省（区），普遍调整为种植玉米。然而近年来在进口玉米的影响下，农民种植玉米也出现亏损。尽管国家对东北3省和内蒙古自治区大豆实施目标价格补贴，对玉米实施价补分离，中央财政直接拨付补贴到省（区），这些补贴对该省（区）的农民收入有一定补偿作用，但由于补贴资金有限，以及补贴依据的播种面积小于农户实际播种面积，与往年相比农民收入仍受到影响。在大宗农产品普遍面临进口压力情况下，将大豆改种其他作物的余地非常有限。此外，在黑龙江的第四、第五、第六积温带地区，受气候条件限制缺乏替代大豆的作物，种植结构调整更加困难，大豆产业持续萎缩对这些地区的农民收入影响巨大。

（四）大豆产业安全受到威胁

合理的农产品价格对于农民增收和维持农业健康发展所必需的利润水平至

关重要。大豆价格受到抑制，大豆种植效益下降，不仅使得国内大豆生产缺乏必要的激励和动力进而导致国内大豆产业萎缩，而且使得国内科研和技术推广的投入意愿也受到深远影响。受进口影响，我国大豆自给率已从入世初期的53%下降到目前的13%，食用植物油整体自给率从74%下降到36%。值得注意的是，由于食用植物油具有很强的相互替代性，大豆进口对其他食用油籽的价格也形成了明显打压，给中国利用冬闲田的油菜籽产业发展带来了显著影响，给饲料粮生产也带来了不断加深的挑战。可以说，受进口大豆影响，国产大豆产业基础遭受了严重削弱，大豆乃至整个食用油籽产业安全受到威胁。

（五）未来国内产业面临风险和挑战加剧

据联合国粮农组织和经济合作与发展组织（FAO/OECD）预测，未来10年世界大豆产量年均增长2.4%，其他油籽产量年均增长1.2%。印度尼西亚、马来西亚棕榈油产量仍继续增长，年均增幅为2.5%和2.1%。巴西、美国大豆产量年均分别增长3.4%和0.7%，出口量分别增长2.9%和2%，2025年出口量分别达6 832万吨、5 444万吨（表13）。未来10年，中国将继续增加大豆进口量，年均增速将达2.8%，2025年进口量将达1.06亿吨，占世界贸易量的2/3。而较低的原油及谷物价格均对大豆等油籽价格形成压力，未来10年大豆实际价格将维持当前水平，而其他油籽及植物油价格则呈略降趋势。在未来世界生产和出口继续增长而价格维持低位情况下，国内大豆势必持续遭受进口损害。

表13　FAO/OECD对未来10年世界大豆产量及出口量预测

单位：万吨

年份	世界		美国		巴西	
	生产量	出口量	生产量	出口量	生产量	出口量
2015	31 837.3	12 976.8	10 695.9	4 477.4	9 680.6	5 145.1
2016	31 874.9	13 466.1	10 507.8	5 020.2	10 015.0	5 263.3
2017	32 446.7	13 705.5	10 627.6	5 156.1	10 320.2	5 440.6
2018	33 472.2	14 117.0	10 808.7	5 228.0	10 731.7	5 695.4
2019	34 292.0	14 371.2	10 905.7	5 240.7	11 076.7	5 768.6
2020	35 131.8	14 638.2	10 961.0	5 217.8	11 479.1	5 890.1
2021	35 886.7	14 864.1	11 051.2	5 283.1	11 797.6	6 102.5
2022	36 786.1	15 190.0	11 168.7	5 337.4	12 251.7	6 244.3
2023	37 757.2	15 555.5	11 281.2	5 382.3	12 731.5	6 476.8
2024	38 443.9	15 842.9	11 326.2	5 456.4	13 065.3	6 614.3
2025	39 389.1	16 110.5	11 418.9	5 443.6	13 545.6	6 831.6

数据来源：FAO/OECD世界农业展望数据库。

此外，从发展趋势看，未来国内大豆产业不仅遭遇美国、巴西等出口大国转基因大豆及其他油籽、植物油进口损害，还将面临美国、巴西、加拿大、俄罗斯等国非转基因大豆进口的损害威胁。美国正积极出台国内支持政策，支持食用大豆生产，孟山都等跨国公司也在食用大豆种子研发等方面积极努力，俄罗斯生产的非转基因大豆几乎全部出口到中国。

四、结论

大豆贸易所讨论的不是要不要进口的问题，而是如何确保进口适度的问题。由于我国大豆关税仅为3%，油菜籽等其他食用油籽及植物油关税也仅为9%，大豆及其替代品进口对国内产业的损害已日益加深。尽管从2008年起我国对东北3省及内蒙古自治区实施了临时收储政策，但由于在收储的同时大量进口，该政策起到的作用极为有限，且在进口价格持续下跌形势下难以持续。2014年国家出台了大豆目标价格政策，同样由于市场价格过低、财力限制等，补贴面积和区域非常有限，且面临违背WTO承诺受其他成员指控的风险，难以从根本上起到促进产业健康可持续发展的作用。

因此，未来在扩大规模、提升品质、提高效率等方面挖掘产业潜力、培育产业优势的同时，在缺乏关税有效保护的情况下，要更加主动利用WTO赋予的权利，适时启动贸易救济措施。应根据我国“两反一保”条例，及时启动反倾销、反补贴和一般保障措施，综合施策，在不影响适度进口需要的同时，有效控制过度进口、保持合理的国内价格水平，确保国内大豆产业健康发展。同时，在科学的基础上进一步强化进口大豆检验检疫，对进口转基因大豆在包装、运输、加工、标识等方面进行严格监管，切实降低进口带来的风险和危害。要继续加强和完善对大豆生产支持力度，尽快建立产业损害补偿机制，对受到损害的农业产业、地区和农民提供必要补偿。

（张军平、张永霞、李婷，2016年第12期）

2010—2015 年我国棉花产业损害分析报告

棉花是我国棉纺织业的主要原料，棉籽是第三大国产食用油籽。受需求拉动，我国棉花消费量居世界第一位，产量曾占世界 1/3 以上，近两年降为世界第二。我国棉花优势产区主要分布在黄河与长江流域的河北、河南、山东、江苏、安徽、湖北、湖南及西北的新疆等省区，种植棉花是主产区农村经济重要支柱及农民收入的主要来源。在新疆南疆主产县六成以上农民种植棉花，棉花产业发展关乎边疆地区脱贫和社会稳定，经济和社会意义尤其重大。

一、近 5 年棉花产业运行情况

（一）近 5 年棉花播种面积和产量明显下滑

2010—2015 年，全国棉花播种面积从 7 273 万亩降至 5 700 万亩，年均下降 4.8%；产量从 596 万吨降至 561 万吨，年均下降 1.2%。除新疆外，其他主产区棉花播种面积和产量基本呈持续下降态势（表 1、表 2）。

表 1　2010 年以来全国及主产区棉花播种面积变化

单位：万亩，%

年份	全国	山东	河北	湖北	安徽	河南	湖南	江苏	新疆
2010	7 273.1	1 149.6	872.4	720.2	516.6	701.0	262.5	353.6	2 190.9
2011	7 556.7	1 128.9	948.8	733.0	525.5	595.0	288.6	358.9	2 457.1
2012	7 032.2	1 034.8	867.4	709.3	457.4	385.0	258.3	256.0	2 581.3
2013	6 519.0	1 009.2	724.5	623.4	427.7	280.1	239.4	232.8	2 577.5
2014	6 333.5	889.4	616.4	517.2	397.8	230.0	195.2	197.7	2 930.0
2015	5 700.0	773.3	538.5	397.1	348.8	180.0	171.0	141.0	3 409.7
年均增速	−4.8	−7.6	−9.2	−11.2	−7.6	−23.8	−8.2	−16.8	9.2

数据来源：2010—2014 年数据来自农业部种植业司，2015 年数据来自全国及各省统计公报。

表 2　2010 年以来全国及主产区棉花产量

单位：万吨，%

年份	全国	山东	河北	湖北	安徽	河南	湖南	江苏	新疆
2010	596.1	72.4	57.0	47.2	31.6	44.7	22.7	26.1	247.9
2011	658.9	78.5	65.3	52.6	37.8	38.2	22.7	24.7	289.8
2012	683.6	69.9	56.4	54.5	29.4	25.7	25.1	22.1	354.0
2013	629.9	62.1	45.7	46.0	25.1	19.0	19.8	20.9	351.8
2014	617.8	66.5	43.1	36.0	26.3	14.7	12.9	16.0	367.7
2015	561.0	53.7	37.3	27.9	23.4	12.6	14.5	11.7	429.8
年均增速	−1.2	−5.8	−8.1	−10.0	−5.8	−22.4	−8.6	−14.8	11.6

数据来源：2010—2014 年数据来自农业部种植业司，2015 年数据来自全国及各省统计公报。

（二）棉花生产没有达到规划目标，产能利用不足

《全国棉花优势区域布局规划（2008—2015）》提出的发展目标是 2010 年棉花面积恢复到 8 500 万亩、皮棉产量 780 万吨，2015 年播种面积稳定在 8 500 万亩、皮棉产量达 810 万吨。从 2015 年棉花实际产量看，规划目标完成率只有 69.3%，主要是黄河、长江流域产区产量和面积严重下滑。

（三）国产棉实际市场占有率一度降至 29%

国产棉市场占有率 2010/2011 年度为 65.4%，2011/2012 年度棉花进口量最多，降至 29.3%，后来在国家调整进口滑准税、调低储备棉拍卖价格、储备棉出库与配额搭售及改革临储政策等影响下，在一定程度上抑制了进口继续增长，国产棉花市场占有率恢复至 60%以上，但同时伴随产量和消费量的下降。2010/2011 年度至 2015/2016 年度，棉花消费量年均下降 4.4%，产量年均下降 3.5%（表 3）。

表 3　2010/2011—2015/2016 年度全国棉花产消及库存情况

单位：万吨，%

年度	期初库存	期末库存	产量	棉花净进口量	棉花消费量	棉花出口量	棉纱净进口量	棉纱净进口折原棉进口量（×1.05）	国产棉花实际市场占有率
2010/2011	231.7	215.8	623.1	281.8	920.8	2.8	49.9	52.4	65.4
2011/2012	215.8	738.8	802.8	566.5	846.3	2.0	96.9	101.7	29.3

（续）

年度	期初库存	期末库存	产量	棉花净进口量	棉花消费量	棉花出口量	棉纱净进口量	棉纱净进口折原棉进口量（×1.05）	国产棉花实际市场占有率
2012/2013	738.8	1 166.5	761.5	467.8	801.6	0.9	149.3	156.8	34.7
2013/2014	1 166.5	1 364.8	699.7	317.7	819.1	1.3	153.3	161.0	51.0
2014/2015	1 364.8	1 406.8	662.1	181.8	801.9	2.6	201.5	211.6	60.9
2015/2016	1 406.8	1 310.4	521.6	121.4	739.4	2.5	166.1	174.4	67.4

注：棉花消费量＝产量＋净进口量－库存增量；国产棉实际市场占有率＝（产量－出口量－库存增量）/（原棉消费量＋进口棉纱折原棉量）。

数据来源：棉花及棉纱贸易数据来自海关数据库，2015/2016 年度棉花及棉纱净进口量为作者根据已有月度进口量估算，其余数据来自中国棉花网。

（四）库存持续增加，已占世界库存的 60%

在国内外价差持续存在的情况下，大量低价进口棉进入国内市场，导致国产棉严重积压，难以顺价出库，财政损失严重。中国棉花网监测数据显示，2010/2011 年度，国内棉花库存 215.8 万吨，2011/2012 年度 738.8 万吨，2012/2013—2014/2015 年度分别为 1 166.5 万吨、1 364.8 万吨和 1 406.8 万吨，持续突破历史上限。美国农业部及国际棉花咨询委员会（ICAC）数据均显示，近年中国棉花库存已占世界库存的 60%左右。

（五）在棉价下跌而生产成本高涨情况下，植棉处于亏损状态

近年来，棉花生产成本增长较快。2009—2013 年，每吨棉花生产总成本从 10 445.2 元增至 20 717.8 元，年均增长 18.7%。尤其是总成本中占 60%以上的人工成本增长较快，年均增长 25.3%。2014 年和 2015 年，尽管随着棉花价格下降生产成本有一定下降，但降幅有限的同时，伴随而来的却是棉花生产管理的粗放化。而棉花平均售价在 2011 年后则变化不大，2011—2013 年年均涨幅仅为 1.7%，2014 年和 2015 年临时收储政策取消后则跌至 5 年前水平，即使国家出台了目标价格补贴政策，但新疆以外棉区补贴仍远不能弥补亏损，棉农收益严重受损（表 4 至表 6）。从 2011 年开始，江苏、山东等部分主产区生产出现亏损，2012 年和 2013 年除新疆外其余主产区基本全面亏损，2014 年新疆也出现亏损，且亏损幅度持续加大。

表 4 棉花平均售价与临储/目标价格

单位：元/吨

项目	2009	2010	2011	2012	2013	2014	2015
平均售价	13 294.0	24 765.2	18 051.0	18 242.2	18 672.4	13 327.8	13 077.8
临储/目标价			19 800.0	20 400.0	20 400.0	19 800.0	19 100.0
总成本	10 445.2	14 206.2	15 997.4	18 007.6	20 717.8	19 074.0	17 560.6
净利润	2 848.8	10 559.0	2 053.6	234.6	−2 045.4	−5 746.2	−4 482.8

注：①2011—2013 年为临储价，2014 和 2015 年为目标价；②2015 年总成本是根据 2014 年成本降幅估算。

数据来源：平均售价和总成本来自历年《全国农产品成本收益资料汇编》，临储/目标价格来自国家发改委。

表 5 棉花成本构成

单位：元/吨

年份	2009	2010	2011	2012	2013	2014
总成本	10 445.2	14 206.2	15 997.4	18 007.6	20 717.8	19 074.1
生产成本	8 879.2	12 320.7	13 998.5	15 895.9	18 317.2	16 772.9
物质与服务费用	3 634.0	4 505.8	5 295.1	5 027.5	5 379.0	4 983.1
人工成本	5 245.3	7 814.8	8 703.4	10 868.4	12 938.2	11 789.8
土地成本	1 565.9	1 885.5	1 999.0	2 111.7	2 400.6	2 301.1

数据来源：根据历年《全国农产品成本收益资料汇编》数据计算。

表 6 主产区棉花成本收益情况

单位：元/吨

年份	项目	河北	江苏	安徽	山东	河南	湖北	湖南	新疆
2010	平均出售价	26 064.6	25 489.2	25 217.4	25 271.8	28 678.0	24 381.8	26 613.0	22 942.2
	总成本	14 539.0	13 120.2	15 176.6	15 665.0	16 939.2	15 011.0	14 638.0	12 636.4
	净利润	11 525.6	12 369.0	10 040.8	9 606.8	11 738.8	9 370.8	11 975.0	10 305.8
2011	平均出售价	17 392.8	17 257.2	18 658.8	17 217.0	20 715.0	18 098.2	17 984.4	17 813.0
	总成本	17 096.0	22 027.8	14 734.2	17 874.8	20 772.6	15 971.4	17 725.8	13 220.0
	净利润	296.8	−4 770.6	3 924.6	−657.8	−57.6	2 126.8	258.6	4 593.0
2012	平均出售价	18 168.6	18 416.0	18 604.4	18 325.4	19 555.0	18 544.4	18 987.2	17 740.2
	总成本	21 141.2	19 397.0	21 362.0	22 542.6	22 509.2	18 382.2	19 921.0	13 466.6
	净利润	−2 972.6	−981.0	−2 757.6	−4 217.2	−2 954.2	162.2	−933.8	4 273.6
2013	平均出售价	19 091.2	17 400.6	19 540.6	19 260.0	19 943.8	17 446.6	16 088.2	18 570.6
	总成本	24 363.4	21 125.2	25 877.2	25 969.2	27 186.2	22 339.6	31 299.0	15 273.6
	净利润	−5 272.2	−3 724.6	−6 336.6	−6 709.2	−7 242.4	−4 893.0	−15 210.8	3 297.0

（续）

年份	项目	河北	江苏	安徽	山东	河南	湖北	湖南	新疆
2014	平均出售价	14 041.2	13 240.8	13 451.4	13 989.8	15 756.6	13 136.0	12 061.0	12 713.4
	总成本	19 582.2	26 027.8	21 433.8	20 824.0	27 123.8	22 753.8	30 058.4	15 087.0
	净利润	−5 541.0	−12 787.0	−7 982.4	−6 834.2	−11 367.2	−9 617.8	−17 997.4	−2 373.6

数据来源：根据历年《全国农产品成本收益资料汇编》数据计算。

二、棉花及替代品棉纱进口情况

（一）棉花进口量在 2012 年高位后逐步回落，但替代品棉纱进口快速增长

2010—2013 年，我国棉花均保持高位进口态势，进口量从 2010 年 312.8 万吨增加至 2012 年 541.3 万吨高位，2013 年略有下降但仍保持高位，2010—2013 年年均进口增长 12.9%。FAO/OECD 数据库显示，自 2003 年以来我国一直是世界最大棉花进口国，2010—2013 年占世界贸易份额 1/3 以上，2012 年高达 50%以上。2014 年和 2015 年随着国家逐步对进口滑准税配额加严管理，以及改革调整政策，才有效遏制进口快速增长。但棉花替代品棉纱进口增长较快，2010—2015 年，从 111.1 万吨增至 234.5 万吨，年均增长 16.1%（表 7、表 8）。

表 7　2010—2015 年我国棉花和棉纱进口情况

单位：万吨

年份	2010	2011	2012	2013	2014	2015
棉花	312.8	356.6	541.3	450.1	266.9	175.9
棉纱	111.1	90.3	152.6	209.9	201.0	234.5

数据来源：中国海关数据库。

表 8　中国与世界棉花进口量

单位：万吨，%

年度	2010/2011	2011/2012	2012/2013	2013/2014	2014/2015	2015/2016
中国	260.9	534.2	442.6	307.5	180.4	159.3
世界	767.2	965.1	975.2	895.8	764.3	747.1
中国所占比例	34.0	55.4	45.4	34.3	23.6	21.3

数据来源：FAO/OECD 预测数据库。

（二）进口价格持续走低

2011—2015 年，无论是国际棉花价格还是我国棉花进口价格均呈下跌走势。国际棉花 CNCottonSM 指数从 2011 年的每吨 23 241 元降至 2015 年的 10 189 元，年均下降 18.6%；CNCottonM 指数年均下降 19.2%。随着国际价格持续下跌，我国棉花进口价格从每吨 17 258 元降至 10 005 元，年均下降 12.7%（表 9、图 1）。

表 9　国内进口棉花到岸价与国际棉花价格比较

单位：元/吨

年份		2010	2011	2012	2013	2014	2015
进口棉花到岸价		12 450.0	17 258.2	13 821.6	11 790.5	11 981.2	10 005.4
国际棉花价格	CNCottonSM	16 284.5	23 240.7	13 060.6	12 977.5	12 019.6	10 189.4
	CNCottonM	15 947.2	22 920.2	12 556.8	12 495.3	11 513.1	9 750.1

注：CNCotton SM 指数代表大型国际棉商在中国及其他主要亚洲棉花进口国港口 SM 1－1/8″等级棉花报价的加权平均价，CNCotton M 指数代表大型国际棉商在中国及其他主要亚洲棉花进口国港口 M 1－3/32″等级棉花报价的加权平均价（图 1 同）。

数据来源：进口棉花到岸价根据中国海关数据计算，国际价格来自中国棉花网（图 1 同）。

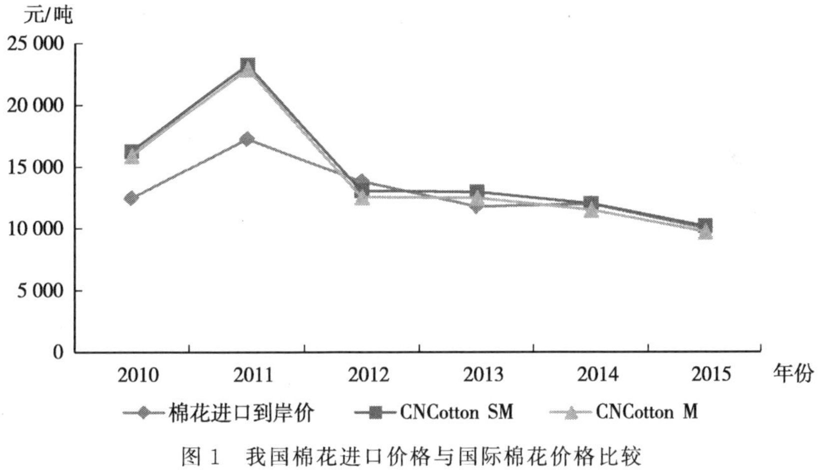

图 1　我国棉花进口价格与国际棉花价格比较

（三）进口棉国内市场占有率始终维持高位

2011/2012—2014/2015 年度，进口棉花与棉纱在国内市场占有率均在 40%以上，2015/2016 年度略有下降。在国家实施临时收储政策后，国产棉花大部分进入国储库，2011/2012 年度和 2012/2013 年度进口棉花市场占有率均高达70%以上。随着国家政策逐步调整，棉花进口量有所下降，但进口棉市场占有率仍高达40%左右（表10）。

表10　2010/2011—2015/2016年度进口棉花市场占有率

单位：万吨，%

年度	棉花			棉纱			进口棉花市场占有率
	进口量	消费量	出口量	净进口量	进口折原棉量（×1.05）	净进口折原棉量（×1.05）	
2010/2011	284.6	920.8	2.8	49.9	96.1	52.4	39.1
2011/2012	568.6	846.3	2.0	96.9	143.4	101.8	75.1
2012/2013	468.6	801.6	0.9	149.3	210.7	156.8	70.9
2013/2014	319.1	819.1	1.3	153.3	209.8	161.0	54.0
2014/2015	184.4	801.9	2.6	201.5	248.7	211.5	42.7
2015/2016	123.7	739.4	2.5	166.1	208.9	174.4	36.4

注：棉花消费量=产量+净进口量-库存增量；进口棉实际市场占有率=(棉花进口量+棉纱进口量折棉)/(原棉消费量+棉纱净进口折棉)。

数据来源：棉花及棉纱贸易数据来自中国海关数据统计，2015/2016棉花及棉纱净进口量为作者根据已有月度进口量估算，其余数据来自中国棉花网。

三、进口棉花对国内产业的损害

我国是棉花生产与消费大国，植棉历史悠久。棉花市场逐步开放后，进口对国内棉花产业影响突出表现为产量快速下降、价格严重打压、市场份额严重丧失。

（一）进口造成国内生产明显下滑

进口对国内生产的影响主要表现在两个方面：

一是在进口维持高位同时，国内生产明显下滑。2011—2013年我国棉花进口均维持高位，2014—2015年尽管棉花进口有所回落，但棉纱进口仍持续高速增长。而国内棉花产量和播种面积则从2012年开始持续下滑，尤其是河南、湖北、河北等传统植棉区播种面积和产量均严重下滑。

二是进口导致国内棉花被挤出市场进入库存。2011—2015年，我国累计进口棉花及棉纱折原棉共计3 153万吨，进口棉花和棉纱基本进入消费市场；而这5年国内生产棉花3 151万吨，进口棉花与国产棉花数量相当，但国产棉花大部分被进口棉花挤入库存。自2011棉花年度实施临时收储政策起，收储量占当年产量的比例连续三个年度攀升，分别达到47%、95%和100%（表11）。2013和2014年我国棉花抛储均按3∶1（竞拍新疆棉花）或4∶1（竞拍内地棉花）的比例搭售进口配额，即便如此抛储量也很有限，国产棉花销售十分困难，连续几个年度库存均维持1 000万吨以上，库存消费比超过160%。

表11　我国棉花收抛储情况

单位：万吨，元/吨，%

收储时间	2011年10月—2012年3月	2012年9月—2013年3月	2013年9月—2014年3月
收储量	312	651	630
产　量	659	684	630
收储价格（标准级皮棉价）	19 800	20 400	20 400
收储量占产量比例	47.0	95.2	100.0

抛储时间	2012年9月	2013年1—7月	2013年11月—2014年8月	2015年7—8月
目标量	95	1 506	1 397	185
实际量	47	380	264	6
抛储实际成交价（标准级皮棉价）	18 640	19 217	17 530	13 718

注：2011年收储100万吨进口棉花没包括在内。

数据来源：天下粮仓网。

（二）对国内棉花价格造成严重打压

一是进口棉花税后价与国内棉花价格存在较大价差，迫使棉花抛储价格一再下调。2010—2014年，国内棉花与进口棉花存在较大价差，每吨价差在5 000元以上，最高达7 540元。按1%配额内关税计算，国内棉花价格与进口到岸税后价价差每吨在3 000元以上，最高达5 874元；按滑准税计算，价差每吨在2 000元以上，最高达4 636元；按40%配额外关税计算，2013年与进口到岸税后价每吨也存在678元价差，2010年与之接近。2015年，国家取消棉花临时收储政策后，才使得国内棉价与按滑准税进口到岸税后价逐步接近，但按1%关税计算每吨价差仍达1 659元（表12）。在内外价差较大情况下，尽管我国棉花收储价格在每吨2万元左右，但抛储价格即使在搭售配额的情况下，仍不断被迫调低，2015 年抛储价格降至 13 718 元。

表 12　国内棉价与进口棉税后价格比较

单位：元/吨

年份	国内 328 级皮棉成交均价 (1)	进口到岸价 (2)	配额内 1%关税进口税后价 (3)	滑准税进口税后价 (4)	配额外 40%关税进口税后价 (5)	(1)-(2)	(1)-(3)	(1)-(4)	(1)-(5)
2010	19 490.0	12 450.0	14 209.2	14 853.6	19 695.9	7 040.0	5 280.8	4 636.3	−206.0
2011	23 737.7	17 258.2	19 696.8	21 072.2	27 302.5	6 479.5	4 040.9	2 665.5	−3 564.8
2012	19 010.4	13 821.6	15 774.6	16 526.9	21 865.8	5 188.7	3 235.7	2 483.5	−2 855.4
2013	19 330.7	11 790.5	13 456.4	14 825.9	18 652.5	7 540.2	5 874.2	4 504.7	678.2
2014	17 040.1	11 981.2	13 674.1	14 966.0	18 954.2	5 058.9	3 366.0	2 074.1	−1 914.1
2015	13 077.8	10 005.4	11 419.1	13 500.2	15 828.5	3 072.4	1 658.7	−422.4	−2 750.8

数据来源：国内棉花价格来自中国棉花网，进口到岸价根据海关数据计算，进口税后价为作者计算。

二是在进口价格打压下，国内棉花价格逐步跌破生产成本。在进口棉花市场占有率居高形势下，进口棉花价格对国内棉花价格的形成起着决定性作用，在进口价格持续打压下，国内棉花价格即使在临储政策支撑下也持续下跌。2012 年国内棉花出售价格与生产成本已十分接近，之后的 2013—2015 年，国内棉花售价均跌破生产成本，二者差距 2014 年每吨达 5 746 元，2015 年有所缩小，但仍达 4 483 元。巨大的亏损幅度将迫使国内棉花生产进一步萎缩。

（三）从世界棉花产消存及未来趋势分析，未来进口对国内棉花产业造成的压力将持续存在

据国际棉花咨询委员会（ICAC）预测，2016/2017 年度全球棉花产量继续增长至 2 288.8 万吨，比上年度增长 1.9%；消费量 2 392.8 万吨，略降 0.6%，库存消费比为 78%。FAO/OECD 发布预测报告显示，由于世界棉花库存水平较高，未来 10 年世界棉花价格将低于 2013—2015 年平均水平，2016—2018 年世界棉花价格将继续下跌，之后几年会缓慢回升然后再次下跌，预计到 2025 年，世界棉花价格为每吨 1 497 美元，低于 2010 年高峰时的 50%。未来 10 年，世界棉花贸易量将提升 7%至 870 万吨，美国、巴西、澳大利亚等具有出口竞争力的大国出口将比 2015 年分别增长 11.4%、89%和 147%。尽管中国棉花进口量会保持低位，但仍为世界最大的棉花进口国，因此，进口对国内棉花产业的影响仍将持续存在。

四、结论

从上述分析可以看出，近5年我国棉花产业持续下滑主要是受进口冲击影响。我国棉花配额总量89.4万吨，配额内关税仅为1%，配额外关税40%。为满足纺织业棉花需求并兼顾国内产业稳定发展，从2005年开始实施滑准税配额进口政策。2010—2012年，我国以滑准税配额进口的棉花实际平均征税不足5%，2013—2014年滑准税公式连续调整后，税率才略有提高，但平均水平也仅在10%左右，2015年由于进口棉花价格跌至历史低点，滑准税税率才提高至20%以上。由于滑准税关税过低及配额发放量大，导致进口棉税后价与国内棉花价差过大，国产棉花滞销卖难，临时收储政策尽管在一定程度上为减少棉农损失发挥了作用，但由于国际棉价持续下跌及内外价差持续扩大，使得顺价抛储困难，财政不堪重负，该政策被迫退出历史舞台，但新出台的目标价格补贴政策仍由于内外棉存在巨大价差而负担沉重，且对新疆以外棉农补贴极为有限。从当前国际国内棉花市场形势看，全球经济不景气使得纺织品及棉花消费增长迟缓、价格低迷，而我国农业生产成本刚性增长趋势难以逆转，棉花生产亏损状况短时期内无法扭转，棉花产业极有可能进一步下滑。为此，今后在优化棉花生产区域布局、提高生产质量效率等方面提升内功的同时，还应加强进口的监测与管理，在兼顾国内纺织业发展的同时，防止进口对国内棉花产业过度损害。

（张永霞、张军平、李婷，2016年第11期）

棉纱进口对国内相关产业损害分析报告

入世后随着我国纺织品出口快速增长，对棉花需求不断扩大，在国产棉花供不应求情况下，我国采取关税配额外棉花进口优惠政策，棉花进口持续快速增长，这在保障纺织工业原料供应的同时也对国内棉花生产造成了严重冲击。为保障棉农收益，2011 年起国家实施棉花临时收储政策，但在进口快速增长情况下又形成“一边收储一边进口”的局面，棉花库存持续攀升。近年在棉花高库存压力下，我国实施棉花国内支持政策改革并收紧配额外优惠关税进口政策，棉花进口连续 4 年下降，但棉纱进口仍一直呈快速增势。棉花与棉纱在纺织产业链中是上下游关系，具有很强的替代性，按照 8%的落纱率计算，1 吨棉纱相当于 1.08 吨棉花。近两年棉纱进口量超过棉花进口量，对国内棉纱和棉花生产均造成持续损害。

一、棉纱进口情况

（一）进口快速增长，近两年超过棉花

我国棉纱进口以含棉量 85%以上中低端纱线品种为主。2011—2015 年进口量从 90.3 万吨激增至 234.5 万吨，年均增长 26.9%。2016 年，因需求下降及内外价差缩小，进口量降至 196.8 万吨，仍维持较高水平，并连续 2 年超棉花进口量（表 1）。

表 1　2010—2016 年我国棉花和棉纱进口情况

单位：万吨

年份		2011	2012	2013	2014	2015	2016
棉花		356.6	541.3	450.1	266.9	175.9	124.0
棉纱	合计	90.3	152.6	209.9	201.0	234.5	196.8
	含棉 85%及以上	80.3	140.5	197.2	190.0	222.2	185.9
	含棉 85%以下	10.0	12.2	12.6	11.0	12.3	10.9

数据来源：中国海关统计。

（二）主要从周边国家进口

棉纱进口前三位来源地为越南、印度和巴基斯坦，近年从上述 3 国合计进口量超过 70%，2016 年分别为 62 万吨、42 万吨和 39 万吨（表 2）。

表 2　2014—2016 年中国棉纱进口来源地

单位：万吨

年份	越南	印度	巴基斯坦	中国台湾	印度尼西亚	乌兹别克斯坦	美国	马来西亚	韩国	泰国
2014	39.6	54.1	50.6	11.2	9.4	6.7	3.2	2.0	3.4	3.9
2015	50.3	70.3	54.2	10.6	11.2	11.0	3.8	2.5	3.8	3.4
2016	62.4	41.5	38.8	11.6	10.8	8.8	3.9	3.1	2.5	1.9

数据来源：中国海关统计。

（三）进口价格持续下降

2011—2015 年，越南、印度、巴基斯坦棉纱进口到岸价分别从每吨 2.6 万元、2.4 万元和 2.2 万元跌至 1.9 万元、1.7 万元和 1.6 万元，年均跌幅均在 8%以上，2016 年价格略有恢复但仍维持低位（表 3）。

表 3　2011—2016 年棉纱线进口到岸价

单位：元/吨

年份	越南	印度	巴基斯坦
2011	26 281	24 112	22 110
2012	21 931	20 548	17 980
2013	21 211	19 730	17 848
2014	19 771	18 807	17 024
2015	18 277	17 184	15 010
2016	18 546	17 474	15 822

数据来源：中国海关统计。

（四）进口棉纱市场占有率稳步提升

2011/2012 年度，进口棉花及棉纱合计占国内棉花市场份额高达 75.4%，其中进口棉花占 60%、棉纱占 15.4%。此后进口棉花占比逐年下降但进口棉纱占比则稳中有升，一直保持在 20%以上，2014/2015 年度和 2015/2016 年度均超过棉花（表 4）。

表 4　2010/2011—2015/2016 年度进口棉花及棉纱市场占有率

单位：万吨，%

年度	棉花				进口棉纱				
	进口量	消费量	出口量	进口棉花市场占有率	进口量	净进口量	进口折原棉量（×1.08）	净进口折原棉量（×1.08）	进口棉纱市场占有率
2010/2011	284.6	920.8	2.8	29.2	91.5	49.9	98.8	56.6	10.1
2011/2012	568.6	846.3	2.0	60.0	136.6	96.9	147.5	109.9	15.4
2012/2013	468.6	801.6	0.9	48.9	200.7	149.3	216.8	169.3	22.3
2013/2014	319.1	819.1	1.3	32.6	199.8	153.3	215.8	173.9	21.7
2014/2015	184.4	801.9	2.6	18.2	236.9	201.5	255.9	228.4	24.8
2015/2016	132.0	748.6	1.4	14.4	197.1	163.0	212.9	184.8	22.8

注：棉花消费量＝产量＋净进口量－库存增量；进口棉花市场占有率＝棉花进口量/(原棉消费量＋棉纱净进口折棉)；进口棉纱市场占有率＝棉纱进口量折棉/（原棉消费量＋棉纱净进口折棉）；棉纱库存量相对稳定，因此计算其市场占有率时没有考虑库存的变化；棉纱折棉按照 8%的落纱率计算。

数据来源：棉花及棉纱贸易数据来自中国海关统计，其余数据来自中国棉花网。

二、国内棉纱线生产情况

（一）国内棉纱线产量趋降

2010/2011—2015/2016 年度，国内棉花消费量从 921 万吨降至 749 万吨，由此推算国内棉纱产量从 847 万吨降至 689 万吨，年均下降 4.1%（表 5）。

表 5　2010/2011—2015/2016 年度全国棉花消费量及棉纱生产情况

单位：万吨

年度	棉花					由棉花消费量推算出棉纱线产量
	期初库存	期末库存	产量	净进口量	消费量	
2010/2011	231.7	215.8	623.1	281.8	920.8	847.1
2011/2012	215.8	738.8	802.8	566.5	846.3	778.6
2012/2013	738.8	1 166.5	761.5	467.8	801.6	737.5
2013/2014	1 166.5	1 364.8	699.7	317.7	819.1	753.6
2014/2015	1 364.8	1 406.8	662.1	181.8	801.9	737.7
2015/2016	1 406.8	1 310.4	521.6	130.6	748.6	688.7

注：棉花消费量＝产量＋净进口量－库存增量；棉纱线产量＝棉花消费量÷1.08。

数据来源：棉花贸易数据来自中国海关统计，其余数据来自中国棉花网。

（二）国产棉纱线市场占有率逐年降低

2010/2011年度国产棉纱线市场占有率94.4%，2014/2015年度降至78.5%，下降近16个百分点。2015/2016年度由于棉花支持政策改革、进口配额收紧、人民币贬值及外纱价格上涨，进口纱竞争力有所削弱，国产纱市场占有率略升至80.9%（表6）。

表6　2010/2011—2015/2016年度国产棉纱与进口棉纱市场份额

单位：万吨，%

年度	2010/2011	2011/2012	2012/2013	2013/2014	2014/2015	2015/2016
国内产量	847.1	778.6	737.5	753.6	737.7	688.7
进口量	91.5	136.6	200.7	199.8	236.9	197.1
出口量	41.6	39.7	51.4	46.5	35.4	34.1
表观消费量	897.0	875.5	886.8	906.9	939.2	851.7
国产市场份额	94.4	88.9	83.2	83.1	78.5	80.9

注：国内棉纱线产量的计算方法同表6。

数据来源：棉纱线贸易数据来自中国海关统计，其余计算得出。

（三）纺纱业产能利用严重不足，不少中小棉纺企业停产倒闭

我国纺纱产能共1.2亿纱锭。业内估计2015年产能利用率仅60%～70%，2016年略有回升但仍开工不足。占全国纺织企业70%的中小棉纺厂是低端棉纱生产主体，近年受进口纱冲击，山东、江苏、河南、浙江、河北、湖南、湖北等传统纺纱基地不少中低端小型纺纱企业停产倒闭。

（四）纺纱业部分产能向外转移

近年国内纺纱业产能过剩的解决途径有两个：一是随着国内原料、劳动力、资源环境等成本快速提高及国际经贸环境变化，进口棉纱竞争优势愈加明显，国产棉纱失去价格竞争力，部分纱企转至成本较低的越南、柬埔寨等东南亚国家。二是利用新疆扶持政策移往新疆投资建厂，但转至新疆的纺纱企业在运输成本上有所增加，在原料成本等方面仍难敌进口纱。因此，很多纺纱企业更倾向于选择向外转移，国产棉花消费萎缩。

三、棉纱进口持续增长的原因分析

（一）进口门槛低

我国对棉花进口实施关税配额管理，配额内关税 1%，配额外约束关税 40%。但对棉纱进口实行单一关税管理，无进口关税配额限制，进口关税仅 5%，其中对巴基斯坦、印度等“亚太贸易协定”伙伴国实施优惠税率（分 3.5%和 4.5%两档），对越南、印度尼西亚等东盟国家则依据“中国—东盟自贸协定”实施零关税，棉纱低关税导致进口持续高速增长。

（二）进口与国产棉纱存在价差

以 C32S 主流棉纱品种为例，2013—2015 年，国产棉纱和进口棉纱税后价价差较大，每吨年均价差分别达 837 元、1 144 元和 1 115 元，部分时段价差高达 2 000 元以上，进口动力强劲。2016 年后在国内棉花价格下降、人民币贬值、外纱价格上涨等综合因素作用下，价差才逐步缩小，甚至出现国内价格低于国外价格的情况，棉纱进口也有所回落（表 7）。

表 7　国产棉纱与进口棉纱税后价价差

单位：元/吨

年份	CY Index C32S（国产棉纱到厂价）	FCY Index C32S（进口棉纱到港价）	内外价差
2013	26 211.6	25 374.2	837.4
2014	24 535.7	23 391.7	1 144.0
2015	21 028.6	19 914.0	1 114.6
2016	20 805.3	21 048.4	−243.1
2017	23 209.0	23 312.9	−103.9

注：表中价格均为日平均价格，2013 年数据从 5 月 2 日至 12 月 31 日，2017 年数据从 1 月 3 日至 5 月 5 日，其余年份数据均为整年数据。

数据来源：中国棉花协会。

（三）在高库存压力下，国家收紧了棉花配额外优惠进口，但棉纱进口仍持续增加

中国棉花网监测数据显示，2010/2011 年度，国内棉花期末库存 194 万吨，库存消费比 21%。2011/2012 年度开始库存量逐年增长并连续 4 年突破历

史上线，2014/2015 年度达最高 1 209 万吨，库存消费比 155%。2016/2017 年度预计回落至 800 多万吨，库存消费比在 100%以上，仍维持较高水平。美国农业部及国际棉花咨询委员会（ICAC）数据均显示近年中国棉花库存已占世界库存 50%～60%。在高库存压力下，国家收紧了棉花配额外优惠关税进口，棉花进口连续 4 年下降。

我国加入 WTO 后棉纱进口持续增加，在 2011—2013 年实施棉花临储政策期间，由于国内外价差较大，棉花和棉纱进口动力强劲，一些纺织企业已经建立起购买外纱的渠道和使用习惯。在棉花连续 4 年进口下降情况下，棉纱替代棉花进口的空间和动力进一步增大。

四、棉纱进口对国内相关产业的损害

国内棉花生产受进口损害是棉花和棉纱进口持续高位增长共同造成的。近年棉花进口大幅下降但棉纱进口仍持续快速增加，进口量超过了棉花，对棉花生产和纺纱业均造成严重冲击。

（一）国内棉花及棉纱生产均明显下滑

2011—2016 年，全国棉花播种面积从 7 557 万亩下滑至 5 070 万亩，年均降 7.7%；产量从 659 万吨降至 534 万吨，年均降 4.1%。河南、湖北、河北等传统植棉区播种面积和产量均下滑严重，年均降幅 14%～24%（表 8、表 9）。2010/2011—2015/2016 年度，棉纱产量减少 158 万吨，年均下降 4.1%。

表 8　2010 年以来全国及主产区棉花播种面积变化

单位：万亩，%

年份	全国	山东	河北	湖北	安徽	河南	湖南	江苏	新疆
2011	7 556.7	1 128.9	948.8	733.0	525.5	595.0	288.6	358.9	2 457.1
2012	7 032.2	1 034.8	867.4	709.3	457.4	385.0	258.3	256.0	2 581.3
2013	6 519.0	1 009.2	724.5	623.4	427.7	280.1	239.4	232.8	2 577.5
2014	6 333.5	889.4	616.4	517.2	397.8	230.0	195.2	197.7	2 930.0
2015	5 695.0	773.2	538.9	397.1	348.8	180.0	170.6	141.4	2 856.5
2016	5 070.0		433.5	303.5	275.1	150	156	94.5	3 232.4
年均增速	−7.7	−9	−14.5	−16.2	−12.1	−24.1	−11.6	−23.4	5.6

数据来源：2011—2015 年数据来自农业部种植业司，2016 年数据来自全国及各省统计公报。

表 9　2010 年以来全国及主产区棉花产量

单位：万吨，%

年份	全国	山东	河北	湖北	安徽	河南	湖南	江苏	新疆
2011	658.9	78.5	65.3	52.6	37.8	38.2	22.7	24.7	289.8
2012	683.6	69.9	56.4	54.5	29.4	25.7	25.1	22.1	354.0
2013	629.9	62.1	45.7	46.0	25.1	19.0	19.8	20.9	351.8
2014	617.8	66.5	43.1	36.0	26.3	14.7	12.9	16.0	367.7
2015	560.0	53.7	37.3	29.8	23.4	12.6	14.5	11.7	350.3
2016	534	54.8	30	18.6	18.5	9.8	12.3	7.4	420
年均增速	−4.1	−6.9	−14.4	−18.8	−13.3	−23.8	−11.5	−21.4	7.7

数据来源：2011—2015 年数据来自农业部种植业司，2016 年数据来自全国及各省统计公报。

（二）国内棉花及棉纱市场价格受到打压

一是国内棉花及棉纱市场价格均持续下跌。2011—2015 年，国内棉花价格从每吨 23 738 元跌至 13 078 元，年均跌幅 13.8%，2016 年则略有回升但仍维持低位。2011—2016 年，国内部分主流纱线品种价格呈下跌趋势，年均跌幅 8%～12%，部分品种在 2016 年止跌回升但仍维持低位（表 10）。

表 10　国内棉花及棉纱价格

单位：元/吨

年份	国内 328 级皮棉成交均价	CNCotton C32S	CNCotton JC40S	CNCotto nTC45S	CNCotto nOE10S	CNCotto nPS	CNCotto nVS
2011	23 737.7	31 348.9	37 617.5	26 274.9	22 856.9	13 106.4	21 308.3
2012	19 010.4	25 911.1	30 903.0	21 025.7	17 686.4	10 780.3	15 536.7
2013	19 330.7	25 853.1	30 697.3	20 941.6	17 195.5	10 200.1	13 508.4
2014	17 040.1	24 195.2	29 035.8	20 021.9	15 651.5	8 848.8	12 003.8
2015	13 077.8	20 412.4	25 397.5	18 109.5	12 522.7	7 179.9	12 851.0
2016	13 660.5	20 876.6	24 567.4	17 509.4	12 716.1	6 904.1	14 548.8

数据来源：中国棉花网。

二是迫使棉花抛储价格和目标价格一再下调。实施棉花临时收储政策期间，由于内外价格倒挂，导致国棉入库、洋棉入市，在进口棉花和棉纱价格天花板作用下，国储棉难以顺价出库。2011—2014 年棉花收储价分别为每吨 19 800 元、20 400 元和 20 400 元。2012—2014 年棉花平均抛储价分别为每吨 18 640 元、19 217 元和 17 530 元，且 2013—2014 年即使搭售配额抛售，抛储量也极少。2014 年收紧进口配额后，棉花进口逐年减少，但进口棉纱价格天花板效应依然突出，2015 年抛储价格进一步降至每吨 13 718 元，2016 年仅 13 281 元，分别比上年下降 22%和 3%（表 11）。实施棉花目标价格政策后，新疆棉花市场价与目标价间的差额由财政负担，随着价差扩大，财政负担也加大，迫使目标价格不断调低。2014 年目标价格为每吨 19 800 元，2015 年降为 19 100 元，2016 年继续降至 18 600 元。2017—2019 年定为每吨 18 600 元且补贴量上限为基期（2012—2014 年）全国棉花平均产量的 85%。

表 11　我国棉花收抛储情况

单位：万吨，元/吨，%

收储时间	2011 年 10 月—2012 年 3 月	2012 年 9 月—2013 年 3 月	2013 年 9 月—2014 年 3 月
收储	312	651	630
产量	659	684	630
收储价格（标准级皮棉价）	19 800	20 400	20 400
收储量占产量比例	47.4	95.2	100.0

抛储时间	2012 年 9 月	2013 年 1—7 月	2013 年 11 月—2014 年 8 月	2015 年 7—8 月	2016 年 5—9 月
目标量	95	1 506	1 397	185	300.4
实际量	47	380	264	6	267.2
抛储实际成交价（标准级皮棉价）	18 640	19 217	17 530	13 718	13 281

注：2011 年不含收储的 100 万吨进口棉。

数据来源：天下粮仓网。

三是在国内棉花价格与国际市场价格逐步接轨过程中，国内棉花价格已跌破生产成本。在进口价格持续打压下，国内棉花价格持续下跌。2012 年国内棉花出售价格已逼近生产成本，2013—2015 年则跌破生产成本，2014 年二者每吨差距达 5 746 元，2015 年达 8 025 元，河北、山东价格与成本间差额更大（表 12）。

表 12　棉花平均售价与总成本

单位：元/吨

年份	2009	2010	2011	2012	2013	2014	2015
平均售价	13 294.0	24 765.2	18 051.0	18 242.2	18 672.4	13 327.8	11 903.0
总成本	10 445.2	14 206.2	15 997.4	18 007.6	20 717.8	19 074.0	19 928.0
净利润	2 848.8	10 559.0	2 053.6	234.6	−2 045.4	−5 746.2	−8 025.0

数据来源：根据历年《全国农产品成本收益资料汇编》数据计算。

（三）棉花生产因成本高涨而价格难以提高处于亏损状态

2011—2015 年，主产区棉价年均跌幅在 7.4%～10.8%，棉花生产成本却增长较快。2009—2013 年，棉花生产成本从 10 445 元/吨增至 20 718 元/吨，年均增长 18.7%，其中占 60%以上的人工成本年均增长 25.3%。2014—2015 年，尽管随着棉价下降生产成本有一定下降，但降幅有限，而棉花平均售价 2011—2013 年年均涨幅仅为 1.7%，2014 年和 2015 年则跌至 5 年前水平。2011 年开始，江苏、山东等部分主产区生产出现亏损，亏损额和亏损面逐年扩大。2014 年和 2015 年棉花目标价格政策实施，但仅新疆棉区获目标价格补贴后有利可图，且利润水平逐年下降，内陆棉区亏损大幅深化，2 000 元/吨的补贴水平远难以弥补亏损（表 13、表 14）。

表 13　棉花成本构成

单位：元/吨

年份	2009	2010	2011	2012	2013	2014	2015
总成本	10 445.1	14 206.2	15 997.4	18 007.6	20 717.8	19 074.1	19 927.8
生产成本	8 879.2	12 320.7	13 998.5	15 895.9	18 317.2	16 772.9	17 487.1
物质与服务费用	3 634.0	4 505.8	5 295.1	5 027.5	5 379.0	4 983.1	5 402.47
人工成本	5 245.3	7 814.8	8 703.4	10 868.4	12 938.2	11 789.8	12 084.6
土地成本	1 565.9	1 885.5	1 999.0	2 111.7	2 400.6	2 301.1	2 440.8

数据来源：根据历年《全国农产品成本收益资料汇编》数据计算。

表 14　主产区棉花成本收益情况

单位：元/吨

年份	项目	河北	江苏	安徽	山东	河南	湖北	湖南	新疆
2011	平均出售价	17 392.8	17 257.2	18 658.8	17 217.0	20 715.0	18 098.2	17 984.4	17 813.0
	总成本	17 096.0	22 027.8	14 734.2	17 874.8	20 772.6	15 971.4	17 725.8	13 220.0
	净利润	296.8	−4 770.6	3 924.6	−657.8	−57.6	2 126.8	258.6	4 593.0
2012	平均出售价	18 168.6	18 416.0	18 604.4	18 325.4	19 555.0	18 544.4	18 987.2	17 740.2
	总成本	21 141.2	19 397.0	21 362.0	22 542.6	22 509.2	18 382.2	19 921.0	13 466.6
	净利润	−2 972.6	−981.0	−2 757.6	−4 217.2	−2 954.2	162.2	−933.8	4 273.6
2013	平均出售价	19 091.2	17 400.6	19 540.6	19 260.0	19 943.8	17 446.6	16 088.2	18 570.6
	总成本	24 363.4	21 125.2	25 877.2	25 969.2	27 186.2	22 339.6	31 299.0	15 273.6
	净利润	−5 272.2	−3 724.6	−6 336.6	−6 709.2	−7 242.4	−4 893.0	−15 210.8	3 297.0

（续）

年份	项目	河北	江苏	安徽	山东	河南	湖北	湖南	新疆
2014	平均出售价	14 041.2	13 240.8	13 451.4	13 989.8	15 756.6	13 136.0	12 061.0	12 713.4
	总成本	19 582.2	26 027.8	21 433.8	20 824.0	27 123.8	22 753.8	30 058.4	15 087.0
	净利润	−5 541.0	−12 787.0	−7 982.4	−6 834.2	−11 367.2	−9 617.8	−17 997.4	−2 373.6
2015	平均出售价	12 800.4	12 342.6	12 595.2	12 613.2	12 609.2	11 925.2	11 604.2	11 290.6
	总成本	21 616.0	26 795.6	20 534.0	25 860.6	25 845.4	21 290.0	22 434.0	16 257.0
	净利润	−8 815.6	−14 453.0	−7 938.8	−13 247.4	−13 236.2	−9 364.8	−10 829.8	−4 966.4

数据来源：根据历年《全国农产品成本收益资料汇编》数据计算。

（四）进口对国内棉花产业的压力将持续存在

据国际棉花咨询委员会（ICAC）最新预测，2016/2017 年度全球棉花产量继续增长至 2 269 万吨，比上年度增长 8%；消费量 2 405 万吨，略降 0.3%，库存消费比为 52%。FAO/OECD 预测报告显示，由于全球棉花库存水平较高，未来 10 年全球棉花价格将低于 2013—2015 年平均水平，预计到 2025 年为每吨 1 479 美元，低于 2010 年高峰的 50%；全球棉花出口量将提升 18%至 870 万吨，美国、巴西、澳大利亚等出口大国的出口将比 2016 年分别增长 14.4%、92%和 162%。尽管中国棉花进口量将保持低位，但仍为世界最大棉花进口国，且棉纱进口由于门槛低可能将持续增长，对国内棉花及棉纱产业影响将长期存在。

五、结论

综上，棉纱进口对国内棉花和棉纱生产均造成严重冲击和损害。全球经济不景气使纺织品及棉花消费增长迟缓、价格低迷，而国内农业生产成本刚性增长的趋势又难以逆转，因此棉花生产亏损状况短期内无法扭转，棉花产业极有可能进一步下滑。近年进口棉纱对我国中低端纺纱业造成严重冲击。这些纺纱企业短期内仍是消化国产棉花的主体，其生存空间的丧失意味着国产棉花消费的进一步萎缩。我国纺织业发展需要一定量进口原料弥补国内供给缺口，但须防止进口过度损害国内棉花和棉纱生产，确保产业健康发展。当前严峻形势下，可以采取贸易救济措施给国内棉花和纺纱业以一定的喘息期。同时在对外多双边贸易谈判中坚守关税保护空间，严格执行原产地规则，针对棉花出口大国的棉花在东盟加工成棉纱后以零关税进口至国内市场情况，进行监测和控制。

（张永霞、张军平，2017 年第 4 期）

油菜产业损害监测分析报告

油菜籽是我国第一大油料作物，涉及近1亿种植者，是很多经济欠发达地区的支柱产业、扶贫产业和民生产业。近年来进口对国内油菜生产造成了明显抑制，显著打压了国内价格。2015年7月，国家又取消了油菜籽临时收储。目前国内油菜产业受进口损害趋势仍未得到有效遏制，如何确保油菜产业健康发展，对保障国内食用植物油基本供给、带动农民就业增收、促进农业可持续发展等具有十分重要的意义。

一、2016年以来我国油菜籽产业发展情况

（一）面积和产量双降

2016年全国油菜籽播种面积10 997万亩，比上年下降2.7%。湖北、湖南、四川、安徽、江西、江苏和河南7主产省中，仅四川播种面积比上年增长0.6%，其余6省均有所下降，降幅分别为8.1%、0.7%、6%、2%、10.5%和6.4%。全国油菜籽产量1 455万吨，下降2.6%。主产省中，四川小幅上涨1.6%，其余6省均下降，降幅分别为6.6%、0.4%、7.5%、2.8%、11.9%和5.1%（表1至表3）。

表1　2010年以来我国油菜籽生产情况

单位：万亩，万吨，千克/亩

年份	种植面积	产量	单产	折油量
2010	11 054.6	1 308.2	118.3	470.9
2011	11 021.1	1 342.6	121.8	483.3
2012	11 147.8	1 400.7	125.6	504.3
2013	11 296.5	1 445.8	128.0	520.5
2014	11 381.9	1 477.2	129.8	531.8
2015	11 301.5	1 493.1	132.1	537.5
2016	10 996.6	1 455.0	132.3	523.8

数据来源：中国种植业信息网，其中2016年数据来自农业部市场与经济信息司。

表 2　2010 年以来主产区油菜播种面积

单位：万亩

年份	全国	湖北	湖南	四川	安徽	江西	江苏	河南
2010	11 054.6	1 739.6	1 633.4	1 420.8	1 036.5	820.5	690.2	590.0
2011	11 021.1	1 712.1	1 750.8	1 446.4	960.6	814.0	661.9	575.2
2012	11 147.8	1 751.0	1 802.0	1 472.0	914.4	827.8	632.0	570.6
2013	11 296.5	1 839.5	1 889.9	1 497.0	852.2	822.0	620.9	557.0
2014	11 381.9	1 873.1	1 947.3	1 525.0	826.5	821.9	597.1	542.4
2015	11 301.5	1 877.0	1 974.0	1 541.7	798.7	817.5	563.5	520.0
2016	10 996.6	1 725.6	1 960.3	1 551.4	751.0	801.3	504.1	486.6

数据来源：中国种植业信息网，其中 2016 年数据来自农业部市场与经济信息司。

表 3　2010 年以来全国和主产区油菜籽产量

单位：万吨

年份	全国	湖北	四川	湖南	安徽	江苏	河南	江西
2010	1 308.2	232.6	205.2	166.6	133.7	112.4	88.9	63.8
2011	1 342.6	220.4	214.4	182.0	122.8	105.3	77.3	66.7
2012	1 400.7	230.0	222.1	178.6	134.3	109.1	87.6	68.8
2013	1 445.8	250.5	224.0	194.6	130.1	113.3	89.8	70.4
2014	1 477.2	257.2	233.1	202.7	127.8	110.1	86.4	72.4
2015	1 493.1	258.6	237.2	211.5	126.3	106.3	86.1	73.9
2016	1 455.0	241.6	241.1	210.6	116.8	93.6	81.7	71.8

数据来源：中国种植业信息网，其中 2016 年数据来自农业部市场与经济信息司。

（二）受进口冲击影响仍较大

2016/2017 年度以来，我国油菜籽和菜籽油去库存政策逐渐奏效。2017/2018 年度，油菜籽期末库存有望降至 104 万吨，比上年降 22.4%；库存消费比降至 5.9%，比上年降 1.8 个百分点。菜籽油期末库存有望降至 201.6 万吨，比上年降 27%；库存消费比降至 24.6%，比上年降 8.2 个百分点（表 4、表 5）。

受油菜籽去库存政策影响，2016 年我国油菜籽进口有所下降，但 2017 年上半年快速回升。2016 年，油菜籽进口量 356.6 万吨，比上年下降 20.2%，进口额 14.9 亿美元，下降 27.1%；菜籽油进口量 70 万吨，下降 14.1%，进口额 5.2 亿美元，下降 20.3%。2017 年上半年，油菜籽进口量 263.5 万吨，比上年同期增长 32.1%，进口额 11.9 亿美元，增长 48.6%；菜籽油进口量

47.9 万吨，增长 21.3%，进口额 3.9 亿美元，增长 35.2%。食用植物油进口量 348.7 万吨，增长 15.5%；进口额 27.2 亿美元，增长 26.8%（表 6）。

表 4　中国油菜籽供需平衡表

单位：万吨，%

年度	2013/2014	2014/2015	2015/2016	2016/2017	2017/2018
期初库存	63.2	103.6	149.9	134.0	134.0
生　　产	1 445.8	1 477.2	1 493.1	1 350.0	1 310.0
进　　口	504.6	459.1	401.1	390.0	430.0
国内总消费量	1 910.0	1 890.0	1 910.0	1 740.0	1 770.0
期末库存	103.6	149.9	134.0	134.0	104.0
库存消费比	5.4	7.9	7.0	7.7	5.9

数据来源：世界粮油市场月报 2017 年第 7 期，其中 2017/2018 年度数据为预计数。

表 5　中国菜籽油供需平衡表

单位：万吨，%

年度	2013/2014	2014/2015	2015/2016	2016/2017	2017/2018
期初库存	334.0	405.1	416.4	383.7	276.3
生　　产	721.5	713.7	725.8	659.1	670.8
进　　口	90.2	73.2	76.8	75.0	75.0
国内总消费量	740.0	775.0	835.0	840.0	820.0
期末库存	405.1	416.4	383.7	276.3	201.6
库存消费比	54.7	53.7	45.9	32.8	24.6

数据来源：世界粮油市场月报 2017 年第 7 期，其中 2017/2018 年度数据为预计数。

表 6　2016 年以来我国油菜籽和菜籽油进口情况

单位：万吨，亿美元，%

年份	项目	油菜籽	菜籽油
2016 年	进 口 量	356.6	70.0
	进口量同比增长	−20.2	−14.1
	进 口 额	14.9	5.2
	进口额同比增长	−27.1	−20.3
2017 年上半年	进 口 量	263.5	47.9
	进口量同比增长	32.1	21.3
	进 口 额	11.9	3.9
	进口额同比增长	48.6	35.2

数据来源：中国海关数据库。

（三）国产菜籽油份额提升未传导至种植环节

从国内市场看，2016年国产菜籽油占菜籽油表观消费量比重由66.7%升至70.5%，提高3.8个百分点。但国产菜籽油市场份额的小幅上涨并未传导至油菜种植环节，油菜生产成本上涨、亏损加剧。2016年，除湖南生产成本有所下降外，安徽、江西、湖北和四川油菜籽主产区生产成本均上涨，涨幅分别为12.7%、5.9%、0.9%、10.2%。多数省份生产亏损且亏损额呈增长态势，其中安徽和四川两省生产净利润为负，亏损额分别比上年增长0.4%和0.7%。江西净收益减少，下降29.5%。湖北和湖南净收益增加，分别上涨50.7%和9.7%（表7、表8）。

表7　国产菜籽油市场份额变化

单位：万吨，%

年份	2010	2011	2012	2013	2014	2015	2016
国产油菜籽折油量	470.9	483.3	504.3	520.5	531.8	537.5	523.8
菜籽油进口量	98.5	55.1	117.6	152.7	81.0	81.5	70.0
菜籽油出口量	0.4	0.3	0.7	0.6	0.7	0.5	0.5
油菜籽净进口量	160.0	126.2	293.0	366.2	508.1	447.1	356.6
油菜籽净进口折油量	67.2	53.0	123.1	153.8	213.4	187.8	149.8
菜籽油表观消费量	636.2	591.1	744.3	826.4	825.5	805.3	743.1
国产菜籽油份额	74.0	81.8	67.8	63.0	64.4	66.7	70.5

注：表观消费量＝产量＋进口量－出口量。国产油菜籽按36%出油率折油，进口油菜籽按42%折油率折油。

数据来源：进出口数据来自中国海关统计，大豆产量来自农业部。

表8　主产区油菜籽生产成本收益情况

单位：元/亩

省份	安徽	江西	湖北	湖南	四川
2015年总成本	726.0	383.6	485.6	643.3	1 033.2
2015年净利润	－190.6	216.3	67.0	95.3	－121.2
2016年总成本	817.9	406.2	489.9	615.0	1 138.2
2016年净利润	－191.4	152.5	101.0	104.5	－122.0

数据来源：农业产业损害监测预警监测点报告。

二、2016 年以来油菜籽产业发展环境

（一）主产区出台支持政策

国家临时收储政策取消后，部分主产区出台了稳定支持油菜生产的政策措施。湖北率先在全国建立双低优质油菜保护区，将对产油大县的奖励资金比重由油菜籽、花生、芝麻和茶油按 1.2∶1∶1∶1 发放提高至 1.3∶1∶1∶1。四川积极推进油菜政策性保险，出台对企业收购油菜籽的补贴政策，以稳定油菜籽价格。湖南将壮大油菜等经济作物产业作为农业重点工作之一，促进油菜产业的深度发展。

（二）国际食用油籽和植物油价格下跌

2011—2016 年，国际食用油籽和植物油价格均呈下跌趋势，大豆、豆油、菜籽油和棕榈油每吨价格分别由 482.6 美元、1 211.6 美元、1 363.1 美元和 1 123.6 美元降至 362.7 美元、721.3 美元、827.6 美元和 704.9 美元，年均降幅分别为 5.6%、9.9%、9.5%和 8.9%。受国际市场价格下跌影响，我国进口油菜籽、菜籽油、大豆和棕榈油价格均大幅下跌，年均跌幅分别为 8%、9.1%、6.5%和 10.6%。预计未来几年国际植物油市场价格仍将维持下行态势。

（三）未来国际市场对国内产业的损害将进一步加深

据《FAO/OECD 2017—2026 年农业展望报告》最新预测，2018—2026 年全球植物油产量将呈增长态势，2020 年全球植物油产量 2 亿吨，出口量 8 270 万吨，期末库存 2 250 万吨；2026 年分别为 2.20 亿吨、9 150 万吨和 2 400 万吨。未来国际市场供给充裕，供过于求，油籽和植物油进口对国产油菜籽和菜油的影响将进一步加深（表 9）。

表 9　世界植物油产业预测

单位：万吨

年份	2018	2019	2020	2025	2026
产　量	19 320	19 640	19 960	21 640	21 980
消费量	19 260	19 610	19 950	21 600	21 950
出口量	8 020	8 160	8 270	9 000	9 150
期末库存量	2 220	2 250	2 250	2 370	2 400

数据来源：《FAO/OECD 2017—2026 年农业展望报告》。

三、我国油菜籽产业发展存在的问题

（一）进口价格“天花板”效应

2016 年，我国油菜籽进口到岸税后价格仅每吨 3 865 元，低于国内各主产区平均销售价格的 9.5%～40.2%。受低价进口冲击影响，国内油菜籽价格上涨乏力（表 10）。

表 10　2016 年国内外油菜籽价格比较

单位：元/吨

项　目	价　格
进口税后价格	3 865
湖北销售价格	4 420
湖南销售价格	5 960
四川销售价格	6 472
安徽销售价格	4 050
江西销售价格	5 600

数据来源：进口价格来自中国海关数据库，按 9%进口关税、11%增值税和 100 元/吨港杂费计算税后价格，主产区销售价格来自农业产业损害监测预警点报告。

（二）比较效益偏低

相较于水稻等作物而言，国内油菜种植的比较效益低，抑制了油菜产业的发展。以油菜生产第一大省湖北为例，2016 年种植中稻的净收益为每亩 690 元，而种植油菜仅为 101 元，种稻的净收益是油菜的 6.8 倍（表 11）。

表 11　2016 年湖北油菜与水稻成本收益比较

单位：元/亩

品　种	总成本	总产值	净收益
油　菜	489.9	590.9	101.0
中　稻	846.9	1 536.9	690.0

数据来源：农业产业损害监测预警点监测数据。

（三）机收技术滞后

我国油菜种植区域广，种植品种和栽培模式不一，机械化生产相对落后。

目前，国内油菜耕种收综合机械化水平约30%，主产区也不足50%，加之天气温润多雨、气候反常，机械化割晒技术滞后，装备明显不足。收获主要以人工割晒加机械捡拾脱粒方式为主，作业成本高、效率低。

（四）单产瓶颈难有突破

国内油菜单产长期在每亩120～130千克间波动，不仅低于世界平均单产水平，更远低于欧盟每亩240千克的水平。单产低及油菜籽收获损失率高，是制约油菜产业经济效益提高的重要因素之一。

（五）产业链短制约综合效益提高

从品种看，国内油菜产业主导品种是食用菜籽油和饲用菜籽饼粕，油菜产品多元化开发利用远落后于国外。从加工方式看，加工企业多为小企业和小油坊，以粗放式加工为主，加工技术落后，缺乏深加工，导致市场上毛油多、精炼油少，转化增值不高，生产效益不高。另外双低油菜籽与普通油菜籽混收混加工现象较为普遍，油菜饼粕综合加工利用率不高，资源浪费严重。从用途开发看，对油菜油用功能开发多，而对其具有的花用、饲用、蜜用、肥用等其他用途发掘远远不够，产业链条有待进一步开拓延伸。

四、发展国内油菜籽产业的政策建议

（一）提高油菜产业附加值

一是推行优质优价。完善油菜、油菜籽评价体系，通过优质优价提升油菜籽种植效益。二是创建品牌。加快菜籽油优质品牌建设，通过品牌提升附加值。三是通过现代信息技术提升附加值。推动现代信息技术在油菜收购、仓储、物流、加工、供应及质量监测监管等领域的广泛应用，提升附加值。四是探索一二三产业融合发展。积极发展“互联网＋油料”电子商务营销方式，积极探索“生产＋深加工”“生产＋休闲旅游”等产业经营模式，实现三产融合发展。

（二）提升油菜生产科技含量

一是支持良种繁育推广创新。加大自主创新力度，积极引进国外优良种质资源、新品种新技术新成果，通过典型示范，大力推广油菜测土配方施肥、绿色防控、缓控释肥等一批关键技术，加快普及油菜高效栽培技术。二是提高机械化水平。增加油菜农机具购置补贴项目资金规模，提高油菜播种、管理、收获机械补贴标准，支持油料播种、收获机械研究和开发，加强农机农艺结合，促进油菜增产增效。

（三）适时启动贸易救济措施

深入研究进口来源国家或地区的油菜支持保护政策和市场变化情况，为油菜籽产业启动贸易救济措施提供可行方案，必要时启动贸易救济措施，为油菜籽产业结构调整和升级争取时间和空间，提高油菜籽产业市场竞争力。

（四）完善支持保护政策措施

一是总结推广地方行之有效的支持保护措施。完善和加强油菜生产保护区的建设。积极总结推广湖北、四川等对油菜生产实行的奖励支持措施，继续鼓励各地根据本地实际稳定和恢复油菜生产。二是试点给予油菜主产区环境奖励。鉴于油菜生产在土壤改良、农田生物多样性、休闲农业发展等方面都有良好的促进作用，建议对油菜主产区给予一定的环境奖励。三是总结推广油菜生产保险。总结开展油菜生产保险相关省区经验，逐步扩大保险试点的范围，提高油菜政策性保险金额，支持鼓励地方开展油菜商业性保险，提升种植农户抵御气象灾害和病虫害的能力。

（张永霞、张军平、李婷，2017年第9期）

临时收储政策调整后进口对国内油菜产业影响凸显

——2010—2015年油菜产业损害分析报告

我国是世界油菜生产和消费大国。冬油菜种植区域主要集中在长江流域和云贵高原地区，占全国油菜总面积90%以上；春油菜主要分布在内蒙古、青海等西北高原省区，种植面积不足全国的10%。油菜是我国第一大油料作物，涉及1亿多农民生计和就业，产值约800亿元，可加工成500万吨菜籽油，占国产食用植物油总量近一半。油菜产业发展对保障国内食用植物油的基本供给、增加农民就业和收入、促进农业可持续发展具有十分重要的意义。

一、油菜籽产业运行情况

（一）播种面积和产量多年小幅增长，2015年明显下滑

2010—2014年，全国播种面积由11 055万亩增长至11 310万亩，年均增长0.6%，但2015年油菜籽临时收储政策调整后降至10 950万亩，比上年下降3.2%，低于2010年的水平。2010—2015年，主产区中，湖北、湖南、四川播种面积增长，安徽、江苏、河南播种面积下降，安徽年均下降5.1%，江苏年均下降4%，河南年均下降2.5%（表1）。

表1　近5年全国和主产区油菜播种面积

单位：万亩

年份	全国	安徽	江苏	河南	江西	湖北	湖南	四川
2010	11 054.5	1 036.5	690.2	590.0	820.5	1 739.6	1 633.4	1 420.8
2011	11 021.1	960.6	661.9	575.2	814.0	1 712.1	1 750.8	1 446.4
2012	11 147.8	914.4	632.0	570.6	827.8	1 751.0	1 802.0	1 472.0
2013	11 296.5	852.2	620.9	557.0	822.0	1 839.5	1 889.9	1 497.0
2014	11 310.0	826.5	597.1	542.4	821.9	1 873.1	1 947.3	1 525.0
2015	10 950.0	798.7	563.5	520.0	817.5	1 877.0	1 974.0	1 541.7

数据来源：农业部种植业司。2015年数据来自中国粮油网和各省统计局及农业厅网站。

全国油菜籽产量由 2010 年的 1 308 万吨增至 2014 年的 1 477 万吨，年均增长 3.1%；但 2015 年降至 1 430 万吨，比上年下降 3.2%。2010—2015 年，主产区中，湖北、湖南、四川、江西产量增长，安徽、江苏产量下降，年均分别下降 1.2%和 1.1%（表 2）。

表 2 近 5 年全国和主产区油菜籽产量

单位：万吨

年份	全国	安徽	江苏	河南	湖北	四川	湖南	江西
2010	1 308.2	133.7	112.4	88.9	232.6	205.2	166.6	63.8
2011	1 342.6	122.8	105.3	77.3	220.4	214.4	182.0	66.7
2012	1 400.7	134.3	109.1	87.6	230.0	222.1	178.6	68.8
2013	1 445.8	130.1	113.3	89.8	250.5	224.0	194.6	70.4
2014	1 477.2	127.8	110.1	86.4	257.2	233.1	202.7	72.4
2015	1 430.0	126.3	106.3	/	258.6	237.2	211.5	73.9

数据来源：农业部种植业司。2015 年数据来自中国粮油网和各省统计局及农业厅网站。

（二）生产有潜力，但规划目标完成率不足 80%

油菜作为冬季填闲作物，不与粮食作物争地，还有利于土壤改良、增加后茬作物产量。我国长江流域及南方稻区冬闲田面积达 3.8 亿亩，这些地区大部分适宜种植油菜，生产潜力大，目前播种面积不足冬闲田面积 1/3。根据农业部《油菜优势区域布局规划（2008—2015 年）》，到 2015 年，油菜优势区域播种面积达到 1.39 亿亩，总产达到 1 912 万吨。但 2015 年全国实际播种面积和总产量，比规划目标分别低 3 000 万亩和 500 万吨，规划目标完成率分别只有 79%和 75%。

（三）国产油菜籽及菜籽油市场占有率下降，库存积压严重

全国油菜籽产量占油菜籽表观消费量比重从 2010 年的 76.9%降至 2015 年的 69.1%，降低近 8 个百分点。扣除库存量变化因素，国产油菜籽实际市场占有份额由 2010 年的 80.2%降为 2014 年的 61.7%，降低 18.5 个百分点。2015 年临储政策调整后，由于收储和库存量减少，国产油菜籽实际市场占有份额提升至 70.1%，比 2010 年低 10 个百分点（表 3、表 4）。

国产菜籽油实际消费量占食用植物油表观消费量比重从 2010 年 20.8%降至 2013 年 10.9%，降低了近 10 个百分点，2015 年这一比例提高至 15.5%。就食用植物油总体情况看，国产食用植物油占食用植物油表观消费量比重从 2010 年的 35.6%降至 2015 年的 31.1%，降低了 4.5 个百分点。由于菜籽油收储价格高于菜籽油及其他食用油市场价格，临储菜籽油很难顺价出库，2014 年

和 2015 年库存高达 600 万吨（表 5 至表 7）。

表 3　2010 年以来我国油菜籽产量占表观消费量比重

单位：万吨，%

年份	2010	2011	2012	2013	2014	2015
油菜籽产量（1）	1 308.2	1 342.6	1 400.7	1 445.8	1 477.2	1 430.0
油菜籽表观消费量（2）	1 701.7	1 599.0	1 971.8	2 173.8	2 176.3	2 069.8
(1)/(2)×100	76.9	84.0	71.0	66.5	67.9	69.1

注：表观消费量=产量+进口量－出口量，进口菜籽油按 42%的出油率折油菜籽，出口菜籽油按 36%的出油率折油菜籽。

数据来源：产量数据来自国家统计局，进出口数据来自中国海关统计。

表 4　2010 年以来我国产油菜籽实际消费量占消费总量比重

单位：万吨，%

年份	2010	2011	2012	2013	2014	2015
油菜籽产量	1 308.2	1 342.6	1 400.7	1 445.8	1 477.2	1 430.0
实际收购量	250.0	330.0	437.0	500.0	349.0	/
折合菜籽油量	80.0	140.0	150.0	170.0	115.0	/
菜籽油拍卖量	141.0	/	0.7	/	/	23.5
菜籽油定向销售量	51.0	/	/	/	/	/
国产油菜籽消费量（1）	1 590.0	1 012.6	965.6	945.8	1 128.2	1 503.3
实际消费总量（2）	1 983.5	1 269.0	1 536.6	1 673.8	1 827.3	2 143.2
(1)/(2)×100	80.2	79.8	62.8	56.5	61.7	70.1

注：国产油菜籽消费量=国内油菜籽产量－实际收储量+拍卖和定向销售菜籽油折合油菜籽量，实际消费总量=国产油菜籽消费量+油菜籽净进口量+菜籽油折合油菜籽净进口量。

数据来源：收购和拍卖等数据来自天下粮仓网。产量数据来自国家统计局，进出口数据来自中国海关统计。

表 5　2010 年以来国产菜籽油实际消费量占食用植物油表观消费量比重

单位：万吨，%

年份	2010	2011	2012	2013	2014	2015
国产菜籽油实际消费量（1）	583.0	343.3	354.9	350.5	416.8	538.3
食用植物油表观消费量（2）	2 803.7	2 710.6	3 098.0	3 209.5	3 270.6	3 479.1
(1)/(2)×100	20.8	12.7	11.5	10.9	12.7	15.5

注：食用植物油表观消费量=国产油籽折油量+进口油籽折油量－出口油籽折油量+食用植物油净进口量，国产油籽包括大豆、油菜籽、棉籽、胡麻、花生、向日葵、芝麻、玉米胚芽，国产油籽折油量根据国产油籽量按照一定的油用比例及出油率估算。玉米油和棉籽油产量数据来自天下粮仓网。

表 6　2010 年以来国产食用植物油消费量占食用植物油表观消费量比重

单位：万吨，%

年份	2010	2011	2012	2013	2014	2015
国产食用植物油消费量（1）	999.3	1 013.6	1 053.1	1 085.9	1 083.9	1 083.5
食用植物油表观消费量（2）	2 803.7	2 710.6	3 098.0	3 209.5	3 270.6	3 479.1
(1)/(2)×100	35.6	37.4	34.0	33.8	33.1	31.1

注：国产食用植物油消费量包括临储库存植物油。

表 7　国家临时收储菜籽油库存量

单位：万吨

年份	2010	2011	2012	2013	2014	2015
库存	88	228	377	547	662	638

数据来源：天下粮仓网。

（四）价格涨幅小于成本涨幅，2015 年价格下跌

2010—2014 年，油菜籽市场价格由 4 208 元/吨增至 5 153 元/吨，年均上涨 5.2%；国产菜油价格则由 8 795 元/吨降至 8 288 元/吨，年均下跌 1.5%；油菜籽总成本从 3 930 元/吨提高至 6 415 元/吨，年均提高 13%。2015 年国产油菜籽市场价格和菜油价格分别降至 4 347 元/吨和 7 531 元/吨，比上年分别下跌 15.6%和 9.1%。自 2012 年以来，在菜籽油价格持续下降情况下，由于临储政策支撑国产油菜籽价格保持了平稳上涨，但涨幅小于成本涨幅。2015 年临储政策调整后，油菜籽价格大幅下跌（表 8）。

表 8　2010 年以来油菜籽出售价格、成本和收益情况

单位：元/吨

年份	2010	2011	2012	2013	2014	2015
平均出售价格	3 998.2	4 602.4	4 939.4	5 287.8	5 224.8	
总成本	3 930.8	4 441.6	5 556.8	5 984.8	6 415.0	
生产成本	3 291.4	3 787.6	4 861.2	5 278.4	5 613.8	
净利润	67.4	160.8	−617.4	−697.0	−1 190.2	
油菜籽市场价格	4 208.1	4 676.2	4 999.9	5 251.5	5 153.2	4 347.2
国产菜籽油价格	8 795.3	10 205.9	10 685.9	9 972.0	8 287.9	7 531.1

数据来源：《农产品成本收益资料汇编》，天下粮仓网。

（五）生产效益下降，净利润连年为负值

从2012年开始，按全要素计算生产成本，油菜籽生产效益开始出现负值，目前已连续4年亏损。每吨油菜籽收益由2010年67元变为2014年亏损1 190元。按2014年总成本计算，2015年油菜籽价格大跌导致亏损额扩大至2 000元以上（表8）。在负效益情况下，油菜籽产量保持当前水平的主要原因有两个：一是小规模农户油菜生产以自给自足为主，不计或少计人工和土地成本；二是大规模农户油菜生产靠政府激励措施和后茬作物增产增效弥补。

二、油菜籽及竞争性产品进口情况

（一）油菜籽和菜油等食用油籽和植物油进口高位增长

2011—2014年，油菜籽进口从126万吨增至508万吨，2015年略降至447万吨，年均增长37.2%；菜籽油进口波动较大，从2011年55万吨增至2013年的历史高位153万吨，增加了2.8倍，2014年、2015年两年下降至81万吨；其他油籽、植物油进口总体保持高位增长，其中大豆进口年均增11.6%，2015年达8 169万吨；棕榈油进口稳定在600万吨左右；其他植物油进口增长超过3倍（表9）。

表9　主要油籽及植物油进口情况

单位：万吨

年份	大豆	油菜籽	其他食用油籽	棕榈油	豆油	菜籽油	其他食用植物油
2011	5 264.0	126.2	91.6	591.2	114.3	55.1	19.1
2012	5 838.5	293.0	96.6	634.1	182.6	117.6	25.6
2013	6 337.5	366.2	79.7	597.9	115.8	152.7	55.8
2014	7 139.9	508.1	103.8	532.4	113.5	81.0	60.4
2015	8 169.4	447.1	140.6	590.9	81.8	81.5	84.9

数据来源：中国海关统计。

（二）油菜籽和菜籽油等食用油籽植物油进口价格下跌

2011—2015年，国际市场油菜籽、菜籽油、大豆、棕榈油价格均呈下跌趋势，加拿大油菜籽和菜籽油价格分别由3 582元/吨、7 376元/吨降至2 638

元/吨和 4 506 元/吨，年均降幅分别为 7.4%和 11.6%；国际市场大豆、棕榈油价格年均降幅分别为 11%和 17.9%。受国际市场价格下跌影响，我国进口油菜籽、菜油、大豆、棕榈油到岸税后价均大幅下跌，年均跌幅分别为 7.5%、9.2%、6.5%、13.2%（表 10）。

表 10　油菜籽、大豆及棕榈油国际价格及进口价格

单位：元/吨

	产品及价格	2011	2012	2013	2014	2015
油菜籽	加拿大油菜籽价格	3 581.6	4 040.3	3 808.2	2 966.7	2 638.3
	进口到岸价格	4 040.0	4 168.7	4 028.4	3 420.0	2 955.7
	到岸税后价格	4 976.0	5 134.6	4 961.8	4 212.4	3 640.5
	国产油菜籽价格	4 676.2	4 999.9	5 251.5	5 153.2	4 347.2
菜籽油	加拿大菜籽油价格	7 376.0	7 548.7	7 140.1	5 249.6	4 505.9
	进口到岸价格	7 672.4	8 042.4	7 608.2	6 262.8	5 216.2
	到岸税后价	9 450.1	9 905.8	9 371.0	7 713.9	6 424.7
	国产菜籽油价格	10 205.9	10 685.9	9 972.0	8 287.9	7 531.1
大豆	芝加哥期货价格	3 480.7	3 453.3	3 252.8	2 834.2	2 184.6
	进口价格	3 604.2	3 736.5	3 647.7	3 498.0	2 757.2
	到岸税后价格	4 195.0	4 348.9	4 245.6	4 071.4	3 209.1
	国产价格	3 862.2	4 211.7	4 273.5	4 030.0	3 533.3
棕榈油	马来西亚棕榈油价格	8 326.7	6 331.9	5 100.5	4 833.2	3 786.9
	进口到岸价格	7 135.6	6 393.5	4 991.3	5 106.3	4 054.2
	到岸税后价格	8 789.0	7 874.9	6 147.8	6 289.5	4 993.6

注：国内市场价格来自天下粮仓网；进口到岸税后价，按中国海关到岸价加上关税和增值税后计算；加拿大油菜籽和菜籽油价格来自加拿大油菜籽委员会；芝加哥大豆期货价格及马来西亚棕榈油价格（FOB）来自农业部信息中心。

（三）进口菜籽油及食用植物油总量占国内市场份额增加

进口菜籽油（包括进口油菜籽折油）占菜籽油和食用植物油的表观消费量比例分别由 2010 年的 26.6%和 5.9%提高至 2015 年 35%和 7.8%，分别提高 8.4 个和 1.9 个百分点。进口食用植物油（包括进口食用油籽折油）占食用植物油表观消费量比例由 2010 年的 66%提高至 2015 年的 71%，提高了 5 个百分点。无论是油菜籽和菜籽油进口，还是整个食用油籽和植物油进口，均进一步挤占了国产包括油菜籽在内的食用油籽的市场份额（表 11 至表 14）。

表 11　进口油菜籽和菜籽油市场份额变化

单位：万吨，%

年份	2010	2011	2012	2013	2014	2015
进口油菜籽量折油（1）	67.2	53.0	123.0	153.8	213.4	187.8
菜籽油进口量（2）	98.5	55.1	117.6	152.7	81.0	81.5
菜籽油表观消费量（3）	623.2	577.7	730.2	811.9	810.8	769.3
菜籽油实际消费量（4）	735.2	437.7	580.9	641.9	695.8	792.8
[(1)+(2)]/(3)×100	26.6	18.7	33.0	37.8	36.3	35.0
[(1)+(2)]/(4)×100	22.5	24.7	41.4	47.7	42.0	34.0

注：表观消费量=产量+进口量-出口量，进口油菜籽按 42%的出油率折油，出口油菜籽按 36%的出油率折油。

数据来源：进出口数据来自中国海关统计，产量数据来自国家统计局。

表 12　进口大豆和豆油市场份额变化

单位：万吨，%

年份	2010	2011	2012	2013	2014	2015
豆油进口量（1）	134.1	114.3	182.6	115.8	113.5	81.8
进口大豆折合豆油量（2）	931.6	894.9	992.5	1 077.4	1 213.8	1 388.8
国产豆油产量（3）	71.9	72.4	69.5	62.6	57.4	58.3
豆油表观消费量（4）	1 128.9	1 073.1	1 233.0	1 243.5	1 371.4	1 516.3
[(1)+(2)]/(3)×100	94.4	94.0	95.3	96.0	96.8	97.0

注：表观消费量=产量+进口量-出口量，进口大豆按照 17%的出油率折油，出口大豆按 16%的出油率折油，国内油用大豆产量按 30%的油用比例计算。

数据来源：进出口数据来自中国海关统计，大豆产量来自农业部。

表 13　进口油菜籽和菜油占食用植物油表观消费量比重变化

单位：万吨，%

年份	2010	2011	2012	2013	2014	2015
进口油菜籽折菜油量（1）	67.2	53.0	123.0	153.8	213.4	187.8
进口菜籽油量（2）	98.5	55.1	117.6	152.7	81.0	81.5
食用植物油表观消费量（3）	2 796.2	2 717.4	3 106.7	3 194.1	3 266.6	3 459.0
[(1)+(2)]/(3)×100	5.9	4.0	7.7	9.6	9.0	7.8

注：表观消费量=产量+进口量-出口量，进口油菜籽按 42%折菜油。

数据来源：进出口数据来自中国海关统计，产量数据来自国家统计局。

表 14　进口食用油籽植物油占食用植物油表观消费量比重变化

单位：万吨，%

年份	2010	2011	2012	2013	2014	2015
进口食用油籽及植物油总计（1）	1 841	1 745	2 095	2 171	2 239	2 449
食用植物油表观消费量（2）	2 796	2 717	3 107	3 194	3 267	3 459
(1)/(2)×100	66	64	67	68	69	71

注：进口食用油籽按一定的出油率及油用比例折算成油。

三、进口对国内产业的影响

食用油籽和植物油之间具有很强的替代性，油菜籽、菜油以及其他食用油籽和植物油的大量进口，挤压了国内油菜籽的生产，严重打压了国内油菜籽和菜籽油价格，对油菜产业的发展已经造成了严重损害。国际食用油籽和植物油生产和贸易还有很大潜力，未来对国内产业的影响将进一步加深。

（一）进口对国内生产造成了明显抑制

大量进口对国内生产的明显抑制主要表现在两方面：

一是产量增速远低于消费增速。我国油菜产业发展的资源基础和潜力很大。2010—2015 年，油菜籽表观消费量年均增速 4%，而同期油菜籽产量年均增速仅为 1.8%，且安徽、江苏等部分油菜主产区产量呈下降趋势。如果没有前期的临时收储政策托市，全国产量将会快速下降。2015 年油菜籽临储政策调整后，产量比上年下降 3.2%。

二是进口大量增长的同时国内库存积压严重。2011—2015 年，油菜籽、菜籽油进口量年均分别增长 37.2%和 10.3%，其他食用油籽和植物油进口量年均分别增长 11.6%和 1.1%，均远远超过了国内油菜籽产量的增速（食用植物油除外）。在此背景下，2010—2015 年我国菜籽油临储库存量年均增长 48.6%，进口将国产产品挤入库中。因此，产量增长缓慢主要是受进口的影响。临储政策调整后，往年 300 万～500 万吨的库存量将积压在农民手中，很可能导致 2016 年减产。

（二）大量进口显著打压了国内价格

进口对国内价格的打压主要表现在：

一是国内油菜籽市场价格涨幅远低于成本涨幅。2010—2014 年，在临储政策的支撑下，油菜籽市场价格年均上涨长 22.5%（同期菜籽油价格下降

5.8%)，但依然远低于总成本增幅 63.2%。2015 年临储政策调整后，油菜籽市场价格比上年下跌 15.6%，菜籽油价格下跌 9.1%。

二是油菜籽和菜油到岸税后价远低于国内市场价格。2013 年，进口油菜籽到岸税后价每吨低于国内市场价格 200 元，2015 年扩大到 1 000 元左右。而进口菜籽油到岸税后价与国产菜籽油的价差由 2011 年的每吨 600～800 元扩大至 2015 年的 1 000 多元。若考虑油籽和植物油的替代性，2011—2015 年，进口大豆到岸价与国内油菜籽的价差每吨在 500～1 200 元，棕榈油与国产菜籽油的价差每吨高达 1 200～4 000 元。进口油籽植物油与国内油菜籽和菜籽油的巨大价差，抑制了临储菜籽油顺价出库，国产菜油销售困难。

三是油菜籽到岸价已经大幅低于国内成本。2012 年，每吨进口油菜籽到岸税后价低于国内油菜籽总成本 400 多元，2014 年扩大到 2 200 多元。随着进口价格持续下跌，即使 2015 年油菜籽总成本保持在 2014 年水平，价差也接近 2 800 元，油菜籽生产亏损程度进一步深化（表 15、表 16）。

表 15　国内油菜籽生产成本、出售价格与进口价格比较

单位：元/吨

年份	生产成本	平均出售价格	临时收储价	国内市场价	进口到岸价	到岸税后价	每亩收益
2010	3 931	3 998	3 900	4 208.1	3 238.16	4 135	8.6
2011	4 442	4 602	4 600	4 676.2	4 040.0	5 166	21.3
2012	5 557	4 939	5 000	4 999.9	4 168.7	5 193	−81.6
2013	5 985	5 288	5 100	5 251.5	4 028.4	5 051	−98.3
2014	6 415	5 225	5 100	5 153.2	3 420.0	4 181	−161.7
2015	/	/	/	4 347.2	4 040.0	3 540	/

注：“/”表示数据不可得。

数据来源：历年《农产品成本收益汇编》，临时收储价来自政府网站公布数据，国内市场价来自天下粮仓网，到岸税后价格根据中国海关数据计算。

表 16　国内油菜籽生产成本、出售价格与进口价格比较

单位：元/吨

年份	2011	2012	2013	2014	2015
国产菜油价格（1）	10 205.9	10 685.9	9 972.0	8 287.9	7 531.1
菜油到岸税后价（2）	9 450.1	9 905.8	9 371.0	7 713.9	6 424.7
国内大豆油价格（3）	9 810.1	9 283.7	7 559.5	6 418.9	5 769.8
棕榈油到岸税后价（4）	8 789.0	7 874.9	6 147.8	6 289.5	4 993.6
（1）－（2）	755.8	780.1	601.0	574.0	1 106.4
（1）－（3）	395.8	1 402.2	2 412.5	1 869.0	1 761.3
（1）－（4）	1 416.9	2 811.0	3 824.2	1 998.4	2 537.5

数据来源：国产菜油价格和国内大豆油价格来自天下粮仓。到岸税后价格根据海关数据库到岸价计算。

(三) 未来国际市场对国内产业的损害将进一步加深

加拿大是全球最主要的油菜籽出口国，其出口量占全球的 2/3。2011—2015 年，加拿大油菜籽收获面积和产量均保持增长。根据 FAO/OECD 最新预测，2020 年加拿大油籽产量和出口量将比 2015 年分别下降 1.4%和 12.1%，但植物油产量和出口量将分别增长 16.8%和 22.7%，同期全球食用油籽和植物油出口量将分别增长 8.6%和 9.5%（表 17）。未来国际市场供给仍然充裕，由于食用油籽及植物油之间具有很强的替代性，油籽植物油进口对国产油菜籽和菜油的影响将进一步加深，油菜籽价格仍将低迷。临储政策调整后国内油菜籽市场价格大跌，在进口到岸税后价远低于国内成本的情况下，2016 年生产恐将较大幅度下滑。

表 17 加拿大及全球油籽植物油产量和出口量预测

单位：万吨

产量和出口量		2015	2016	2017	2018	2019	2020
加拿大	油籽产量	2 298	2 186	2 158	2 137	2 209	2 250
	油籽出口量	1 426	1 265	1 252	1 191	1 219	1 253
	植物油产量	329	329	358	367	379	384
	植物油出口量	229	233	258	265	278	281
全球	油籽产量	45 140	45 559	46 340	46 872	47 963	48 677
	油籽出口量	13 833	14 197	14 413	14 578	14 763	15 018
	植物油产量	17 911	18 312	18 688	18 998	19 383	19 733
	植物油出口量	7 026	7 169	7 319	7 444	7 557	7 692

数据来源：FAO/OECD。

四、结论

综上，近年来我国油菜籽播种面积和产量在临储政策支撑下，保持了相对稳定，但部分主产区播种面积和产量降幅较大。2015 年临储政策调整后，全国油菜籽产量和播种面积下降明显。油菜籽和菜籽油及竞争性产品进口增长对国内生产、销售、价格及市场份额均造成明显打压和挤占，使得国内菜籽油销售困难，库存严重积压。在成本快速上涨而价格无法同步上涨情况下，按全要素计算生产成本，农民种植油菜籽已连续 3 年亏损，在临储政策调整后亏损将进一步加大，2016 年油菜籽播种面积和产量将面临严重萎缩。从生产、销售、消费、进口、库存、效益等各方面指标看，大量进口已经对我国油菜产业造成重度损害。为此，应从边境调控、国内支持、生产组织等多方面加强对国内油菜产业扶持，稳固其自产食用植物油支撑地位。

（张永霞、张军平、李婷、马建蕾，2016 年第 6 期）

进口对食糖产业影响要防止“温水煮青蛙”

2015 年我国对食糖进口实行了进口自动许可管理，糖业协会加强了行业自律，同时进一步下调了主产区甘蔗收购价格，使制糖企业亏损额大幅减少，企业压力有所缓解、呼声有所减弱。但进口对整个产业的影响依然严峻，食糖压榨产量和甘蔗生产量双下降，呈现出“温水煮青蛙”的特征，必须有效应对。

一、食糖进口情况

（一）食糖进口在高位继续大幅增长，再创历史新高

从日历年度看，2015 年全年进口 484.6 万吨，已经连续 5 年大量进口。进口量比上年大幅增长 39%，再创历史新高。从榨季看，2014/2015 榨季我国食糖进口 481.2 万吨，比上年增长 19.6%。预计 2015/2016 榨季进口 530 万吨，增长 10%。由于连续几年的大量进口，2012 年以来国内食糖市场供大于求，库存大量积压。2013/2014 榨季期末库存高达 946 万吨（表 1、表 2）。

表 1 我国食糖供需平衡表

单位：万吨，%

榨季	2011/2012	2012/2013	2013/2014	2014/2015	2015/2016（预测值）
总供给	1 756	2 093	2 432	2 484	2 364
1. 期初库存	178	420	698	947	934
2. 总产量	1 152	1 307	1 332	1 056	900
甘蔗糖	1 051	1 198	1 257	982	
甜菜糖	101	109	75	74	
3. 进口	426	366	402	481	530
总需求	1 335	1 395	1 486	1 550	1 580

（续）

榨季	2011/2012	2012/2013	2013/2014	2014/2015	2015/2016（预测值）
1. 工业消费	849	888	946	987	1 005
2. 民用消费	481	502	535	558	569
3. 出口	5	5	5	5	6
期末库存	421	698	946	934	784
库存消费比	31.5	50.0	63.7	60.3	49.6

数据来源：农业部糖料监测预警专家组；进出口数据来自中国海关统计。

表 2　近年来我国食糖进口情况

单位：万吨，%

年份	2006	2007	2008	2009	2010	2011	2012	2013	2014	2015
进口量	136.5	119.3	78.0	106.4	176.6	292.0	374.7	454.6	348.6	484.6
比上年增长	−1.7	−12.6	−34.6	36.5	65.9	65.3	28.4	21.3	−23.3	39.0

数据来源：中国海关统计。

（二）进口价格保持低位下跌态势

2015 年我国原糖月度平均进口价格基本在 2 020～2 365 元/吨之间徘徊，年度进口均价 2 224.3 元/吨，比上年下跌 15.4%，折合配额内进口税后价（精炼后）3 392.8 元/吨，配额外进口税后价（精炼后）4 303.7 元/吨。进口价格延续了 2011 年以来的下跌态势，与国际价格走势基本一致（表 3）。

表 3　我国进口食糖价格及国际食糖价格

单位：元/吨

季度	我国进口食糖平均到岸价		国际市场纽约原糖期货价格
	2015 年	2014 年	2015 年
1	2 387.1	2 682.8	1 946.2
2	2 385.2	3 021.5	1 736.2
3	2 265.5	2 677.5	1 634.4
4	2 209.9	2 445.6	2 044.9

（三）进口以原糖为主，精炼糖进口大幅增加

2015 年食糖进口仍以原糖为主，全年进口原糖 413.5 万吨，占食糖进口

量的85.3%。精炼糖进口以往保持在10万~40万吨，但2014年出现大幅增长，进口量达到71.1万吨，比上年增加1倍多。精炼糖进口不仅影响基于国产甘蔗的榨糖业，也影响基于原糖进口的加工业（表4）。

表4 食糖进口结构

单位：万吨，%

年份		2010	2011	2012	2013	2014	2015
原 糖	进口量	156.5	256.4	342.6	420.4	315.5	413.5
	占进口总量比重	88.6	87.8	91.4	92.5	90.5	85.3
精炼糖	进口量	20.1	35.5	32.1	34.2	33.1	71.1
	占进口总量比重	11.4	12.2	8.6	7.5	9.5	14.7

从进口来源结构看，2015年我国食糖进口来源地相对稳定，仍主要来自巴西、泰国、古巴、澳大利亚和危地马拉等主产国，其中自巴西进口274.1万吨，占进口总量的56.6%。鉴于上述主产国生产潜力较大，预计未来食糖进口压力不会减小（表5）。

表5 食糖进口来源国

单位：万吨，%

年份		2010	2011	2012	2013	2014	2015
巴 西	进口量	108.9	199.0	198.9	329.4	210.1	274.1
	占比	61.7	68.2	53.1	72.5	60.3	56.6
泰 国	进口量	0.9	27.5	93.7	12.9	53.5	60.3
	占比	0.5	9.4	25.0	2.8	15.5	12.4
古 巴	进口量	37.0	40.4	42.6	43.6	42.8	52.1
	占比	20.9	13.8	11.4	9.6	12.3	10.7
澳大利亚	进口量	6.4	1.4	3.2	10.0	16.4	35.4
	占比	3.6	0.5	0.9	2.2	4.7	7.3
韩 国	进口量	15.5	19.1	21.5	22.6	19.3	18.8
	占比	8.8	6.6	5.7	5.0	5.5	3.9
危地马拉	进口量	4.6	0.1	6.9	34.1	4.5	31.8
	占比	2.6	0.0	1.9	7.5	1.3	6.6
其 他	进口量	3.2	4.4	7.9	2.0	2.0	12.1
	占比	1.8	1.5	2.1	0.4	0.6	2.5

二、国内食糖产业经营情况

(一) 国内食糖价格比上年有所回升并保持相对稳定

在进口食糖价格进一步下降的情况下，由于实施了自动进口许可管理以及加强了行业自律，2015 年国内食糖价格在上年的低位上得以回升并保持稳定。国内市场均价由 1 月的 4 721 元/吨上涨至 5 月的 5 555 元/吨，此后基本保持在 5 200～5 500 元/吨，与 2013 年大体相当，但仍低于 2012 年。2015 年糖价略高于 5 200 元左右的榨糖成本，大部分压榨企业勉强能够维持成本或略有盈利（表 6）。

表 6　2015 年食糖国内外价格比较

单位：元/吨

季度	国际市场纽约原糖期货价格	从巴西进口原糖均价	从巴西进口配额内税后价（精炼后）	从巴西进口配额外税后价（精炼后）	国内市场均价
1	1 946.2	2 300.7	3 595.7	4 537.8	4 922.1
2	1 736.2	2 209.1	3 472.3	4 377.0	5 496.5
3	1 634.4	2 152.4	3 396.0	4 277.4	5 292.0
4	2 044.9	2 079.3	3 297.8	4 149.2	5 448.4

数据来源：国际市场价格来自广西糖网，汇率按照当月中国外汇交易中心公布汇率计算；国内市场均价来自天下粮仓网；进口价格来自中国海关统计，进口税后价格根据进口价格推算。

(二) 国家储备继续保持高位，库存压力较大

国家对食糖实行收储政策。国储糖的收储价格基本在 6 100 元/吨以上，其中 2011/2012 年度第一批国家临时收储的收储价高达 6 550 元/吨。尽管 2015 年国内糖价有所回升，但仍大幅低于收储价格，国储糖难以顺价销售。据专家估计，截至 2015 年 10 月，国储糖数量约 680 万吨，部分主产区地方储备糖库存约 50 万吨，合计 730 万吨，约占国内消费量的一半。

(三) 制糖企业亏损额比上年大幅下降，但进口对糖企影响依然很大

2012/2013 榨季，我国制糖业出现近十几年不遇的亏损局面，全国制糖企业共亏损 31 亿元。2013/2014 榨季全行业亏损 97.6 亿元，亏损面近 70%。因糖价相对稳定，甘蔗价格下调，2014/2015 榨季制糖企业亏损大幅减少到 18.7

亿元。但进口对糖企的影响依然很大，2015 年共有 45 家糖厂关停，近 1 万产业工人失业。2014/2015 榨季食糖产量 1 055.6 万吨，比上年减少 276.2 万吨，减幅 20.7%，是新世纪以来减幅最大的一年。

(四) 甘蔗产量和播种面积大幅下降，蔗农收入减少

2014/2015 榨季广西甘蔗收购指导价进一步下调到 400 元/吨。据《全国农产品成本收益资料汇编》，2014 年广西甘蔗每吨成本为 460 元，蔗农每生产 1 吨甘蔗就亏损 60 元，按此计算，广西蔗农亏损达 48 亿元。就收入变化而言，广西蔗农 2014/2015 榨季净收入因蔗价下调（与以往 500 元/吨相比）减少 80 多亿元。收益下降使得蔗农生产积极性受到严重挫伤。尽管实施了高标准蔗田建设项目，加大了国内支持力度，但甘蔗种植面积和产量仍连年下滑。全国糖料播种面积连续 3 个榨季减少，累计减少 600 多万亩。全国糖料产量从 2012/2013 榨季的 12 304.9 万吨减至 2015/2016 榨季的 10 168.4 万吨，减少 2 000 多万吨（表 7）。

表 7　糖料种植面积及收购价

单位：万亩，万吨，元/吨

榨季		2011/2012	2012/2013	2013/2014	2014/2015	2015/2016
种植面积	糖料	2 670.6	2 782.0	2 670.9	2 369.0	2 170.0
	甘蔗	2 338.7	2 448.2	2 438.9	2 185.6	
	甜菜	331.9	333.9	232.0	183.3	
产量	糖料	11 413.9	12 304.9	12 262.9	11 100.9	10 168.4①
	甘蔗	10 365.9	11 196.5	11 475.3	10 396.4	
	甜菜	1 047.9	1 108.4	787.6	704.4	
收购价	甘蔗	493	469	435	418	440②
	甜菜	481	489	478	492	

注：①根据 2014/2015 榨季产量、面积与 2015/2016 榨季面积估算；②为广西甘蔗收购指导价。
数据来源：中国糖业协会。

三、糖业面临的挑战

(一) 产业基础竞争力低，与国际上成本差距缩小难

我国甘蔗产区主要分布在桂、滇、粤丘陵红壤旱地，土壤贫瘠、降雨量不

均，以散户经营为主。广西作为最大主产区，甘蔗户均种植面积仅为 0.27 公顷，主要种植在旱坡地，可灌溉面积仅为全部种植面积的 15%。目前国家和主产区政府正在积极推进甘蔗高产高糖基地建设，这有助于提高甘蔗生产效率，但目前建设面积所占比例仍很有限，且基地的建设和巩固需要较长时期。我国甘蔗生产规模小自然条件差也制约了生产机械化水平的提高。而巴西、澳大利亚和泰国户均面积分别为 40 公顷、80 公顷和 25 公顷，自然条件好、机械化水平高。巴西和泰国一半左右的面积可灌溉。

基础条件悬殊，加之我国劳动力工资、土地租金快速上涨，糖料种植和食糖生产的成本不断抬升，与主要出口国的差距进一步扩大。2009—2014 年，每吨甘蔗生产成本由 243 元增至 405 元，年均增长 11%。2014/2015 榨季广西甘蔗收购价为每吨 400 元，尽管尚未完全覆盖成本，但仍远高于巴西的 166 元和泰国的 162 元。按 8 吨甘蔗榨 1 吨糖计算，我国每吨食糖生产的原料成本比巴西高 1 872 元，比泰国高 1 904 元。2015 年配额外进口税后价（精炼后）比国内市场价每吨低 900～1 200 元，如此巨大的差价对自动进口许可政策和行业自律效果的可持续性带来了巨大挑战（表 8）。

表 8　主要生产国各年甘蔗收购价比较

单位：元/吨

年份	巴西	泰国	中国
2008	124	173	275
2009	135	192	358
2010	200	202	500
2011	240	212	500
2012	235	193	475
2013	196	181	440
2014	166	162	400

数据来源：2013 年以前巴西数据来自于巴西圣保罗州蔗产联盟（UNICA）报告，2014 年数据来自 FAO；2013 年以前泰国数据来源于泰国工业部食糖与甘蔗委员会，2014 年数据来自 FAO；中国数据来源于广西糖业协会。

（二）国际市场仍将持续低迷，进口竞争压力巨大

近年来全球食糖总产量保持在 1.7 亿吨左右，主要生产国（地区）为巴西、印度、欧盟、中国和泰国，分别占总产量的 21%、17%、11%、7%和 6%。全球食糖贸易量约为 5 500 万吨，主要出口方为巴西、泰国、印度、澳

大利亚、欧盟和危地马拉，分别占出口总量的45%、14%、7%、5%、4%和3%。巴西实行“食糖—乙醇—石油”联动机制，根据食糖和石油的比价关系调整用于食糖的甘蔗比例，食糖生产潜力和弹性巨大。

自2010年开始，全球食糖生产进入增产周期，产量由1.62亿吨增至2012年的1.78亿吨，创历史新高。随后两年产量略有回落，但仍保持在1.72亿吨以上的高位。同期食糖消费增长缓慢，消费量连续5年低于产量，致使库存积压，2014/2015榨季期初库存高达4 362万吨（表9）。

表9 国际食糖供需情况

单位：千吨

榨季	2008/2009	2009/2010	2010/2011	2011/2012	2012/2013	2013/2014	2014/2015
期初库存	43 080	29 839	28 042	29 281	35 129	42 505	43 620
总产量	144 014	153 179	162 189	172 297	177 557	175 010	172 458
总进口	42 334	48 367	49 339	48 400	50 991	51 837	51 763
总供给	229 428	231 385	239 570	249 978	263 677	269 352	267 841
总出口	44 962	48 332	53 857	55 019	55 293	57 437	53 697
总消费	154 627	155 011	156 432	159 830	165 879	168 295	171 929
期末库存	29 839	28 042	29 281	35 129	42 505	43 620	42 215

数据来源：美国农业部。

在原油价格难以回升背景下，巴西用甘蔗生产乙醇的积极性下降，制糖比例或将提高。欧盟将于2017年取消食糖生产配额限制，可能由食糖净进口变为净出口。预计未来几年国际食糖市场将持续低迷，我国面临的进口竞争压力巨大。

（三）政策调控手段缺乏，食糖进口数量和价格面临失控风险

除部分南美国家外，绝大多数国家承诺的约束关税都在100%以上，WTO成员的食糖平均进口关税税率高达97%，其中欧盟、日本的基准进口关税更是高达253%和330%。我国在入世时承诺的食糖配额内关税为15%，配额外关税为50%。对于配额外食糖进口，我国几乎没有任何调控手段。

我国以国产甘蔗为原料的榨糖产能1 500万吨左右，主要分布在广西、云南、广东、新疆、内蒙古和黑龙江等糖料主产区。近年来以进口原糖为原料的食糖加工产能约1 000万吨，在建和筹建产能200万吨，共达1 200万吨，主要分布在山东、辽宁、广东、天津和福建等东部沿海地区。我国目前的食糖总需求约1 580万吨。尽管2015年采取的一些措施取得了一定效果，但难以根

本解决问题。在差价驱动下，以进口原糖为原料的加工企业进口动力巨大，食糖进口数量和进口价格都将面临失控风险。

四、政策建议

我国食糖产业主要分布在广西、云南、新疆等老少边穷地区，是 4 000 万糖农和 40 万制糖职工的生计依靠。基于国产原料的制糖业的发展不仅关系到我国食糖最基本的供给保障能力，而且关系到边疆民族地区的就业和生计。必须着眼近期和长远采取有效措施，确保国内糖业持续稳定发展。在常规调控手段缺乏的情况下，当前应尽快启动贸易救济应急措施。

（一）开展产业损害调查，尽快启动贸易救济措施

近几个榨季我国食糖进口持续增长，2014/2015 榨季进口增幅达 20%，进口价格则从 2011 年下半年的每吨 7 000 元一路下滑至 2014 年下半年的 4 200 元左右，目前仍在 5 000 多元的低位徘徊，对国内糖业的影响和损害显著，完全符合启动贸易救济措施的条件。目前，进口对国内产业的冲击已经造成国内播种面积和产量的下滑，2014/2015 榨季食糖自给率已降至 68%。应根据我国“两反一保”条例启动相关程序，及时立案、实质性开展食糖产业损害调查、尽快采取包括一般保障措施在内的贸易救济手段。

（二）练好内功，增强自身竞争力

要创新生产经营组织方式，鼓励承包地向生产合作社、种植大户、家庭农场等新型经营主体流转，提升甘蔗生产的规模化水平。持续推进扩大主产区“高产高糖”基地建设。要加大科技投入，因地制宜选用良种，提升播种、灌溉、施肥、病害防治、田间管理的科学化水平，努力提升甘蔗单产。要推进甘蔗生产全程机械化，提升甘蔗生产机械化水平。要加大基础设施投入，加快高产田建设。通过糖料生产规模、品种、装备等方面综合提升，增强产业竞争力。

（三）加大政策支持力度，多方面扶持产业发展

应用好用足 WTO 允许的支持措施，用足“黄箱”、用好“绿箱”。在“黄箱”方面，以成本加合理利润为基础提高糖料保护价，按照划分蔗区及入榨原料蔗数量实施主产区蔗农收入直补，加大主产区良种、小型砍收机械补贴力度。在“绿箱”方面，加强机耕路、水利等方面基础设施建设，持续加大糖料

新品种、砍收机械等方面研发投入。对榨糖企业在税收、信贷、综合利用等方面提供优惠政策。

（四）继续实施自动进口许可管理，加强行业自律

自2014年11月起，商务部将关税配额外食糖纳入自动进口许可管理，加之糖业行业自律，取得了一定效果。通过实施自动进口许可管理，也便于监测预警和分析食糖的进口动态。因此，应继续实施自动进口许可管理，强化行业自律。

（张永霞、李婷、张军平、张晓婉、马建蕾，2016年第3期）

水果贸易逆差下的严峻出口态势

我国是世界第一大水果生产国，也是水果贸易大国，进出口量位居世界前列。入世以来，水果作为我国优势出口农产品，一直保持贸易顺差。近年来，随着水果出口增速放缓和进口快速增加，贸易顺差逐渐收窄，2018 年首次呈现贸易逆差。同时，水果是我国对美重要出口农产品，受中美经贸摩擦及极端天气等因素影响，未来水果出口形势不容乐观，进口和逆差很可能会进一步扩大。

一、水果贸易最新格局及发展趋势

（一）最新格局

中国已成为世界重要的水果贸易大国。入世以来，我国水果贸易快速增长。2001—2018 年出口额从 7.9 亿美元增长到 71.6 亿美元，年均增长 13.8%；进口额从 3.4 亿美元增长到 84.2 亿美元，年均增长 20.7%。在世界水果贸易中的地位不断提升，我国水果贸易占全球水果贸易的份额由入世之初的 1.6%增至目前的 6%；其中出口从世界第 10 位升至第 4 位（仅次于美国、荷兰和西班牙），进口由第 23 位升至第 5 位（仅次于美国、德国、英国和荷兰）。

出口主要是苹果、柑橘等优势品种，进口多为热带水果。苹果、柑橘、葡萄和梨是主要出口水果，2018 年出口额分别为 19.2 亿美元、16.8 亿美元、7.4 亿美元和 6.3 亿美元，合计占水果出口总额的 70%。热带水果（榴莲、香蕉、龙眼、山竹等）是主要进口水果，占水果进口总额的 1/2。水果贸易以鲜水果为主，2018 年鲜水果占水果出口总额的 64.2%和进口总额的 88%。

进出口市场较为集中，东盟是我国最大贸易伙伴。我国水果出口主要贸易伙伴为东盟、美国、日本、俄罗斯和中国香港，进口主要贸易伙伴为东盟、智利、新西兰、美国和澳大利亚。东盟一直是我国第一大水果贸易伙伴，2018 年对东盟水果出口额为 31.6 亿美元，占水果出口总额的 44.2%；自东盟进口水果 38.7 亿美元，占水果进口总额的 45.9%。美国是我国第二大水果贸易伙伴，2018 年对美出口 8.9 亿美元，主要为苹果汁、柑橘罐头等；自美进口 4.2

亿美元，主要为樱桃和橙子。

（二）发展趋势

2014年以来出口增速放缓，进口增速加快。自2001年入世到2008年金融危机爆发，该时期我国水果出口增长快于进口，贸易顺差不断扩大，2008年顺差达峰值30.2亿美元。2009—2013年水果贸易顺差基本稳定在20亿美元以上。2014—2018年，水果出口增速放缓（年均增长2.5%），进口增速加快（年均增长15.2%）；苹果、柑橘等传统优势产品出口增长乏力，樱桃、榴莲、香蕉等进口大幅增加。

2018年水果进口增幅大、激增品种多，首现贸易逆差。2018年水果进口84.2亿美元，较上年增21.6亿美元，同比增34.5%；出口71.6亿美元，较上年增8 144万美元，同比增1.2%；水果贸易由上年顺差8.2亿美元转为逆差12.6亿美元。进口水果中，樱桃进口13.1亿美元，同比增69.3%；榴莲11亿美元，增98.3%；香蕉9亿美元，增54.8%；橙子、猕猴桃、山竹果、椰子、菠萝和鳄梨等也大幅增长。

未来水果贸易将延续大进大出格局，贸易逆差可能成为常态。作为水果生产大国，未来我国在国际水果市场上仍将保持主要出口大国的重要地位，品质、标准的提升将带动水果出口的进一步增长。同时，随着生态环境保护的加强、农业供给侧结构性改革的推进和消费结构的升级，水果进口将持续增加，贸易基本平衡或贸易逆差的局面将可能成为常态。

二、水果贸易面临的挑战

（一）国内生产成本上升，低劳动成本优势难以为继

入世初期，我国水果产量大、生产成本较低，在国际市场上具有价格优势并迅速占领国际市场。近年来随着生产成本特别是劳动力成本的上涨，水果价格优势逐步被削弱，低价大量出口优势难以为继。2001—2017年，我国苹果亩均成本从1 079.4元上涨到4 887.6元，增加了3.5倍，其中人工成本从407.8元上涨到3 111元，增加了6.6倍；人工成本占总成本的比重由37.7%升至63.6%。

（二）国际市场非关税壁垒复杂多变，出口不确定性增加

水果被许多国家列为“敏感产品”，为保护其果农利益往往设置较高关税，如印度、韩国苹果进口关税高达50%和45%。除关税壁垒外，水果出口还面

临主要出口市场的技术性贸易措施。以苹果出口为例，2016 我国对印度苹果出口 15 万吨，占我国苹果出口总量的 1/10，占印度苹果进口的 60%。2017 年 6 月 1 日，印度以检验检疫截获康氏粉蚧等有害生物为由禁止我国苹果和梨入境，至今未予解禁，我国对印出口完全停滞。2012 年印度尼西亚苹果进口采取配额制度，我国对印度尼西亚苹果出口由常年的 15 万吨左右降至 2015 年的不足 6 万吨，此后逐渐有所恢复。

（三）双边和区域开放水平不断提高，关税优惠降低了进口门槛

我国主要进口水果中，樱桃、香蕉的 WTO 最惠国进口关税为 10%，榴莲、猕猴桃关税 20%，其他热带水果关税多为 15%～30%。东盟、智利、新西兰和澳大利亚等水果主要进口来源国家和地区已先后与我国签订了双边自贸协定，自东盟果蔬进口早在 2006 年已全部免税，对智利和新西兰果蔬进口分别在 2015 年和 2016 年全部实现免税，对澳大利亚果蔬除柑橘类外（目前关税已削减一半以下，2023 年将全部免税）其他水果也在 2019 年全部免税。与其他市场相比，来自这些国家或地区的农产品不仅享受关税优惠税率，在检验检疫、快速通关等方面的贸易便利化程度也更高。

三、政策建议

2018 年，我国传统优势出口农产品中，水果首现贸易逆差，蔬菜出口出现负增长，水产品进口激增、顺差收窄，这可能是传统出口农产品竞争优势下降的信号，也可能是农产品贸易新转折的开始，值得引起高度关注和重视。综合来看，靠低成本低价格、以量取胜的出口“优势”难以持续，必须加快培育以质量、服务和创新等为核心的真正的国际市场竞争优势。

（一）加强监测预警体系建设，有效应对国际市场风险

水果产品多年来一直是我国优势出口农产品，进出口品种多，但除贸易数据外其余数据并不完整，无论是国际还是国内的产量、价格、成本等数据均较少，跟踪监测和研究分析难度较大。应强化水果主要品种、主要产区及贸易伙伴的监测、研判、预警等基础工作，切实提高果农和水果贸易企业应对国际市场波动和风险的能力。

（二）尽快增设农产品出口促进专项，对冲中美贸易摩擦影响

美国是我国第二大水果出口市场，常年出口在 8 亿美元左右，占水果出口

总额的1/10。美方于2018年9月和2019年5月对2 000亿美元加征关税清单中涵盖了水果在内的大部分农产品，受贸易摩擦升级预期及政策不确定等因素影响，自2018年底以来，我国对美水果出口已下降50%左右。美国新颁布的“2018农业法”加大了对农产品贸易促进的力度，项目资金在此前3.6亿美元预算基础上每年新增4 700万美元。中美贸易摩擦发生以来，美国又于2018年7月和2019年5月两次出台农产品临时补贴政策，其中专门设立2亿美元和1亿美元农产品出口促进项目，帮助企业开拓新的出口市场。而目前农业农村部财政专项中的“农业组织创新与产业融合发展项目（出口促进）”用于出口促销的资金仅为800多万元，不到美国出口促进项目年度预算的3‰。建议应尽快增设农产品出口促进专项，对冲中美贸易摩擦的不利影响，帮助出口企业应对加征关税负担及开拓新的国际市场。

（三）加强产业损害调查储备，适时采取进口调控措施

随着我国水果产量的持续增长，进口水果大幅增加直接挤占了国产水果的市场，加之我国水果出口放缓，这些因素将使国内水果面临价格下跌和滞销的风险。因此，应在分析评估水果进口对国内产业影响的同时，加强对水果进口来源国产业政策、农药使用、病虫害等方面进行深入研究，适时采取技术措施和农业贸易救济等手段调控进口。

（张陆彪，2019年第2期）

恢复中的中国乳业面临日益加深的进口冲击

——2010—2015年乳业产业损害分析报告

乳业是我国农牧业重要组成部分，是内蒙古、新疆等边疆少数民族农牧区的支柱产业，是主产区200多万奶农的收入来源和生计依靠。我国人均乳制品消费水平只有世界平均的1/3，乳业发展具有很大增长潜力。在经受了三聚氰胺事件沉痛教训后，国内生鲜乳相关技术指标抽检合格率已连续7年达到百分之百，我国乳业正在艰难地恢复、重塑和提升中。但是，随着乳制品内外价差的扩大和进口的快速增长，近年来进口给我国乳业带来的冲击日益加深，严重阻碍着产业恢复、发展和提升的步伐。

一、2010—2015年国内乳业发展情况

（一）乳制品产量弱势增长，年均增1%

2010—2015年，在乳制品消费需求增长较快的情况下，我国牛奶产量增长缓慢，由3 575.6万吨增到3 755万吨，年均只增长1%。其中，产量占近四分之一的最大产区内蒙古牛奶产量出现较大幅度下降，由2010年的905.2万吨降为2015年的803.2万吨，年均降幅2.4%（表1）。

表1　2010—2015年全国和主产区牛奶产量

单位：万吨，%

年份	2010	2011	2012	2013	2014	2015	年均增长
全国产量	3 575.6	3 657.8	3 743.6	3 531.4	3 725.0	3 755.0	1.0
内蒙古	905.2	908.2	910.2	767.3	788.0	803.2	−2.4
黑龙江	552.5	543.1	559.9	518.2	556.6		0.2
河　北	439.7	458.9	470.4	458.0	487.8	473.1	1.5
河　南	290.9	306.6	316.0	316.4	332.0	342.2	3.3
山　东	253.0	268.9	283.9	271.4	279.6	275.4	1.7

（续）

年份	2010	2011	2012	2013	2014	2015	年均增长
新　疆	128.6	130.5	132.2	135.0	147.6		3.5
陕　西	137.5	140.5	141.7	141.1	144.7	141.2	0.5
辽　宁	121.2	124.5	124.8	120.9	131.2	140.3	3.0
宁　夏	89.6	96.0	103.5	104.2	135.7		11.0
山　西	73.2	74.6	80.0	86.2	96.2	91.9	4.7

注：黑龙江、新疆和宁夏2015公报尚未发布。

数据来源：国家统计局和主产区公报。

（二）“十二五”乳业发展规划目标完成率只有70%～75%

根据《全国现代农业发展规划（2011—2015年）》和《食品工业“十二五”发展规划》，2015年原料乳（牛奶）产量应达到5 000万吨；根据农业部《全国奶牛优势区域布局规划（2008—2015）》，2015年全国优势区域牛奶产量应达到5 400万吨。但2015年实际牛奶产量为3 755万吨，《全国现代农业发展规划（2011—2015年）》《食品工业“十二五”发展规划》目标完成率75.1%，《全国奶牛优势区域布局规划》目标完成率69.5%。

（三）国产乳制品市场占有率下降9个百分点

如果将各类进口乳制品折合成鲜牛奶①计算，2010—2015年，我国牛奶表观消费量由4 186.6万吨增长到4 910.6万吨。国产乳制品市场占有率由85.4%降至76.5%，下降了9个百分点。其中2014年市场占有率只有73%（表2）。

表2　2010—2015年国产乳制品市场占有率

单位：万吨，%

年份	2010	2011	2012	2013	2014	2015
牛奶产量	3 575.6	3 657.8	3 743.6	3 531.4	3 725.0	3 755.0
净进口折合牛奶	611.0	722.4	883.2	1 199.9	1 378.7	1 155.6
牛奶表观消费量	4 186.6	4 380.2	4 626.8	4 731.3	5 103.7	4 910.6
国产乳制品市场占有率	85.4	83.5	80.9	74.6	73.0	76.5

数据来源：中国海关统计、中国奶业协会、国家统计局。

① 8.5吨牛奶生产1吨奶粉，8.8吨牛奶生产1吨乳清粉，7吨牛奶生产1吨其他乳制品（黄油奶酪等）。

2014年以来，国产工业奶粉（大包粉）[①] 积压严重。中国奶业协会专家估计，2015年末，全国工业奶粉库存积压超过30万吨[②]，折鲜牛奶250万吨以上。如在国内产量和表观消费量中扣除250万吨库存量，则2015年国产乳制品实际市场份额为75.2%。

（四）乳制品价格涨幅低于成本涨幅

1. 因劳动力和资源型投入品价格增长，乳制品生产成本持续大幅增长。 2010—2014年，我国散养、小规模、中规模和大规模牛场牛奶生产成本分别从2.1元/千克、2.1元/千克、2.5元/千克和2.6元/千克上涨到3元/千克、2.9元/千克、3.2元/千克和3.4元/千克，年均增幅分别为8.9%、8.4%、7%和7.7%（表3）。

表3　各种规模牛场牛奶生产成本和平均奶价

单位：元/千克，%

年份	2010	2011	2012	2013	2014	年均增长
散养奶牛	2.1	2.3	2.5	2.7	3.0	8.9
小规模	2.1	2.2	2.6	2.7	2.9	8.4
中规模	2.5	2.6	2.9	3.0	3.2	7.0
大规模	2.6	2.8	3.1	3.3	3.4	7.7
牛奶价格	2.9	3.2	3.3	3.8	4.0	

数据来源：《中国农产品成本收益资料汇编》、农业部“畜产品和饲料集贸市场价格情况”。

2. 乳制品价格上涨幅度明显低于成本上升，2015年鲜奶价格跌至成本线。 据农业部“畜产品和饲料集贸市场价格情况”监测，2010—2015年牛奶收购价格年均增幅3.8%，明显低于7%～9%的牛奶生产成本增幅。值得注意的是，在人工和物质资料价格继续上涨条件下，2015年牛奶收购价格从4元/千克跌至3.5元/千克，跌幅12.5%，已跌近成本线。

（五）乳制品生产效益大幅下降

2010—2012年，我国奶牛养殖业产值年均增长9.2%；2013—2015年则年均下降4.9%。2015年，牛奶收购价大幅下降，导致奶牛养殖业产值在增产情况下从1 490亿元下降到1 314.3亿元，降幅11.8%（表4）。

---

① 奶粉可大致分为配方奶粉和工业奶粉，工业奶粉指用来做食品工业原料的奶粉。

② 与美国农业部报告估算的库存一致。

表 4　2010—2015 年奶牛养殖业产量和产值

单位：万吨，亿元

年份	2010	2011	2012	2013	2014	2015
全国产量	3 575.6	3 657.8	3 743.6	3 531.4	3 725	3 755
奶牛养殖业产值	1 120	1 219	1 335.2	1 454.4	1 490	1 314.3

注：2014、2015 年产值以“产量＊平均收购价”计算。

数据来源：2010—2013 年产值数据源自《2015 中国奶业统计摘要》。

奶牛养殖效益下降并出现亏损。据《中国农产品成本收益资料汇编》统计，2014 年全国平均牛奶生产利润为 0.9～1 元/千克。2015 年奶价比 2014 年下降 0.5 元/千克。即使 2015 年生产成本与 2014 年持平，牛奶生产利润也只有 0.4～0.5 元/千克（表 5）。2014 年内蒙古小户和散户牛奶生产亏本 0.1～0.2 元/千克，随着 2015 年价格下降，亏损程度可能增至 0.6～0.7 元/千克，即每头牛亏损 3 000 元以上。

表 5　2010—2015 年全国（含内蒙古）奶牛养殖利润

单位：元/千克

规模	全国						内蒙古
	2010	2011	2012	2013	2014	2015*	2014
散　养	0.7	0.9	0.9	1.2	0.9	0.3	−0.2
小规模	0.8	0.8	0.7	1.0	0.9	0.3	−0.1
中规模	0.7	0.8	0.8	0.9	0.9	0.3	0.7
大规模	0.7	0.7	0.7	0.8	1.0	0.5	1.0

＊2015 年数据由 2014 年利润减 0.5 元/千克得出。

数据来源：《中国农产品成本收益资料汇编》。

据各省区实地调研和农业部农业产业损害监测预警体系直报数据，2014 年主产省区小户和散户奶牛养殖均处于微利或亏损状态：内蒙古小户和散户牛奶销售价格只有 2.8～3.25 元/千克，接近牛奶生产成本。新疆低至 2～2.5 元/千克，经中间商收购更低至 1.8～1.9 元/千克，低于 2.2～2.5 元/千克的成本，处于亏损状态。黑龙江和河北主产区状况略好，奶牛养殖收入也只有 1 000～2 000 元/头。

乳制品加工企业亏损面扩大。牛奶与工业奶粉比值为 8.5∶1，加上 6 000 元/吨的加工及杂费，我国工业奶粉生产成本至少在 3 万元/吨。2014 年年中至 2015 年末，因进口奶粉税后价一路跌至 2.1 万元/吨左右，国产工业奶粉售价被压到 2 万元/吨以下，每售 1 吨亏 1 万元。2013 年我国乳制品企业中有

13.8%遭遇亏损，2014 年升至 15.8%。内蒙古乳制品企业亏损率从 2013 年的 23.4%增至 2014 年的 25.4%。为减少亏损，许多乳制品企业选择关停工业奶粉生产线，只加工液态奶。

（六）小户和散户加快退出奶牛养殖业

因为奶价低、养殖亏损，2014—2015 年大量奶牛养殖小户和散户被迫退出奶牛养殖业，在边疆少数民族地区情况尤其突出。2016 年 1—2 月，我国奶牛养殖场（户）数同比减少 46%以上。小户和散户大量退出，意味着几头奶牛就可以成为农户“提款机”和收入来源的情况已成历史，乳业对农民增收就业作用不断减弱。由于奶牛养殖农牧民中年老者多、少数民族人员多，语言沟通能力弱、教育水平低，退出养殖业后转产困难，面临收入大幅下降甚至返贫风险。

二、2010—2015 年乳制品进口情况

（一）乳制品进口持续快速增长

2010—2015 年，我国乳制品进口量由 74.5 万吨增加到 179.1 万吨，年均增长 19.2%（表 6、表 7）。2015 年乳制品净进口量折合鲜奶 1 100 万～1 200 万吨，约合 200 万头泌乳牛 1 年的产量，占国内鲜奶产量的 30%左右。

表 6　2010—2015 年乳制品进口数量和结构

单位：万吨，%

年份	2010	2011	2012	2013	2014	2015	年均增长
乳制品	74.5	90.6	114.6	159.2	193.6	179.1	19.2
奶　粉	41.7	45.4	57.9	86.4	105.4	73.4	12.0
配方奶粉					12.1	17.6	
工业奶粉					93.3	55.8	
乳清粉	26.3	34.2	37.6	43.1	40.1	43.3	10.5
鲜　奶	1.6	4.1	9.4	18.5	32.0	46.0	96.0
其他乳制品	4.9	6.9	9.7	11.3	16.0	16.3	27.2

注：2014 年以后才有配方奶粉单独进口数据，工业奶粉进口量＝奶粉进口总量－配方奶粉进口量。

数据来源：中国海关统计。

表 7　2015 年乳制品进口来源国

单位：万吨，%

奶粉			配方粉			工业奶粉		
来源国	进口量	所占比例	来源国	进口量	所占比例	来源国	进口量	所占比例
新西兰	46.2	63.0	荷　兰	5.8	32.8	新西兰	44.8	80.2
荷　兰	6.9	9.4	爱尔兰	2.4	13.9	澳大利亚	2.7	4.8
澳大利亚	3.8	5.2	德　国	1.7	9.7	德　国	1.5	2.7
德　国	3.2	4.4	法　国	1.6	8.9	法　国	1.2	2.2
法　国	2.8	3.8	新西兰	1.4	8.2	荷　兰	1.1	2.0

注：工业奶粉进口量＝奶粉进口总量－配方奶粉进口量。

数据来源：中国海关统计。

奶粉进口量最大，主要来自新西兰和欧盟。2010—2014 年，我国奶粉进口年均增长 32.2%，2014 年达到 105.4 万吨，占乳制品进口总量的 54%，折合鲜奶 896 万吨；2015 年因国内库存积压进口有所下降，为 73.4 万吨，占乳制品进口总量的 41%。进口奶粉以工业奶粉为主。2014 年工业奶粉进口量 93.3 万吨，占奶粉进口的 88.5%；2015 年工业奶粉进口量 55.8 万吨，占奶粉进口的 76%。

2015 年自新西兰进口的奶粉占总进口的 63%，其中自新西兰进口的工业奶粉占 80.2%。2015 年配方奶粉进口 17.6 万吨，主要来自荷兰、爱尔兰、德国和法国等欧盟国家，4 国合计进口占配方奶粉进口总量的 65.3%。

乳清粉的国内生产量很少主要靠进口，9 成来自美国和欧盟。2010—2015 年，进口量年均增长 10.5%，2015 年进口 43.3 万吨，其中自美国进口占 52.9%，自欧盟进口占 37.2%。

鲜奶进口量有限但增长迅猛，主要来自欧盟和新西兰。鲜奶进口由 2010 年的 1.6 万吨增加到 2015 年的 46 万吨，扩大了 29 倍，年均增长 96%；自欧盟和新西兰进口的鲜奶占进口总量的 80%以上。

（二）乳制品进口价格低于国内成本且呈下降趋势

工业奶粉是我国进口量和影响最大的乳制品。进口工业奶粉税后价格与国产奶粉成本价格一直存在巨大差价，2010 年差价 788.1 元/吨，2015 年差价扩大到 13 212.9 元/吨（表 8）。

进口奶粉税后价格大幅低于国内成本价格的原因：一是出口国牛奶生产成本低，牛奶生产者价格具有较大下降空间；二是我国工业奶粉进口关税只有 10%（中国—新西兰自贸区协定实施后自新西兰进口奶粉关税已下降到

3.3%，最终为零)，与成本差距不相匹配；三是国际市场供应充裕。2015年，新西兰牛奶生产价格持续下降，平均2.4元/千克（表9），只有我国牛奶价格的67.1%（图1）。

表8 进口与国产工业奶粉差价

单位：元/吨

年份	2010	2011	2012	2013	2014	2015
进口到岸价格	23 202.8	24 173.6	21 265.3	25 791.7	30 868.1	17 511.3
进口税后价格	29 861.9	31 111.4	27 368.5	33 193.9	39 727.2	22 537.1
国产成本价	30 650.0	33 200.0	34 050.0	38 300.0	40 000.0	35 750.0
国产成本价与进口税后价差	788.1	2 088.6	6 681.5	5 106.1	272.8	13 212.9

注：工业奶粉进口价格是进口量占比最大的"未加糖固态乳及奶油，含脂量1.5%"细目的价格，进口工业奶粉税后价=进口到岸价×(1+10%关税)×(1+17%增值税)，国产工业奶粉保本销售价格=牛奶收购价格×8.5+6000（加工、杂费）。

数据来源：中国海关统计、农业部"畜产品和饲料集贸市场价格情况"。

表9 近两年新西兰牛奶农场价格

单位：元/千克

年份	1月	3月	5月	6月	8月	10月	12月
2014	4.2	4.2	4.1	3.0	2.7	2.7	2.4
2015	2.4	2.4	2.2	2.5	2.4	2.4	2.4

数据来源：根据新西兰恒天然公司统计换算。

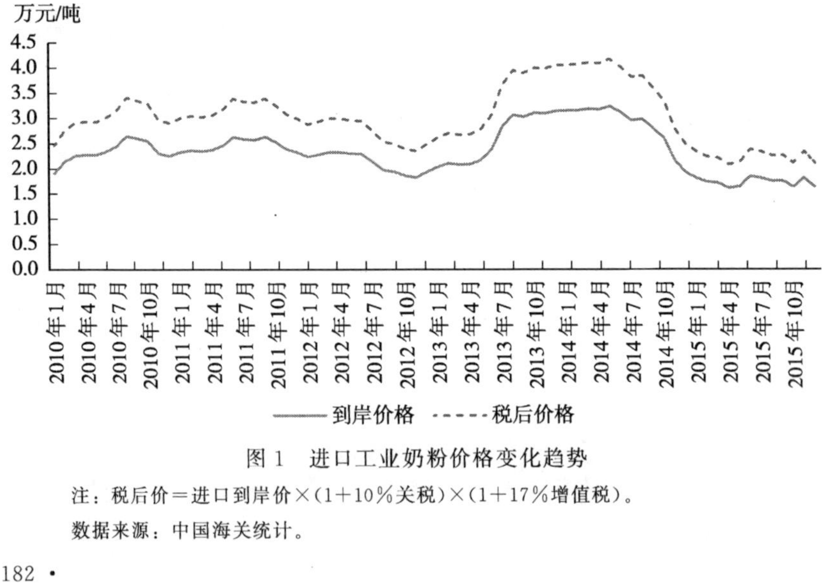

图1 进口工业奶粉价格变化趋势

注：税后价=进口到岸价×(1+10%关税)×(1+17%增值税)。

数据来源：中国海关统计。

(三)进口乳制品占国内市场份额增加9个百分点

随着进口量的增长，进口乳制品折合牛奶后在我国市场占据的份额不断提高，由2010年的14.6%增至2015年的23.5%，2014年达到27%。2010年进口乳制品折合牛奶后占我国牛奶产量的17.1%，2015年高达30.8%(表10)。

表10 进口乳制品折合牛奶后市场份额

单位：万吨，%

年份	2010	2011	2012	2013	2014	2015
牛奶产量	3 575.6	3 657.8	3 743.6	3 531.4	3 725.0	3 755.0
净进口折合牛奶	611.0	722.4	883.2	1 199.9	1 378.7	1 155.6
牛奶表观消费量	4 186.6	4 380.2	4 626.8	4 731.3	5 103.7	4 910.6
进口牛奶所占市场份额	14.6	16.5	19.1	25.4	27.0	23.5
进口/国产牛奶产量的比	17.1	19.7	23.6	34.0	37.0	30.8

数据来源：中国海关统计、中国奶业协会提供数据、国家统计局。

三、乳制品进口与国内产业损害相关性分析

乳制品是各国重点保护的产品。进口乳制品的最高实施关税美国为95%，欧盟605%，韩国176%，日本692%，而我国乳制品平均实施关税只有12%、工业奶粉进口关税只有10%。随着中国—新西兰自由贸易区建立，自新西兰进口的工业奶粉关税已减少到3.3%，最终将降为零。中国乳业发展总体上处于起步阶段，既不具备大洋洲国家的资源和经营优势，也不具备欧洲国家的基础、技术、加工优势，总体来看国际竞争力不强。在缺乏有效关税保护的情况下，进口增加对国内产业的影响和冲击必然日趋加深，给乳业全产业链造成损害。

(一)进口增长对国内产业生产造成明显抑制

我国人均乳制品消费水平只有世界平均的1/3，存在很大的消费增长潜力。2010—2015年中国牛奶表观消费量稳定增长，年均增长3.1%。根据我国的“十二五”发展规划目标，国内乳业发展有较大潜力，我国从政策层面上鼓励和支持乳业的发展。三聚氰胺事件发生后，我国高度重视并下大力气狠抓乳制品质量安全，国内生鲜乳相关技术指标抽检合格率已连续7年达到百分之

百，三聚氰胺事件对国内乳制品生产的影响，特别是对占市场绝大部分的大众乳品生产的影响已非常有限。因此，2010—2015 年国内乳业发展缓慢，牛奶产量年均增长 1%比消费增长率低 2 个百分点、部分年份还出现下降，主要是受进口的影响。在国内生产徘徊的同时，进口乳制品折合牛奶后年均增幅高达 13.6%，远高于表观消费量增幅。根据通用的产业损害评估方法分析，进口增长与国内生产停滞具有强相关关系，进口产品过度挤占了国产产品的市场份额，使国内生产无法在产能允许范围内随着消费需求的增长而合理增长，进口对国内乳业特别是牛奶生产造成明显的抑制和打压（图 2）。就具体进口乳制品分析，综合考虑对国内产品的替代性、国内生产能力、进口数量等因素，工业奶粉进口对国内牛奶生产的抑制作用最为严重。

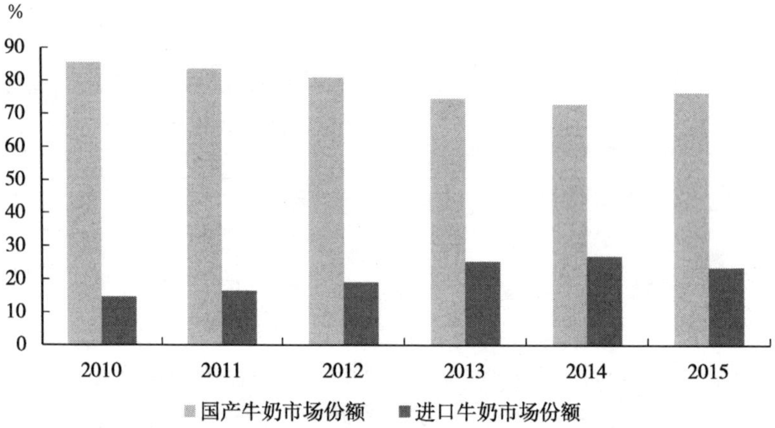

图 2　国产和进口乳品折合牛奶后市场份额

数据来源：中国奶业统计摘要、中国海关统计。

当前国际乳制品市场供给充裕（表 11），**我国乳制品进口主要来源国产量增长仍有较大潜力，未来进口对国内生产造成的压力将进一步增大。**新西兰养殖资源丰富、奶牛单产有较大提升潜力，预计未来牛奶产量平均每年增长 5%左右[①]。欧盟取消乳制品生产配额限制后，生产潜力将得到较大程度释放。荷兰、法国、爱尔兰等都计划较大幅度提高乳制品产量，并将我国列为主要出口市场。中国—澳大利亚自贸协定的实施和乳制品进口关税的最终取消也将刺激澳方对我国的乳制品出口。

① 国家奶牛产业技术体系《2014 年中国乳业回顾与展望》。

表 11　全球和各大洲牛奶产量

单位：万吨

牛奶产量	2010 年	2013 年	2014 年	2005 年
世　界	60 979.7	64 216.6	66 317.9	55 104.1
亚　洲	16 579.0	17 863.3	18 564.9	13 135.0
欧盟 28 国	14 981.1	15 424.8	16 035.1	15 045.4
中北美	11 208.9	11 659.3	11 903.2	10 300.5
南美洲	6 427.5	7 075.8	7 264.7	5 355.4
大洋洲	2 661.2	2 978.8	3 173.1	2 562.1

数据来源：国际乳品联合会（IDF）统计报告。

（二）进口对国内乳制品价格形成了显著打压

在充分开放条件下，只要存在内外价差，进口就有动力，国内市场价格将随着进口的增加越来越取决于国际市场价格，特别是进口税后价格。在消费需求较快增长的情况下，2010—2015 年我国牛奶生产者价格年均增长率大幅低于生产成本的上涨，2015 年价格大幅下跌并低于 2013 年的水平，这与进口价格的影响密切相关。根据通用的产业损害评估方法分析，2010—2015 年，进口对国内乳品价格的抑制和打压作用显著。

1. 进口乳制品价格与国内价格存在显著价差（significant price undercutting）。进口产品中，对我国内产业影响最大的是工业奶粉。2010—2015 年，进口奶粉税后价格一直低于国产工业奶粉成本价，价差大而且呈现扩大的趋势（图 3）。进口工业奶粉相当一部分用于还原奶生产，2015 年进口工业奶粉税后

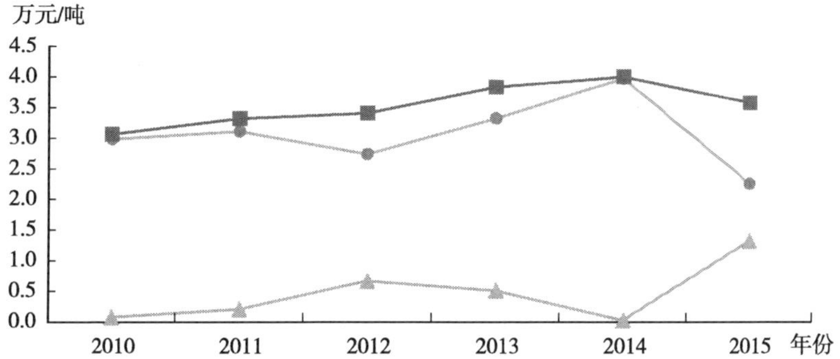

图 3　国产工业奶粉成本价与进口税后价格差价

数据来源：中国海关统计、农业部“畜产品和饲料集贸市场价格情况”。

价折合成液态奶的价格比国内牛奶收购价便宜 20%～30%（表 12）。

表 12　进口工业奶粉折合液态奶价格与国产牛奶差价

单位：元/吨

年份	2010	2011	2012	2013	2014	2015
1. 10%关税进口奶粉折价	3 513.2	3 660.2	3 219.8	3 905.2	4 673.8	2 651.4
2. 零关税进口奶粉折价	3 193.8	3 327.4	2 927.1	3 550.2	4 248.9	2 410.4
3. 国产牛奶收购价	2 900.0	3 200.0	3 300.0	3 800.0	4 000.0	3 500.0
1－3 差价	613.2	460.2	－80.2	105.2	673.8	－848.6
2－3 差价	293.8	127.4	－372.9	－249.8	248.9	－1 089.6

数据来源：中国海关统计、农业部"畜产品和饲料集贸市场价格情况"。

造成内外价差的根本原因是成本的差异。由于人均资源、发展基础、技术积累等原因，我国重要乳制品进口来源地成本价都明显低于我国（图 4）。值得注意的是，根据国际奶农联盟预计，未来 5 年国际奶价将进入下行通道。

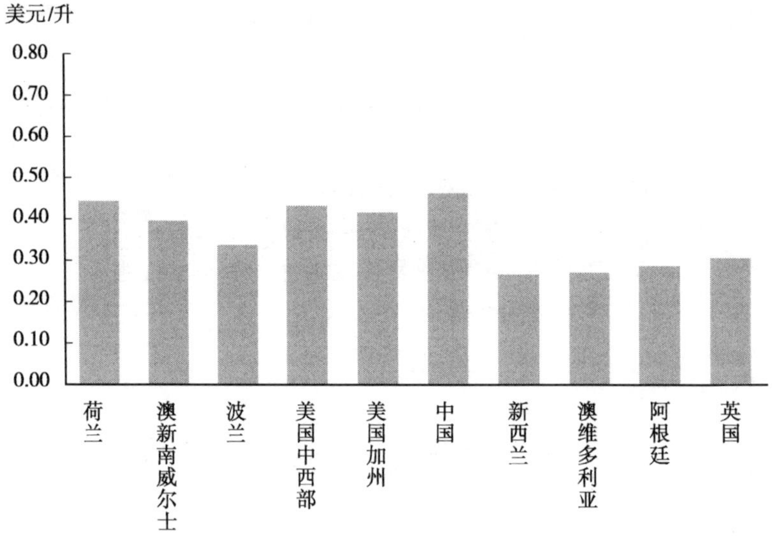

图 4　各国（地区）原料奶（农场）生产成本

注：①只包含人工、饲料、能源、防疫、设备等直接生产费用，不包括偿还贷款本金和利息、税收、土地租金、折旧等间接费用。②所使用的是 2010—2012 年之间各国可获得数据。

数据来源：澳大利亚政府生产力委员会（Australian Government Producing Commission）。

2. 2010—2014 年进口对国内乳品价格具有显著的抑制作用（price suppression effect）。2014 年工业奶粉进口量增加到 93.3 万吨，折合鲜奶 793 万吨，占国内产量的 1/5 强。进口奶粉税后价格低于国内价格，对国内奶粉价格和鲜奶价格都产生了明显抑制，使得国内价格不能因成本的上涨和需求的拉动而相应增长。2014 年年中开始，国内工业奶粉销售每吨亏损万元。

3. 2015 年进口对国内乳品价格具有显著的打压作用（price depression effect）。2015 年，进口工业奶粉税后价格只有 22 537 元/吨，折合液态奶价格为 2.7 元/千克。尽管国内在出现宰牛倒奶现象后采取了许多措施，进口影响依然很大。在人工和物质资料价格继续上涨条件下，2015 年牛奶收购价格从 4 元/千克跌至 3.5 元/千克，跌幅 12.5%，低于 2013 年的 3.8 元/千克的价格。国内生产的奶粉难以高于生产成本的价格销售，导致不少奶农和乳制品加工企业亏损。

四、结论与建议

在乳制品消费量稳定增长的条件下，由于进口的持续快速增长以及进口乳制品具有的价格优势，我国乳制品产量没有明显增长，最大产区内蒙古的产量还大幅度下降，国内养殖业和乳制品加工业效益大幅下滑，进口对国内乳制品产业和国内价格均造成了抑制和打压，形成了明显的损害。由于主要乳制品出口国具有较大的出口潜力、主要进口乳制品税后价已低于国内生产成本、今后 3～5 年国际乳制品市场供给充裕、自贸协定的实施将进一步降低相关国家乳制品进口税后价，预计进口对国内乳业的影响和冲击将进一步加深，我国乳业面临的国际竞争压力将进一步加大，进口对国内价格的打压作用和天花板效应增强，“十三五”期间我国乳业发展面临着重大挑战。

针对上述情况，在缺乏常规调控手段的前提下，除了切实加强对国内产业扶持，通过资本化、规模化等措施降低成本、提升产业竞争力外，要更加有效地应用“两反一保”贸易救济应急措施，确保国内产业健康发展。

我国乳制品进口中，进口量最大、进口价格最低、与国内产品替代性最强、对国内产业损害最明显的是工业奶粉。工业奶粉进口主要来自新西兰和欧洲诸国，最大进口来源国新西兰乳制品价格优势主要来自其得天独厚的自然条件，但欧洲国家对乳制品存在直接、间接补贴，部分企业存在倾销的可能。

因此，实施贸易救济措施重点放在工业奶粉进口的管控上。可在及时实施临时性保障措施的同时，开展针对出口国的倾销、补贴调查和我国内产业损害调查，并在调查的基础上采取最终措施。具体贸易救济措施实施可选择征收附加关税方式，对所有工业奶粉进口加征额外关税；也可选择与数量控制与加征关税相结合的方式，对每年度一定数量内的奶粉进口维持现有关税政策（包括自贸区下的优惠关税政策），对超过一定数量的进口加征必要水平的附加关税。

（李婷、张永霞、张军平、张晓婉，2016 年第 4 期）

中国乳业产业损害监测分析报告

乳业是现代农业和食品工业的重要组成部分，对于优化农业产业结构、促进畜牧业升级、提高农民收入均具重要意义。近年来，中国乳制品消费量快速增长，但乳制品进口增速更快，严重冲击了国内市场，国内牛奶产量波动下降，乳业受进口损害的程度进一步加深。

一、国内乳业生产波动下降

（一）奶类产量波动下降，主产区牛奶产量降幅较大

2012 年以来，中国奶类年产量在 3 600 万～3 800 万吨之间波动，2016 年为 3 720 万吨，较上年下降 3.9%。牛奶产量在奶类产量中的占比稳定在 97% 左右，2016 年为 3 606 万吨，比上年下降 4%（图 1）。从主产区来看，2016 年内蒙古、黑龙江和河北等省（区）的牛奶产量均下降，三省（区）减产合计 118.7 万吨，占全国减产量的 80%（表 1）。

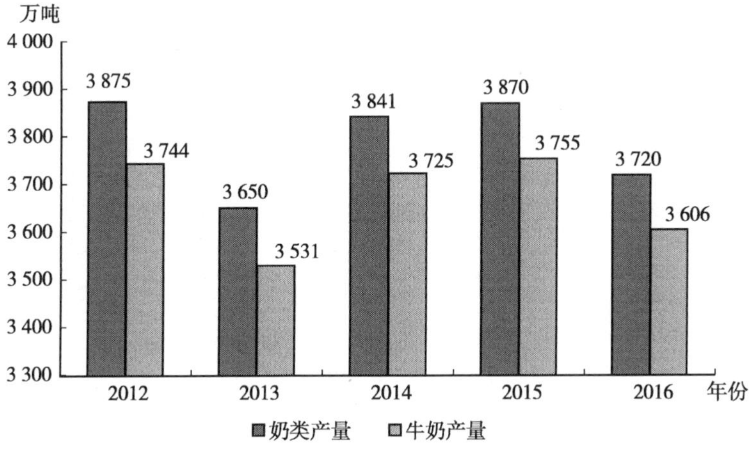

图 1　2012—2016 年中国奶类和牛奶产量

数据来源：《中国奶业年鉴》、国家统计局。

表 1　2012—2016 年主产省牛奶产量

单位：万吨

年份	2012	2013	2014	2015	2016
内蒙古	910.2	767.3	788.0	803.2	734.1
黑龙江	559.9	518.2	556.6	570.5	546.0
河　北	470.4	458.0	487.8	473.1	448.0
河　南	316.1	316.4	332.0	342.2	—
山　东	283.9	271.4	279.6	275.4	—
新　疆	132.2	135.0	147.5	155.8	—
陕　西	141.8	141.1	144.7	141.2	—
辽　宁	124.8	120.9	131.2	140.3	—
宁　夏	103.5	104.2	135.7	136.5	—

数据来源：国家统计局，2016 年数据来自各省产业损害监测报告。

（二）国产乳制品市场占有率不断下降

由于国内鲜奶产量下降和进口增加，国产乳制品市场占有率不断下降。2016 年中国乳制品表观消费量 3 208 万吨，同比增长 8.4%（图 2）。若将各类乳制品折合成鲜奶，2016 年中国牛奶表观消费量为 4 957.6 万吨，同比增加 47.2 万吨，而同期净进口增加 195.7 万吨。进口不仅占据了全部新增消费市场，还挤占了 148.5 万吨的国内市场份额，国产乳制品市场占有率由 2012 年的 80.9%下降至 2016 年的 72.7%（表 2）。

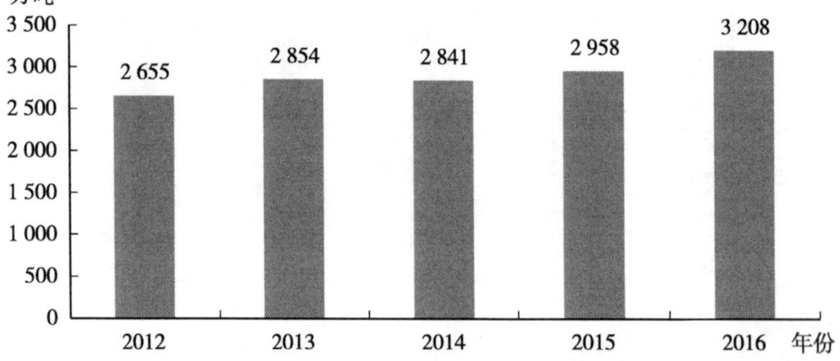

图 2　2012—2016 年中国乳制品表观消费量

数据来源：《2017 中国奶业统计摘要》和中国海关。

表2　2012—2016年国产乳制品市场占有率

单位：万吨，%

年　份	2012	2013	2014	2015	2016
牛奶产量	3 743.6	3 531.4	3 724.6	3 754.7	3 606.2
净进口折合牛奶	883.2	1 199.9	1 378.7	1 155.6	1 351.4
牛奶表观消费量	4 626.8	4 731.3	5 103.3	4 910.3	4 957.6
国产乳制品市场占有率	80.9	74.6	73.0	76.5	72.7

注：①8.5吨牛奶生产1吨奶粉，8.8吨牛奶生产1吨乳清粉，7吨牛奶生产1吨其他乳制品（黄油奶酪等）。②表观消费量=产量+进口量-出口量。

数据来源：中国海关和国家统计局。

（三）奶牛养殖效益下降，企业亏损面扩大

虽不同规模的牧场奶牛成本均有所下降，但由于牛奶价格下跌，奶牛养殖效益继续下降。2015年散养、小规模、中规模和大规模牧场每头奶牛平均成本同比分别下降4.8%、2.1%、0.3%和1.1%（表3），但同期每千克牛奶平均售价分别下降0.1元、0.2元、0.3元和0.3元（表4），造成散养和小规模牧场利润分别下降2%和22.1%，散户和小规模养殖户继续减少（表5）。根据农业部农业产业损害监测预警体系直报数据，2016年散户和小规模农户仍在继续退出市场。2016年中国乳制品制造企业627个，其中亏损企业104个，占比由2013年的13.8%增至16.6%（表6）。主产区内蒙古获乳制品生产经营许可企业45家，进入统计范围企业34家，其中亏损15家。乳业上市公司中，蒙牛乳业和贝因美分别亏损7.51亿元和6.37亿元。

表3　2012—2015年不同规模牧场奶牛养殖成本

单位：元/头，%

年　份	2012	2013	2014	2015	年均增长率	2015年增长率
散养奶牛	14 382.2	15 636.7	17 147.3	16 331.2	4.3	-4.8
小规模	14 664.5	15 771.4	16 853.3	16 501.5	4.0	-2.1
中规模	18 007.2	18 929.9	20 235.5	20 173.6	3.9	-0.3
大规模	21 635.2	23 329.5	25 272.1	25 004.1	4.9	-1.1

数据来源：全国农产品成本收益资料汇编。

表 4　2012—2015 年不同规模牧场牛奶出售价

单位：元/千克

年　份	2012	2013	2014	2015
散养奶牛	3.5	3.9	3.9	3.8
小规模	3.3	3.7	3.7	3.5
中规模	3.6	3.9	4.1	3.8
大规模	3.8	4.2	4.4	4.1

数据来源：全国农产品成本收益资料汇编。

表 5　2012—2015 年不同规模牧场奶牛养殖利润

单位：元/头，%

年　份	2012	2013	2014	2015	年均增长率	2015 年增长率
散养奶牛	5 358.2	6 935.0	5 108.7	5 006.6	−2.2	−2.0
小规模	4 146.7	5 993.2	5 201.0	4 050.2	−0.8	−22.1
中规模	4 664.7	5 878.2	5 411.9	5 407.1	5.1	−0.1
大规模	4 794.9	5 841.4	7 362.7	6 208.1	9.0	−15.7

数据来源：全国农产品成本收益资料汇编。

表 6　2012—2016 年中国乳制品制造业企业亏损情况

单位：个，%

年　份	2012	2013	2014	2015	2016
企业数量	649	658	631	638	627
亏损企业数	114	91	100	103	104
占　比	17.6	13.8	15.8	16.1	16.6

数据来源：2017 中国奶业统计摘要。

二、乳制品进口快速增加

（一）乳制品进口增加，婴幼儿配方奶粉增长迅速

近年来，中国乳制品进口增长迅速，2016 年进口量接近全球贸易量的 1/4（表 7）。2016 年进口 218.1 万吨，同比增长 21.8%，折合鲜奶量 1 362.1 万吨。其中，鲜奶、婴幼儿配方奶粉和其他乳品分别增长 38%、25.6% 和 26.2%。2017 年前三季度乳制品进口 187.3 万吨，同比增长 12.6%，折合鲜奶量 1 224.5 万吨。其中，婴幼儿配方奶粉进口增加 5 万吨，同比增长

32.2%；大包粉（工业奶粉）进口增加 10.7 万吨，同比增长 21%；鲜奶进口减少 0.5 万吨，同比下降 1.1%（表 8）。

表 7　2012—2016 年中国乳制品进口量占世界总出口量比重变化

单位：万吨，%

年　份	2012	2013	2014	2015	2016
世界总出口量	742.9	762.8	822.5	850.9	876.6
中国进口量	114.6	159.2	193.6	179.1	218.1
比　　重	15.4	20.9	23.5	21.0	24.9

数据来源：中国海关数据库、美国农业部（USDA）数据库。

表 8　2012—2017 年中国乳制品进口数量

单位：万吨

年　份	鲜奶	奶粉	配方奶粉	工业奶粉	乳清粉	其他	合计
2012	9.4	57.9			37.6	9.7	114.6
2013	18.5	86.4			43.1	11.3	159.2
2014	32.0	105.4	12.1	93.3	40.1	16.0	193.6
2015	46.0	73.4	17.6	55.8	43.3	16.3	179.1
2016	63.4	84.6	22.1	62.5	49.5	20.6	218.1
2017*	46.8	82.0	20.2	61.9	39.5	18.9	187.3

* 为 2017 年 1—9 月数据。

数据来源：中国海关数据库。

乳制品进口区域较为集中。鲜奶进口主要来自德国、新西兰、法国和澳大利亚，在总进口量中合计占比 53.3%。奶粉进口主要来自新西兰，约 52.8 万吨，占比为 62.4%。乳清粉进口主要来自美国，约 28.4 万吨，占比为 57.3%（表 9）。

表 9　2016 年主要乳制品进口国别结构

单位：万吨，%

鲜奶			奶粉			乳清粉		
来源国	进口量	占比	来源国	进口量	比重	来源国	进口量	比重
德　国	22.1	34.9	新西兰	52.8	62.4	美　国	28.4	57.3
新西兰	13.2	20.8	荷　兰	9.6	11.3	法　国	5.3	10.8
法　国	10.7	16.9	澳大利亚	4.3	5.1	荷　兰	3.2	6.4
澳大利亚	7.3	11.5	爱尔兰	3.7	4.3	波　兰	2.8	5.6
波　兰	1.9	3.1	德　国	3.4	4.0	阿根廷	2.5	5.0

数据来源：中国海关数据库。

(二) 乳制品进口价格下降，国内外价差继续扩大

2016 年，各类乳制品进口价格均下降。进口鲜奶、奶粉、乳清粉和其他乳制品每吨分别下降 46 美元、98 美元、292 美元和 223 美元，降幅分别为 4.3%、1.8%、24.8%和 5.2%（表 10）。而国内乳制品价格受生产成本的限制下降空间较小，导致国内外价差进一步扩大。以进口量最大的工业奶粉为例，2016 年进口到岸价加上关税和增值税的税后价格，每吨也比国内工业奶粉保本销售价格低 13 879.5 元，价差比 2015 年增加 990 元（表 11）。

表 10　2012—2016 年乳制品进口价格

单位：美元/吨，%

年　份	2012	2013	2014	2015	2016	2016 年增长率
鲜　奶	1 266.1	1 270.0	1 274.9	1 054.4	1 008.9	−4.3
奶　粉	3 355.8	4 174.7	5 697.9	5 448.7	5 350.9	−1.8
乳清粉	1 957.7	1 937.2	1 926.4	1 178.8	886.8	−24.8
其他乳品	4 303.1	4 532.5	4 934.8	4 298.6	4 075.2	−5.2

数据来源：中国海关数据库。

表 11　2012—2016 年国产工业奶粉成本价与进口税后价差

单位：元/吨

年　份	2012	2013	2014	2015	2016
进口到岸价格	21 274.4	26 025.1	30 408.6	17 432.8	16 817.3
进口税后价格	27 380.2	33 494.3	39 135.9	22 436.0	21 643.9
国产成本价格	33 965.0	36 734.6	40 403.8	35 325.0	35 523.3
国产成本价与进口税后价差	6 584.8	3 240.3	1 267.8	12 889.0	13 879.5

注：①工业奶粉进口价格选取进口量最大的“未加糖的固态乳及奶油，含脂量＞1.5%”的价格；②进口税后价格＝进口到岸价格×（1＋10%关税）×（1＋17%增值税）；③国产成本价格＝牛奶收购价格×8.5＋6000（加工、杂费），其中，牛奶收购价格为 10 个主产省（区）鲜奶平均收购价格。

数据来源：中国海关数据库、2017 中国奶业统计摘要。

(三) 奶牛进口减少，牧草饲料进口增加

2016 年中国进口种用牛 13.3 万头，同比下降 13.1%；进口单价 1 813.8 美元，同比下降 27.3%。据中国奶业协会统计，2016 年中国进口奶牛 10.09 万头，同比下降 17.3%；进口单价 1 814 美元，同比下降 27.3%。进口牧草饲料 161 万吨，同比增加 18.3%，其中进口苜蓿干草 138.8 万吨，同比增加

14.7%，进口单价下降17.1%；进口燕麦干草22.3万吨，同比增加47%，进口单价下降6%（表12）。

表12 2012—2016年中国改良种用牛及牧草饲料进口情况

单位：万头，万吨，美元/头，美元/吨

年份	种用牛		苜蓿干草		燕麦干草	
	进口量	进口单价	进口量	进口单价	进口量	进口单价
2012	12.4	2 931.9	44.3	393	1.8	354
2013	10.2	2 608.2	75.6	371	4.3	369
2014	21.5	2 868.1	88.5	387	12.1	336
2015	15.3	2 496.0	121.0	387	15.1	349
2016	13.3	1 813.8	138.8	321	22.3	328

数据来源：2017中国奶业统计摘要。

三、产业发展存在的问题

（一）受进口冲击严重，产能得不到充分释放

目前，中国奶牛养殖和乳制品生产水平虽已达到甚至超过国际水平，但受土地、饲料、人工和环保等因素制约，中国养殖成本远高于乳制品出口国的状况难以改变。再加上近年来国际市场价格持续低迷，乳制品过度进口挤占了国产市场份额。国内乳品加工企业无法在产能允许的范围内随着消费需求的增长合理增加产量，库存积压严重，继而压缩鲜奶收购数量并下调收购价格。据农业部市场预警专家委员会分析，未来十年中国乳制品消费仍将继续增长，2026年消费量将达6 381万吨，其中进口量近2 000万吨（表13），国产乳制品市场占有率将进一步下降。

表13 2018—2026年中国乳制品供求平衡表

单位：万吨

年 份	2018	2019	2020	2021	2022	2023	2024	2025	2026
产 量	3 944	4 023	4 104	4 186	4 269	4 332	4 397	4 462	4 465
进口量	1 460	1 515	1 575	1 606	1 685	1 728	1 823	1 928	1 931
出口量	11	11	12	12	12	13	13	14	14
消费量	5 393	5 528	5 667	5 780	5 941	6 048	6 206	6 376	6 381

数据来源：中国农业展望报告（2017—2026）。

由于加工企业拒收限收，规模牧场也不能足额交售鲜奶，不得不主动降低饲喂和单产水平，淘汰低产奶牛和限量生产，限产水平维持在20%左右，奶牛正常泌乳能力受到极大限制，严重制约了规模牧场生产能力的释放。

（二）下游企业原料收购不规范，养殖者承受重压

当前市场形势下，下游乳业企业居于主导地位，拥有原料奶收购价格的主导权，一些企业不断提高鲜奶收购标准，甚至设置数量限制。有的乳企以续签合同和阶梯价格为手段，管控养殖企业生产资料的使用，间接推高养殖者生产成本。这些不规范行为使得奶牛养殖和乳品加工企业不平等、利益联结不紧密的弊端凸显，奶牛养殖者处于弱势地位，承受了养殖风险、市场风险、投资风险、质量风险等多重压力，得不到合理的利益分配。在市场行情低迷背景下，养殖者的处境更是雪上加霜。

（三）消费者信心不足，国产乳制品市场拓展受限

受一些乳品质量安全事件的影响，消费者对国产乳制品的信心不足。消费者抱有进口奶粉才是优质安全的观念，甚至通过跨境代购或灰色通关等渠道采购国外奶粉，进一步加剧了乳企的产品积压，“洋货入市，国货入库”现象时有发生。此外，当前国内乳制品消费意识仍较薄弱，广大农村市场消费量较低，城镇居民消费主要集中在老人和孩子，消费习惯亟待培养。一些乳品企业偏重生产中高端产品而忽视大众产品，导致乳制品消费市场拓展受限，与消费增长预期偏差较大，乳品加工业供给侧结构性改革亟待深化。

（四）社会服务保障体系不健全

内蒙古、新疆等主产区位于边疆地区，现有的动物防疫体系基础设施落后，技术力量薄弱，无法为养殖户提供全面有效的疫病防控支持。最大主产区内蒙古北部地区所处纬度较高，冬季漫长，多寒潮天气，导致奶牛疫病防控难度较大。另外，中小规模养殖场资金短缺，奶牛良种登记、生产性能测定等工作滞后，既不利于奶牛群体遗传改良，也不利于先进养殖技术的应用。

四、发展乳业产业的政策建议

（一）有效调节进口，为培育乳业竞争新优势服务

采取有效管理措施，对乳制品进口增长过多过快进行调控，为培育乳业竞

争新优势争取时间和空间。一是对不同乳制品进口分别施策，加强规范化管理。对婴幼儿配方奶粉、鲜奶等终端消费品进口，应强化标签和质量管理，强化价格和进口渠道监督，疏堵结合，防止终端消费品大量低价进口。对工业奶粉等食品工业原料进口，应加大检验检疫力度，严格限制使用进口工业奶粉还原生产液态奶及低温酸奶制品，强化还原乳制品标识管理。二是适时启动贸易救济措施。根据进口对国内乳业的损害状况，对部分乳制品补贴较多的国家可适时启动反补贴和反倾销调查，对进口激增采取保障措施，进行数量限制或增加关税，给国内产业争取结构调整的时间和空间。

（二）理顺鲜奶收购价格机制，保障奶农养殖效益

在主产区建立和规范鲜奶收购价格形成机制，根据市场变动情况确定原料奶收购基价后可适当“上下浮动”。价格协商具体可由奶农代表、乳品加工企业、奶业协会及物价局、畜牧局等部门参与，实行联合定价机制以保障乳业产业链各方利益，保障奶农养殖效益，调动奶农积极性。实施鲜奶质量第三方检验检测制度，对奶牛场的每批次鲜奶进行抽样检测，检测结果与收购价格挂钩，实行优质优价。

（三）优化供给和强化宣传，提振消费信心

引导和支持乳品加工企业在产品结构上做到大众化产品和高端产品并重，避免过度高端化，让普通百姓的饮奶习惯得以保持，提高大众乳制品消费水平。通过公益广告和专题专栏等方式宣传国内近年乳业质量安全的进步，引导和鼓励大众科学健康饮奶，增加消费者对国产乳制品消费的信心。

（四）建立健全社会化服务体系，促进奶牛养殖健康发展

建立健全乳业生产社会化服务体系，包括良种供应、配种、疾病防疫、饲料供应、技术指导、原料奶收购、储运及市场研究与预测、市场行情通报等，使奶农和奶牛场能够安心生产、专心生产且不盲目，从而提高生产效率。

（李婷、田甜、张军平，2017年第11期）

OECD—FAO（2016—2025）农业展望报告分析

近期，经济合作与发展组织和联合国粮农组织联合发布《OECD—FAO农业展望2016—2025》报告。报告指出，由于作物单产提高，来自发展中国家的需求增长放缓，生物燃料生产趋稳，未来10年全球农产品供需总体保持平衡，主要农产品价格短期将在目前水平上基本趋于稳定，中后期将有所回升，2025年实际价格将略高于2007/2008年度前的水平。贸易增速将放缓至前10年的一半，贸易量占全球产量比例基本稳定。出口依然集中于少数大国，前五大出口国出口占70%以上。更多国家将加入进口国行列，其中北非、中东等资源贫乏国家对进口的依赖增强。

考虑到原油价格、世界经济增速、极端天气、去库存政策、进口禁令等因素的不确定性，未来10年仍有可能出现大的价格波动。

一、谷物

产量、消费量保持增长，供需基本平衡，短期名义价格将进一步走低，但中后期将出现反弹（表1）。

产量。谷物产量增长主要得益于单产的提高。未来10年年均增长1.1%，合计增长11.8%，增量3亿吨，2025年将达28.2亿吨。其中，小麦产量增长9.9%，主要来自印度、中国、阿根廷等国；玉米产量增长13%，美国、巴西、中国仍将保持玉米产出大国地位；其他粗粮和大米产量分别增长8.5%和14%。

表 1　2016—2025 年小麦、玉米、大米供需预测

单位：百万吨，美元/吨，%

	基期年平均值（2013—2015 年）	2016 年	2020 年	2025 年	年均增长
小　麦					
产　量	720.3	721.7	753.9	791.3	0.9
消费量	709.9	727.7	752.2	789.6	1.1
出口量	157.8	152.5	163.3	174.5	1.0
期末库存	196.2	196.6	198.1	205.3	0.5
名义价格①	271.0	216.5	216.6	236.9	−1.3
玉　米					
产　量	1 014.3	1 006.0	1 075.1	1 146.0	1.2
消费量	986.7	1 024.9	1 073.7	1 143.4	1.5
出口量	130.2	128.6	131.0	141.5	0.8
期末库存	216.2	204.2	193.6	203.9	−0.6
名义价格②	180.6	170.2	170.0	186.7	0.3
其他粗粮					
产　量	298.9	294.1	304.2	324.2	0.8
消费量	290.5	291.2	303.0	321.6	1.0
出口量	45.5	40.2	42.6	49.8	0.9
期末库存	55.3	59.0	54.5	55.3	0
名义价格③	212.4	156.4	166.0	190.0	−1.1
大　米					
产　量	493.4	503.6	531.0	562.6	1.3
消费量	490.8	510.3	532.3	563.2	1.4
出口量	44.3	42.7	47.1	51.4	1.5
期末库存	169.7	159.1	153.7	148.9	−1.3
名义价格④	454.7	399.6	407.0	416.3	−0.9
谷物合计					
产　量	2 526.9	2 525.4	2 664.2	2 824.1	1.1
消费量	2 477.9	2 554.1	2 661.2	2 817.8	1.3
出口量	377.8	364.0	384.0	417.2	1.0
期末库存	637.4	618.9	599.9	613.4	−0.4

注：①2 号硬红冬麦，普通蛋白，美国海湾港口离岸价（6 月/5 月）；②2 号黄玉米，美国海湾港口离岸价（9 月/8 月）；③饲料大麦，欧洲，鲁昂离岸价；④100%碎米率，B 级，曼谷离岸价（1 月/12 月）。

消费。年均增长 1.3%，合计增长 13.7%，增量 3.4 亿吨，2025 年将达 28.2 亿吨。小麦消费增长 11.2%，其中食用量占小麦总消费量的 69%，中国、俄罗斯、欧盟等地饲料消费将增加。玉米消费增长 15.9%，其中饲料消费所占比重将增加到 60%。其他粗粮消费增长 10.7%。大米消费增长 14.8%，其中 80%以上来自亚洲国家。

贸易。出口量年均增长 1%，合计增长 10.4%，增量 3 940 万吨，2025 年将达 4.2 亿吨，占产量的 14.8%。发达国家是小麦和粗粮的主要出口国。

价格。短期看，由于经济增速放缓、基期库存积压、石油价格低迷以及美元坚挺，谷物价格将继续承受下行压力。中后期看，小麦和粗粮的名义价格因成本回升而上涨，但不及通货膨胀的上涨幅度，因此实际价格略有下降（图 1、图 8）。所有谷物产品的平均名义价格将低于此前十年的平均水平（图 1）。

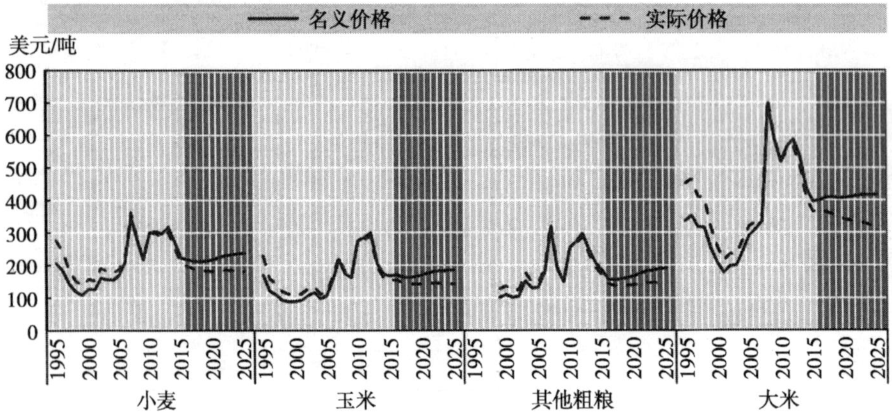

图 1　1995—2025 年世界谷物价格变化

注：粗粮，美国 2 号黄玉米墨西哥湾（离岸价）；小麦，美国 2 号硬质红色冬小麦（离岸价）；稻米，整米率为 100%的泰国二级大米曼谷（离岸价）。

资料来源：经合组织/粮农组织（2016 年），“经合组织—粮农组织农业展望”，经合组织农业统计数据（数据库）. http://dx.doi.org/10.1787/agr-data-en.

StatLink:http://dx.doi.org/10.1787/888933381591.

二、食用油籽和植物油

食用油籽产量与消费量增速放缓，发展中国家食用需求减弱及生物柴油需求趋稳，食用油籽和植物油名义价格 2017 年起将逐步回升（表 2）。

产量。食用油籽年均增长 2.3%，合计增长 25.1%，增量 1.1 亿吨，2025

年达5.5亿吨，其中91%的大豆和84%的其他油籽用于榨油。植物油年均增产2.3%，合计增长25.7%，增量4 480万吨，2025年达2.2亿吨。大豆的产量增长主要靠美国、巴西、阿根廷，植物油产量增加主要来自印度尼西亚和马来西亚。

表2　2016—2025年食用油籽和食用植物油供需预测

单位：百万吨，美元/吨，%

	基期年平均值（2013—2015年）	2016年	2020年	2025年	年均增长
油　籽					
产　量	443.2	462.3	503.0	554.6	2.3
消费量	442.7	464.3	503.4	554.6	2.3
期末库存	43.9	44.5	43.0	44.2	0.1
大豆名义价格①	433.3	347.5	390.5	427.3	−0.1
油菜籽名义价格②	444.7	400.5	401.9	433.1	−0.3
饼　粕					
产　量	301.1	317	346.8	385.7	2.5
消费量	298	316.9	346.5	385.6	2.6
期末库存	16	16.1	16.4	17.3	0.8
植物油					
产　量	174.1	180.5	197.1	218.9	2.3
消费量	173.4	181.0	196.7	218.3	2.3
出口量	74.1	76.7	83.0	92.1	2.2
期末库存	23.7	22.5	24.3	27.2	1.4
名义价格③	782.2	736.5	806.0	834.3	0.6

注：①大豆，美国，鹿特丹CIF价；②油菜籽，欧洲，汉堡CIF价；③油籽油与棕榈油的加权平均价格，欧洲港口。

消费。食用油籽年均增长2.3%，合计增长25.3%，增量1.1亿吨，2025年达5.5亿吨。植物油消费量年均增长2.3%，合计增长25.9%，增量4 490万吨，2025年达2.2亿吨。生物柴油生产对植物油的需求趋稳。

贸易。大豆出口增速将显著下降。植物油出口年均增长2.2%，合计增长24.3%，增量1 800万吨，2025年达9 210万吨，占产量的42.1%。美洲国家是食用油籽主要出口国，印度尼西亚和马来西亚仍然是食用植物油主要出口国。

价格。食用油籽和植物油名义价格 2017 年起逐步上涨（图 2）。由于新兴经济体的需求趋于饱和，用于生产生物柴油需求增速放缓，食用植物油实际价格将稍有下降。大豆的实际价格缓慢上涨，其他油籽实际价格有所下降（图 8）。

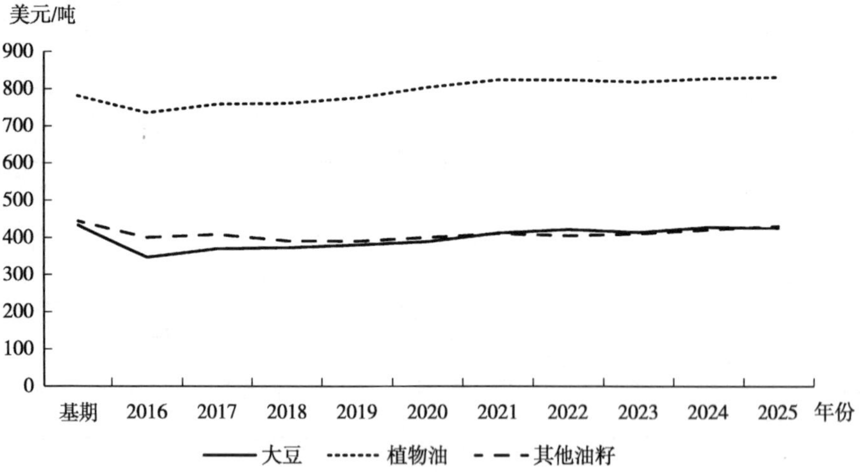

图 2　全球油籽产品名义价格变化趋势

三、食糖

展望初期食糖库存消费比下降，中后期将保持在较高水平。总体看，价格不会大幅上涨（表 3）。

表 3　2016—2025 年食糖供需及价格预测

单位：百万吨，美元/吨，%

	基期年平均值（2013—2015 年）	2016 年	2020 年	2025 年	年均增长
产　量	170.8	173.7	191.4	210.0	2.1
消费量	166.8	172.9	185.7	204.7	2.1
期末库存	74.5	68.4	71.4	79.6	0.7
原糖名义价格①	323.0	325.3	330.9	341.9	0.6

注：①原糖世界价格，洲际交易所（ICE）第 11 号近期合约价，10 月/9 月。

产量。年均增长 2.1%，合计增加 3 920 万吨，2025 年达 2.1 亿吨。2013 年以来产量增长放缓，2015 年比上年同期下降约 500 万吨，但展望期内巴西生产生物乙醇的甘蔗用量占比可能小幅降至 57%，2017 年欧盟取消生产配额一定程度上也有利于产量增加。总体看，产量增长将主要来自巴西、印度、泰国等国。

消费。年均增长 2.1%，增量 3 790 万吨，几乎全部来自发展中国家，2025 年达 2 亿吨。目前全球库存量较高，基期库存消费比高达 44.7%，预计展望期库存消费比小幅下降，2025 年降至 38.9%，但仍保持较高水平。

贸易。许多国家将继续实施高关税、关税配额管理、最低价格支持等政策，从而对国际贸易产生影响。澳大利亚、欧盟、泰国等地出口量可能会增加，巴西仍将是最大出口国。进口增量主要来自亚洲和非洲国家。

价格。2014/2015 年度名义价格下降超过 30%，2015/2016 年度开始上涨，展望期内将延续上涨趋势。但考虑到库存依然维持在较高水平，且原油价格低迷，未来几年名义价格上涨幅度不会很大（图 3），实际价格将稍有下降（图 8）。

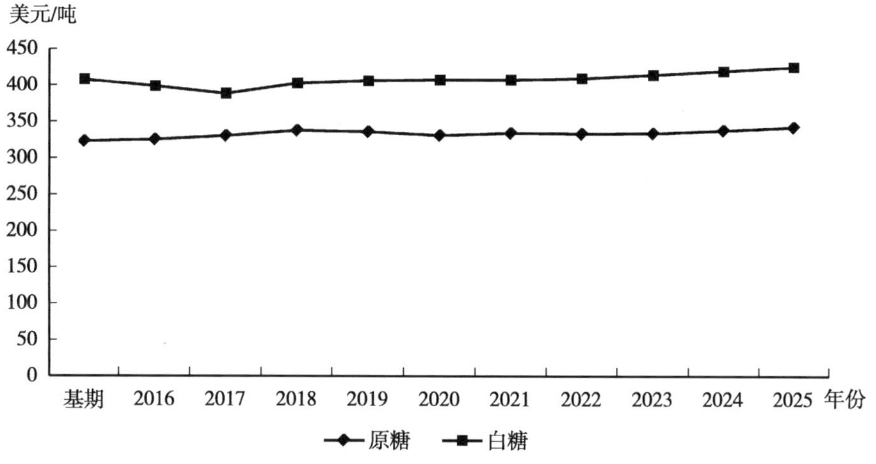

图 3　全球食糖名义价格变化趋势

四、棉花

产量、消费量缓慢增长，库存有所减少但仍保持高位。预计国际棉花贸易量年均增速下降，但棉纱和合成纤维贸易量增加（表 4）。

表 4 2016—2025 年棉花供需预测

单位：百万吨，美元/吨，%

	基期年平均值（2013—2015 年）	2016 年	2020 年	2025 年	年均增长
产 量	24.9	23.6	25.2	28.0	1.2
消费量	23.9	24.7	26.2	28.3	1.7
出口量	8.1	7.3	7.8	8.7	0.7
期末库存	20.2	18.8	14.1	11.8	−5.2
名义价格①	1 699.1	1 280.3	1 432.4	1 479.4	−1.4

注：①Cotlook A 指数，中等 1 3/32″棉花，远东港成本加运费（CFR）价（8 月/7 月）。

产量。年均增长 1.2%，合计增长 12.4%，增量 310 万吨，2025 年达 2 800 万吨。

消费。年均增长 1.7%，合计增长 18.4%，增量 440 万吨，2025 年达 2 830 万吨。中国消费增长减缓，预计印度将在 2025 年成为最大棉花消费国。

贸易。2016 年出口量下降，2017 年起逐步回升。未来 10 年年均增速降至 0.7%，合计增长 7.4%，增量 60 万吨，2025 年达 870 万吨，占产量的 31.1%。美国将继续保持最大出口国地位，巴西将成为第二大出口国；中国、孟加拉国、印度尼西亚和越南等国是主要进口国。

价格。全球经济增速放缓、纺织品和服装贸易量增长动力不足、合成纤维价格竞争力较强等因素将影响未来棉花市场，而高库存仍将是影响棉价的关键因素（图 4）。预测短期价格将继续下降，中后期有所回升，2025 年预计仍低于基期水平。

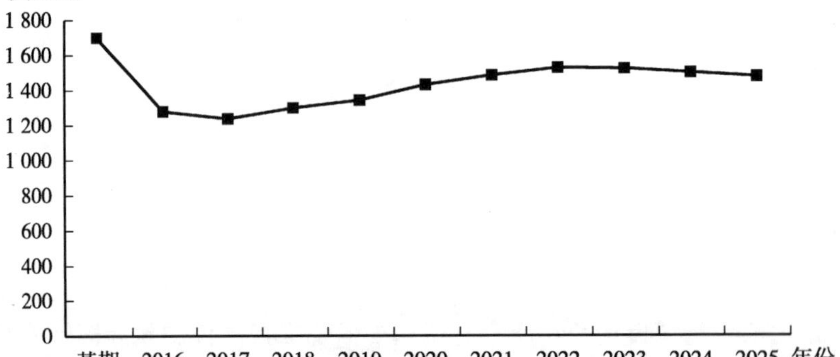

图 4 全球棉花名义价格变化趋势

五、肉产品

肉类产量和消费量将保持稳定增长。名义价格小幅上涨，但实际价格高位回落（表5）。

表5　2016—2025年肉产品供需预测

单位：万吨，美元/吨，%

	基期年平均值（2013—2015年）	2016年	2020年	2025年	年均增长
牛肉					
产　量	6 796.2	6 910.6	7 314.1	7 776.6	1.4
消费量	6 734.0	6 883.2	7 283.6	7 746.1	1.4
猪肉					
产　量	11 700.5	11 840.2	12 446.8	13 100.1	1.1
消费量	11 667.4	11 839.8	12 426.1	13 079.7	1.2
禽肉					
产　量	11 028.0	11 519.2	12 275.8	13 125.5	1.8
消费量	10 981.1	11 524.7	12 276.6	13 125.5	1.8
羊肉					
产　量	1 413.7	1 447.3	1 580.0	1 743.8	2.1
消费量	1 404.2	1 449.2	1 581.8	1 743.0	2.2
肉类合计					
产　量	30 938.4	31 717.3	33 616.7	35 746.0	1.5
消费量	30 786.7	31 696.9	33 568.1	35 694.3	1.5

产量。产量增长主要来自发展中国家，禽肉为主要驱动力。总产量年均增长1.5%，其中牛肉产量增长1.4%、猪肉增长1.1%、禽肉增长1.8%、羊肉2.1%，合计增长15.5%，增量4 807.6万吨，2025年达3.6亿吨。

消费。年均增长1.5%，到2025年，全球年人均消费量预计将达到35.3千克，较基期增加1.3千克。发达国家消费增速将低于发展中国家。消费量增量将主要来自禽肉。2025年消费总量将达到3.6亿吨，牛肉、猪肉、禽肉、羊肉的消费量分别为0.8亿吨、1.3亿吨、1.3亿吨和0.2亿吨。

贸易。初期由于俄罗斯进口禁令和中国进口需求增速下降，全球进口需求总体疲弱，但后期需求强劲，这主要得益于越南和非洲国家。发达国家出口量仍将占世界出口总量的一半以上，巴西出口将大幅增加，所占比重预计达 26%。

价格。名义价格小幅增长，实际价格缓慢下降（图 5、图 8）。2025 年，牛肉和猪肉价格预计将分别达 4 497 美元/吨和 1 580 美元/吨，羊肉和禽肉价格将分别涨至 3 857 美元/吨和 1 571 美元/吨。

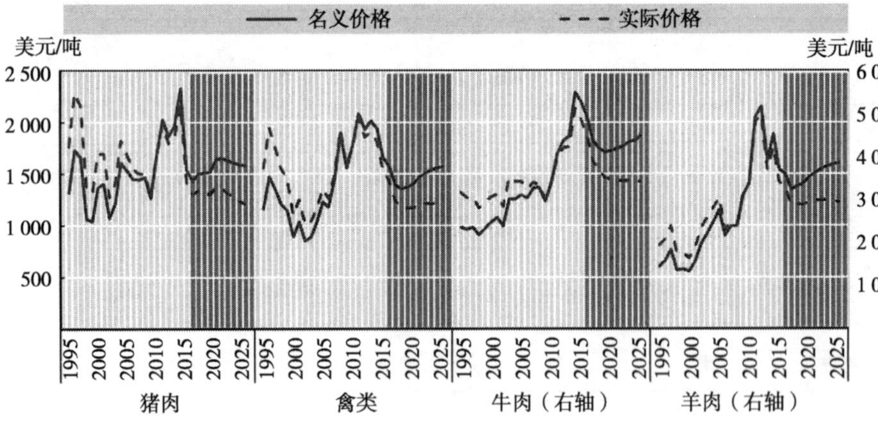

图 5　世界肉类价格变化趋势

注：美国精选肉用公牛，1 100～1 300 磅，分割酮体重，内布拉斯加州。新西兰小羊肉，计划价格，分割酮体重，各等级平均值。美国去势公猪和小母猪，第 1—3 号，230—250 磅，分割酮体重，艾奥瓦州/南明尼苏达州。巴西即煮鸡肉平均生产者价格。

资料来源：经合组织/粮农组织（2016 年），“经合组织—粮农组织农业展望”，经合组织农业统计数据（数据库）. http://dx.doi.org/10.1787/agr-data-en.

StatLink:http://dx.doi.org/10.1787/888933381625.

六、奶产品

产量与消费量均呈增长趋势，2017 年起名义价格有所上涨，但到 2025 年仍低于基期水平（表 6）。

产量。牛奶产量年均增长 1.8%，到 2025 年较基期增长 1.8 亿吨，增加 23%，其中 73%的增量来自印度、巴基斯坦等发展中国家。

消费。发展中国家人均奶制品消费年均增速为 0.8%～1.7%，其中中东和亚洲市场增幅较大，发达国家为 0.5%～1.1%。

贸易。出口量将保持增长，黄油，奶酪、脱脂奶粉和乳清年均增速均超过

2%，全脂奶粉为1.8%。黄油和全脂奶粉的主要出口国是新西兰，奶酪和脱脂奶粉的主要出口方则是欧盟。

表6　2016—2025年奶粉供需预测

单位：万吨，美元/吨，%

	基期年平均值（2013—2015年）	2016年	2020年	2025年	年均增长
脱脂奶粉					
产　量	418.1	444.9	462.6	516.9	2.1
消费量	401.3	434.1	465.2	517.7	2.6
库存变化	1.3	0.1	0.4	0.2	−17.1
名义价格①	3 439	2 227	2 612	3 116	−1.0
全脂奶粉					
产　量	401.1	412.1	454.9	499.8	2.2
消费量	385.0	399.9	442.7	487.7	2.4
库存变化	0.4	0	0	0	—
名义价格②	3 647	2 599	2 850	3 305	−1.0

注：①大洋洲离岸价，脱脂乳粉，1.25%乳脂含量；②大洋洲离岸价，全脂奶粉，26%乳脂含量。

价格。受供需关系影响，主要品种名义价格2016年将处于低迷状态，2017年起呈上涨趋势，但2025年仍将低于基期价格（图6）。主要品种实际价格将有所上涨（图8）。

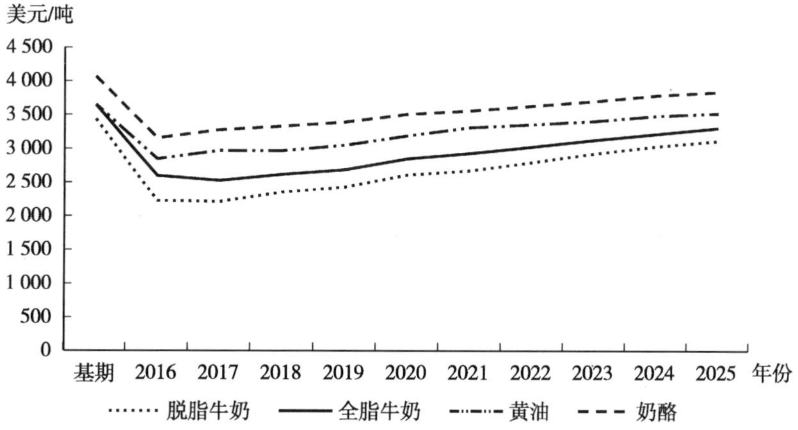

图6　全球奶产品名义价格变化趋势

七、水产品

全球捕捞业和养殖业良性发展，产量、消费量持续增长，养殖量继续超过捕捞量，前期价格缓慢下降，后期价格缓慢上升（表 7）。

表 7　2016—2025 年鱼产品供需预测

单位：百万吨，美元/吨，%

	基期年平均值（2013—2015 年）	2016 年	2020 年	2025 年	年均增长
产量	166.9	170.9	185.7	195.9	1.6
其中养殖量	73.3	77.7	91.6	101.8	3.3
消费量	166.2	170.8	185.6	195.8	1.7
其中食用量	146.6	151.5	166.4	177.7	1.9
价格					
养殖产品①	2 145.2	2 082.8	1 803.5	2 184.3	0.2
捕捞产品②	1 527.0	1 485.2	1 428.8	1 634.5	0.7

注：①世界养殖产量（活重）的单位价格；②粮农组织估计值，不包括损耗的世界捕捞产量的出船价格。

产量。渔业产量增长主要来自中国、印度、印度尼西亚等发展中国家。总产量年均增长 1.6%，合计增长 17.4%，增量 0.3 亿吨，2025 年达 2 亿吨，其中水产养殖量超 1 亿吨。2014 年，水产养殖产量首次超过捕捞渔业产量，2015 年以后将延续这一趋势。

消费。年均增长 1.7%，合计增长 17.8%，增量 0.3 亿吨，2025 年达 2 亿吨。预计在 2025 年，水产养殖消费量将达到水产品消费总量的 57%。发达国家消费呈下降趋势，而发展中国家消费发展迅速。预计人均消费量会增加，而在亚洲和大洋洲增长最为迅速。

贸易。水产品贸易量将增加 18%（即 700 万吨活重当量），约占产量的 36%，排除欧盟成员国之间的贸易则为 31%。年均增速由过去 10 年的 2.3% 降至 1.9%。

价格。2014 年 3 月达到峰值后，主要市场消费需求下降，产量增加，名义价格总体呈下行态势，并将延续到 2020 年。展望后期将缓慢回升，2025 年预计恢复到基期水平以上（图 7），实际价格将有所下降（图 8）。

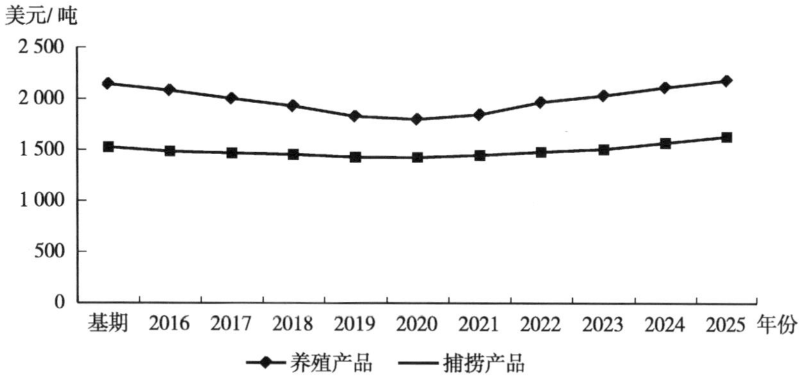

图 7 全球鱼产品名义价格变化趋势

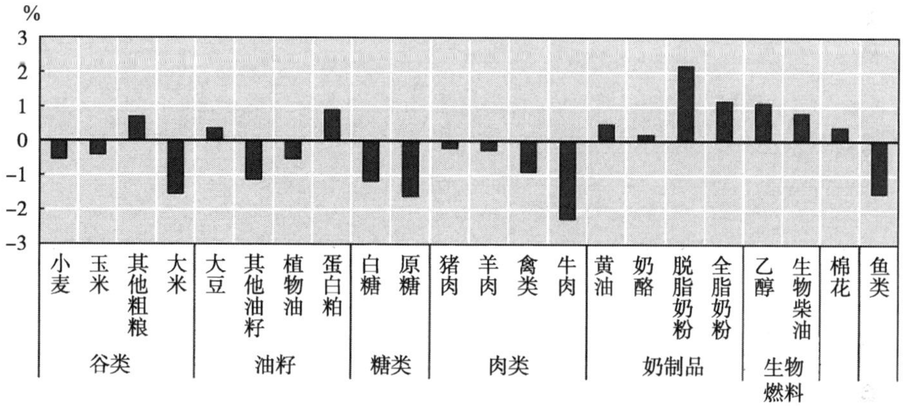

图 8 农产品年均实际价格变化

注：使用美元的实际价格（2010）预估 2016—2025 年间的变化

资料来源：经合组织/粮农组织（2016 年），“经合组织—粮农组织农业展望”，经合组织农业统计数据（数据库）. http://dx.doi.org/10.1787/agr-data-en.

StatLink:http://dx.doi.org/10.1787/888933381293.

（赵军华、杨静、梁勇、黄昕炎，2016 年第 10 期）

OECD—FAO（2017—2026）农业展望报告分析

2017年7月10日，经济合作与发展组织（OECD）和联合国粮农组织（FAO）联合发布《2017—2026年农业展望》报告，回顾了2016年全球农产品市场情况，并对未来10年农产品的生产、消费、贸易、价格等做出预测。

报告指出，2016年大多数农产品产量和库存均处于高位，农产品价格处于过去10年的较低水平。谷物、肉类、奶制品的价格在2015年较低水平上继续下跌，油籽、植物油和食糖价格略有回升。未来10年，由于作物单产提高，农产品产量将继续增加；农产品消费需求增长显著放缓，原油价格低迷导致生物燃料需求减弱，多数农产品实际价格将缓慢下降。贸易增速将放缓至前10年水平的一半，贸易量占全球产量的比例基本保持稳定。

一、谷物

产量、消费量保持增长，供需基本平衡。短期内名义价格将进一步走低，但中后期可能出现反弹。

产量。预计2026年达28.8亿吨，比基期[①]增长12.3%，增产3.1亿吨。小麦、玉米、大米产量分别增长10.6%、13.6%、13.3%（表1）。与过去10年相比，谷物价格下跌将影响播种面积扩大，谷物产量增长主要来自单产的提高。

表1　2017—2026年小麦、粗粮、大米供需预测

单位：百万吨，美元/吨，%

	基期年平均值（2014—2016年）	2017年	2021年	2026年	2026年比基期增长
小　麦					
产　量	742.1	744.2	780	820.8	10.6
消费量	722.4	754.2	775.9	815.3	12.9

① 以2014—2016年的平均值作为基期。

（续）

	基期年平均值（2014—2016年）	2017年	2021年	2026年	2026年比基期增长
出口量	165.8	168.8	180.4	191.1	15.3
期末库存	226.3	226.1	229	243.5	7.6
名义价格①	207.3	200.5	225.3	248.9	20.1
玉　米					
产　量	1 024.7	1 042.4	1 096	1 163.7	13.6
消费量	1 015.1	1 041.3	1 096	1 161.2	14.4
出口量	135.3	137.9	143	154.5	14.2
期末库存	228.8	222.1	199.4	208.8	−8.7
名义价格②	164.4	156.5	179.4	196.7	19.6
大　米					
产　量	494.9	506.5	530	560.9	13.3
消费量	494.7	507.6	530.1	560.1	13.2
出口量	44	42.7	46.6	51.2	16.4
期末库存	171.7	169.4	166.4	166.8	−2.9
名义价格③	375.1	389	405	415.5	10.8
其他粗粮					
产　量	301.4	302.1	315.2	331.8	10.1
消费量	292.5	298.1	310.4	326.5	11.6
出口量	49.2	43.4	46.7	51.2	4.1
期末库存	58.1	61.4	60.1	61.8	6.4
名义价格④	179.4	154.6	181.1	198.3	10.5

注：①2号普通蛋白硬红冬麦，美国海湾港口离岸价（市场年度6月/5月）；②2号黄玉米，美国海湾港口离岸价（市场年度9月/8月）；③100% B级大米，曼谷离岸价（市场年度1月/12月）；④欧洲饲料大麦，法国鲁昂离岸价。

消费。预计2026年达28.7亿吨，比基期增长13.1%，增加3.3亿吨。小麦增长12.9%，其中口粮用量占消费总量的67%，中国、巴基斯坦和越南等国的饲用消费增加；玉米增长14.4%，其中饲料消费占消费总量的60%；大米增长13.2%，增量的近80%来自亚洲。

价格。短期看，由于经济增速放缓、基期库存积压、石油价格低迷及美元升值，谷物价格将继续承受下行压力。中期看，名义价格将上涨但实际价格将略有下跌。小麦、玉米及大米的名义价格增长率预计为 10.8%～20.1%，低于此前 10 年的增长率，但仍高于 2007 年前的水平。其中大米由于主要为食用，价格下跌更为明显；其他谷物价格受到饲用消费的支撑（图 1）。

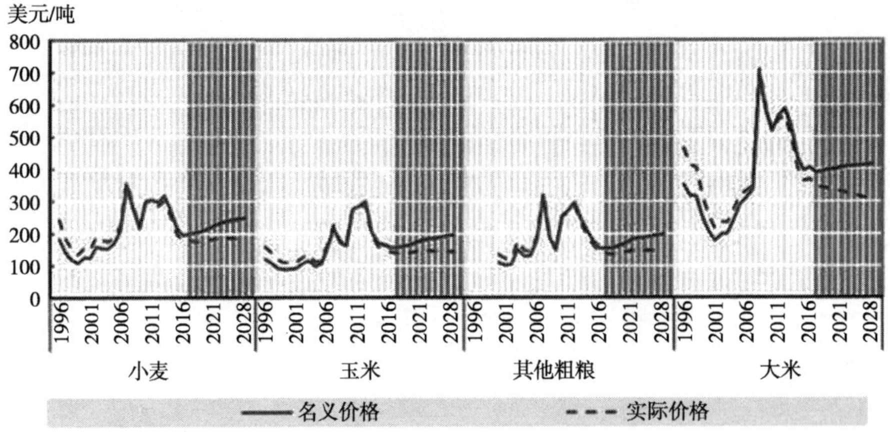

图 1　全球谷物价格变化趋势

二、食用油料和植物油

预计食用油料产量与消费量继续保持增长，植物油产量因发展中国家需求放缓及生物燃料需求增长减慢而增速放缓。名义价格预计略有上升，但实际价格将下降。

产量。2026 年大豆产量达 4 亿吨，比基期增长 23.2%，增产 7 570 万吨；其他食用油料产量达 1.6 亿吨，增长 15.2%，增产 2 130 万吨（表 2）；全球大豆产量的 90%和其他油料产量的 86%都将用于压榨。

2026 年植物油产量达 2.2 亿吨，比基期增长 22.8%，增产 4 000 万吨；植物油中来自大豆和其他油籽榨油的产量占 55%，棕榈油占 35%。巴西将成为大豆第一大生产国，印度尼西亚及马来西亚的棕榈油产量将继续增加。

消费。2026 年大豆消费量达 4 亿吨，比基期增长 24.5%，增加 7 900 万吨；其他油籽消费量达 1.6 亿吨，增长 14.1%，增加 2 000 万吨。

未来 10 年，受发展中国家人均食用需求增速趋缓的影响，植物油消费需求增速将放缓。2026 年消费量达 2.2 亿吨，增长 21.9%，增加 3 950

万吨。植物油贸易额占产量的比重将稳定在42%左右。饼粕需求增速将放缓，其中中国饼粕消费量年均增长2.3%，低于此前10年7.9%的年均增长率。

价格。食用油籽及植物油的名义价格预计略有上涨。由于食用需求趋于饱和、生物柴油需求平稳，食用油籽及植物油的实际价格将下跌（图2）。

表2　2017—2026年食用油籽和食用植物油供需预测

单位：百万吨，美元/吨，%

	基期年平均值（2014—2016年）	2017年	2021年	2026年	2026年比基期增长
大　豆					
产　量	325.6	338.6	364.7	401.3	23.2
消费量	322.2	341.9	365.3	401.1	24.5
期末库存	36.3	33.5	28.8	29.2	−19.6
价　格①	402.2	389.7	430.6	446.1	10.9
饼　粕					
产　量	314.5	331.2	352.2	384.3	22.2
消费量	308.8	330.1	352.5	384.2	24.4
期末库存	16	16.4	16.3	15.9	−0.6
价　格	340.2	296.4	313.1	335.3	−1.4
植物油					
产　量	179	189.9	202.8	219.8	22.8
消费量	180	189.5	202.6	219.5	21.9
出口量	75.3	79.1	84.1	91.5	21.5
期末库存	22.7	21.7	22.7	24	5.7
价　格②	768.3	827.7	862.2	902	17.4
其他油籽					
产　量	139.9	146	152.7	161.2	15.2
消费量	141.1	145.2	152.9	161	14.1
期末库存	8.1	8.2	7.8	7.8	−3.7
价　格③	420	431.3	451.4	483.2	15.0

注：①美国大豆，鹿特丹CIF价；②菜籽油与棕榈油的加权平均价格，欧洲港口价；③欧洲油菜籽，汉堡CIF价。

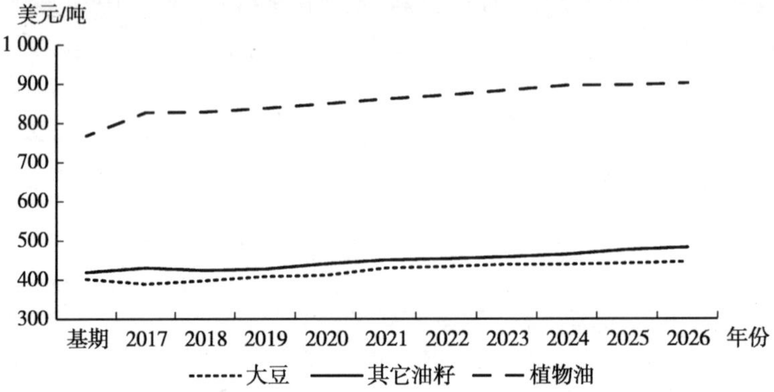

图 2　全球食用油籽及植物油名义价格变化趋势

三、食糖

产量保持增长，且增速超过消费量。展望初期食糖库存消费比下降，中后期略有回升。价格在初期处于高位，中后期将下跌（表 3）。

表 3　2017—2026 年食糖供需及价格预测

单位：百万吨，美元/吨，%

	基期年平均值（2014—2016 年）	2017 年	2021 年	2026 年	2026 年比基期增长
产　量	168.6	179.2	192.4	209.5	24.3
消费量	168.3	174.3	186.5	203.3	20.8
期末库存	72.8	67.1	76.1	82.3	13.0
原糖价格	361.6	403.2	354.5	367.1	1.5

注：原糖价格是洲际交易所（ICE）第 11 号近期合约价（市场年度 10 月/9 月）。

产量。2026 年食糖产量将达 2.1 亿吨，比基期增长 24.3%，增产 4 090 万吨。全球食糖市场自 2010 年起连续生产过剩的状况在 2015 年出现转变，巴西、泰国、印度等主要生产国产量减少造成了市场的短缺，2016/2017 榨季将延续产不足需态势。未来 10 年，全球食糖产量的 33%将用于出口，而出口的 48%来自巴西。

消费。2026 年达 2 亿吨，比基期增长 20.8%，增量 3 500 万吨。食糖消费增长将主要源自发展中国家的人口增长和城镇化，其中亚洲需求增长强劲。基期库存消费比高达 43.3%，展望初期库存消费比小幅下降，2017 年为

38.5%，2026年回升至40.5%，仍保持较高水平。

价格。由于市场出现阶段性短缺，2017年价格处于高位，但考虑到库存依然维持在较高水平，随着产量增长、供给宽裕，加上原油价格低迷，食糖价格在中期将下跌。预计到2026年将小幅回升至每吨367美元（图3）。

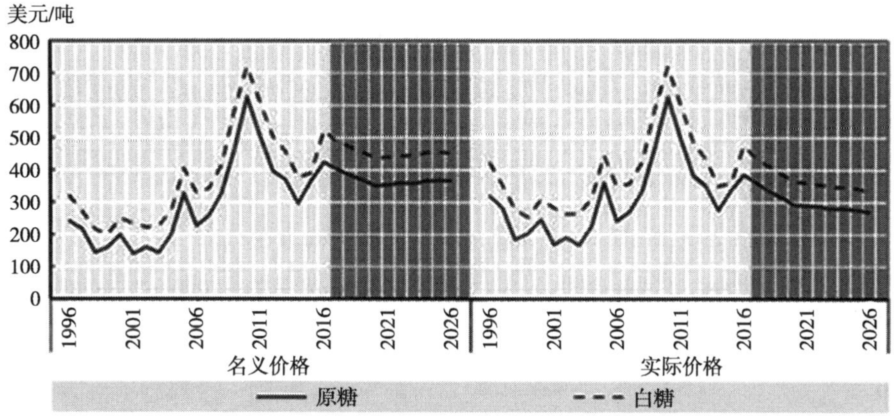

图3 全球食糖价格变化趋势

四、棉花

产量、消费量将缓慢增长，库存有所减少，展望中后期库存消费比将显著下降。展望初期价格有所下跌，中后期将趋稳（表4）。

表4 2017—2026年棉花供需预测

单位：百万吨，美元/吨

	基期年平均值（2014—2016）	2017	2021	2026	2026年比基期增长
产　量	23.4	22.7	23.7	26.1	11.5
消费量	24.0	24.0	24.2	26.0	8.3
出口量	7.6	7.8	8.0	8.5	11.8
期末库存	19.8	16.5	11.4	10.0	−49.5
价　格	1 582.8	1 480.7	1 546.7	1 576.0	−0.4

注：棉花价格是Cotlook A指数，中等1—3/32英寸棉花的远东港成本加运费（CFR）价（市场年度8月/7月）。

产量。2026 年将达 2 610 万吨，比基期增长 11.5%，增产 270 万吨。2016 年全球棉花生产在 2015 年大幅减少的基础上有所恢复，增产 7%。除中国外，几乎所有棉花主产国的产量都在增加，巴基斯坦、美国和巴西的产量分别增长 17%、24%和 7%。美国仍将是世界第一大棉花出口国，占全球贸易总量的 33%。

消费。2026 年达 2 600 万吨，比基期增长 8.3%，增加 200 万吨。由于经济和人口增长趋缓，世界棉花消费量增速将放慢，中国消费量将比基期减少 15%，印度将在 2026 年成为全球最大棉花消费国。全球库存仍居高位，2016 年库存量约等于全球八个月的消费量；2026 年库存消费比将从基期的 82.5% 大幅降至 38.5%。

价格。基于主要产棉国的政策支持，未来 10 年棉价基本稳定，但预计低于基期水平（图 4）。全球经济增速放慢、纺织品和服装贸易量下降、合成纤维具有价格竞争力、政策因素等将影响未来棉花市场，而高库存仍是影响棉价的关键因素。

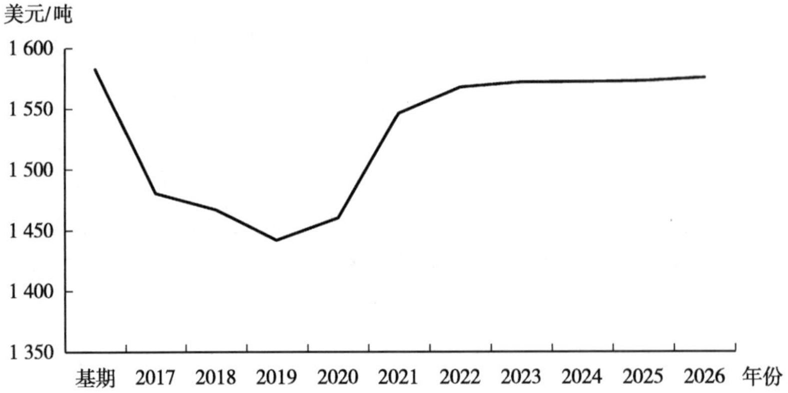

图 4　全球棉花名义价格变化趋势

五、肉类产品

产量将因饲料价格走低和消费增加而稳步增长，实际价格将逐步走低，但名义价格稳步走高。

产量。2026 年比基期增长 13%，主要来自发展中国家，其中禽肉对产量增加贡献最大。禽肉、猪肉、牛肉和羊肉产量较基期分别增长 15.6%、9.1%、11.5%和 22.3%（表 5）。

表 5　2017—2026 年肉产品供需预测

单位：百万吨，%

	基期年平均值（2014—2016 年）	2017 年	2021 年	2026 年	2026 年比基期增长
牛　肉					
产　量	68.5	69.9	72.6	76.3	11.5
消费量	67.5	69.7	72.3	76.0	12.6
猪　肉					
产　量	116.9	118.0	122.5	127.5	9.1
消费量	116.9	117.9	122.5	127.5	9.1
禽　肉					
产　量	113.9	118.1	124.0	131.6	15.6
消费量	113.2	118.1	124.0	131.6	16.2
羊　肉					
产　量	14.3	14.7	16.1	17.5	22.3
消费量	14.3	14.7	16.1	17.5	22.6

消费。猪肉和牛肉消费量基本稳定，禽肉和羊肉增长较快。发达国家人均肉类消费量仍将高于发展中国家，但消费增速仅为发展中国家的五分之一。2026 年禽肉、猪肉、牛肉、羊肉的消费量将分别达到 1.3 亿吨、1.3 亿吨、0.8 亿吨和 0.2 亿吨。

价格。实际价格将逐步走低，但名义价格稳步走高。2026 年，牛肉和猪肉价格预计将分别达到每吨 3 984 美元和 1 500 美元，羊肉和禽肉价格将分别上涨到 3 938 美元和 1 709 美元（图 5）。

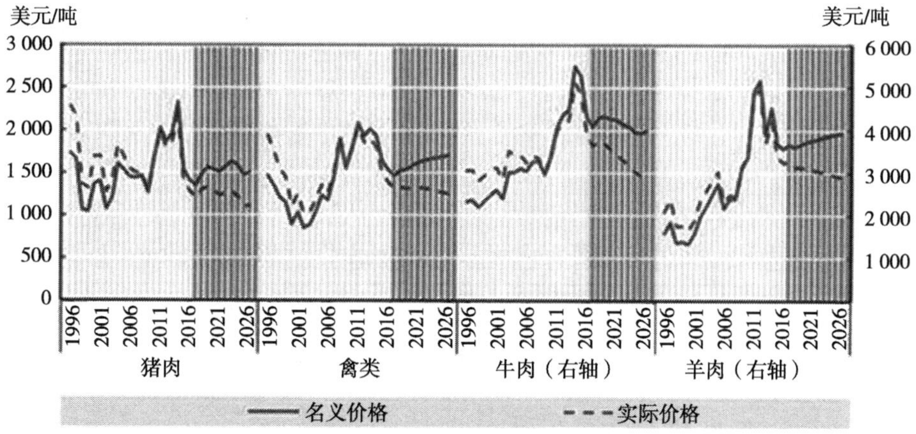

图 5　全球肉类产品价格变化趋势

六、奶制品

产量与消费量稳步增长（表 6），发展中国家的产量和消费量增幅均高于发达国家。奶粉名义价格和实际价格都将上涨。

表 6　2017—2026 年奶粉供需预测

单位：万吨，美元/吨，%

	基期年平均值（2014—2016 年）	2017 年	2021 年	2026 年	2026 年比基期增长
脱脂奶粉					
产　量	447.4	444.5	491.7	545.2	21.9
消费量	431.6	443.1	491.1	545.6	26.4
库存变化	1.6	0.2	−0.3	−0.6	—
价　格①	2 637	2 522	2 977	3 530	33.9
全脂奶粉					
产　量	516.6	540.4	581.6	637.2	23.3
消费量	523.8	539.4	581.6	637.2	21.6
库存变化	0.1	0.8	0	0	—
价　格②	2 889	3 120	3 417	3 883	34.4
黄　油					
产　量	1 090.5	1 137.9	1 241.2	1 359.3	24.6
消费量	1 083.1	1 137.9	1 238	1 356.1	25.2
库存变化	1.3	−0.3	0	−0.1	—
价　格	3 396	3 925	3 935	4 248	25.1
奶酪					
产　量	2 247.1	2 313.9	2 452	2 619.3	16.6
消费量	2 227.3	2 306.4	2 438.1	2 604.9	17.0
库存变化	3.7	−5.1	1.4	1.9	—
价　格	3 633	3 644	3 863	4 276	17.7

注：①1.25% 乳脂含量的脱脂乳粉的大洋洲离岸价；②26%乳脂含量的全脂奶粉大洋洲离岸价。

产量。2026 年牛奶产量将比基期增长 22%，增长 1.8 亿吨，其中 77%的增量来自发展中国家，特别是巴基斯坦和印度。发达国家在牛奶产量中所占份额从 2016 年的 49%下降至 2026 年的 44%。全脂奶粉和脱脂奶粉的产量将年均增加 1.9%和 2.5%。

消费。发展中国家奶制品消费增长快于发达国家。2026 年，发展中国家人均奶制品消费 13.2 千克，比基期增长 21.1%，发达国家人均奶制品消费 21.4 千克，比基期增长 5.9%。

价格。需求增长将支撑乳制品价格稳步上涨，但仍无法恢复到 2013—2014 年的价格水平。2026 年，全脂奶粉和脱脂奶粉名义价格较基期分别上涨 34.4%和 33.9%（图 6）。

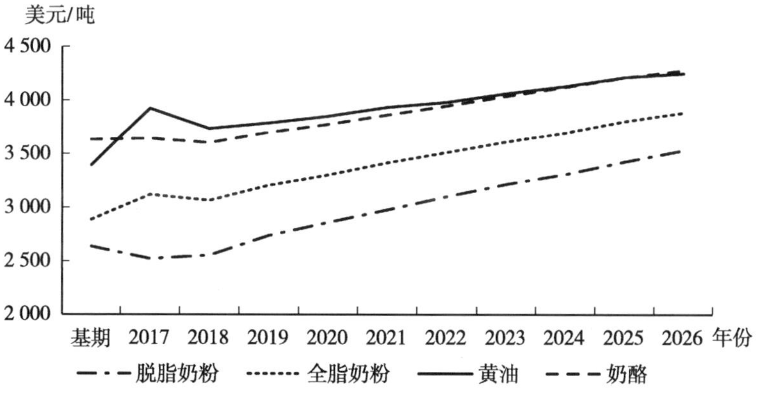

图 6 全球奶制品名义价格变化趋势

七、水产品

产量、消费量增速放缓（表 7），海洋捕捞量预计下降，淡水养殖产量增长较快。名义价格缓慢上涨。

表 7 2017—2026 年水产品供需预测

单位：百万吨，美元/吨，%

	基期年平均值（2014—2016 年）	2017 年	2021 年	2026 年	2026 年比基期增长
鱼					
产　量	168.3	176.0	185.2	193.9	15.2
水产养殖量	76.4	82.3	93.9	102.1	33.7
消费量	168.2	176.8	185.5	193.9	15.3
食　用	148.8	155.8	167.7	177.4	19.2
加工用	14.2	15.9	14.0	13.7	−3.4

（续）

	基期年平均值（2014—2016 年）	2017 年	2021 年	2026 年	2026 年比基期增长
价格					
养殖类均价	2 095.5	2 109.0	2 139.4	2 312.7	10.4
捕捞类均价	1 568.3	1 564.7	1 610.6	1 724.8	10.0
交易均价	2 837.2	2 850.0	2 852.5	3 043.0	7.3
鱼粉					
产　量	4.4	4.9	4.6	4.7	7.7
来自全鱼	3.2	3.8	3.4	3.3	4.3
消费量	4.5	4.9	4.8	4.9	9.4
价　格	1 592.3	1 280.9	1 558.6	1 834.9	15.2
鱼油					
产　量	0.9	1.0	0.9	0.9	5.0
来自全鱼	0.6	0.6	0.6	0.6	−2.3
消费量	0.9	0.9	1.0	1.0	7.8
价　格	1 808.3	1 607.9	1 907.2	2 055.8	13.7

注：“鱼”包括鱼、甲壳类动物、软体动物和其他水生动物，但不包括水生哺乳动物、鳄鱼、凯门鳄、短吻鳄和水生植物。

产量。2026 年达 1.9 亿吨，比基期增长 15.2%。其中水产养殖达 1 亿吨，年均增长 2.4%。海洋捕捞量达 0.9 亿吨，年均下降 0.1%。根据最新修订数据，早在 2013 年，水产养殖就已超过海洋捕捞，成为食用鱼类的主要来源；而此前认为这一时间节点是 2014 年。

消费。2026 年达 1.77 亿吨，比基期增长 15.3%，年均增长 1.4%。人均消费量达 21.6 千克，年均增长 0.4%。美洲和欧洲人均消费将继续增加，亚洲消费增速放缓。

价格。2026 年名义价格比基期上涨 7.3%，年均涨幅为 0.8%。水产养殖及海洋捕捞鱼类名义价格在 2020 年前预计保持稳定或轻微下跌，但 2020 年到 2026 年预计持续上涨。鱼粉和鱼油名义价格年均涨幅分别为 4.1%和 2.8%。价格总体均呈现先跌后涨趋势（图 7）。

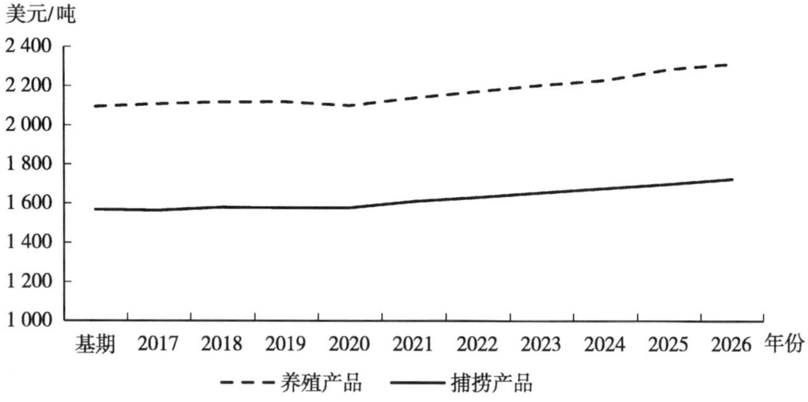

图 7　全球水产品名义价格变化趋势

八、生物燃料

产量、消费量保持增长，供需基本平衡。价格保持增长，受政策影响较大（表 8）。

表 8　2017—2026 年生物燃料供需及价格预测

单位：百万升，美元/百升，%

	基期年平均值（2014—2016 年）	2017 年	2021 年	2026 年	2026 年比基期增长
乙　醇					
产　量	117.4	123.7	131.5	136.7	16.4
产自玉米	68.2	71.9	74.5	73.7	8.1
产自甘蔗	27.9	29.5	32.5	35.5	27.2
产自其他①	0.8	0.8	1.0	1.2	50.0
消费量	117.2	124.6	131.8	136.9	16.8
用于燃料	96.2	103.1	109.6	113.6	18.1
出口量	8.2	8.9	8.8	7.9	−3.7
价　格②	51.0	44.5	49.7	55.3	8.4
生物柴油					
产　量	33.8	37.3	40.2	40.5	19.8
产自植物油	24.3	27.6	29.0	28.8	18.5
产自废弃物	8.2	9.0	10.2	10.5	28.0

（续）

	基期年平均值（2014—2016 年）	2017 年	2021 年	2026 年	2026 年比基期增长
产自其他	0.3	0.4	0.5	0.6	100.0
消费量	33.8	37.5	40.3	40.6	20.1
出口量	3.5	3.8	3.6	3.1	－11.4
价　格③	86.9	86.1	90.9	93.6	7.7

注：①制造乙醇的其他原料包括农业废弃物、森林废弃物、专用能源作物等；②美国奥马哈批发价；③德国生产者价格，扣除生物柴油关税和能源税。

产量。2026 年乙醇产量达 1.37 亿升，比基期增长 16.4%；生物柴油产量达 4 050 万升，比基期增长 19.8%。生产乙醇的原料 55%来自玉米，35%来自甘蔗；生物柴油的原料 30%来自植物油。

消费。2026 年乙醇消费量达 1.37 亿升，比基期增长 16.8%，其中用于燃料消费 1.14 亿升，比基期增长 18.1%；生物柴油消费量达 4 060 万升，比基期增长 20.1%。

价格。伴随原油价格上涨，生物燃料及其原材料价格也会随之上涨，但涨幅较原油涨幅略小，且受政策影响较大。2026 年乙醇价格比基期预计上涨 8.4%，生物柴油价格上涨 7.7%（图 8）。

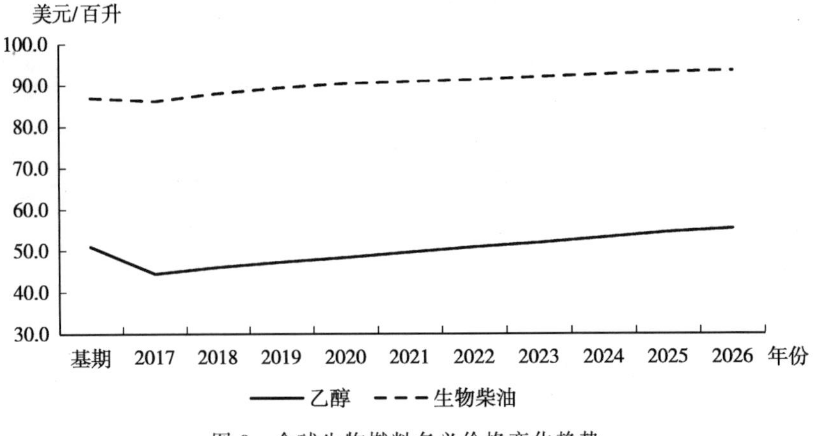

图 8　全球生物燃料名义价格变化趋势

（赵军华、梁勇、杨静、黄昕炎，2017 年第 7 期）

OECD—FAO（2018—2027）农业展望报告分析

2018 年 7 月，经济合作与发展组织（OECD）与联合国粮食及农业组织（FAO）联合发布《2018—2027 年农业展望》报告，对未来十年全球 25 种农产品的生产、消费、库存、贸易和价格变化趋势进行了预测。本文对报告进行了编译整理，并探讨了未来农产品市场需要关注的领域。

报告认为，2017 年全球农产品市场整体运行较为稳定。从供给看，谷物将在 2017 年产量、库存均创历史记录的基础上继续保持增产趋势；大豆、食糖、棉花、肉、奶、水产品产量将持续增加。从需求看，用于生产生物能源的需求趋于稳定，农产品消费增长主要来自人口缓慢增长带来的食用消费和饲用消费增加，增速将比前十年大幅下降。供给充裕、需求疲弱、库存较高将导致农产品价格低位运行。农业贸易政策不确定性加大以及贸易保护主义加剧等对全球农产品市场的影响需加以关注。

一、谷物

当前市场形势。2017 年产量（26.2 亿吨）创新高，其中玉米产量（10.7 亿吨）增长最多，达历史记录；大米产量（5 亿吨）持续增长，主因在于亚洲生产继续增加以及拉美产量有所恢复；小麦产量低于 2016 年，但仍保持较高水平；全球粗粮受澳大利亚大麦、美国高粱、大麦产量较低影响，产量有所下降。

未来十年展望。产量和消费量均保持增长，但价格将略有上涨（表 1）。

产量。2027 年达 29.2 亿吨，比基期增长 13%。玉米、大米和小麦产量分别增长 15.5%、12.8%和 10.9%。由于谷物相对其他产品价格更低，全球谷物种植面积增加较为缓慢，产量增长主要来自单产提高。

消费。2027 年达 29.1 亿吨，比基期增长 14%。小麦增长 13.4%，玉米增长 15.8%，大米增长 13.3%，增量的 70%以上来自亚洲。发展中国家食用消费增长和发达国家饲用消费增长均更突出。

价格。将略有上涨。2027 年小麦、玉米、大米名义价格预计增至每吨 229 美元、173 美元和 431 美元，其他粗粮增至 189 美元。

表 1　2018—2027 年小麦、粗粮、大米供需及价格预测

单位：亿吨，美元/吨，%

	基期年平均值（2015—2017 年）	2018 年	2022 年	2027 年	2027 年比基期增长
小　麦					
产　量	7.51	7.55	7.93	8.33	10.9
消费量	7.27	7.58	7.83	8.24	13.4
出口量	1.75	1.79	1.88	1.99	13.5
期末库存	2.48	2.55	2.61	2.80	13.0
价格①	206.60	209.10	223.20	229.10	10.9
玉　米					
产　量	10.41	10.74	11.31	12.02	15.5
消费量	10.37	10.80	11.30	12.01	15.8
出口量	1.39	1.39	1.46	1.57	13.3
期末库存	2.51	2.49	2.35	2.47	−1.6
价格②	155.90	158.70	174.60	173.00	11.0
其他粗粮					
产　量	2.97	2.97	3.09	3.27	9.9
消费量	2.94	2.95	3.08	3.26	10.7
出口量	0.46	0.42	0.45	0.49	7.2
期末库存	0.64	0.64	0.66	0.69	8.3
名义价格③	167.10	163.90	179.30	189.40	13.3
大　米					
产　量	4.98	5.10	5.32	5.62	12.8
消费量	4.98	5.12	5.35	5.64	13.3
出口量	0.45	0.45	0.49	0.54	20.4
期末库存	1.68	1.70	1.69	1.71	1.7
价格④	404.70	412.30	419.60	431.00	6.5

注：①美国二号硬红冬小麦离岸价，6 月/5 月；②美国二号黄玉米离岸价，9 月/8 月；③欧洲饲用大麦法国鲁昂港离岸价，7 月/6 月；④泰国曼谷 100%b 级大米，1 月/12 月。

二、油籽和植物油

当前市场形势。本市场年度（2017 年 10 月至 2018 年 9 月）大豆产量（3.4 亿吨）高位略降，美国南部大豆生产减少的同时，加拿大和中国产量增加较快；其他油籽总产量保持稳定。2017 年植物油产量继续增长。

未来十年展望。油籽产量与消费量保持增长，植物油产量因发展中国家需求放缓及生物柴油需求趋稳而增速放缓。价格略有上涨（表 2）。

表 2　2018—2027 年食用油籽和食用植物油供需及价格预测

单位：亿吨，美元/吨，%

	基期年平均值（2015—2017 年）	2018 年	2022 年	2027 年	2027 年比基期增长
大　豆					
产　量	3.37	3.56	3.81	4.07	20.7
消费量	3.33	3.56	3.81	4.06	22.1
期末库存	0.39	0.42	0.42	0.43	11.4
价格①	399.70	393.70	425.70	452.50	13.2
其他油籽					
产　量	1.47	1.51	1.60	1.73	17.8
消费量	1.47	1.51	1.60	1.73	17.6
期末库存	0.09	0.09	0.09	0.09	2.4
价格②	424.00	439.20	465.20	487.70	15.0
饼粕					
产　量	3.27	3.48	3.72	4.00	22.6
消费量	3.25	3.48	3.72	4.00	23.3
期末库存	0.15	0.15	0.15	0.16	5.4
价格③	316.80	312.90	344.30	366.00	15.5
植物油					
产　量	1.90	2.02	2.17	2.35	23.7
消费量	1.92	2.03	2.17	2.35	22.4
出口量	0.77	0.81	0.89	0.96	25.6
期末库存	0.23	0.22	0.23	0.24	4.4
价格④	783.50	828.60	842.90	892.00	13.8

注：①美国大豆鹿特丹到岸价，10 月/9 月；②欧洲油菜籽汉堡到岸价，10 月/9 月；③欧洲港饼粕加权平均价，10 月/9 月；④欧洲港菜籽油、棕榈油加权平均价，10 月/9 月。

产量。大豆年均增产 1.5%，低于此前十年 4.8%的年均增长率，2027 年达 4.1 亿吨，比基期增长 20.7%。其他油籽达 1.7 亿吨，增长 17.9%。植物油达 2.3 亿吨，比基期增长 23.7%。巴西和美国为大豆最大生产国，印度尼西亚及马来西亚仍是植物油主要出口国。

消费。2027 年大豆达 4.1 亿吨，比基期增长 22.1%；其他油籽达 1.7 亿吨，增长 17.6%。植物油达 2.3 亿吨，增长 22.4%。饼粕需求增速将放缓，年均增长 1.6%，消费量 4 亿吨；其中中国饼粕消费量年均增长 1.7%，低于此前十年 7.2%的年均增长率。

价格。食用需求趋于饱和，生物柴油需求平稳，油籽及植物油价格预计略涨。

三、食糖

当前市场形势。虽然 2015、2016 年连续供应短缺，但 2017 年产量（1.8 亿吨）实现反弹并接近 5 年前水平，其中印度、泰国、中国等主产国产量增长但全球最大产糖国巴西产量下降，主因是将甘蔗加工成乙醇的利润高于产糖。

未来十年展望。未来十年 83%的产量增长和 94%的消费增长均来自发展中国家。全球库存将有所增加，但库存消费比有所下降。价格在展望初期处于低位，后期将温和上涨（表 3）。

表 3 2018—2027 年食糖供需及价格预测

单位：亿吨，美元/吨，%

	基期年平均值（2015—2017 年）	2018 年	2022 年	2027 年	2027 年比基期增长
产 量	1.71	1.79	1.91	2.05	19.9
消费量	1.67	1.73	1.84	1.98	18.4
期末库存	0.79	0.78	0.81	0.85	7.9
原糖价格①	359.70	346.90	367.80	392.30	9.1

注：①原糖世界价格，洲际交易所（ICE）第 11 号近期合约价，10 月/9 月。

产量。2027 年达 2.05 亿吨，比基期增长 19.9%。年均增速由过去十年的 2%放缓至 1.5%，且增长主要来自发展中国家的消费推动。巴西仍将是食糖及甘蔗制乙醇的主要生产国，到 2027 年将生产全球 20%的食糖以及 88%的甘蔗制乙醇。

消费。2027 年达 1.98 亿吨，比基期增长 18.4%。受人口增速略缓和全球经济增长乏力影响，人均食糖消费量将从展望初期的每年 22.4 千克增至 23.8 千克，但地区间存在较大差异，亚洲和非洲对食糖新增需求量较大，分别占新需求量的 60%和 25%。全球食糖库存将有所增加，但库存消费比将从基期的 47.2%降至 2027 年的 42.6%。

价格。2018 年糖价为每吨 346.9 美元，低于基期平均值。中期看，人均消费量低于全球均值的国家需求增加将利好国际糖价。未来十年糖价将温和持续上涨，预计 2027 年达每吨 392.3 美元。

四、棉花

当前市场形势。在种植面积和单产增加推动下，2017 年产量恢复增长至 2 560 万吨，增产 11.1%；巴基斯坦、美国、土耳其、印度和中国等主产国分别增产 24%、24%、18%、9%和 7%。库存（1 920 万吨）仍居高位。

未来十年展望。产量、消费量增加，库存下降，中后期库存消费比将明显下降。初期价格下跌，中后期将缓慢回升但仍将低于基期水平（表 4）。

表 4　2018—2027 年棉花供需及价格预测

单位：万吨，美元/吨，%

	基期年平均值（2015—2017 年）	2018 年	2022 年	2027 年	2027 年比基期增长
产　量	2 340	2 510	2 630	2 870	22.6
消费量	2 450	2 620	2 770	2 870	17.1
出口量	790	830	880	940	19.0
期末库存	1 950	1 810	1 240	1 120	−42.6
价格①	1 697.4	1 597.2	1 517.0	1 544.1	−9.0

注：①Cotlook A 指数，中等 1 3/32″棉花，远东港成本加运费（CFR 价），8 月/7 月。

产量。2027 年达 2 870 万吨，比基期增长 22.6%。2027 年，印度棉花产量预计达 790 万吨，占全球总产量三分之一。技术进步、改进生产方式等促使棉花生产率提高，为未来十年棉花生产创造了巨大潜力。短期看，世界经济增速不确定因素增加、纺织品和服装贸易量下降、合成纤维价格竞争力增强以及各国政策变动等都将给棉花市场带来一定不确定性。中后期看，全球棉花产量和消费量将持续增长。美国仍将是世界第一大棉花出口国，2027 年出口份额占全球贸易量的 36%。

消费。2027 年达 2 870 万吨，比基期增长 17.1%。中国占全球消费量的比重将从基期的 32%降至 2027 年的 24%；印度将在 2027 年成为最大消费国，消费量达 750 万吨，占比从 21%增至 26%。全球库存持续快速下降，库存消费比从基期的 79.6%降至 39%。

价格。受棉花库存水平较高以及合成纤维更具价格竞争力的影响，全球棉价低迷，展望中后期有所回升。展望期内价格将低于基期水平。

五、肉类

当前市场形势。2017 年总产量（3.2 亿吨）同比增长 1.3%，其中牛肉和禽肉产量略有增加，猪肉和羊肉产量增长较快。肉类产量增长主要来自美国，其他主产国如阿根廷、印度、墨西哥、俄罗斯和土耳其也有增长。

未来十年展望。产量稳步增长，其中发展中国家因采用集约化饲养方式使动物酮体重量增加（表 5）。价格前期下降、后期逐步上涨。

表 5　2018—2027 年肉类供需预测

单位：万吨，%

	基期年平均值（2015—2017 年）	2018 年	2022 年	2027 年	2027 年比基期增长
牛肉					
产　量	6 849	7 172	7 504	7 929	15.8
消费量	6 798	7 093	7 425	7 851	15.5
猪肉					
产　量	11 755	12 071	12 564	13 093	11.4
消费量	11 735	12 048	12 546	13 070	11.4
禽肉					
产　量	11 808	12 321	13 049	13 902	17.7
消费量	11 802	12 312	13 040	13 892	17.7
羊肉					
产　量	1 442	1 487	1 600	1 743	20.9
消费量	1 444	1 487	1 600	1 741	20.6

产量。2027 年较基期增长 15%，主要来自发展中国家；禽肉仍是新增产量的主要品种，但未来十年增速大幅下降。羊肉、禽肉、牛肉和猪肉产量较基期分别增长 20.9%、17.7%、15.8%和 11.4%。

消费。猪肉稳步增长，牛肉、禽肉和羊肉增速较快。预计非洲国家人均消费量增速快于其他地区。2027 年牛肉、猪肉、禽肉、羊肉的消费量将分别达到 0.8 亿吨、1.3 亿吨、1.4 亿吨和 0.2 亿吨。

价格。价格前期走低但后期逐步上涨，2027 年，牛肉和羊肉价格将分别达到每吨 4 000 美元和 3 900 美元，猪肉和禽肉价格将分别上涨到 1 600 美元和 1 700 美元。

六、奶制品

当前市场形势。2017年牛奶总产量略增0.5%，其中欧盟、新西兰、澳大利亚、阿根廷等主产国（地区）上半年产量下降、下半年部分反弹。受产量下降和需求旺盛影响，2017年奶制品价格总体上涨，其中黄油、全脂奶粉、奶酪和脱脂奶粉价格分别上涨65%、28%、25%和3%。

未来十年展望。产量与消费量稳步增长，发展中国家产量和消费量增幅均高于发达国家。随着收入和人口的增加，发展中国家饮食结构越来越多样化。欧盟在全球乳制品出口中的份额预计将从27%增加到29%（表6）。

表6　2018—2027年奶制品供需及价格预测

单位：万吨，美元/吨，%

	基期年平均值（2015—2017年）	2018年	2022年	2027年	2027年比基期增长
脱脂奶粉					
产　量	450.5	459.5	484.6	516.3	14.6
消费量	434.8	457.0	480.9	509.6	17.2
库存变化	9.6	−3.6	−2.3	0.7	—
价格①	2 069.0	2 077.0	484.6	2 895.0	39.9
全脂奶粉					
产　量	531.7	552.4	592.7	634.6	19.4
消费量	522.7	551.8	592.8	634.7	21.4
库存变化	−0.7	0.6	0.0	−0.1	—
价格②	2 664.0	2 961.0	3 378.0	3 710.0	39.3
黄油					
产　量	1 108.1	1 161.2	1 258.6	1 406.0	26.9
消费量	1 100.5	1 155.5	1 253.6	1 400.8	27.3
库存变化	−0.5	0.5	−0.2	−0.1	—
价格③	3 933.0	4 514.0	4 373.0	4 469.0	13.6
奶酪					
产　量	2 280.9	2 371.3	2 497.5	2 650.7	16.2
消费量	2 270.5	2 365.4	2 484.0	2 637.6	16.2
库存变化	3.8	−5.2	2.4	2.0	−47.4%
价格④	3 425.0	3 699.0	3 985.0	4 218.0	23.2

注：①1.25%乳脂，大洋洲脱脂奶粉离岸出口价；②26%乳脂，大洋洲全脂奶粉离岸出口价；③82%乳脂，大洋洲黄油离岸出口价；④39%水分，大洋洲切达奶酪离岸出口价。

产量。2027 年牛奶产量将比基期增长 22%，80%的增量将来自发展中国家，特别是巴基斯坦和印度。发达国家在牛奶产量中所占份额从 2017 年的 48%下降至 2027 年的 43%。

消费。发展中国家乳制品消费增长快于发达国家。发展中国家主要消费新鲜乳制品，发达国家更倾向于消费加工品，消费结构差异较大。2027 年，发展中国家人均消费 13.5 千克，发达国家人均消费 23.1 千克，分别比基期增长 27.4%和 4.1%。

价格。需求增速虽有所放缓，但仍对乳制品价格起到支撑作用。2027 年，脱脂奶粉和全脂奶粉价格较基期分别增长 39.9%和 39.3%。

七、水产品

当前市场形势。近年来水产品生产和消费的主要增长点来自水产养殖业。2017 年水产养殖以 4%的速度增长，加之南美洲秘鲁鳀鱼捕捞量有所恢复，全球水产品产量增长率超过 2016 年。尽管产量增长，但消费需求旺盛导致鱼类价格上涨。

未来十年展望。受中国渔业政策影响，全球水产品产量增速预计放缓，其中海洋捕捞量略降，淡水养殖产量低速增长。人均消费量稳中略升，消费总量持续增加，价格持续上涨（表 7）。

表 7　2018—2027 年水产品供需及价格预测

单位：万吨，美元/吨，%

		基期年平均值（2015—2017 年）	2018 年	2022 年	2027 年	2027 年比基期增长
鱼类[①]	产量	17 174.7	17 647.6	18 492.0	19 467.5	13.3
	水产养殖量	7 972.9	8 523.2	9 511.2	10 371.3	30.1
	消费量	17 261.6	17 716.3	18 521.2	19 467.2	12.8
	食用	15 323.0	15 849.2	16 795.1	17 734.3	15.7
	加工用	1 430.4	1 433.4	1 395.9	1 417.3	−0.9
	价格[②]					
	养殖类均价	2 877.6	2 587.0	2 825.3	3 067.0	6.6
	捕捞类均价	1 557.4	1 603.1	1 734.6	1 818.9	16.8
	交易均价	2 827.8	2 942.4	3 278.3	3 499.3	23.7

（续）

		基期年平均值（2015—2017年）	2018年	2022年	2027年	2027年比基期增长
鱼粉	产量	451.3	471.4	485.7	515.3	14.2
	来自全鱼	321.9	340.2	335.5	345.3	7.3
	消费量	455.1	484.0	485.0	504.6	10.9
	价格③	1 474.7	1 475.7	1 574.3	1 720.3	16.7
鱼油	产量	91.1	93.6	94.8	99.3	9.0
	来自全鱼	56.7	58.1	56.9	58.3	3.0
	消费量	94.6	93.3	91.1	95.6	1.1
	价格④	1 654.7	1 645.4	1 825.7	1 919.2	16.0

注：①“鱼类”包括鱼、甲壳类动物、软体动物和其他水生动物，但不包括水生哺乳动物、鳄鱼、凯门鳄、短吻鳄和水生植物；②按全球水产养殖产值、捕捞产值以及贸易额计算的单位产值价格；③64%～65%蛋白，德国汉堡价；④任何来源，N. W. 欧洲。

产量。增速放缓，2027年总产量1.95亿吨，比基期增长13.3%；年均增长1.1%，低于此前十年2.4%的年均增速。其中水产养殖量1.04亿吨，较基期增长30.1%；海洋捕捞量9 000万吨，较基期减少0.3%。

消费。收入提高、人口增加和城市化等因素共同推动消费增长，预计2027年全球鱼类食用消费总量1.77亿吨，比基期增长15.7%，年均增长1.3%。人均鱼类消费量21.3千克，比基期增长3.9%。消费增长主要来自亚洲国家。

价格。受需求增加和产量增速下降影响，展望期内价格保持相对较高水平。养殖、捕捞、交易类鱼价年均上涨2%左右，鱼粉和鱼油价格年均上涨1.7%。

八、生物燃料

当前市场形势。2017年原油价格上涨25%，但年均价格仍然处于每桶约54.7美元的低位。生物燃料及其原料价格走势截然不同，植物油和生物柴油价格分别上涨1.8%和8%，玉米和乙醇价格则分别下跌5%和2.3%。2017年，部分国家出台的增加授权、差别化税收等政策有利于生物燃料的发展，但传统燃料的低价使得对生物燃料的需求仍较有限。

未来十年展望。产量和消费量保持增长，增长动力主要来自发展中国家；价格受原油价格和需求影响将保持增长。总体看，未来生物燃料市场仍将很大程度上受政策和运输燃料需求影响，存在很大不确定性（表 8）。

表 8　2018—2027 年生物燃料供需及价格预测

单位：万升，美元/百升，%

		基期年平均值（2015—2017 年）	2018 年	2022 年	2027 年	2027 年比基期增长
乙醇	产量	11 880.0	12 240.0	12 650.0	13 050.0	9.8
	消费量	11 900.0	12 330.0	12 700.0	13 110.0	10.2
	出口量	900.0	920.0	940.0	940.0	4.4
	价格①	44.5	45.8	49.7	52.4	17.8
生物柴油	产量	3 420.0	3 740.0	3 850.0	3 930.0	14.9
	消费量	3 500.0	3 740.0	3 860.0	3 940.0	12.6
	出口量	360.0	410.0	330.0	310.0	−13.9
	价格②	85.1	91.5	91.7	93.4	9.8

注：①美国奥马哈批发价；②德国生产者价格，扣除生物柴油关税和能源税。

产量。2027 年乙醇产量 1.31 亿升，比基期增长 9.8%，增长动力主要来自巴西国内需求；生物柴油产量 3 930 万升，比基期增长 14.9%，主产国（地区）欧盟和美国产量预计减少，巴西产量大幅增加。玉米和甘蔗仍是主要乙醇原料，预计 2027 年将消耗全球 15% 的玉米和 18%的甘蔗；生物柴油原料的 20%来自植物油。

消费。2027 年乙醇消费量 1.31 亿升，比基期增长 10.2%，巴西、中国、印度和泰国是主要增长动力；生物柴油消费量 3 940 万升，比基期增长 12.6%，发达国家用量预计减少，发展中国家消费量稳步增加。

价格。原油价格预计上涨，带动生物燃料及其原材料价格上涨，但涨幅低于原油。2027 年乙醇价格预计比基期上涨 17.8%，生物柴油价格上涨 9.8%。

（赵军华、梁勇、黄昕炎、杨海成，2018 年第 4 期）

2016 年全球经济和农产品市场发展及 2017 年展望

根据国际货币基金组织（IMF）、联合国粮农组织（FAO）等国际机构的数据，2016 年全球经济整体增长情况弱于年初预期，致使消费和投资增长缺乏动力；由于国际市场农产品供给充足，价格继续处于低位。2017 年全球经济贸易发展面临的不确定因素增多，特别是贸易保护主义有所抬头，增长前景不容乐观，但农产品市场有望维持稳定。

一、2016 年全球经济贸易形势分析

（一）宏观经济形势

根据 IMF 数据，2016 年全球经济增长率从上一年度的 3.2%下滑到 3.1%，进一步向下偏离历史趋势值。从经济表现看，发展中国家整体上优于发达国家，前者增幅 4.1%，与上年持平，后者增幅 1.6%，比上年下滑 0.5 个百分点。同一类型国家间的经济表现也存在较大差异。主要发达国家中，德国和意大利增幅提高，法国和西班牙增幅持平，美国、日本和英国增幅下滑。主要发展中国家中，中国和印度的增幅虽然下滑，但在大型经济体中处于领先地位；俄罗斯虽然未能扭曲经济下滑，但趋稳苗头已经显现；巴西经济仍不景气。

2016 年主要经济体的居民消费增幅不仅高于上年，而且也高于国民经济增幅，特别是在经济状态较好的发展中国家。这反映出人们已经习惯了全球金融危机后的低速经济增长，消费开始回归正常水平。值得关注的是日本，安倍政府虽然自上台以来就将刺激消费作为其经济政策的重要支柱之一，但收效甚微，即使在近年经济恢复增长的情况下消费仍非常疲软，成为影响中日农产品贸易重要因素之一，中国农产品对日出口连续 4 年下滑。

（二）国际贸易形势

国际贸易是拉动全球经济增长的重要发动机。根据历史数据，全球贸易量增幅通常是 GDP 增幅的两倍左右。然而自 2013 年后，全球贸易量增幅持续等于甚至

低于GDP增幅，2016年仅为1.9%，比上年降低0.8个百分点。出现这种情况，根源在于全球经济不景气抑制了需求，很多国家政府出于维护国内政治基础的需要实施了贸易保护主义政策，在一定程度上逆转了经济全球化和贸易自由化进程。

（三）主要影响因素

汇率是影响国际贸易的重要因素。近年来，汇率走向受到多种重大不确定因素的影响而剧烈波动，给国际贸易带来额外的风险。

一是美国的货币政策因素。早在2015年底，美联储就开始考虑退出量化宽松的货币政策，2016年底首次采取了加息行动。在全球流动性过剩依旧严重的背景下，投机者对美联储有关货币政策的讨论非常敏感，常常根据预判快速调整不同货币的金融资产配置结构，从而加剧了汇率波动。

二是中国经济因素。中国作为世界第二大经济体，经济表现具有全球影响。中国入世后，不仅商品贸易持续保持高额盈余，而且外资大量流入，外汇储备随之连年增加，2014年中达到近4万亿美元。然而2015年后，中国出现严重的外汇流失，到2016年底外汇储备下降了近1万亿美元。与此同时，2010年后中国的国内生产总值增幅开始从超过10%的高速度逐年回落。2016年，对中国经济增幅下滑程度的预期成为炒作热点。这些因素影响到对人民币汇率走势的预判及国际贸易和金融活动。根据国际结算银行（BIS）数据，2016年初以来，人民币实际有效汇率已经由过去近十年的持续增值转为贬值。

三是意外事件。2016年，全球“黑天鹅”事件频发。3月份英国脱欧公投，之后的美国大选、意大利公投等对全球经济产生了冲击，但扰动的持续时间均不长，全球经济贸易发展有惊无险。一方面是因为每个“黑天鹅”事件发生前都有很多议论，公众对于新风险已经有了预期甚至做了适应性调整；另一方面，政治对经济的扰动可以通过多种内在机制自动矫正，从而防止出现持续性剧变。

（四）潜在风险

总体来看，2016年全球经济发展并未受到风险因素的重大冲击，但也不能就此认定已经走上健康发展轨道。

全球经贸体系存在的一些根本性问题尚未得到解决。2008年的全球金融危机暴露出当前国际经贸体系存在的很多严重问题，如宏观经济持续性失衡、货币过度供给、经济结构失调等。基于对货币投机危害性的认识，各国政府曾一度加强资本管制；然而为了摆脱经济低迷的困境，各国政府又不得不利用宽松的货币政策刺激经济。财政政策也陷入相似的两难状态，虽然各国政府深知债务负担过高意味着风险，但是压缩债务不仅不利于经济增长，而且由此引起的利益再分配常常面临难以克服的内部政治阻力。其结果是，当前主要国家的债务负担比2008年进一步增大。

多边经济体系对全球经贸的治理能力弱化。全球金融危机揭示，由大资本主导的经济全球化和贸易自由化存在着严重弊病，与之相联系的全球经贸治理体系和规则也受到质疑。与此同时，全球金融危机导致世界经贸格局出现重大调整，发展中国家占全球经济和贸易的比例大幅上升。上述情况表明，当前的多边管理体制和贸易规则已经与现实越来越脱节，致使全球经贸治理体系乏善可陈。正是在这一背景下，一些迎合蓝领、低层白领的反全球化口号在包括美国在内的很多国家得到广泛认同，如特朗普等一些政客甚至借此赢得了选举。这种情况从一个侧面揭示出，当前的多边治理体系已经陷入危机。

二、2016年全球农产品市场形势分析

（一）年度供求形势

尽管国际市场农产品价格连续数年低迷，但农业生产尚未呈现下滑态势，主要农产品库存充裕。根据FAO估计，2016年全球谷物产量达到25.4亿吨，比2015年增长0.6%；肉类、奶制品、水产品产量继续增加，棉花、大豆的供给也有充分保障。国际糖业组织（ISO）预测，2015/2016榨季全球食糖由之前连续5年的产大于需转为产不足需，有利于糖价趋稳回升。

由于世界经济持续多年不景气，总消费需求和农产品消费需求增长都受到一定程度抑制。在供给充裕的情况下，势必导致农产品价格下滑。根据世界银行（WB）数据，2012年后农产品实际价格大幅度回落。进入2016年后，糖价呈现较强劲的回升态势，大米、大豆价格上升后再度回落，小麦、玉米、大麦价格则继续下跌。

2010—2012年农产品价格持续处于高位，刺激了供给增长，但需求没有同步增长，使得全球主要农产品特别是粮食库存增加，中国的新增库存是其中最主要的部分。在很大程度上，中国的库存增加是由于保护价收购和临储政策严重扭曲了国内外价格，导致本国农产品收储入库，给进口产品提供了市场空间。实际上，当前全球粮食市场供求平衡处在相当良好的状态，粮食价格在短期内不会抬升。2016年，中国开始对玉米收储实行“市场定价、价补分离”的政策改革，玉米价格与国际市场价格逐步接轨，这一调整有利于防止供求失

衡局面继续恶化，也有利于粮食加工业和畜牧业发展。

（二）长期趋势分析

从长期看，开发利用农业资源是提高农业生产力的主要途径，但更重要的途径是推进农业技术进步，提高既定资源的生产力。农产品作为生活必需品，人均消费量虽然随收入的提高而增加，但增幅会越来越小，即食品需求的收入弹性趋于下降。从演变态势看，农产品供给增长常常快于需求增长，很多研究从这一角度对上世纪后半期农产品实际价格下降趋势做出了解释。

进入本世纪后，农产品实际价格走势显著改变。全球金融危机爆发前，农产品实际价格快速上升。当时很多人认为，全球农业资源已经充分开发利用，进一步提高农业生产力的潜力有限；与此同时，发展中国家经济快速增长拉动需求，特别是当人们从吃粮转向吃肉时，饲料粮需求会随之增大。一些人把粮食等农产品价格上涨归咎于中国、印度的社会经济发展。然而在这一时期，美国等一些国家将大量谷物、食糖、油料用于生产生物能源，使得农产品需求发生结构调整，这是推动价格上涨的重要因素。

更需要关注的问题是，在全球流动性严重过剩并且对投机活动缺乏有效管制的背景下，热钱利用各种可炒作的信息在股市、房市、期市之间逐利，加剧了农产品价格波动。进入 21 世纪以来，诸如澳大利亚和美国的重要农业产区发生自然灾害、中国和印度的农产品需求增加等信息都曾被大肆炒作为价格上涨因素。2007 年美国发生次贷危机，投机资本从房地产市场流向农产品期货市场，引起期货价格和现货价格暴涨；全球金融危机爆发后美国收紧信贷，热钱又从农产品期货市场流出，随之出现价格暴跌。近年的实践表明，热钱投机活动可以严重扭曲期货市场的价格发现功能。农产品价格暴涨暴跌，发展中国家是主要的受害者，价格上涨有可能加剧饥饿现象甚至引发社会冲突，价格持续下跌则可能致使政府支持农业生产者的措施违反 WTO 规则。

按照世界银行等国际机构做的预测，在没有新增需求拉动的情况下，今后 10 年内农产品实际价格很可能再度回归下行的长期趋势。我国近年实施的国内价格支持政策是基于国际市场价格将保持在较高水平的判断制定的，政策宣讲中包含了一些不符合经济学规律的说法，如“最低收购价格只涨不跌”。然而，实际演变与这一判断有很大偏离，在国内价格大幅高于进口税后价格的背景下出现了“国货入库、洋货上市”现象，一些担负政策执行职能的企业也表现出多种形式的寻租行为，影响到政策成效。此外，我国的做法已经面临美国等一些农产品出口国在 WTO 发起的挑战。

三、2017 年全球经济和农产品市场前景展望

（一）主要经济体发展形势

2017 年世界经济贸易发展面临多种不确定性。

刚上任的特朗普将“美国优先”作为施政纲领，然而推进这一战略势必引发与其他国家的利益冲突。美国政府拟通过财政投资基础设施建设拉动美国经济增长，为此必须先解决资金来源问题。靠提高国内税收来增加财政收入会使刺激政策的效果大打折扣，靠在国外出售债券筹集资金则必须推进国际合作而不是加剧冲突。特朗普声称要对来自中国的商品增加 40%关税，这只有在放弃 WTO 成员地位的情况下美国才可以随意确定关税，其间的利弊美国政府肯定会仔细权衡。目前特朗普的政治基础并不稳固，兑现竞选口号预期会遇到巨大阻力，美国的治理在一段时期内可能陷入混乱。这种局面一方面会削弱美国的全球地位和影响力，另一方面也非常可能干扰国际经贸秩序。

近期欧盟整体上出现经济复苏态势，但不同成员国的表现有较大差异。2017 年，法、德等重要欧盟成员国将进行大选，英国也将正式启动“脱欧”谈判，这些事件将影响到欧盟发展前景。受内部和外部因素影响，东亚地区的安全形势趋于恶化，这使得该地区主要经济体合作推进经贸发展的前景变得更加渺茫。预期日本安倍政府会继续推行广受质疑的现行经济政策，面对债务负担极度高昂和货币供给极度宽松的现实，日本政府更可能借助于推动日元贬值的措施刺激经济贸易发展，但这势必激化与贸易伙伴的利益冲突。韩国目前陷入严重的政治危机，短期内政府很难在推进经贸发展上有所作为。新型经济体中，印度政府 2016 年强行实施换钞对经济的正常运行造成冲击，何时转稳仍有待观察；巴西政府更迭后，新政府并未赢得公众的广泛支持，施政能力继续面临考验；俄罗斯的政局稳定，近期油价回升是有利于其经济发展的重要因素，但如何摆脱经济对初级原料产业过度依赖的局面仍是一个艰巨挑战。

（二）全球经济治理体系

当前各主要大国都面临严重的内部问题。近期很多国家的政客都试图通过将内部问题归咎于经济全球化和贸易开放来争取民众的政治支持，特朗普赢得美国大选就是典型的例子。在这种氛围下，当前的全球经济治理体系趋于失灵，今后各国通过深化合作来解决全球问题的可能也将削弱。

对于改善全球经济治理体系来说，更具有长远意义的问题是，现行的全球

经济治理体系是基于几十年之前的政治经济格局构建的，与现实已经严重脱节。在过去的 20 多年中，发展中国家在全球经济贸易中的地位稳步提高，但在全球经济治理体系中却未能获得相应的话语权，其根源在于很多发达国家力图保护既得利益而不肯做出任何让步。然而在缺乏发展中国家特别是发展中大国支持的情况下，多边体系在解决当前国际经贸问题上很难有效发挥作用。包括中国在内的发展中国家亟须把原则性主张和利益诉求转化为具体的谈判建议，推动全球多边体系朝预期方向变化。

（三）中国经济面临的风险

虽然一些国际机构对 2017 年的全球经济增长前景做出了较乐观的预测，但均申明未考虑美国及其他一些重要国家政局变化的潜在影响，因而很可能会如往年一样向下修正有关指标。从实际情况看，贸易保护主义在全球范围都有所抬头，这非常不利于经济贸易增长。中国已经是各国关注的重点，也很可能是贸易保护主义最大的受害者。就美国而言，无论是从特朗普大选中的提出口号还是从大选后的人事任命看，都在一定程度上针对中国。尽管特朗普能否将竞选口号转化为具体政策仍存有疑问，但通过指责中国来转移公众焦点却是很容易采取的手段。

在多边谈判中，中国的市场经济地位和发展中国家地位均可能受到关注。虽然只有少数国家的立法涉及到市场经济地位认定，但这些国家通常为中国最重要的贸易伙伴，在这一问题的处理上有不容忽视的重大利益，对此中国需要给予妥善的考虑和化解矛盾。预期一些发达国家在对中国采取“反倾销反补贴”措施时会继续使用“非市场经济地位”及“替代国”① 做法，即使中国能够利用 WTO 机制赢得贸易争端，这类纠纷仍会干扰贸易关系。

更具有长远意义的问题是中国的发展中国家地位。目前中国已经是世界第二大经济体，对全球经济贸易有举足轻重的影响，因而把中国与其他发展中国家区分开的主张有可能得到广泛支持，随之而来的是要求中国在给别的国家提供市场空间方面做出更大的让步。在这一背景下，中国在多边谈判中过度强调自身的特殊性很可能会引起负面反应。

汇率剧烈波动是近期扰动经贸发展的重大风险因素。美联储从 2016 年底

① 在进行反倾销时，对来自于非市场经济体的商品，在确定其正常价值时，不使用出口方商品的实际成本，而选择一个市场经济第三国或进口国的同类商品价格作为计算依据，所被采用的市场经济国家通常称为替代国。替代国的选择直接涉及到是否存在倾销和倾销幅度的大小，如果进口国选择国内价格最高的替代国，对出口商是一种打击，而对于申诉人来说却是相当有利的，反之亦然。

起开始采取加息行动，美元随之步入升值通道。人民币若与美国同步升值，中国产品的价格竞争力将受到削弱；然而若人民币对美元贬值，美国政府势必会以中国操纵汇率为题进行炒作，并可能采取贸易限制措施。就国内而言，人民币汇率变化会影响到个人和企业的资产配置。在大幅贬值预期下，对外投资和贸易活动可能受到扭曲，成为人民币资产向外转移的通道。

（四）农产品市场展望

过去数年中，国际市场上农产品价格持续下滑，从逻辑上说，这应该引起生产者下调供给数量。能源和化肥价格大幅下跌降低了农业生产成本，这有利于增加供给。进入2016年后，能源价格出现较大幅度上升，农产品价格也开始回稳，这是否表明农产品价格走出低谷尚有待观察。

目前中国正在推进农业供给侧结构性改革。在重要农产品收储制度方面，针对玉米实行的“市场定价、价补分离”改革在方向上正确，但需要有可操作的落地措施。在开放市场条件下，市场定价必然要求国内价格与国际价格并轨。根据世界银行对今后10年价格走势的预测，玉米及其他主要谷物产品价格将处于低位，这意味着国内价格不仅在近期需要下调，而且在以后较长时期内也难以显著上升。其造成的短期困境是，要想“去库存”只能靠财政补贴而无法顺价销售，但这种做法会由于违背WTO规则面临其他国家的挑战。长期挑战则是如何在保证粮食安全的前提下提高农民收入。一旦补贴与价格或生产脱钩，农民种粮决策将完全取决于比较收益，在粮食价格预期持续处于低位的情况下，很可能出现供给减少、自给率大幅下滑的局面，提高政府对市场前景的预判能力和增强生产者根据市场信号调节供给的能力成为关键。

（田维明，2017年第2期）

依赖进口的发展中国家粮食安全易受国际市场供给波动影响

编者按：近日，全球公共领域与气候变化墨卡托研究所①研究员克里斯托弗·戴蒙（Christopher Bren d'Amour）等通过模型模拟方法，对国际市场供给波动对依赖进口的发展中国家粮食安全可能造成的影响进行了研究。研究认为，如果国际市场上小麦、大米和玉米出口量同时减少10%，会使5 500万贫困人口减少约5%的卡路里②摄入。粮食主要出口国的出口禁令将使生活在撒哈拉以南非洲、中美洲、中东等地的2亿贫困人口面临粮食安全威胁。现将该研究报告的主要内容摘编如下。

气候变化引起的粮食安全问题正受到全球关注，目前的研究主要集中在"温度和降水量变化对全球或特定国家农作物产量的影响"。多数研究表明，全球变暖与极端天气频发会导致全球范围内农作物的平均单产水平下降。局部地区短期大幅减产会使国际市场供给受到影响，主要出口国实施贸易限制政策会进一步加剧国际市场供给的不稳定性，对依赖进口的发展中国家粮食安全产生影响。

一、粮食安全受国际市场供给波动影响的程度取决于进口依存度等多个因素

国际市场供给波动对进口国粮食安全的影响程度（脆弱性）主要取决于该国粮食产品进口依存度、粮食产品在国内总卡路里消费中所占的比例、该国的贫困人口数量、主要出口国出口的粮食在该国的市场占有率等因素。如果某国贫困人口数量大，卡路里对单个主食产品依赖度高，该种主食产品进口所占比例高且进口来源地比较集中，那么该国粮食安全就容易受国际市场供给波动影

① 全球公共领域与气候变化墨卡托研究所（MCC）隶属于柏林工业大学，被国际气候治理中心评为研究气候变化问题的全球第二强智库，下设7个研究小组，致力于利用全球公共资源，探索全球经济和国际贸易的可持续发展。

② 卡为非法定计量单位，1卡≈4.18焦耳，下同。

响。由于市场对供给波动的反应具有不确定性，且短期内对调节供给波动的作用相对较小，此处不考虑市场反应对粮食安全的影响，也不赘述用于量化影响程度的具体模型。

二、粮食贸易赤字大的国家主要集中在非洲

对三大粮食产品的卡路里消费依赖度高、进口依存度高、受国际市场供给冲击程度（脆弱性）大的国家主要集中在非洲。在33个较脆弱国家中，有21个国家主食依赖小麦、7个依赖玉米、5个依赖大米（图1、图2、图3）。如果国际市场供给中断，整个非洲地区都将受到影响。

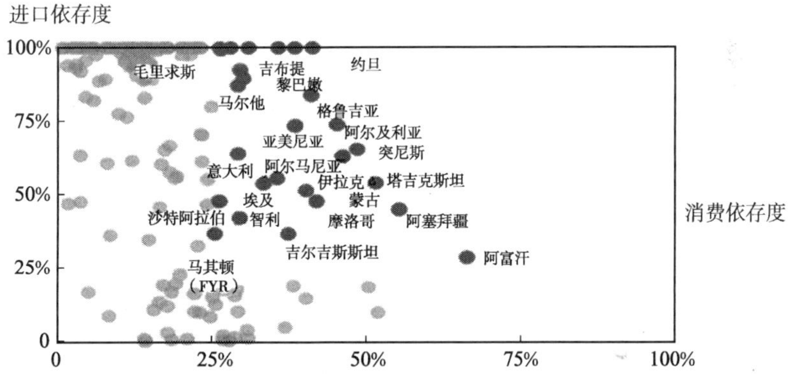

图1　不同国家每人每天小麦卡路里贸易依存情况

注：水平轴表示一国对特定粮食产品的消费依存度，垂直轴表示对进口的依存度。两个依存度均达25%以上的国家就在图中标记出来。

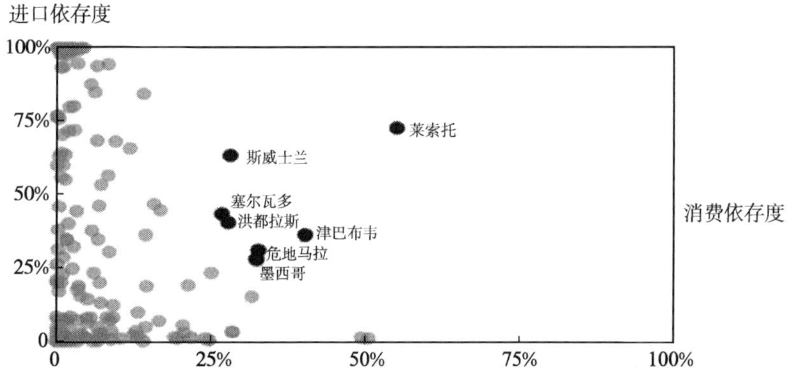

图2　不同国家每人每天玉米卡路里贸易依存情况

注：水平轴表示一国对特定粮食产品的消费依存度，垂直轴表示对进口的依存度。两个依存度均达25%以上的国家就在图中标记出来。

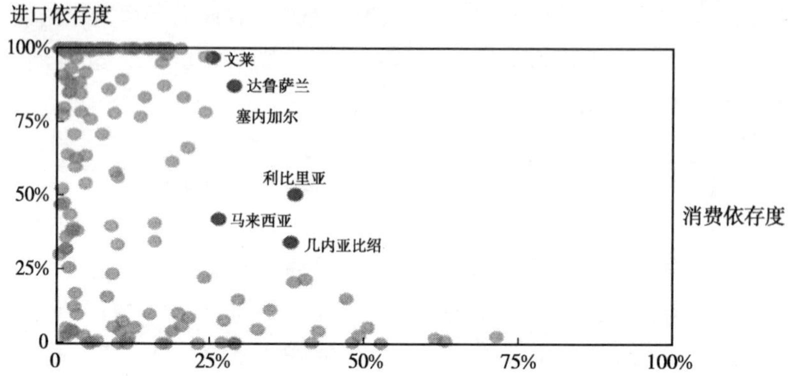

图 3　不同国家每人每天大米卡路里贸易依存情况

注：水平轴表示一国对特定粮食产品的消费依存度，垂直轴表示对进口的依存度。两个依存度均达 25%以上的国家就在图中标记出来。

小麦在中东、北非、中亚地区尤为重要。上述地区大多是干旱沙漠气候，不适合种植小麦，因此进口依存度往往很高（大于 50%）。玉米是中美洲和南部非洲国家的重要主粮。亚洲只有马来西亚和文莱进口的大米超过其供应量的 25%，依赖进口大米获得卡路里的国家主要分布在非洲西部。上述国家卡路里贸易赤字大，易受国际市场供给冲击。

三、易受国际市场供给波动影响的国家进口粮食来源地比较集中

多数国家的进口来自几个出口主导国，在某些情况下甚至是某一出口国。俄罗斯、哈萨克斯坦、乌克兰等独联体国家、西欧和北美是主要小麦出口国。多数中东和北非国家从俄罗斯和法国进口小麦，海湾国家自美国和加拿大进口小麦，中亚国家则从哈萨克斯坦进口小麦。世界玉米市场则很大程度上由美国主导，中美洲几乎所有玉米进口均来自美国。南部非洲国家进口的玉米主要来自南非。泰国和越南则主导大米出口（表 1）。

表 1　三大谷物前五大出口国出口量所占份额

单位：%

玉米		大米		小麦	
国　家	份额	国　家	份额	国　家	份额
美　国	50	泰　国	27	美　国	21
阿根廷	13	越　南	16	法　国	13

（续）

玉米		大米		小麦	
国　家	份额	国　家	份额	国　家	份额
巴　西	7	印　度	14	加拿大	13
法　国	7	美　国	10	澳大利亚	11
中　国	5	巴基斯坦	9	俄罗斯	8
前5位合计	82	前5位合计	77	前5位合计	66

注：玉米、大米和小麦各出口国的出口量占世界总出口量（2000—2012年平均值）的份额。

数据来源：FAOSTAT 2015。

四、国际市场的供给冲击会使依赖粮食进口国家数以亿计的贫困人口受到威胁

国际市场玉米、小麦和大米供给同时减少10%，58个国家卡路里供应至少减少5%，5 500万人将受到影响（图4A）。对玉米、小麦和大米供给分别减少10%也得到类似结论，即分别影响680万、680万和650万贫困人口近5%的卡路里供应（图4B）。

假设俄罗斯限制小麦出口，泰国限制大米出口，美国限制玉米出口，在仅考虑双边贸易关系的情况下，俄罗斯的出口禁令会减少全球1 800万贫困人口5%以上的谷物供给；美国的玉米出口禁令会减少2 100万人5%以上的谷物供给，这些人口主要集中在美洲中部和加勒比海地区；泰国的大米出口禁令会减少1.63亿撒哈拉以南的非洲人民5%以上的谷物供给，其中2 900万人谷物供给的减少量甚至会超过10%。共计2亿贫困人口的粮食安全将受到威胁，其中90%生活在撒哈拉以南的非洲地区，其他地区包括南美洲（4%）、中美洲和加勒比海地区（3%）和北非（3%）。

在考虑多边贸易关系的情况下，俄罗斯的出口禁令会导致全球小麦出口减少8%，进而影响420万贫困人口至少5%的小麦供给。泰国的出口禁令会导致全球大米出口减少27%，从而减少7 400万人至少5%的谷物供给。撒哈拉以南非洲地区受到影响的人口最多，而小岛屿国家的供给减少率则最高。美国玉米出口禁令会导致全球出口减少50%，从而减少5 240万贫困人口至少5%的谷物供给，供给减少率最高的是中美洲和加勒比海地区，其中墨西哥谷物供给减少25%、巴拿马减少45%。共1.2亿贫困人口会受到影响，其中76%的人生活在撒哈拉以南非洲地区，11%生活在中美洲和加勒比海地区，7%生活在南美洲地区，4%生活在非洲北部地区。

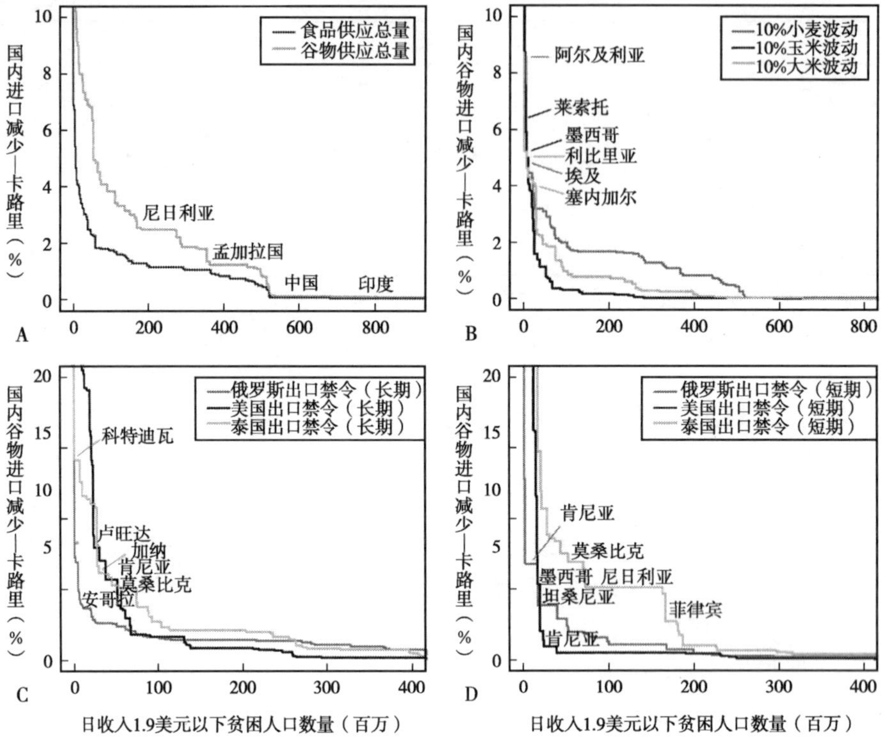

图 4　生活在国际贫困线下的人口受到不同供给冲击影响的几种情况

注：分析中不包括转口贸易，即使用净进口量。（A）大米、小麦和玉米贸易同时减少 10%。（B）单个谷物下调 10%。（C）主要出口地区出口禁令长期影响（小麦下降 8%，大米 27%和玉米 50%）；完善的贸易流会对所有进口国的所有进口商造成等比例的冲击。（D）仅考虑直接贸易伙伴的情况下，情况（C）中的出口禁令的短期影响。包括所有已向世界银行提供贫困数据的国家：（a）绝对贫困人口最多的国家；（b）来自脆弱地区的国家贫困人数大于 500 万和相关谷物供应减少的国家。

五、应对措施

依赖粮食进口的发展中国家粮食安全易受国际市场供给冲击。对于低收入和中等收入国家，谷物的需求价格弹性范围在－0.5～－0.3，供应减少 5%意味着价格上涨 10%～17%。总体看，除大幅减产外，出口禁令也是 2007/2008 年度大米、小麦价格上涨和 2010 年粮食价格上涨的重要因素。

因此，除致力于减少贫困人口数量外，建议采取以下措施减轻国际市场供给波动对依赖进口的发展中国家粮食安全的影响：

（1）减少出口国的供给冲击规模。出口国应承担更多责任，同时世贸组织、20国集团等继续努力构建、完善应对国际市场粮食供给波动的有效机制。

（2）减少进口依赖，提高生产能力。增强进口国应对进口冲击的能力，提高粮食自给率，可通过提高复种指数、增加轮作次数等来提高国内粮食产量。

（3）促进进口来源地多元化。减少单一来源的双边贸易冲击。

（4）促进饮食多样化。减少对市场供给不稳定品种的消费，增加本地产其他谷物产品的消费量。

（赵军华、梁勇、杨静，2016年第5期）

粮食安全需要与商业利益的较量

——WTO规则及其对印度和中国的影响

编者按： 2016年9月13日，美国就中国对小麦、大米（籼米和粳米）和玉米等农产品采取的相关支持政策提起世贸组织争端解决机制下的磋商请求，称中国政府对上述农产品实施的国内支持政策与中国加入世贸组织相关承诺不符，并违反《农业协定》等相关世贸组织规则。美国此次在WTO起诉中国农业支持政策，既是世界最大的农产品出口国对世界最大的农产品进口国农业政策的挑战，更是以美国为代表的商业出口型农业首次在WTO框架下对以中国为代表的发展中国家粮食安全政策的挑战，其结果将产生重大而深远的影响，故本案引起了WTO成员的广泛关注。近日，印度对外贸易研究院（Indian Institute of Foreign Trade，IIFT）WTO研究中心专家针对中美间争端，从发展中国家保障粮食安全角度出发，深入研究了WTO规则对中印两国的影响。现摘译其主要观点。

一、价格支持政策是很多发展中国家粮食安全保障计划的必要选择

美国起诉中国粮食产品补贴主要是认为中国政府按照管理价格收购粮食产品突破了中国入世承诺的微量允许限制。美国贸易代表办公室（USTR）认为，2012年以来中国利用市场价格支持政策将国内价格维持在世界市场价格之上，影响了国内粮食生产，阻碍了谷物进口。

为实现粮食自给并确保千万贫困人口的粮食安全，中国实施了粮食最低收购价（MPP）政策：当谷物市场价格低于政府设定的干预价格时，中储粮按管理价格启动收购。对粮食产品收储被认为是中国在2007—2008年粮食危机期间能够稳定国内粮价最重要的原因之一。

中国不是唯一对农业采取市场价格支持的国家。USTR声称“中国政府和越来越多其他先进发展中国家采取的这种行为对美国农民和农场主造成不利影响”，这里的“其他先进发展中国家”包括印度。印度国家粮食安全法案（NFSA）的目标是消除饥饿并保护社会脆弱群体的利益。根据农业成本与价

格委员会（CACP）的建议，印度政府对包括大米和小麦在内的23种主要产品实施最低支持价格政策（MSP），以确保粮食安全，防止价格波动。印度粮食公司（FCI）按最低支持价格（MSP）收购小麦、大米等产品，并通过公共分配系统（PDS）按补贴的价格向消费者供应粮食。根据NFSA，2013年受补贴人群可按补贴价格每人每月购买5千克粮食。2015—2016年小麦及稻谷的最低收购价格分别为每吨15 250卢比（约合1 482元）和14 100卢比（约合1 370元）[①]。目前印度小麦和大米的自给率已经达到非常高的水平，特别是大米，自给率为100%。

除中国和印度外，印度尼西亚、巴基斯坦、土耳其和肯尼亚等很多发展中国家也将价格支持政策作为稳定粮食价格、保障粮食安全必不可少的手段。南方中心[②]分析认为，价格支持及政府收购作为发展中国家重要的政策工具，可以保障和稳定资源匮乏型贫困农民的收入。

据联合国粮农组织（FAO）估算，2015年全球不能获得充足粮食的7.95亿人口中有7.8亿生活在发展中国家，其中中国和印度共有3.28亿人面临饥饿问题，占全球的41%。保障数以亿计人口免于饥饿和营养不良是这两个亚洲国家的艰巨任务，其共同挑战不仅是利用有限的资源实现粮食生产自给自足，还要确保贫困人口能够获得粮食。支持资源匮乏型农民和社会弱势群体对于消除饥饿、实现2030年联合国可持续发展目标至关重要。

二、WTO《农业协定》通过层层规定严格限制了发展中成员以价格支持政策保障粮食安全的空间

考虑到粮食安全方面的特殊需要，发展中国家对粮食产品的补贴具有天然的正当性和合理性，但美国出于其商业利益的需要，首先通过WTO规则限制发展中国家保护粮食安全的能力，然后批评发展中国家与粮食安全息息相关的粮食补贴政策。

（一）发展中成员政府使用管理价格收购粮食产品的能力因现有规定大打折扣

实践证明，粮食产品的收购、储备和分配对于发展中国家保障粮食安全具

① 2016年4月18日卢比买入价：1卢比=0.097 2元人民币。

② 南方中心（South Centre），是发展中国家建立的政府间国际组织。现有51个成员，总部设立于日内瓦。

有重要意义，但 WTO《农业协定》之下，成员粮食的收购、储备、分配分别对应不同的规则：其中粮食储备和分配属于没有限制的绿箱政策，但是使用管理价格收购本国粮食因为有可能会对出口成员的商业利益造成影响需计入黄箱。

WTO《农业协定》将国内支持划分为绿箱、蓝箱和黄箱。绿箱措施以及对限产条件下直接补贴的蓝箱措施免于削减承诺；根据《农业协定》6.2 款，发展中成员用于支持资源匮乏型农户的投资补贴和投入品补贴也免于削减承诺，但中国此类补贴需计入黄箱，受黄箱承诺限制。黄箱包括特定产品支持和非特定产品支持。其中，特定产品支持包括特定产品价格支持和政策预算性支持；非特定产品支持是将农业部门作为一个整体来制定政策，如对肥料和灌溉的补贴等。发展中国家特定产品支持微量允许水平为产值的 10%，中国仅为 8.5%，且发展中国家不能使用发达国家普遍享有的综合支持量（AMS）空间。

（二）现有价格支持计算方法使 WTO 成员有限的黄箱空间不断萎缩

美国诉中国三大粮食产品的支持属于特定产品价格支持，根据 WTO 规则，其支持量主要受政府的收购价（管理价格）、固定的外部参考价和获得该管理价格的产量等因素决定。《农业协定》规定，外部参考价通常是以 1986—1988 年为基期（中国的基期是 1996—1998 年）。使用固定外部参考价决定了在计算价格支持时不考虑通货膨胀这一重要而现实的因素。发展中国家的经济特点决定了其经济高速发展得益于货币扩张和财政赤字，在此过程中通货膨胀不仅不可避免，而且通胀率远高于发达国家。因此使用“固定的外部参考价”必将导致发展中国家黄箱政策空间随着经济发展自然萎缩。1999—2010 年，中国在微量允许水平内对小麦实施了价格支持政策，在此期间小麦年平均收购量为产量的 33%，但以此收购量模拟 2011—2016 年小麦的价格支持水平，结果显示从 2013 年开始中国将突破微量允许。这一结果清晰显示了在 WTO 规则之下中国小麦政策空间的不断萎缩。

尽管《农业协定》18.4 条包含通货膨胀条件下的国内支持量计算，但在成员单边权利下是不适用的，取决于其他成员的决定。《农业协定》中虽也提到了“过度通货膨胀”的概念，但对其定义模棱两可，目前并无明确的处理方法。

三、发展中国家用于收购粮食的特定产品支持被严重高估

中国农业国内支持目前通报至 2010 年。分析显示绿箱在中国农业国内支持中占主导地位，2010 年一般服务和直接补贴占绿箱支出总额的 85%。黄箱特定产品支持中，1999—2010 年小麦特定产品支持低于 8.5%的微量允许上

限，其中 2010 年支持水平占产值比率为 2.46%。大米特定产品支持在通报期内低于微量允许；以通报期内大米年均收购量占总产量 11%模拟，2011—2016 年大米特定产品支持仍远低于 8.5%。玉米产品在通报期内同样低于微量允许；以 1999—2003 年平均收购量占产量 26.58%（2004—2010 期间中国未对玉米实施价格支持）模拟，2011—2015 年临时收储政策实施期间中国对玉米特定产品支持突破了微量允许，其中 2015 年达 14.4%。2016 年中国政府对玉米开始实施市场化收购政策，支持水平大幅降至 1.98%。

印度国内支持主要是绿箱和发展箱（农业协定 6.2 款）。2010—2011 年（印度最新通报的年份），绿箱支持为 194.72 亿美元，其中 138.12 亿美元为食物补贴。由于印度将经营面积小于 10 公顷的农户归类为低收入和资源匮乏型农户，2010 年农业普查显示其国内 99%的农户属于这一类，因而印度不必像中国一样将对农业的投资补贴和对低收入及资源匮乏型农户的投入补贴，如化肥、灌溉、电力等归入黄箱非特定产品支持，而是归入不受限制的 6.2 款。2010—2011 年，印度发展箱补贴达到 316.1 亿美元。在特定产品支持上，2011 年印度对大米和小麦的支持占产值的比例分别为 7.21%和−0.73%，均小于 10%的微量允许水平。在尚未通报的 2012—2015 年，计算显示大米和小麦特定产品支持依然小于微量允许水平（小麦依然为负值）。

关于粮食产品收购的政策空间，假定收购价、产量和其他特定产品支持保持在 2016 年水平（玉米为 2015 年）上，中国可分别收购占产量 23.7%的小麦、106%的大米以及 13.9%的玉米不会突破 8.5%的微量允许承诺。印度则可收购 5 390 万吨（占总产量 52.2%）的大米不违反微量允许水平；小麦由于收购价低于外部参考价，收购空间充足。

USTR 认为 2015 年中国对小麦、大米和玉米的市场支持超出国内支持承诺（农林牧渔总产值的 8.5%）近 1 000 亿元。根据对小麦、大米和玉米特定产品支持量的分析，可以发现 2015 年中国对这些产品的特定产品支持仅为 1 068.7 亿元或 171.6 亿美元，明显低于 USTR 认为的数量。扣除通货膨胀因素后，中国对三大主粮的支持水平更低。模拟结果显示，如果完全扣除通货膨胀因素，2011—2016 年中国对大米的特定产品支持为负值，小麦不足 2%，但对玉米的支持水平在临时收储政策实施期间依然突破 8.5%的限制。

四、美国长期以来利用 WTO 规则为其商业出口型农产品提供高额补贴，严重损害了发展中成员为保障粮食安全所做出的努力

美国指责新兴发展中成员利用价格支持等补贴政策对美国农民造成了不公

平的竞争，但事实恰恰是发展中国家农民长期以来不断遭受美国高额农产品补贴的伤害。2010 年美国农业领域人均国内支持达到 51 194 美元，而印度和中国仅为 201 和 191 美元。美国长期对包括谷物、牛奶、棉花等在内的很多农产品提供超出其 5%微量允许承诺水平的补贴，如 2001 年对大米特定产品支持高达产值的 82.5%。

美国之所以能够对主要农产品提供高额农产品补贴而不担心违反 WTO 规则，主要是因为其拥有高达 191 亿美元的综合支持量（AMS）空间。根据 WTO 规则，拥有 AMS 的成员可以灵活将其用于任意需要支持的农产品，不必受微量允许承诺限制。除美国外，日本 AMS 空间为 39 729 亿日元，欧盟为 722 亿欧元，而包括中国、印度在内的发展中国家则为 0。具有讽刺意味的是，在乌拉圭回合谈判中，正是由于美国等发达成员长期对农产品提供高额支持，使用了大量扭曲贸易的国内支持，才拥有超出微量允许水平的 AMS 空间，而中国、印度等发展中国家由于在基期内没有农业补贴最终 AMS 空间为 0，不能超出微量允许水平提供黄箱支持。这也就是说，WTO 规则惩罚了基期内没有扭曲贸易国内支持的成员，而长期以来对国际贸易造成大量扭曲的成员则得到了丰厚的奖赏。

由于这种不公平，美国长期在全球农产品贸易中享受这种人为制造的竞争优势。美国环境工作组①（EWG）指出，美国对农业提供高额补贴，通过管控气候、市场价格和其他因素造成农产品产量和利润率的波动，从而保障美国农民的收入；美国农业补贴主要向玉米、大豆、棉花、小麦和大米等其主要出口产品倾斜。美国诉中国粮食产品农业支持表明，美国目前在利用其高额补贴继续对发展中国家产生不公平竞争的同时，还为这些享受高额补贴的产品获得更多的市场准入机会和更大的利润批评发展中国家的农业政策。有学者②指出："当美国农民已高度富裕起来并且美国人可以获得中印等发展中成员 4 倍之多的食品援助时，却对为解决最饥饿人口的吃饭问题而对世界上最贫穷的农民发展补贴施加严格的纪律，这是虚伪的。"

五、发展中成员应携手努力争取更公平的贸易规则

对比美国、中国和印度粮食安全支出具有启发意义。2010 年美国粮食安

---

① 美国环境工作组（Environmental Working Group），设在华盛顿的一个非营利、非党派的民间环保组织，成立于 1993 年。

② Wise A. Timothy and Patnaik Biraj（2015）Destruction of US credibility at WTO. Published in Livemint on September 8. Accessed on 16th September，2016. http://www.livemint.com/Opinion/Jpi4o78XnwziAnsbzTHgrJ/Destruction-of-US-credibility-at-WTO.html.

全支出为 940 亿美元（2013 年上涨至 1 090 亿美元），中国和印度则分别仅为 113.8 亿及 138.1 亿美元；而美国人口仅有 3.18 亿，中国和印度分别为 13.9 亿及 12.7 亿，两国贫困和营养不良人口共计 3.28 亿，超出美国全国人口总数。

发展中成员保障自身粮食安全和数以亿计贫困、营养不良人口生计安全具有天然的合理性和优先性。鉴于当前社会经济形势，两个国家不应屈服于 WTO《农业协定》不公正的规则和美国不合理的要求，而应继续将以价格支持为支撑的粮食收购作为确保粮食安全和保护资源贫乏农民利益的必然措施。

中美关于口粮国内支持争端的结果将为发展中成员实现粮食安全目标可能触及其入世承诺的情况提供判例，发展中成员应对此予以高度关注。与此同时，预见到在实施粮食安全公共储备政策时可能面临的问题，发展中国家应要求修改 WTO《农业协定》，以便为实施与本国社会经济形势相匹配的粮食安全政策提供政策空间。

在 2013 年巴厘部长会议上，在发展中成员的共同努力下，WTO 成员同意以“和平条款”作为发展中成员保障粮食安全问题过渡性解决方案。根据“和平条款”，如果一个发展中成员以粮食安全为目标，按管理价格收购粮食突破了微量允许的上限，其他成员应免于向 WTO 起诉。2014 年，WTO 总理事会决议规定：如果 2017 年第 11 届部长会议不能达成并通过粮食安全公共储备永久解决方案，和平条款将继续生效，直至达成永久解决方案。和平条款使用必须满足严格的限制条件：一是相关国家需要承认其违背或可能违反《农业协定》规定的义务；二是成员必须通报其近年的农业国内支持。中国在小麦特定产品支持超出微量允许时，可考虑启用“和平条款”。为此中国必须通报近年农业国内支持，并遵守部长会议粮食安全公共储备决议中的其他规定。

发展中国家应坚持要求早日达成简单、可操作性强的粮食安全公共储备永久方案，以便为实施价格支持性粮食收购提供充分政策空间，确保千万营养不良和贫困人口的粮食安全，战胜少数发达国家赤裸裸的商业利益。

（施展、秦天放、王占禄、2017 年第 8 期）

附表 1 中国和印度营养不良人口变化趋势

单位：百万人，%

项目	区域	1990—1992 年	2000—2002 年	2005—2007 年	2010—2012 年	2014—2016 年	1990—1992 年基期以来的变化
营养不良人口数量	中国	289	211.2	207.3	163.2	133.8	−53.7
	印度	210.1	185.5	233.8	189.9	194.6	−7.4
	中国＋印度	499.1	396.7	441.1	353.1	328.4	−34.2
	世界	1 010.6	929.6	942.3	820.7	794.6	−21.4
占世界的比重	中国	28.6	22.7	22	19.9	16.8	−41.1
	印度	20.8	20	24.8	23.1	24.5	17.8
	中国＋印度	49.4	42.7	46.8	43	41.3	−16.3
占总人口比重	中国	23.9	16	15.3	11.7	9.3	−61.1
	印度	23.7	17.5	20.5	15.6	15.2	−35.9
	世界	18.6	14.9	14.3	11.8	10.9	−41.4

数据来源：FAO《粮农组织亚太地区粮食不安全状况》。http://www.fao.org/3/a-i4624e.pdf.

附表 2 印度与中国国内支持基本信息

项 目	印 度	中 国
入世年份	1995 年	2001 年
国家性质	发展中国家	发展中国家
AMS 总量基数	以微量允许为限	以微量允许为限
AMS 最终约束量	0	0
微量允许上限（%）	10	8.5
基期	1986—1988	1996—1998
《农业协定》6.2 条项下农业投入补贴灵活性	有	无

数据来源：WTO 网站。

附表 3 中国国内支持变化趋势

单位：百万元

年份	AMS		绿箱	一般服务	粮食安全公共储备	国内粮食援助	直接补贴
	产品特定	非产品特定					
1999	2 854	700	184 335	109 110	47 596	2 640	24 989
2000	3 503	745	207 899	121 230	53 799	2 360	30 510

（续）

年份	AMS		绿箱	一般服务	粮食安全公共储备	国内粮食援助	直接补贴
	产品特定	非产品特定					
2001	1 790	748	242 332	145 046	59 685	683	36 918
2002	1 275	234	252 117	151 417	53 148	401	47 150
2003	1 314	1 282	257 962	154 274	54 526	178	48 984
2004	4 194	1 974	308 493	165 603	42 061	132	100 698
2005	2 454	2 200	309 566	172 729	44 087	99	92 651
2006	1 364	14 951	356 524	200 784	50 378	93	105 269
2007	11 481	30 754	457 856	280 164	54 201	49	123 443
2008	16 764	78 863	593 014	355 126	57 932	64	179 893
2009	19 471	89 123	477 460	232 279	69 538	59	175 584
2010	25 351	97 664	534 632	250 076	77 045	14	207 497

注：1999—2010 年产品特定和非产品特定支持低于微量允许。

数据来源：中国 WTO 国内支持通报。

附表 4　中国通报的小麦产品特定支持

单位：元/吨，千吨，百万元，%

年份	管理价格	外部参考价	适用产量	市场价格支持总量	其他产品特定预算性开支	产品特定支持总额	产值	市场价格支持在产值中占比
1999	1 254	1 698	37 800	−16 783	0	−16 783	NA	—
2000	1 136	1 698	35 050	−19 698	0	−19 698	NA	—
2001	1 124	1 698	38 600	−22 156	0	−22 156	NA	—
2002	1 240	1 698	34 850	−15 961	4	−15 957	105 280	−15.16
2003	1 100	1 698	20 460	−12 235	110	−12 125	105 600	−11.48
2004		1 698	0	0	201	201	141 610	0.14
2005		1 698	0	0	1 058	1 058	161 860	0.65
2006	1 410	1 698	40 688	−11 718	1 081	−10 637	161 360	−6.59
2007	1 410	1 698	28 925	−8 330	1 101	−7 229	182 750	−3.96
2008	1 490	1 698	41 740	−8 682	2 159	−6 523	199 300	−3.27
2009	1 700	1 698	39 855	80	4 371	4 451	222 460	2.00
2010	1 760	1 698	23 113	1 433	4 359	5 792	235 330	2.46

数据来源：中国 WTO 国内支持通报。

附表 5 中国大米和小麦政策空间

单位：亿元，元，百万吨

产品 (1)	产值 (2)	微量允许 (3)=(2) ×8.5%	其他预算 性开支 (4)	剩余空间 (5)= (3)-(4)	管理价格与 外部参考价 的差值(6)	适用产量 (7)= (5)/(6)	产量 (8)	收购上限 (9)=(7)/(8) ×100%
小麦	3 068.0	260.78	56.76	204.02	662	30.8	130.0	23.7
大米	4 160.6	353.65	70.31	283.34	181	156.5	146.5	106.9

注：假定管理价格和产量保持在 2016 年水平计算。

数据来源：①OECD 出版的 2016 年农业政策监测与评价中国部分. http://dx.doi.org/10.1787/agr_pol-2016-10-en；②中国 WTO 国内支持通报；③目的指数. http://www.indexmundi.com/，2016 年 7 月 10 日.

附表 6 中国通报的玉米产品特定支持

单位：元/吨，万吨，百万元，%

年份	管理价格	外部参考价	适用产量	市场价格支持总量	其他产品特定预算性开支	产品特定支持总量	产值	市场价格支持在产值中占比
1999	926	1 199	5 350	−14 606		−14 606		
2000	936	1 199	3 725	−9 797		−9 797		
2001	918	1 199	3 110	−8 739		−8 739		
2002	880	1 199	2 119	−6 760	1	−6 759	137 440	−4.92
2003	860	1 199	1 304	−4 421	8	−4 413	145 250	−3.04
2004	0	1 199			167	167	196 340	0.09
2005		1 199			179	179	199 300	0.09
2006		1 199			366	366	208 650	0.18
2007		1 199			373	373	236 720	0.16
2008		1 199			2 200	2 200	262 040	0.84
2009		1 199			5 989	5 989	258 420	2.32
2010		1 199			5 994	5 994	303 010	1.98

数据来源：中国 WTO 国内支持通报。

附表 7 2015 年中国玉米收购政策空间

单位：百万元，元，百万吨

产品 (1)	产值 (2)	微量允许 (3)=(2) ×8.5%	其他预算 支出 (4)	剩余空间 (5)=(3) -(4)	管理价格与 外部参考价 的差值(6)	适用产量 (7)= (5)/(6)	产量 (8)	收购上限 (9)=(7)/(8) ×100%
玉米	5 053.05	429.51	100.05	329.46	1 051	31	224	13.99

数据来源：①中国 WTO 国内支持通报；②目的指数. http://www.indexmundi.com/，2016 年 12 月 16 日；③美国农业部 2015 年中国谷物和饲料手册，2016 年 12 月 22 日.

附表 8　选定产品的产品特定支持

年份	小麦	大米	玉米	产品特定支持 AMS 总额	
	百万元				百万美元
2011	微量允许	微量允许	47 577	47 577	7 363
2012	微量允许		58 966	58 966	9 341
2013	26 861		70 146	97 007	15 657
2014	33 082		69 849	102 931	16 755
2015	34 125		72 743	106 868	17 161
2016	34 076			34 076	5 109

数据来源：①OECD 出版的 2016 年农业政策监测与评价中国部分. http://dx. doi. org/10. 1787/agr_pol－2016－10－en；②中国 WTO 国内支持通报；③目的指数. http://www. indexmundi. com；④美国农业部 2015 年中国谷物和饲料手册，2016 年 12 月 22 日.

附表 9　中国扣除通货膨胀之后的特定支持

单位：%

年份	小麦	大米	玉米
2011	－2.62	－4.1	7.80
2012	－1.54	－2.4	8.60
2013	0.83	－1.6	9.20
2014	1.93	－1.5	8.90
2015	1.46	－1.7	8.60
2016	0.66	－2.1	1.98

注：CPI 指数以 1996—1998 年为基期。
数据来源：世界银行世界发展指标。

附表 10　美国作物产品特定人均补贴

单位：人，亿美元，美元/人

年份	产品	获得补贴人数	补贴额	人均补贴
2010	小麦	564 316	20.12	3 565.8
	大米	30 289	4.54	14 995.0
	玉米	666 798	37.72	5 656.7
2014	小麦	21 832	0.62	44 388.4
	大米	1 326	23.55	46 470.8
	玉米	23 667	20.12	99 490.6

数据来源：美国环境工作组. https://farm. ewg. org/.

附表 11 对农业产业经济活跃人口的人均国内支持

单位：美元

年份	印度	中国	美国
2001	51	58	23 729
2002	52	60	25 101
2003	61	62	25 612
2004	68	75	30 142
2005	73	75	32 742
2006	86	92	31 855
2007	125	129	31 598
2008	191	195	38 772
2009	186	169	43 880
2010	201	191	51 194
2011	0	0	56 586
2012	0	0	57 915

注：国内支持包括“黄箱”、“绿箱”、“蓝箱”、低于微量允许的支持和《农业协定》6.2 条支出。

数据来源：①印度、中国和美国的国内支持通报；②世界银行发展指标与经济统计，http://www.econstats.com/wdi/wdiv_375.htm.

TPP 协定及其涉农内容概述

编者按：近期我国组织专家就 TPP 协定达成的文本进行了全面研究。总体看，TPP 是 WTO 附加（WTO+），其成员在贸易和投资领域在 WTO 最惠国待遇基础上相互给予了进一步的优惠，在规则及实施机制等方面注重了与 WTO 的衔接和协调。TPP 的达成不改变 TPP 成员在 WTO 和其他相关 FTA 中的承诺，不改变 TPP 成员遵循 WTO 协定和规则的义务。TPP 不否定 WTO 在管理世界贸易中的基础和核心作用。TPP 对贸易的影响取决于成员国之间比较优势的差异程度、现行贸易保护水平及 TPP 协定下的减让幅度，其对我国农产品贸易的影响十分有限。

一、TPP 协定谈判背景

2015 年 10 月，美国、日本等 12 个谈判方宣布就《跨太平洋伙伴关系协定》（TPP）内容达成一致，从而结束了历经 19 轮的谈判过程。2016 年 2 月 4 日，12 国政府代表在新西兰正式签署协定。目前协定进入由各国立法机构审核批准的阶段，生效日期待定。

TPP 的形成是一个渐进过程。1994 年，亚太经合组织（APEC）印度尼西亚茂物峰会提出了发达成员和发展中成员分别于 2010 和 2020 年实现投资和贸易自由化的“茂物目标”，然而在当时 WTO 多边贸易开放进程刚刚启动的背景下，推进亚太区域贸易开放既缺乏足够动力也缺乏谈判资源。1998 年，美国、澳大利亚、新西兰、新加坡、智利等国探讨了通过部分成员自愿先行自由化来推动亚太区域自由化的思路，但并未形成具体行动方案。1995—2002 年，一些 APEC 成员签署了相互开放商品和服务市场的双边自贸协定[①]，但“茂物目标”并未取得实质性进展。

2002 年 10 月，智利、新西兰和新加坡启动旨在达成一个高质量的自由贸易协定的《太平洋三国更紧密经济伙伴关系协定》谈判。2005 年 4 月，文莱

---

① 如加拿大—智利（1997）、智利—墨西哥（1999）、新西兰—新加坡（2001）、日本—新加坡（2002）自贸协定。

以创始成员身份参加了最后一轮谈判。7 月，上述 4 国签署了《跨太平洋战略伙伴关系协定》。该协定虽在名称上突出了“战略伙伴关系”并特别强调将为此后的全球自贸谈判提供范本，但初衷仍是追求参与方的共同经济利益。

协定谈判期间，美国政府将全球“反恐”作为最优先事项，对建立高质量的亚太区域自贸区创意未予特别重视，仅着手与区域内的新加坡、智利、澳大利亚和秘鲁分别进行了双边自贸谈判。同期中国借助有利的国际环境发展经济，国内生产总值和商品出口额陆续超越英、法、日等发达国家。

2007 年，美国爆发“次贷”危机并通过金融渠道和供应链迅速扩散到其他国家，最终演变成一次全球金融危机。此后全球经贸格局发生重大变化，以金砖国家为代表的发展中国家地位得到明显提升。美国奥巴马政府为应对挑战宣布实施“重返亚太”和“亚太再平衡”战略。2008 年 2 月，奥巴马在新加坡 APEC 峰会上宣布加入《跨太平洋战略伙伴关系协定》谈判，并于 2009 年 11 月提议将协定更名为《跨太平洋伙伴关系协定》。在其主导下，澳大利亚、秘鲁、越南、马来西亚、加拿大、墨西哥和日本先后受邀加入谈判，最终形成了有 12 个创始成员的 TPP[①]。

二、TPP 协定的主要内容

（一）整体框架和主要特点

除序言外，TPP 协定共 30 章，内容既包括了开放货物贸易和服务贸易、原产地规则、动植物卫生检疫、技术性贸易壁垒等传统贸易问题，也涵盖了投资、政府采购、竞争政策、国有企业行为规制、电子商务、反腐、发展和能力建设等诸多早期自贸协定很少甚至从未涉及的问题。协定还附有针对特定领域问题或反映成员国特殊安排的多个附件。

TPP 主要特点是：①全面扩大市场准入，有效消除阻碍货物和服务贸易、投资等关税和其他壁垒。②全面深化合作，为跨成员国的生产活动和供应链发育提供便利。③关注跨领域贸易问题，如协调成员国间的贸易管制措施以减少摩擦及提高执行效率；规范竞争行为特别是国有企业行为以保障公平竞争的商务环境；推进商务便利化以使中小企业更好参与贸易和实现自身发展；推进善治和抑制腐败；针对发展中成员特殊需要加强能力建设。④保持自贸区活力和

① 菲律宾、韩国和中国台湾省曾对加入 TPP 表示过兴趣但受阻于内外部因素而未能成为 TPP 创始成员。

开放性，根据需要及时更新协定内容以应对今后可能出现的新贸易问题和吸收新成员所带来的挑战。

（二）涉及一般贸易和投资的主要内容

TPP 协定在规则及实施机制等方面较之前的自贸协定有许多创新。

在货物贸易方面，协定要求成员国全面和实质性大幅削减关税，降税过渡期后包括多数农产品在内的货物的进口关税将削减至零。各成员国在具体产品的关税削减方式上可保有灵活性，但整体方案需通过双边谈判获得其他成员国的认可。协定禁止把进口许可发放与绩效要求挂钩或把外国出口商与国内分销商建立合同关系作为允许进口的前提；要求进出口许可审批程序透明，防止将其用作贸易壁垒。

在原产地规则和认定程序方面，协定要求增强规则的客观、透明和可预料性，对进口产品实施简单有效及时的原产地验证；对来自其他成员国的原料给予与本国原料同等的待遇以促进跨成员国的生产整合和供应链发育；成员国货物应按统一准则核算区域价值成分指标；对原料含量低的加工品以微量许可标准放行。这些安排具有便利区内贸易和限制区外产品搭 TPP 优惠便车的双重作用。

在纺织品和服装贸易方面，协定要求成员国加强对纺织品原产地检验以防止转口贸易、走私和假冒产品；允许成员国在进口激增对国内产业造成严重损害时实施以最惠国关税为上限的临时提高关税的措施；纺织服装所含区外原料占成品重量不足 10%且符合其他原产地准则的即可认定其为区内原产品。这些安排在防止第三方产品享有超最惠国待遇进入 TPP 市场的同时降低了内部贸易门槛，并可预防发展中成员出口激增对发达成员市场造成冲击。

在贸易救济措施方面，协定允许成员国在进口激增对国内产业造成严重损害或威胁时采取过渡性救济措施以缓解扩大市场开放带来的国内产业结构调整压力，但实施期不得超过 2 年且过渡期结束后不得延续。产业损害调查和审理过程需透明，成员间需有效沟通信息，实施救济措施一方应向受影响一方提供补偿。

在动植物卫生检疫措施（SPS）方面，协定鼓励成员国使用风险评估技术以强化管制措施的科学性，提高相关信息透明度，对相关管制和应对措施予以适时公布并接受公众反馈，对产品因卫生检疫问题被扣的贸易商及时发送通知；建立成员国动植物检疫措施管制磋商机制，在考虑安全性和科学依据的基础上快速解决纠纷。

在技术性贸易壁垒（TBT）方面，协定要求成员国互认各成员国相关机构的检验认证效力；研发新的技术性贸易壁垒措施前要公开咨询，实施前应评估其对贸易的可能影响，确保有关管制措施决策信息可公开获取，引入新管制措施时要留有合理的适应期。企业产品只需经一次技术性贸易壁垒标准评估程序即可在整个 TPP 市场范围内销售。

在投资方面，协定禁止将投资与绩效标准挂钩；要求消除包括对本国国有企业保护和优惠在内的各种形式的不公平待遇；成员国需对投资者提供有力的法律保护，建立及时高效公平透明的投资者与国家争端解决机制；成员国政府仅能以公共目的依法征用投资项目并应向投资者提供及时适当和可兑现的补偿，允许投资者自由快速转移投资本金及相关收益；成员国可拒绝给予本国或第三方在本国的“空壳公司”获得自贸区利益的机会。

在电子商务方面，协定要求保障电子信息渠道开放畅通以提高电子经济活力及促进电子商务发展。

在政府采购方面，协定要求成员国实行国民待遇和最惠国待遇，及时全面提供信息，采纳公平透明的采购程序；允许通过设置政府采购条款来促使成员国认真履行保护工人和工作场地安全的法律。

在竞争政策方面，协定规定成员国要制定完善本国竞争法律并努力在所有商务活动中有效实施且保障其程序公平；给予个人采取法律行动的权力。

在国有企业方面，协定首次将国有企业商务活动行为全面纳入自贸区规则约束，要求获政府授权的国有企业须接受协定义务约束以避免出现其以受政府委托而回避履行义务的情况，国有企业决策要基于商业考虑，无例外地置于公正管制之下；对国有企业提供的非商业援助不得对其他成员国利益构成损害，针对国有企业的政策需透明。

在知识产权保护方面，协定强化了对专利、商标和地理标识、版权等的保护规则，同时避免保护过度；要求成员国加强建立有效法律机制的合作并保证实施程序透明以促进创新性产品和服务的开发和应用；打击假冒产品跨国供应链，对窃取商业机密、侵权和制假行为进行刑法惩治；国有企业不予例外。

在劳工方面，协定要求成员国以国际劳工组织承认的基本劳工权利立法和执法以保障劳工具有自由结社和集体谈判工资权利；消除强制劳动、雇佣童工和就业歧视现象，将最低工资标准、工作时长、职业安全和健康等纳入法律。

在环境方面，协定针对与贸易相关的环境问题制定了全面和更具创新性的条款并强化执行机制，要求成员国取消不利于环境的补贴，不得为扩大贸易或吸引投资而放宽环境法规，消除环保产品和技术贸易壁垒，合作解决跨国环境问题，打击濒危物种贸易、非法捕鱼等环境犯罪；要求提高环境政策制定公众参与和透明度，鼓励企业自愿采纳社会责任政策，允许成员国对他国不法情况实施贸易限制或贸易救济措施。

TPP 将“发展”作为专章与“合作和能力建设”章专门针对发展中成员

协定执行中可能面临的挑战提出应对建议，强调通过调动公共和私人部门资源而非以实施援助计划来增强实施自贸协定对发展的促进作用。成员国要以改善经济并支持发展为目标，扩大不同发展水平成员国间的合作。

在协调治理方面，协定承认成员国有权确定治理本国事务优先序和选择适当措施鼓励成员国政府在实施管制措施时采纳得到广泛接受的良好方式，加强与公众政策信息沟通，避免多头管理或处理不公现象。

在透明度和反腐方面，协定要求成员国尽其可能使与执行协定相关的法律法规和行政规章能为公众所知并得到反馈；采纳并有效实施将政府官员影响贸易投资的腐败行为定罪的法律；采纳政府官员良好行为规范，尽力减少利益冲突。鉴于药品安全事关重大，其反腐深受重视，列入了该章的专门附件。

在争端处理方面，协定在更高效处理争端、堵塞成员国阻碍建立审理专家组的潜在漏洞、允许非政府机构在争端审理中提供书面意见和保证审理过程公开透明方面有所创新。作为提高协定规则强制性的重要措施之一，利用争端解决机制处理在特定领域发生的纠纷在协定相应各章都得到了体现。

协定最终条款涉及协定条文修改、接纳新成员程序、退出程序、协定生效时间等内容。接纳新成员方面，协定的开放性条款允许将协定扩大到亚太区域所有经济体，但同时设置了高门槛，即这些经济体须认同 TPP 价值观和接受既有制度安排并通过与所有现有成员的一对一谈判扫清双边障碍后才能进入接纳谈判程序。这意味着现有成员均具否决权。

协定未就汇率操纵问题直接制定规则，而是通过一份联合声明强调要应对不公平的货币政策措施。该声明的内容包括：①承诺实施与国际货币基金组织和 G20 准则相一致的汇率政策和宏观经济政策；②承诺公开汇率干预数据和其他重要数据；③建立涉及汇率政策的高官磋商机制。

（三）涉及农业贸易和投资的主要内容

TPP 协定虽然并未就农业贸易和投资规则设立专章，而是以部分国别的附件列明了针对特定农产品或特定涉农服务的例外措施，但协定的相关规则均会对农产品贸易、涉农服务和农业投资产生直接或间接影响，一些条文也直接涉及到如现代生物技术产品、有机农产品、食品卫生安全等与农业关联密切的问题。

协定“国民待遇和货物市场准入”章就货物贸易削减进口关税做了安排。TPP 并非如 WTO 协定那样对农产品和非农产品分别采取不同的关税削减模式，而是一律实行全面和大幅削减，多数农产品关税最终降至零。协定允许相关成员国继续保留根据 WTO 农业协定对部分农产品实施的关税配额管理制度，但需通过降低关税和增加配额来提供有商业价值的新的市场准入机会，并提高实施透明度和减少贸易扭曲。

该章第三节农产品贸易中部分特殊问题的规则涉及：①停止任何形式的农产品出口补贴；②积极参与 WTO 有关出口信贷、信贷担保和保险的多边规则制定；③积极参与 WTO 有关农产品国有出口企业的规则制定；④允许成员国出于粮食安全考虑实施出口限制，但需履行及时告知和适时终止的义务；⑤要求成员国不得依据 WTO 农业协定对来自另一成员国的农产品实行保障措施；⑥允许成员国按照 WTO 规则和义务对现代生物技术产品贸易采取适当管制措施，但需提高决策透明度，加强与其他成员国信息沟通，进口方处理进口产品存在低水平转基因生物情况时要与出口方协调。

该章第四节关税配额管理规定内容涉及：①关税配额管理程序要公开公平公正及不增加行政成本且反映市场条件变化；②配额管理方式应保证进口者有机会充分使用配额；③应给每个符合资质要求的进口者以获得配额的机会，批量大小应符合商业运输可行标准；④对未利用的配额及时再分配；⑤配额管理信息应保持透明。

强化食品卫生安全管制涉及海关管理和动植检措施等多章，主要创新内容包括：保证各成员国相关机构有能力有效实施食品卫生安全和动植物健康管制；保证以科学方式开发和实施食品安全管制措施；增强食品安全措施开发透明度；严格实施海关管理和原产地规则，防止非法食品转运；建立专家磋商机制及时解决食品卫生安全问题；在磋商未果情况下通过贸易争端解决机制强制违规方履行所承诺的义务。

技术性贸易壁垒一章附有多个附件促进区域内以共管方式处理特殊农产品。其中葡萄酒和蒸馏酒附件要求各成员国公开产品法律法规，产品标签须清晰列出进口国所要求的信息，进口国不得仅以标签有缺陷为由限制进口；配方食品附件规定成员国相应管理机构有权要求企业提供原料和添加剂信息并有义务保守企业机密资料；有机产品附件规定加强成员国生产、加工或标识有机产品信息交流，鼓励互认有机产品技术标准、管制措施等。

协定“环境”一章就渔业管理和渔业补贴制定了规则，要求禁止某些最有害的渔业补贴，增强补贴计划的透明度，倡导可持续渔业管理。要求成员国有效执行保护野生动物法律和管制措施，严厉打击非法捕获和出售野生生物、非法捕捞水产品、非法砍伐森林等活动，互换此类罪行的调查信息。

（四）与 WTO 多边体系的关系

从法律角度看，一方面，TPP 条文非常注意与 WTO 现行规则相协调，很多涉及具体问题的条款直接以 WTO 法律文本为据，明确要求成员国在

WTO多边框架下承诺的义务不得因参与TPP而受到侵蚀。例如，在农产品进口关税配额管理上，进口方给予其他成员国的配额为WTO配额外新增，因而不会影响其在多边框架下的市场准入承诺。另一方面，TPP又将涵盖领域扩展到WTO框架之外对WTO规则加以细化和强化形成更有效的执行机制。例如，TPP是首个以专章形式针对国有企业行为制定纪律的自贸协定，要求国有企业仅能以质量和价格与其他企业竞争而不能依靠补贴、对其他企业的歧视性管制或为徇私腐败提供的保护；对国有企业的违规行为可提起诉讼，国有企业不得以受国家主权保护而拒绝应诉。

三、TPP协定与全球农产品贸易发展

（一）TPP成员国的经济贸易特征

TPP12个成员国的社会发展水平和经济结构存在着巨大差别（表1）。美国在多方面一家独大，日本其次，两者合计占TPP成员国总人口的55%、GDP总额的78%、商品出口总额的53%和进口总额的62%，在TPP成员中最具影响力。从经济发展水平看，以购买力平价法计算的人均GDP水平最高的新加坡是水平最低的越南的15倍；从经济结构看，越南第一产业增加值占GDP比重为20%，美国和日本约为1%；贸易依存度新加坡360%，美国则30%。从社会经济制度看，美国、日本、澳大利亚和新西兰为典型的资本主义制度，而越南仍奉行国有经济主导的社会主义经济模式。因此可以预期，TPP成员国间存在的广泛差异势必影响到其成员的履行规则能力，TPP如何使所有成员实现协调发展将是严峻的挑战。

（二）TPP成员国的农产品贸易

TPP成员国的农产品贸易格局差异也很大。美国、加拿大、澳大利亚、马来西亚、新西兰、越南和墨西哥七国列全球农产品出口的前15名，美国、日本、加拿大、墨西哥和马来西亚五国列全球农产品进口的前15名，12个成员国合计占全球农产品出口总额约四分之一和进口总额的约五分之一。多数TPP成员国农产品贸易有盈余，其中美国、澳大利亚、新西兰和马来西亚净出口额超过100亿美元；日本则是最主要的净进口方，净进口额近600亿美元，远超其他成员赤字（图1）。

TPP成员国同处亚太地区，农产品贸易往来密切。据美国农业部资料，2011—2013年间，TPP成员国农产品出口总额的43%和进口总额的51%为其

表 1　TPP 成员国的主要社会经济特征

指标	单位	成员国											
		澳大利亚	文莱	加拿大	智利	日本	马来西亚	墨西哥	新西兰	秘鲁	新加坡	美国	越南
国民经济													
人口	万人	2 363	41	3 549	1 782	12 706	3 060	11 972	456	3 142	547	31 908	9 063
GDP(汇率法,现价)	亿美元	4 110	11 200	6 269	6 626	3 587	15 733	6 561	5 744	4 819	35 931	2 992	16 418
人均 GDP(PPP)	美元	46 550	79 890	44 967	23 057	37 519	25 145	17 950	35 305	11 860	83 066	54 370	5 656
贸易依存度	%	41.1	112.0	62.7	66.3	35.9	157.3	65.6	57.4	48.2	359.3	29.9	164.2
占全球商品贸易比例	%												
出口		1.1	0.1	2.5	0.4	3.6	1.2	2.1	0.2	0.2	2.2	8.5	0.8
进口		1.3	0.0	2.5	0.4	4.3	1.1	2.2	0.2	0.2	1.9	12.6	0.8
约束关税覆盖率	%	97.0	95.3	99.7	100.0	99.7	84.3	100.0	100.0	100.0	69.6	100.0	100.0
农业和农产品贸易													
人均农用地	公顷	16.79	0.03	1.84	0.89	0.04	0.26	0.89	2.44	0.77	0.00	1.27	0.12
人均耕地	公顷	2.00	0.01	1.31	0.07	0.03	0.03	0.19	0.12	0.14	0.00	0.48	0.07
农业增加值占 GDP	%	2.4	0.7	1.5	3.2	1.2	9.8	3.3	7.0	7.4	0.0	1.3	19.7
农业劳均增加值	美元	49 596	83 867	…	6 536	42 879	9 125	3 704	28 993	1 885	37 047	61 391	460
占全球农产品贸易比例	%												
出口		2.2	0.0	3.9	1.3	0.6	1.7	1.5	1.6	0.5	0.7	10.3	1.5
进口		0.8	0.0	2.1	0.4	4.4	1.1	1.6	0.3	0.3	0.8	8.4	0.9
农产品占商品贸易额	%												
出口		16.0	0.4	14.3	29.2	1.5	12.9	6.6	69.6	20.9	2.9	11.2	17.6
进口		6.9	15.6	8.7	9.1	10.0	9.7	7.5	11.6	11.7	4.0	6.5	11.5

注:表中所列为可获得的最新数据,年份不尽相同。

数据来源:WTO《Trade Profiles 2015》,国际货币基金组织的世界经济展望数据库(2015),世界银行的世界发展指标数据库(2016),联合国贸易发展大会的 UNcomtrade 数据库。

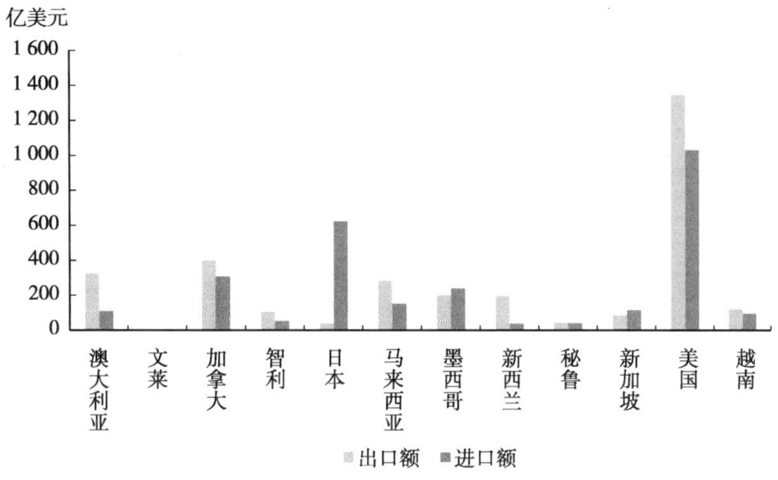

图1　TPP成员国的农产品贸易格局

数据来源：美国农业部（2014）。

成员国内部的贸易，其中最大出口国美国对其他成员国出口占42%，最大净进口国日本从其他TPP成员国进口占49%。美洲成员国主要出口市场有美洲和亚洲，亚洲成员国主要出口市场则仍在亚洲。

上述农业贸易格局的形成与成员国的资源禀赋、发展水平、地理位置和贸易政策有密切关系。农业资源丰富、农业技术先进的发达成员国农业生产率高，农产品质量和价格均具很强的国际竞争力，有能力大量出口。部分发展中成员国凭借丰富的农业资源和低廉的劳动成本优势参与国际竞争成为低端农产品重要出口国。日本农产品生产有质量优势，但成本高，农业主要靠政府保护政策维持生存，国内需求的相当一部分依靠进口满足，但其国内市场饱和、消费者注重质量的习性限制了低端农产品的市场空间。

（三）TPP对农产品贸易发展的影响

TPP对农产品贸易的影响取决于多种因素，如成员国之间比较优势的差异程度、现行贸易保护水平和TPP建立后的削减幅度等。一般而言，成员国之间的比较优势差异越大，建立自贸区后优化整体资源配置的空间就越大，由此产生的贸易创造效应会大于贸易转移效应；建立自贸区前的保护水平越高和建立自贸区后保护削减幅度越大，建立自贸区后内部贸易越有可能得到较快发展。

TPP成员国之间在农业资源禀赋上差异巨大。美国、加拿大、澳大利亚和新西兰大宗农产品有全球竞争优势，智利、马来西亚、越南部分农产品具竞争优势，日本农业竞争力则处绝对劣势。从这一角度看，TPP农产品贸易创造效应可能远大于贸易转移效应。

据 WTO 数据，TPP 成员国之间的关税水平差异明显，部分国家农产品边境保护水平仍非常高，如加拿大、日本、墨西哥和越南农产品实施关税平均税率超过 10%，远高于其他成员，也高于本国非农产品的关税税率（图 2）。文莱和新加坡零关税农产品近 100%，日本 37%，智利、墨西哥和越南不足 20%。

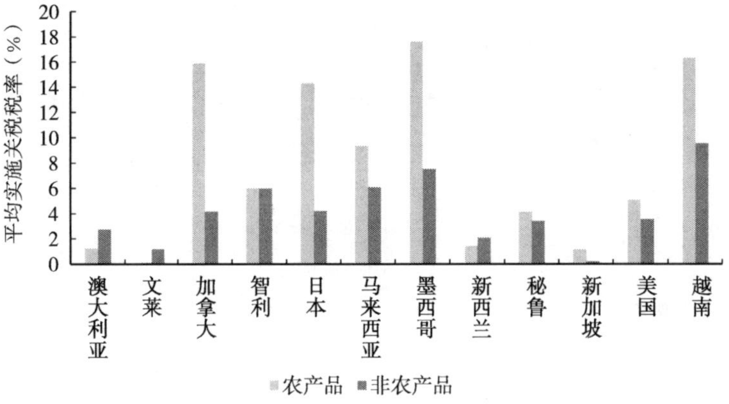

图 2　TPP 成员国的关税结构

需注意的是，尽管多个 TPP 成员国在 WTO 框架下关税税率较高，但其中部分国家参与涉及其他 TPP 成员的自贸区建设（图 3），已在相关的双边框架下不同程度削减了对农产品的边境保护。鉴此，TPP 要求的关税削减虽仍可改善农业贸易发展机会，但实际空间有限。TPP 建立后，农产品贸易增长预期主要发生在主要出口国与尚未与其达成自贸协定且当前边境保护水平较高的国家之间，典型的情况如美国—日本、美国—马来西亚、美国—越南、加拿大—日本等。分产品看，部分此前受较高保护的大米、乳制品、糖等农产品贸易增长前景较好，收入弹性高的肉类、乳制品、园艺产品及深加工食品等优质农产品贸易将会有较快增长。

TPP 部分成员国仍对部分农产品保留了较高的贸易壁垒。如协定允许日本继续对大米、小麦、乳制品等实行关税配额管理，日本仅承诺在一定期限内逐年增加对 TPP 成员的配额量，美国、加拿大、马来西亚、墨西哥和越南也对部分农产品实行类似的处理。TPP 成员国以往受高保护的敏感农产品基本仍继续得到保护，所承诺增加的配额量也与完全自由贸易条件下的出口潜力不相符合。此外，TPP 中出口国增加供给的能力也面临资源环境的限制。

理论上看，自贸区建设将有力促进成员国的经济增长，消费者收入提高将会增加农产品消费进而拉动贸易增长，但美国农业部利用一般均衡模型对 2025

年 TPP 的影响模拟分析则显示 TPP 对经济增长的拉动作用很弱，与基线场景相比，越南 GDP 增幅最大，也仅为 0.1%[①]。其他一些研究机构的分析结果与此虽略有差别，但从总体看，TPP 不会成为影响世界经济增长的重要因素。

	美国	加拿大	墨西哥	澳大利亚	新西兰	秘鲁	智利	新加坡	越南	马来西亚	文莱	日本
美国		▽	▽	◨		◨	◨	◨				
加拿大			▽			◨	◨					
墨西哥						◨	◨					◨
澳大利亚					◭		◨	◨	◨	◨	◨	◨
新西兰								◨	◨	◨	◨	
秘鲁							◣	◨				◨
智利									◨	◨		◨
新加坡									○	○	○	◨
越南										○	○	◨
马来西亚											○	◨
文莱												◨
日本												

注：▽ 北美自贸协定；◭ 澳新自贸协定；◣ 南美洲国家联盟；○ 东盟共同体；◨ 其他双边自贸协定。

图 3 TPP 协定签署前其成员国已参与的自贸协定

TPP 对农业贸易的影响则大于对国民经济的影响。根据上述研究，与基线场景相比，TPP 使区域内农产品出口额和进口额均增长 6.3%，其中大米、肉类、糖和乳制品等增幅较大。澳大利亚和新西兰出口额增幅最高，分别为 19.2%和 15%；越南和日本进口额增幅最高，分别为 18.5%和 14.2%。TPP 导致的贸易转移效应较小，整体农产品贸易增长主要源于日本进口的增加（图 4）。但同时日本的人均食品消费已趋于稳定，随着人口数量下降和老龄化，今后总体需求可能下降。TPP 在日本可能导致的变化是进口替代国内生产，深加工食品进口替代初级原料进口，含服务成分大的进口替代基于天然资源的进口，从成员国的进口替代从其他国家的进口。无论从 TPP 还是从全球范围看，这仅是农业贸易结构的优化调整而非规模的扩大。可以预期，TPP 对全球农业贸易的影响也较弱。同时，TPP 在推进成员国的经济整合和降低交易成本方面的努力可能是有利于其农业跨国投资和农产品供应链发育的长期性积极因素。

① Burfisher 等，美国农业部经济研究局《TPP 中的农业》ERR－176，2014 年 10 月。

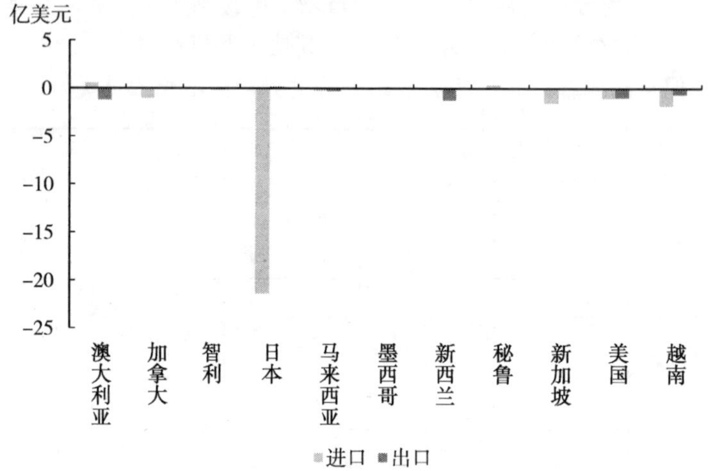

图 4　TPP 产生的贸易转移效应

（四）中国与 TPP 成员之间的农产品贸易

随着入世后经济贸易的持续快速增长，中国已成为 TPP 多数成员国目前最大的贸易伙伴。根据 WTO 2014 年数据，中国是 5 个 TPP 成员国的最大出口市场和 8 个成员国的最大进口来源地，中国与多数 TPP 成员国已形成密切的贸易联系。其中农产品贸易方面，目前美国、加拿大、澳大利亚、马来西亚、新西兰是中国重要进口来源地，进口产品以粮棉油糖等大宗农产品为主；日本、美国是中国重要出口市场，出口产品以劳动密集型初级产品和加工品为主。2015 年，TPP 成员国合计占中国农产品出口额的 40%和进口额的 60%（图 5）。就我

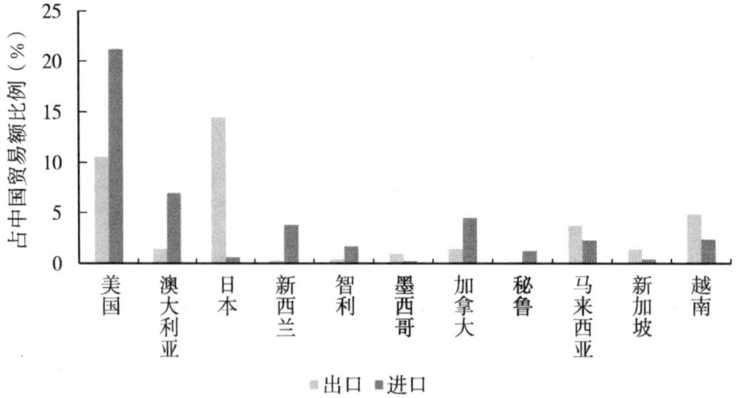

图 5　2015 年中国与 TPP 成员国间的农产品贸易

国农产品进口而言，TPP 的达成并不会减少主要出口方的供给水平，几乎不会对中国产生影响。就我国农产品出口而言，TPP 成员国中，中国已分别与澳大利亚、智利、新西兰、新加坡和秘鲁签有双边自贸协定，同时中国—东盟自贸区还涉及到文莱、马来西亚、新加坡和越南。在这些自贸协定安排下，参与方已在一定程度上相互开放了农产品市场。因此 TPP 对中国农业的影响十分有限。

（田维明、张晓婉，2016 年第 8 期）

发达国家农业支持现状及政策演进特征

按照WTO农业协议，各成员对农业的支持保护政策主要包括国内支持、市场准入和出口竞争。我国入世承诺中，农产品市场开放度高，取消了所有形式的出口补贴，因此国内支持政策成为影响农业发展最关键的因素。近年来，美国等成员指责我国农业支持政策违反入世承诺和WTO规则，将我国三大主粮补贴政策诉诸WTO，无论结果如何我国都将面临农业政策的进一步调整。同时，国内支持政策改革也是WTO农业谈判的焦点。系统梳理美国、欧盟和日本等主要国家国内农业支持政策演进特征，跟踪监测最新政策变化，能够为我国多双边农业谈判和国内农业补贴政策调整提供技术支撑，并为农业供给侧结构性改革的推进和乡村振兴战略的实施提供决策参考①。

一、2017年主要发达国家农业支持政策水平

2017年美国和日本财政支农资金稳中有增，欧盟受上年预算执行进度影响农业预算总额调减，各国继续加大对完善基础设施、改善市场环境、降低生产成本和市场风险等方面的支持力度。

（一）美国农业国内支持总额与上年基本持平，商品计划增幅最大

2017年美国农业国内支持总额1 342亿美元（约9 260亿元人民币），较上年增长0.8%。其中，营养计划1 081.6亿美元，较上年下降1.7%；作物保险计划88.6亿美元，增长2.9%；商品计划81.4亿美元，增长31.6%；环境保护52亿美元，增长13.4%；农业贸易4.5亿美元，增长11.9%。上述五项支出共计1 308.09亿美元，占总支出的97.5%；其余资金用于农村发展、生物能源、研究与推广、信贷支持、森林、园艺和其他杂项共33.95亿美元。

2017年美国农业国内支持增幅最大的是商品计划，由上年的61.82亿美元增长到81.38亿美元，增长31.6%，主要源于价格风险保障和农业风险收

① 贸促中心承担计划财务司“国际农业支持政策分析平台”2017年度研究成果简介。

入保障两个项目支出大幅增加，特别是对单一作物的价格风险保障支出由2016年的7.8亿美元增加到20.9亿美元，增长167%。营养计划（旨在为低收入群体提供安全营养的充足食物，主要措施包括补充营养援助计划、紧急食物援助计划、商品补充食物计划和儿童营养食品分发计划等内容）是最主要的国内支持政策，占支出总额的80.6%。在环境保护项目中，休耕计划（19.1亿美元，增长6.9%）支出最大，占该项目的36.7%。

（二）欧盟农业财政预算支出下降，主要受上年预算执行进度影响

2017年欧盟财政用于农业的支出总预算611.7亿欧元（约4 923亿元人民币），比上年下降7.1%。其中，直接支付预算396.6亿欧元，增长4.1%；市场支持28.1亿欧元，增长0.5%；农村发展预算143.6亿欧元，减少23.1%（原因是上年预算未执行完，执行率仅为64.3%）；其余36.4亿欧元为额外拨款。直接支付的83.7%用于脱钩直接支付，支付总额331.9亿欧元；15.2%用于挂钩直接支付和小农场支持计划；其余用于危机储备。在市场支持支出的28.1亿欧元中，葡萄酒、果蔬和奶制品是欧盟主要支持的农产品，分别占总支出的38.3%、23.6%和21.7%，合计83.6%。农村发展包括“恢复和保护农林生态系统”“农场活力和农业竞争力提升”“促进社会包容、农村经济平衡发展”“农业产业链、动物福利和农业风险管理”“资源效率提升”和“知识转移和创新”6个优先方面，2017年6个优先方面的资金预算比例分别为44%、20%、15%、10%、8%和3%；20个成员国选择将农村发展预算资金重点用于“恢复和保护农林生态系统”。

（三）日本农业预算较上年增长，重点支持落后地区发展和农地集中化

2017年日本农业预算274.4万亿日元（约17万亿元人民币），较上年增长12%，政策支持重点是农地集中化、保证经营收入和解决山区及落后地区的贫困问题。从各类预算增幅看，发展落后地区项目14.3万亿日元，较上年增长49.8%；通过农地集中化和集约化来推动农业结构变化23.1万亿日元，增长20.7%；经营收入稳定政策86.5万亿日元，增长14.7%；产业基本条件建设113.2万亿日元，增长9%；加强出口能力及提高农产品高附加值0.84万亿日元，增长5.1%；食品安全、林业、水产业预算分别为1万亿日元、20万亿日元和14.3万亿日元，与上年基本持平。

二、发达国家农业支持政策演进特征

农业是具有多功能性和弱质性的基础产业，农业生产和农民收入始终是国

内支持政策的核心，各国根据本国经济发展阶段和国际市场变化对农业国内支持政策不断优化调整。

（一）价格支持政策仍然是农业支持政策的重要方式

发达国家早期国内支持基本上是通过价格支持和供给管理稳定农业生产、保障农民收入。美国于1933年成立商品信贷公司（Commodity Credit Corporation，CCC），为农民提供营销援助贷款，农民用农产品向CCC抵押贷款，在市价低于贷款率（保护价格）的情况下，用所抵押的产品抵偿债务。营销援助贷款进入了1938年《农业法案》与之后的1949年《农业法案》，成为永久法案的内容。早期欧盟共同农业政策通过市场公共组织，对成员国实行统一的目标价格、门槛价格和干预价格，欧共体委员会根据最大的谷物剩余区——法国的洛伊瑞特县的谷物价格确定干预价格，并在干预价格基础上制定目标和国家收购价格；一般的欧盟内部市场粮价是在目标价格和干预价格之间浮动，当市场价格低于干预价格时，政府直接按干预价收购，促使市场价回到干预价格以上。近年来，价格支持在形式上有所变化，在支持总量中的比重也有所下降，但仍是直接有效的重要政策工具。

（二）增加收入补贴已成为农业支持政策改革的方向

通过直接干预价格刺激农产品供给的后果是财政负担加重和农产品生产过剩。通过多年的政策实践，欧美等发达国家在农业补贴政策上注重发挥市场机制的导向作用，传统的以目标价格、干预价格、贷款差额等支付为主的价格支持政策比重下降，转向以直接收入支付、农业保险等为主的收入支持政策。收入支持政策既可以在一定程度上规避WTO农业规则的限制，又可以通过市场机制作用实现农业支持政策目标与政策绩效的结合。美国1996年法案计划在过渡期采用生产灵活性合同替代了之前历次法案中根据目标价格和市场价格的差额支付体系；2002年法案选择了直接支付、反周期支付等新的政策工具；2008年法案建立以州为基础的平均作物收入选择计划；2014年法案设立价格损失保障和农业收入风险保障两个新项目补偿价格下跌对农民造成的收入损失。欧盟1992年改革开始探索将与生产挂钩的补贴转为与生产挂钩的直接支付，形成价格支持和直接收入补贴共存的机制；2000年议程下调谷物和牛肉支持价格，用直接收入补贴来补偿农民因此遭受的损失；2013年改革在原有的强制直接支付中增加了“绿色”支付和对青年农民的支付，新增了小农场主计划、自愿提高特定产品挂钩支付比例、重新分配支付和自然条件恶劣地区支付等自愿直接支付，同时保留了小麦、硬麦、大麦、玉米、大米、牛肉、黄油和脱脂奶粉 8 种产品的公共干预，并保持了原有的干预水平。

（三）支持重点由单一生产领域转向兼顾农业生产、乡村振兴和可持续发展

发达国家通过对农业生产和流通等领域的长期持续大量的支持补贴，改善了农业生产条件、提升了技术进步水平、提高了国际竞争力。随着经济社会的发展，欧美等发达国家为了应对农业面临环境、农村发展等新的挑战，农业国内支持向多领域多环节支持倾斜。美国 1970 年法案，首次将农村发展纳入农业法案；1977 年法案首次引入食品券和其他商品分配计划；1990 年法案涵盖了农产品营销、资源保护、贸易、研究、信贷、质量、保险、农村发展、全球性气候变暖等；2008 年法案强调自然资源保护、生物能源、食品安全和农村基础设施建设；2014 年农业法案将环境保护与补贴强制挂钩。欧盟 1992 年改革通过建立基金鼓励保护环境，扶持山区和条件差的地区发展农业；2000 年议程支持改善农场条件和促进农村活动多样性投资、青年农民首次创业、农民培训、农产品加工营销和农村基础设施等；2003 年改革要求补贴政策与遵守环境、食品安全、动物健康和动物福利标准等方面的法规“强制交叉遵从”；2013 年改革更加重视自然资源可持续发展与应对气候变化，实现区域平衡发展。

（四）支持力度不断加大且形成长期大量补贴累积效应

自美国 1933 年出台农业法案以来，各国相继开始通过农业国内支持调节本国农业生产。日本和欧盟相继在 1960 年代初制定农业基本法和共同农业政策，发达国家进入了高补贴、高价格的农业“黄金时代”，农业生产稳步恢复，库存提高。经过半个多世纪的积累，发达国家的农业竞争力水平得到了显著提升，形成了稳定的农业产业格局。发达国家长期大量支持补贴积累了较强的国际竞争力和稳定的产业格局，有条件对国内支持政策进行进一步调整。根据美国最新向 WTO 通报的农业国内支持数据，2015 年农业国内支持总量为 1 253.2 亿美元，是 1995 年支持总量的两倍多。2014 年美国农业法案“价格损失保障补贴”设定的小麦、玉米和大豆参考价格较 2008 年法案的目标价格提高了 30%～40%，补贴水平较之前政策大幅提高。

三、发达国家农业支持政策调整的经验启示

发达国家农业支持政策注重顶层设计，多上升到法律的高度，并将核心内

容作为永久性立法。同时，更加注重农业支持政策的系统性，围绕目标、多措并举、综合施策。

（一）顶层设计、适时调整

美国自1933年至今的80多年来共出台17部农业法案，约每隔5年修订一次，十分注重法案的顶层设计。无追索权贷款实际上是采取与信贷支持相结合的最低保护价制度，虽然自1938年以来对操作方式进行多次调整，但仍然是最有效的农业补贴政策之一。1948年探索实行高水平的固定价格支持和面积分配，并在1949年法案中将其作为永久性立法[①]。2014法案的价格损失补偿计划可以看作是反周期支付计划的替代。欧盟共同农业政策自1962年实施以来改革调整8次，每次间隔约7年；1962年建立谷物、猪肉、禽蛋、禽肉、果蔬和葡萄酒6类产品的共同市场政策，到20世纪90年代初政策覆盖的农产品达14个类别，占农产品产量的96%；公共干预政策也持续沿用至今。日本自1961年制定农业基本法以来，制度演化推进有其严密的逻辑和框架，到1999年新农业基本法也是一脉相承的。

（二）多措并举、统筹推进

发达国家的农业国内支持措施围绕政策目标，将多种政策工具有机结合。例如，美国对食糖产业建立了一套国内支持与边境保护统筹协调的体制机制。首先，国内实施生产分配计划，按历史产量分配各州甜菜和甘蔗的生产配额，通过限制本国生产保证农民收入。其次，通过贸易配额限制进口，每个榨季根据国内生产消费情况增减配额量。同时，为国内食糖加工商的利益也设置了再出口计划，允许加工商加工进口原糖进行再出口，既有效防止了进口对国内产业的冲击，又很好地兼顾了国内加工企业的利益。再次，启动原料弹性计划（糖产乙醇项目），当纽约原糖期货价格低于补贴保障价格时，政府购买过剩糖并亏本销售给乙醇加工企业以缓解食糖过剩。

（三）市场导向、绿色发展

为适应国际规则和市场化改革要求，发达国家财政支持保护政策设计与调整更多引入市场机制，更加突出绿色、可持续发展理念，向一般公共服务、资

---

① 美国的农业立法分为“永久性立法”和“临时性立法”，临时性立法根据形势需要对永久性立法进行修订，仅在政策执行期内有效。美国的永久性立法包括1933年《农业调整法》和《1949年农业法》两部。

源节约和环境保护倾斜。美国农业法已从单项立法逐步转变为综合立法，内容不仅涉及农业生产、基础设施、农村金融、农产品市场、农民权利、土地使用、农产品加工等内容，而且随着现代社会经济和技术的进步，营养水平、环境保护、能源安全、乡村工业、农业知识产权等也成为农业法的重要组成部分。欧盟共同农业政策改革更加注重政策的统筹协调，同时注重发挥农业的生态和环保功能，致力于实现农业可持续发展。

四、完善我国农业支持政策的对策建议

由于耕地和劳动力不能跨国自由流动，各国农业基础竞争力存在比工业更加难以克服的差距。通过国内支持是各国增强农业基础竞争力、确保国内产业安全的通行做法，即使像美国、欧盟和日本这样的发达国家也不例外。我国农业基础竞争力弱、农产品市场开放度高，未来粮食安全和农业产业安全面临日趋严峻的挑战。应充分借鉴国外经验，立足当前、着眼长远，构建我国新型农业支持政策体系。

（一）加强农业国内支持顶层设计，政策目标远近结合统筹协调

发达国家通过农业法案每隔几年对农业支持政策进行调整，形成渐进式改革机制，根据不同历史背景下国内外市场条件、财政状况、WTO规则等形势变化对政策工具及其组合进行动态调整，从而及时纠正政策效果的扭曲和适应新历史条件下的政策目标需求。可借鉴发达国家经验，在当前贯彻落实乡村振兴战略的大背景下，制定符合国际规则的法律政策框架体系并维持相对稳定，给生产者和市场主体透明的预期；同时根据形势变化定期进行动态调整发布，确保具体措施改革调整的灵活性，以更好地适应国内外市场环境状况变化。

（二）坚持政策手段市场化改革方向，有效规避WTO规则限制

支持补贴政策不是对落后生产力进行保护，而是通过提升竞争力实现农业产业健康稳定可持续发展，同时提高对农产品价格波动的容忍度和风险管理能力。自乌拉圭回合农业谈判以来，各国逐步降低农产品的价格支持水平，主要实施与生产脱钩、半脱钩的直接补贴以及农作物保险补贴等扭曲程度低的市场机制。目前我国一些农产品补贴政策受到美国等成员的挑战和质疑，在农业供给侧结构性改革中，要加快推动深化粮食等重要农产品市场价格形成机制改革和支持补贴政策调整。

（三）提高农业支持政策效率，增强农业全产业链竞争力

可借鉴发达国家政策制定经验，在中央财政统一的政策框架下，给省级和地方政府一定的自主权，根据当地实际需要制定农业支持政策，中央与地方政府分担项目成本，提高支持项目的针对性和执行效率。同时，建立有效的政策执行和监督机制，对补贴资金的获得设定特定满足条件，并根据上年度政策实施情况调整下年度的预算，提高政策执行效率。由于我国农业小规模和生计型特征在一定时期内难以改变，农业生产的小散弱、小农户走向大市场还面临诸多困难，因此农业生产、流通、加工等环节仍是支持的重点，在推进农业供给侧结构性改革中，政策措施的调整方向需要从补贴产量转变为补贴产能，从加大基础设施建设投入、加大财政金融投入等相关配套措施入手，结合耕地地力保护、农业环境问题和农业科技研发等政策创设和实施，增强农业生产、流通、加工、贸易、科技和环境等全产业链竞争力。

（柳苏芸，2018 年第 5 期）

联合国贸发组织与世行关于非关税贸易措施对农产品贸易影响的报告摘要

编者按：2018 年联合国贸发组织与世界银行合作开展了覆盖 100 多个国家的非关税贸易措施实施情况研究并形成报告。报告认为，相较于传统的关税措施，非关税措施对现阶段贸易的影响程度可能更大，各经济部门中农业贸易受影响尤甚。

非关税贸易措施通常指除普通关税以外对国际贸易存在经济影响的政策和措施，可进一步划分为技术性贸易措施和非技术性贸易措施。前者主要包括卫生与植物卫生措施（SPS）和技术性贸易措施（TBT）以及装运前货物检验等相关要求，后者则指非技术性贸易措施范围外的各类非关税贸易措施，如非自动许可证、价格及数量控制等。

一、全球非关税贸易措施实施情况

（一）按经济体划分

不管是从进口还是出口角度分析，经济发展水平不同的国家利用技术性贸易措施的情况都不尽相同。

从进口看，发达国家的非关税贸易措施使用比例比发展中国家和最不发达国家更高。发展中国家采取的各类进口管制手段中约 40%属于非关税措施，而发达国家比例几乎是发展中国家的 2 倍。贸易往来频繁的商品往往更易受到非关税贸易措施的管制。发达国家不仅非关税贸易措施应用范围广、比例高，而且针对每种商品使用的措施也更多样，平均达 4 种。发展中国家只有 2 种，最不发达国家仅 1 种。

从出口看，非关税贸易措施对最不发达国家产品的影响大于对发达国家的影响。最不发达国家采用非关税贸易措施对出口的管制总体比进口管制更严，以确保出口产品质量达到目标市场要求。发达国家在出口产品上的非关税贸易措施管制较少，每种产品平均不到 1 种。

（二）按产业部门划分

非关税贸易措施在部门间的使用存在很大差异，农产品领域的非关税贸易措施使用频率无论在强度还是广度上都更高。

各国以非关税贸易措施对农产品进口进行监管的比例几乎达 100%，而其他行业则平均为 40%。从单类产品看，各国在农产品上使用的非关税贸易措施最为繁多。每种农产品平均达 8 种措施，其他部门平均不足 2 种。

（三）按非关税贸易措施种类划分

TBT 是最常见的非关税贸易措施形式，影响全球约 65%的进口产品；其次是出口措施，影响全球约 20%的产品出口；第三位是 SPS 措施，影响全球近 20%的进口产品，且因其自身属性而更多集中于农产品。SPS 措施在单类产品上的使用密度最高。各国平均在每种受监管产品上使用 6 种 SPS，TBT 为 3 种。

（四）按 GDP 和关税水平划分

总体而言，人均 GDP 较高的国家利用非关税贸易措施进行贸易监管的力度更大，且在具体产品上使用的措施种类也较多。这说明随着经济发展，消费者日益重视产品质量，多样性需求也有所增加。

研究还发现，一般而言，使用非关税贸易措施较多的国家往往关税限制较少，反之亦然。这说明很多国家正通过更多使用非关税贸易措施来代替关税措施以实现特定的贸易政策目标。

二、非关税贸易措施对全球农产品贸易的影响

将非从价税转化为较直观透明的从价税指标的过程称为从价税等值（AVEs）。将各种贸易调控措施以关税税率形式表现，有助于了解 WTO 各成员的真实关税水平和贸易保护程度。

统计数据表明，多数情况下，非关税贸易措施对货物贸易的总体影响程度在 3%以下（图 1）。具体而言，对中高收入和低收入国家进口的影响分别为 2%和 3.5%左右。比例相差虽然不大，但各自构成不同：高收入国家在诸如消费者健康和环境保护等公共政策目标的实现上更为依赖严格的技术性贸易措施，低收入国家则更倾向于使用价格机制和数量控制等传统手段。

非关税贸易措施对低收入国家的出口影响相对较大。原因有三：一是由于

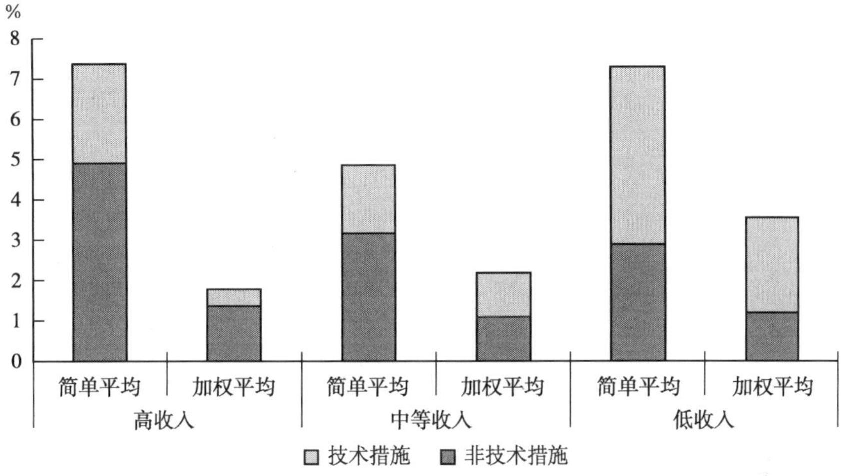

图1　按收入等级划分的进口非关税措施 AVEs

设施落后，组织、行政及技术能力较弱，出口商为遵守名目繁多的非关税贸易措施往往要付出更高成本。二是低收入国家的农业部门是重要经济部门，农产品贸易中非关税贸易措施使用较普遍。三是低收入国家出口产品中农产品占比较大且比其他类产品受到更多监管。

人均 GDP 较低的国家应对非关税贸易措施的平均费用往往较高（图 2）。从价税等值（AVEs）平均水平比高收入国家约高 3 个百分点。

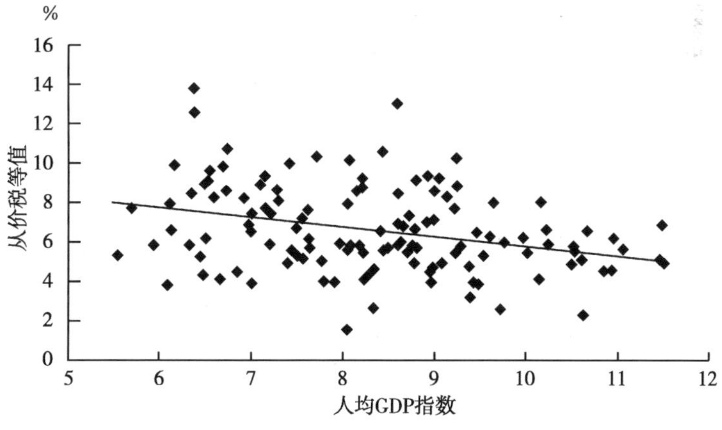

图2　出口非关税贸易措施从价税等值与人均 GDP 关系

非关税贸易措施增加全球农产品贸易成本。以简单平均方法计算占世界农产品贸易总额的 20%，按加权计算则为 6%，总费用约 750 亿美元，其中技术性贸易措施的成本增加远高于非技术性贸易措施。大多数产品的非关税贸易措施对贸易造成的影响明显高于关税，该特点对农产品尤为显著（图 3）。

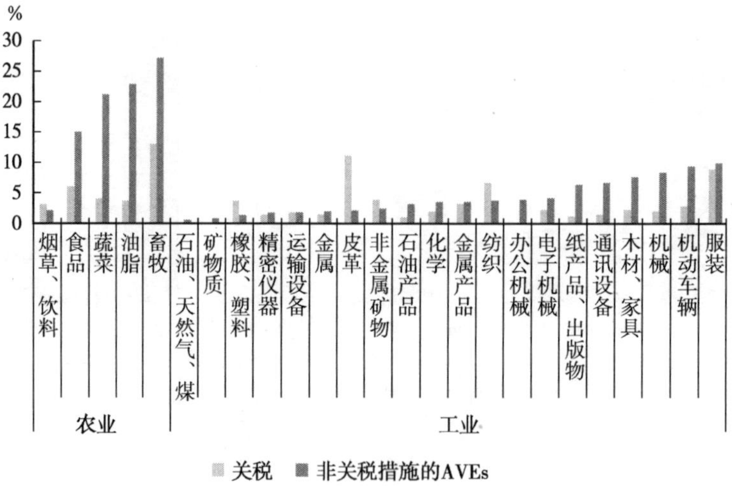

图 3　按经济部门、产品种类划分关税和非关税贸易措施的 AVEs

三、合理使用非关税贸易措施促进贸易健康发展

（一）科学设定技术性贸易措施

技术性贸易措施有助于实现可持续发展、社会进步和环境保护目标，对保证食品质量安全、加强清洁水源管理、推动负责任生产与消费以及减少温室气体排放、保护环境等有积极意义，但同时也会增加贸易成本、影响市场准入，对经济增长和可持续发展产生负面作用。因此，各国应制定系统科学的农产品进出口监管制度，合理精简现有手段和审慎出台新的管制措施。

（二）加强发展中国家能力建设支持

报告认为，非关税贸易措施对低收入国和小生产商造成不同程度的损害，低收入国家需要发达国家和国际社会支持以更好地应对挑战，这比在关税中给予特殊待遇更为必要。这种支持应以帮助其提高生产力和技术标准及适应相关贸易规则为目标，应包括技术合作和能力建设。

（三）积极推动各国贸易政策协调及规则标准互认

技术性贸易措施导致的高成本既与高水平贸易保护政策有关，也与各国相关法规及实施方式存在差异有关。多样化的农产品安全监管体系本身就增加了贸易成本，即使经济发展水平和贸易保护水平类似的国家也难以协调或互认对方的国内法规。因此应积极推动各国贸易政策协调及规则标准互认，如可考虑以区域协定为基础多边层面推进相关合作并推动采纳国际化标准。

（四）进一步提高国别贸易相关政策法规透明度

由于非关税措施具有多样性和复杂性，相关信息的收集对进口商和出口商还会构成隐性的交易成本。提高非关税贸易措施相关法规的透明度有助于促进平等的市场准入和公平贸易。国际社会和各国政府应致力于持续提高贸易相关法规的透明度，还应通过建立完善非关税贸易措施数据库，帮助各国政府更好地进行贸易分析和相关政策设计。

（王东辉、李婷编译，2019 年第 3 期）

国别研究

美国农业国际竞争力与贸易政策分析

入世以来，我国农产品贸易快速增长，农业贸易在全球的地位不断提升。随着我国农产品对外依存度的不断提高，加强对重点国家农业生产、贸易政策分析研究，统筹利用好两种资源和两个市场是当前我国面临的一项重要任务。美国是我国农产品出口的重要目标市场，也是我国大豆、玉米等资源密集型产品的重要进口来源地，其生产、贸易政策对我国农产品贸易乃至农业农村经济发展具有重要影响。本报告分析了美国农业国际竞争力的基础、农业支持政策体系、农业贸易政策、贸易促进机制以及美国大宗农产品生产成本等情况，提出了推进双边农产品贸易健康、稳定、可持续发展的政策建议。

一、美国农业国际竞争力的基础

美国是农产品贸易竞争力强国，是世界最大的农产品出口国。其农业竞争力除了依托丰富的农业资源基础外，更与政府对农业的高度重视、高效的农业管理体系密不可分。

（一）美国农业是地位法定、受到高度重视的产业

美国前国务卿基辛格曾说："谁控制了粮食，谁就控制了人类"。美国有着"以农立国"的传统，农业是美国的立国之本、强国之基，历史上美国农业在其社会经济发展中发挥着极其重要的基础作用，历来受到高度重视。随着工业化和城市化的发展，尽管农业在美国经济中的比重逐渐下降，但农业的基础性、战略性作用依然十分显著。目前，美国农业增加值仅占 GDP 的 1%，农

民人数占人口总数的2%，但农产品出口额占商品出口总额的10%，农业及配套产业吸纳的就业人数占全美总劳动力数的13%左右。农业为美国提供了2 100多万就业岗位，包括农业管理、农业研发、农业经纪、农业金融服务等领域。对于主产区来说，农业的作用和地位更为突出。2016年内布拉斯加州人口184万人，50%的人口生活在农村，农业从业人员占全部就业人数的24%，农业产值占GDP的25%以上。

一个真正的强国是没有软肋的。美国对农业始终高度重视，而且通过立法的形式体现，其中最重要的是美国农业法案。自1933年美国第一部农业法案《农业调整法》到2014年美国《食物、农场及就业法案》，美国共出台17部法案，进行了37次调整，其中《1938年农业调整法》和《1949年农业法》为永久立法。在美国农业立法和调整过程中，农业产业发展的需要得到了充分考虑、农业产业的声音得到了必要的尊重。

（二）美国农业是由大量资源支撑的大规模现代化农业

农业是高度依赖自然资源的产业，人均农业资源禀赋决定了美国农业生产规模，决定了美国种植业的基础竞争力，进而决定了美国畜牧业的基础竞争力。美国共有210万个农场，平均规模170公顷，是我国的300多倍。内布拉斯加州农村93%的土地为农牧场，农场总面积1.8亿公顷，农场4.84万个，农场平均规模378公顷，规模较大的农场达1 000公顷以上；2016年内布拉斯加州玉米产量4 760万吨、大豆产量848万吨。爱荷华州人口312万人，农场8.75万个，农场平均规模350公顷；爱荷华州玉米、大豆、生猪、禽蛋产量排名美国第一；玉米和大豆分别为7 016万吨和1 507万吨，分别占美国玉米和大豆总产量的18%和14%；爱荷华州玉米的产量相当于我国玉米产量的1/3，大豆产量比我国的产量还要大。这种基于丰富资源基础上的大规模农业生产方式，不仅有利于资源优化配置和形成规模经济，而且有利于机械化、标准化和专业化生产以及农业科技推广和智能化管理。美国农业机械化程度高，大型农机和各种生产收储设备设施在农场全面应用；播种、施肥、田间管理、收获都实行高科技、智能化管理；农业遥感技术（RS）、地理信息系统（GIS）和全球卫星定位系统（GPS）广泛应用于全球农作物估产和精准农业发展。这使美国农业在世界上保持了强大的竞争力。2016年美国玉米、大豆、牛肉产量分别占全球的36%、34%和19%，居全球第一；农产品出口总额占全球10%，小麦、玉米、大豆、棉花、牛肉、猪肉出口量分别占全球的16%、36%、39%、39%、12%和29%，居全球第一。

（三）美国农业是有效管理下的高度组织化的农业

美国农业是高度市场化的产业，围绕市场美国形成了联邦政府农业部门、州农业部门、科研院校、农场主组织、产业协会等分工明确、协同发力的高效管理体系和组织体系。联邦政府农业部门基本不管生产，主要任务是制定宏观农业政策，为农业发展争取有利的内外部环境；强化动植物检疫和农产品质量控制，确保农产品安全；提供和优化信息服务，减少信息不对称和由此产生的市场失灵；开拓海外市场，着力减少贸易壁垒扩大农产品对外出口。农业组织化程度高、社会化服务健全，是美国农业稳定发展的重要保障。美国现有涉农组织和协会中，既有服务农场主的组织，如联邦农场局和州农场局（Farm Bureau）；又有以协会（Association）命名的行业组织，如大豆协会、谷物协会、肉类协会、种子协会、饲料协会、农牧协会等；还有基于联邦和州法定收费项目（Check Off）成立的自我服务组织，如大豆基金会（Soybean Board）、玉米基金会（Corn Board）；此外，还有着重开拓市场和促进出口的组织，如乳制品出口理事会（Export Council）、葡萄酒研究所（Wine Institute）等。尽管这些组织名称不同，但其组织模式、作用和性质类似，基本上都是农民自愿加入，自觉交费、自由退出。这些组织主要作用是影响国会及地方立法、在国际贸易中维护行业经济利益，为会员提供各种服务和制定行业标准。高校是农业技术推广的主要部门，在农业推广中的作用十分重要，是确保教学、科研、推广三者融为一体的关键。如内布拉斯加大学的农业研究和推广中心（ENREC）拥有 400 人，由政府无偿划拨土地 3 912 公顷并提供经费支持，50%的面积耕种作物、养殖牲畜 6 000 头用于教学和科研推广，年培训农民 5 000 人次。

二、美国农业支持政策体系的框架

政府对农业的强有力扶持是造就美国农业强国的重要因素。美国农业政策体系非常完善，农业政策集中体现在农业法案中。美国已出台的 17 部法案中，有两部法案为永久法案，并每隔 5 年进行调整和重新审定。农业法案的制定实践，既保证了农业支持政策的稳定性和延续性，又赋予了适时调整的灵活性。农业是自然再生产和经济再生产的过程，面临自然和市场双重风险，美国农业支持政策的主要目标是减少和控制农业风险，保障农民收入，稳定农业生产。美国农业收入支持政策主要包括三个层面：

（一）基于价格和收入变化，提供收入收益基本保障

根据2014年农业法，这类政策包括商品项目下的价格损失补偿计划（PLC），农业收入风险补助计划（ARC），基于牛奶和饲料价格差异变化的乳制品利润保障计划（MPP）和棉花收入保障计划（STAX）。根据这些政策，当产品价格或农场收入或利润低于参考水平时，政府将对农民给予必要的补贴以保障基本收益。

（二）基于正常市场预期，通过补贴保费提供收入风险保障

根据2014年农业法，这类政策包括作物保险项目下的保费补贴计划（CIP）和选择性补充保险计划（SCO）。这一政策下，保险公司按商业规则设计并销售保险产品，政府仅对农民所交保费给予特定比例的补贴，并对保险公司提供再保险。

（三）特殊情况下提供的灾害救助

在发生影响广泛的重大自然灾害情况下，政府将在灾害援助项目和无保险作物援助（NAP）项目下为农民提供灾害救助。

此外，由于美国农业具有很强的市场定价权，农场主可以有效利用期货市场进行套期保值规避风险。套期保值是商业规则下美国农场主和农产品加工企业保障收入的重要工具。美国营养计划项目下的开支占农业法总支出的80%，将营养计划纳入农业法案主要是为了便于在众议院和参议院获得通过；2018年农业法案正在讨论之中，在当前低迷的国际市场条件下，2014年农业法案基本内容将得到保留。

三、美国农产品贸易政策和贸易促进机制

美国农业是过剩农业，市场空间是其最主要的约束，因此开拓国内外市场是农业增长的前提和基础。由于国内传统消费和需求已经饱和，国内市场的开拓主要靠农产品用途的拓展。充分利用农业生物质发展生物乙醇、生物柴油、生物纤维、生物塑料，既是美国农业持续发展的需要，也是未来最终替代矿物能源确保能源安全的战略需要。目前美国每年有1.2亿吨玉米，约占其产量的1/3，用于发展生物乙醇。

就对外合作而言，开拓国际市场、扩大农产品出口是其最主要的目标。不论是多边贸易谈判还是双边贸易谈判，消除贸易壁垒为美国大宗农产品出口争

取更大准入机会和更好的准入条件是其重点和核心所在。自由贸易在美国具有广泛的社会基础，是美国农产品贸易政策的总基调和主旋律。尽管美国对食糖产业的保护度很高，对乳制品实施较高的关税，但从政府到协会、从研究人员到农场主，美国上下在总体上都秉持自由贸易的理念。

2016 年美国农产品贸易总额为 2 505 亿美元，出口 1 297 亿美元，玉米、小麦、高粱、大豆、棉花、猪肉、牛肉出口分别为 5 652 万吨、2 817 万吨、572 万吨、5 579 万吨、1 450 万吨、158 万吨和 237 万吨，占国内产量的 15%、45%、47%、48%、84%、10%和 21%。出口促进对美国农业至关重要。美国官方贸易促进机制主要包括三个层面。政府合作层面以自由贸易为导向，推动其他国家开放市场、改善市场准入条件；政策层面通过出口信贷政策、粮食援助政策，大力扩大农产品出口；项目层面通过实施海外市场开发计划（FMDP）和海外市场准入计划（MAP），扶持农产品行业协会和企业开拓海外市场。美国农业部海外农业局有专门的出口促销预算，还大量派驻农业外交官，负责收集各国农业相关信息，协调贸易政策，促进农产品出口。美国农业行业协会和组织具有很强的贸易促进能力，有专门的经费用于农产品海外营销促销，在重要的目标国家有专门的办事处和办公室，形成了一系列行之有效的贸易促进手段，包括推动政府采取有利的贸易和贸易促进政策、加强与目标国家的沟通交流并开展市场调研、加强产品宣传推介等。

四、基于成本的中美农业竞争力比较

生产成本是决定农产品趋势价格和竞争力的核心因素。近年来，我国农业进入了成本快速上涨时期，大宗农产品生产成本由入世时普遍低于美国转变成普遍高于美国，内外价格发生倒挂。美国大宗农产品生产成本低，主要是由其资源、规模和机械化程度决定的农产品劳动力和土地成本低。以玉米和大豆为例，美国 2015 年玉米每 50 千克生产成本 50 元，其中土地成本 13 元，人工成本 2 元，种子、肥料、农药 20 元，固定资产折旧 8 元；大豆每 50 千克生产成本 114 元，其中土地成本 39 元，人工成本 5 元，种子、肥料、农药 29 元，固定资产折旧 22 元。我国 2015 年玉米每 50 千克生产成本 111 元，其中土地成本 24 元，人工成本 48 元；大豆每 50 千克生产成本 244 元，其中土地成本 78 元，人工成本 93 元。我国每 50 千克玉米生产总成本比美国高 61 元、高 1.2 倍，其中土地成本和人工成本高 57 元，占高出部分的 93%；每 50 千克大豆生产总成本比美国高 130 元、高 1.1 倍，其中土地成本和人工成本高 127 元，占高出部分的 98%。

土地租金和劳动成本实际上转化成了农民收入，这是支撑我国农民生计的重要来源。因此，中美大宗农产品生产成本差异很大程度上是由于两国农业需要负担的生计成本存在差异。根据FAO数据，我国每1公顷耕地要支撑的农业人口约5人、美国为0.014人；按照我国统计的农村人均年收入大约10 000元人民币水平以及世界银行公布的美国人均年收入55 230美元计算，我国每公顷需要负担的农民生计成本分别为50 000元，而美国为4 800元。我国每公顷耕地要负担的生计成本是美国的10倍多。由于我国农业小规模生产特征短期内难以改变，随着经济的发展、生活水平的提高和劳动力成本的上涨，我国大宗农产品生产成本与美国等主要出口国的差距仍将进一步扩大。当然，从单个劳动力成本比较看，我国的劳动力价格仍远低于美国，我国在蔬菜、小宗特色产品等劳动密集型农产品生产方面仍将保持比较优势和竞争力。

五、思考与建议

（一）要更好地学习借鉴美国农业生产和管理先进经验，切实提高我国农产品国际竞争力

美国地域辽阔，气候条件适宜，发展农业具有得天独厚的自然条件，农业现代化、机械化、信息化、智能化程度很高，农业生产率在世界居于前列。美国农业形成了一套产前、产中、产后紧密结合的产业化体系，造就了多学科、多部门、多环节高效协同的系统化综合体。美国拥有世界领先的农业科学技术和创新能力，拥有完备的农业法律及农业政策体系和调控管理机制，这使得美国农业生产效率不断提高，农业国际竞争力处于世界领先水平。尽管中国国情和农业发展实际与美国不尽相同，但美国许多领域和方面值得学习借鉴。加强中美农业交流和合作，学习美国先进的农业技术和管理模式，借鉴美国农业政策实践，对提高我国农业规模化组织化程度、加快农业科技进步及推广应用、推进农业管理和农业政策现代化、不断提高我国农业国际竞争力十分重要，具有现实和长远意义。

（二）要在发挥中美农业互补性的同时，充分考虑两国农业存在的差异性，推进双边农产品贸易健康、稳定、可持续发展

我国人均资源不足，适度进口是必然选择，而美国是世界上最大的大宗农产品出口国，增长潜力很大。我国在劳动密集型农产品生产上具有比较优势，美国又是我国重要目标市场。中美农业具有很强的互补性，农产品贸易对双方

都十分重要。目前中国是美国农产品第二大出口市场、第三大进口来源国，美国也是中国农产品最大进口来源国和第三大出口市场。2016 年美国对中国出口农产品 239 亿美元，占美国农产品出口总额的 18%，占中国农产品进口总额的 21%；中国对美国出口农产品 74 亿美元，占中国农产品出口总额的 10%，占美国农产品进口的 5%。加强中美农产品贸易有动力、有基础、有潜力。但中美农业差异巨大，美国农业是以大规模商业型农场为主体，农业成本低，竞争力强；而我国农业是小规模生计型农业，农业生计成本高，竞争力弱，特别是大宗农产品生产不具比较优势。必须充分考虑两国农业存在的差异性，充分考虑中国粮食安全和农民生计安全需要，推动中美农产品贸易健康、稳定、可持续发展。要确保农产品贸易不对我国粮食安全保障、大宗农产品基本供给保障能力、农民就业增收造成影响；要加强机制性经常性交流，增进相互理解、构建合理科学的贸易政策框架和机制安排，在公平互利、可预见、可持续基础上推动中美贸易良性发展。

（三）要加强研究，在当前去库存压力下，探索有效调控大宗农产品进口路径

美国耕地面积占全球的 13%，人口不足全球的 6%。美国优势作物品种玉米和大豆产量均超过全球的 1/3，大豆和玉米出口量占全球 40%左右。美国于 1985 年开始实施“土地休耕保护计划”（CRP），2015 年目标休耕面积上限为 1 052 万公顷。根据联合国粮农组织研究数据，美国尚有 1.2 亿公顷潜在耕地面积。美国玉米、大豆、猪肉、牛肉、乳制品生产和出口增长潜力巨大。未来中美农产品贸易仍将保持较快增长，美国在推动中国进一步开放农产品市场、改善农产品市场条件、推进农产品贸易便利化方面将持续发力。未来中美农业合作和双边经贸磋商将继续面临很大压力。随着中美贸易“百日计划”及双边农业开放水平的进一步提升，除目前大量进口的大豆、玉米及其替代品外，猪肉、牛肉、乳制品等产品进口值得关注。由于大宗农产品之间在生产上（耕地等农业资源的使用）和消费上存在替代性，在当前去库存压力下，这些产品进口的过快过度增长将对农业供给侧结构性改革带来挑战，应未雨绸缪，加强研究，积极探索有效调控大宗农产品的现实途径。

（倪洪兴、叶安平、张军平、王岫嵩、吕向东、施展，2017 年第 5 期）

美国牛肉产业发展及竞争力分析

美国是肉牛产业大国，也是世界主要的牛肉出口国。2003年底，美国发现疯牛病病例后，全球多国对美国牛肉下达禁令，我国也停止进口美国牛肉产品。2017年6月20日，国家质检总局发布《关于进口美国牛肉检验检疫要求的公告》，宣布允许符合《进口美国牛肉检验检疫要求》的美国牛肉进入中国市场。美国牛肉竞争力强、增产潜力大，深入分析牛肉进口增加对国内产业的可能影响，对于国内产业早做准备、有效应对、确保健康稳定发展十分重要。

一、美国牛肉生产情况

（一）美国是全球第一大牛肉生产国，牛肉产量占世界的1/5

美国牛肉生产一直保持较高水平，20世纪70年代至90年代，牛肉产量在1 100万吨左右；2000年以来，美国牛肉产量基本保持在1 200万吨左右，2016年牛肉产量1 150万吨，占全球牛肉产量的19%（表1、表2），是全球第一大牛肉生产国，为中国牛肉产量的1.6倍。

表1　2016年世界主要国家和地区牛肉生产情况

单位：万吨，%

国别	世界	美国	巴西	欧盟	中国	印度	阿根廷	澳大利亚	墨西哥	巴基斯坦	土耳其
产量	6 047	1 150	928	783	700	420	265	213	188	175	164
比重	100.0	19.0	15.4	12.9	11.6	6.9	4.4	3.5	3.1	2.9	2.7

数据来源：美国农业部。

表2　1995—2016年美国牛肉产量

单位：万吨

年份	1995	2000	2005	2006	2007	2008	2009	2010	2011	2012	2013	2014	2015	2016
产量	1 159	1 230	1 132	1 198	1 210	1 216	1 189	1 205	1 198	1 185	1 175	1 108	1 082	1 150

数据来源：美国农业部。

（二）肉牛产业是美国最大的农业产业，占农业总收入近 1/5

据美国农业普查数据显示，2015 年美国肉牛养殖业销售收入为 788.2 亿美元，占当年畜牧业销售收入 1 897.7 亿美元的 41.5%，占农业收入的 18.4%。全美有 50 个州从事肉牛生产，有超过 100 万人从事肉牛养殖，超过 1/3 的农场是肉牛养殖场。肉牛存栏量在 20 世纪 70 年代初曾高达 1.3 亿头，2016 年美国肉牛存栏 9 191.8 万头，占世界肉牛存栏量的 9.3%（图 1）。

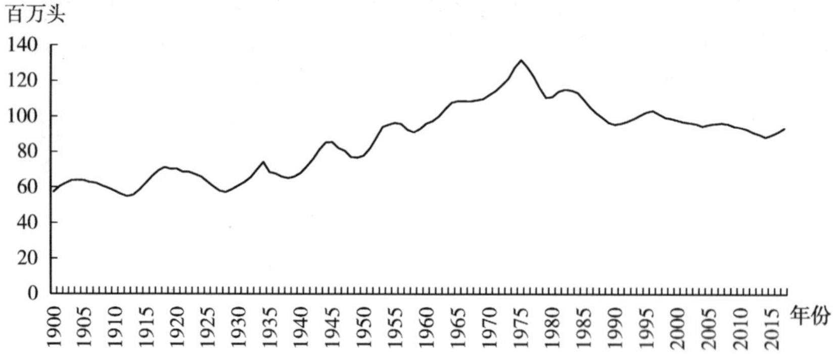

图 1　美国肉牛存栏量变化

（三）美国肉牛以规模养殖为主，百头以上规模养殖占存栏量的 80%

根据美国农业部公布的数据，2012 年美国 91.3 万个养牛场中，存栏 100 头以下的养牛场数量 75.6 万个、占到养牛场总量的 82.8%，肉牛存栏 1 860.1 万头、占存栏总量的 20.7%；养殖规模 100～1 000 头的牛场数量 14.7 万个、占 16.1%，存栏 3 818.9 万头、占 42.4%；养殖规模在 1 000 头以上的大型养殖场数量 1.1 万个、占 1.2%，存栏 3 320.5 万头、占 36.9%（表 3）。

表 3　美国肉牛养殖规模情况

单位：万个，万头

养殖规模	美国（2012 年）		中国（2015 年）	
	牛场数量	存栏量	牛场数量	存栏量
1～9	24.3	118.0	1 049.0	3 937.1
10～19	17.2	235.1	42.5	1 334.5
20～49	22.3	690.8		
50～99	11.8	816.2	9.3	811.0
100～199	7.7	1 045.6	2.6	752.0

（续）

养殖规模	美国（2012年）		中国（2015年）	
	牛场数量	存栏量	牛场数量	存栏量
200～499	5.3	1 585.1		
500～999	1.7	1 188.2	0.3	280.2
1 000～2 499	0.8	1 105.9	0.1	258.1
2 500～4 999	0.2	612.1		
5 000以上	0.1	1 602.5		
合计	91.3	8 999.5	1 103.8	7 372.9

数据来源：美国数据来自美国农业部，数据包括肉牛和奶牛；中国数据来自《中国畜牧业统计》。

我国2015年肉牛养殖场1 103.8万个，存栏100头以下的肉牛养殖场1 049万个、占肉牛养殖场总量的99.7%，肉牛存栏6 082.6万头、占存栏总量的82.5%；养殖规模100～1 000头的肉牛养殖场数量2.9万个、占0.3%，存栏1 032.2万头、占14%；养殖规模在1 000头以上的大型养殖场数量0.1万个、占0.009%，存栏258.1万头、占3.5%。

（四）美国屠宰加工较为集中，牛肉价格低廉

美国肉牛市场由8家大企业控制着90%的屠宰量，其中最大的4家企业屠宰量占75%。85%牛肉产品供国内消费，15%用于出口，出口产品主要为高端产品。另外，还有10%的肉牛由小型屠宰场加工，为方圆100千米内的居民提供新鲜牛肉。美国肉牛养殖成本低，肉牛出场价格也较低，2001—2010年牛肉农场价格每千克4美元左右，2011年以来为6美元左右。美国牛肉加工环节对不同部位进行分割，依据品质（以大理石纹为代表）和生理成熟度（年龄）将牛肉分为特优、特选、优选、标准、商用、可用、切碎和制罐等8个级别。由于分割精细，价格大幅提升，牛肉零售价格基本上是农场价格的2倍（表4）。

表4　2001—2016年美国特选级牛肉价格变化

单位：美元/千克，元/千克

年份	美国特选级牛肉						美国牛肉出口平均价格[②]		中国牛肉集贸市场价格[③]
	农场价[①]		批发价[①]		零售价[①]				
	美元	人民币	美元	人民币	美元	人民币	美元	人民币	人民币
2001	3.4	28.2	4.2	35.0	7.4	61.6	3.3	27.7	13.1
2005	4.2	34.6	5.0	40.9	9.0	73.9	4.1	33.9	17.6
2010	4.5	30.4	5.3	36.0	9.7	65.4	4.7	31.6	33.8

（续）

年份	美国特选级牛肉						美国牛肉出口平均价格②		中国牛肉集贸市场价格③
	农场价①		批发价①		零售价①				
	美元	人民币	美元	人民币	美元	人民币	美元	人民币	人民币
2011	5.3	34.3	6.1	39.3	10.6	68.5	5.2	33.5	36.3
2012	5.7	36.2	6.4	40.4	11.0	69.4	6.0	38.1	49.1
2013	5.9	36.3	6.6	40.8	11.7	72.2	6.4	39.5	58.8
2014	7.3	45.2	8.0	50.0	13.2	81.8	7.4	45.9	63.3
2015	7.1	45.3	8.0	50.8	13.9	88.0	7.2	45.9	63.2
2016	5.8	38.7	7.0	46.4	13.1	87.3	6.4	42.9	62.7

数据来源：①美国农业部；②UN Comtrade；③中国畜牧业统计。

二、美国牛肉贸易情况

（一）美国是牛肉贸易大国，是世界第一大牛肉进口国和第四大牛肉出口国

2016 年美国牛肉产品出口 115.7 万吨，占全球牛肉出口贸易量的 12.3%，居全球第四位；进口牛肉 136.8 万吨，占全球的 17.7%，居全球第一位（表 5、表 6、表 7，图 2）。美国牛肉大进大出的主要原因是出口高档谷饲牛肉的同时，进口大量低价草饲牛肉以满足国内汉堡、三明治、烤肉等低端牛肉消费需求。

表 5　2016 年世界主要国家（地区）牛肉进出口情况

单位：万吨，%

出口方	世界	印度	巴西	澳大利亚	美国	新西兰	加拿大	乌拉圭	巴拉圭	欧盟	墨西哥
出口量	942.6	176.4	169.8	148.0	115.7	58.7	44.1	42.2	38.9	34.5	25.8
比　重	100.0	18.7	18.0	15.7	12.3	6.2	4.7	4.5	4.1	3.7	2.7
进口方	世界	美国	中国	日本	俄罗斯	韩国	中国香港	欧盟	埃及	智利	加拿大
进口量	771.1	136.8	81.2	71.9	51.8	51.3	45.3	36.9	34.0	26.9	25.4
比　重	100.0	17.7	10.5	9.3	6.7	6.7	5.9	4.8	4.4	3.5	3.3

注：美国农业部统计的贸易量为计算折合的肉牛胴体重量（贸易量≈海关统计数量×1.4）。比如 2016 年按中国海关统计，中国进口牛肉 58 万吨，而本表中统计的数据为 81.2 万吨。下同。

数据来源：美国农业部。

表 6　2001—2016 年美国牛肉进出口贸易量

单位：万吨

年份	2001	2002	2003	2004	2005	2006	2007	2008
出口	102.9	111.0	114.2	20.9	31.6	51.9	65.0	90.5
进口	143.5	145.9	136.3	166.9	163.2	139.9	138.4	115.1
年份	2009	2010	2011	2012	2013	2014	2015	2016
出口	87.8	104.3	126.3	111.2	117.4	116.7	102.8	115.7
进口	119.1	104.2	93.3	100.7	102.0	133.7	152.9	136.8

数据来源：美国农业部。

表 7　2001—2016 年美国牛肉进出口贸易额

单位：亿美元

年份	2001	2002	2003	2004	2005	2006	2007	2008
出口	26.0	25.3	30.7	5.3	8.5	14.3	19.0	27.0
进口	26.3	26.2	24.6	34.4	34.4	29.1	29.5	27.5
年份	2009	2010	2011	2012	2013	2014	2015	2016
出口	24.8	34.0	45.7	46.6	52.5	60.5	51.7	52.3
进口	24.7	27.1	29.3	34.9	35.5	54.4	64.0	49.7

数据来源：UN Comtrade。

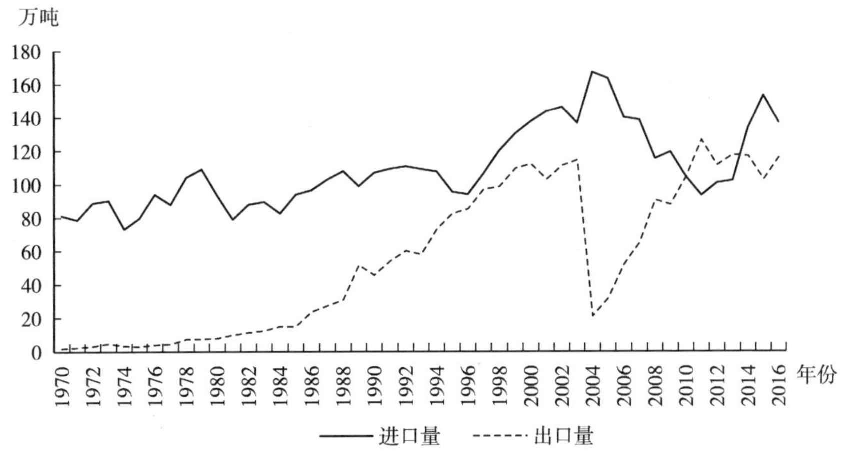

图 2　1970—2016 年美国牛肉进出口情况

（二）美国牛肉出口已恢复到“疯牛病”事件以前水平，主要出口市场为东亚和北美地区

本世纪初，美国牛肉出口量达到100万吨以上，但受“疯牛病”事件影响，2004年牛肉出口量骤降为20.9万吨，至2009年始终在100万吨以下。2011年已基本回到“疯牛病”事件以前的水平，并基本保持在120万吨左右。美国牛肉拥有广阔的国际市场，目前已经出口到近190个国家和地区。最主要的出口市场是日本、韩国、墨西哥、加拿大、中国香港和中国台湾等，2016年向这些国家和地区出口牛肉分别为29.7万吨、20.6万吨、17.9万吨、14万吨、13.3万吨和6.2万吨，分别占出口总量的25.7%、17.8%、15.4%、12.1%、11.5%和5.4%（表8）；同时，美国也是日本、韩国、墨西哥、加拿大、中国香港牛肉进口的主要来源地，分别占各国和地区牛肉进口总量的40.5%、45.2%、94.5%、26.5%、54.7%。

表8　2016年美国牛肉主要出口市场

单位：万吨，%

出口市场	世界	日本	韩国	墨西哥	加拿大	中国香港	中国台湾	合计
出口量	115.7	29.7	20.6	17.9	14.0	13.3	6.2	101.7
比　重	100.0	25.7	17.8	15.4	12.1	11.5	5.4	88.0

数据来源：美国农业部。

（三）美国牛肉进口量与出口水平相当，进口主要来自澳大利亚、新西兰和北美地区

美国在出口高端牛肉同时，也进口大量低价牛肉，年进口量100万～150万吨，进口牛肉价格比国内低30%左右。美国进口牛肉来源相对集中，主要有澳大利亚、加拿大、新西兰、墨西哥、巴西、乌拉圭、尼加拉瓜等国家，2016年分别从上述国家进口牛肉34.8万吨、32.6万吨、27.8万吨、22.4万吨、6.9万吨、5.5万吨和5万吨，分别占美国进口牛肉总量的25.4%、23.8%、20.3%、16.4%、5.1%、4.1%和3.7%，合计达98.7%（表9）。

表9　2016年美国牛肉主要进口来源地

单位：万吨，%

进口来源地	世界	澳大利亚	加拿大	新西兰	墨西哥	巴西	乌拉圭	尼加拉瓜	合计
进口量	136.8	34.8	32.6	27.8	22.4	6.9	5.5	5.0	135.1
比　重	100.0	25.4	23.8	20.3	16.4	5.1	4.1	3.7	98.7

数据来源：美国农业部。

(四) 美国鲜冷牛肉出口量大，牛肉出口价格高于其他主要牛肉出口国

美国出口牛肉产品价格在主要出口国中处于高位。美国鲜冷牛肉出口量居世界第一位。2016 年鲜冷去骨牛肉出口 33.5 万吨、平均每吨 7 481.5 美元；冻去骨牛肉出口 35.9 万吨，平均每吨 5 542 美元（表 10）。而其他主要出口国如印度、巴西、澳大利亚等以冻去骨牛肉出口为主，分别占出口牛肉的 98%、85%、66%，价格分别为每吨 2 592.3 美元、3 835.3 美元、4 291.1 美元。

表 10　2016 年美国主要牛肉产品出口情况

单位：万美元，万吨，美元/吨

牛肉类别		出口额	出口量	单价
鲜、冷牛肉	整头及半头牛肉	955.7	0.2	5 211.3
	带骨牛肉	15 484.7	1.7	9 361.1
	去骨牛肉	250 909.7	33.5	7 481.5
冻牛肉	整头及半头牛肉	253.5	0.1	3 656.4
	带骨牛肉	56 967.7	10.0	5 696.8
	去骨牛肉	198 696.8	35.9	5 542.0
合计		523 268.1	81.3	6 436.5

数据来源：UN Comtrade。

三、美国肉牛产业发展优势

(一) 生产体系完整，市场组织化程度高

美国现代肉牛产业经过一个世纪的发展，已形成完整的生产体系。该体系包括种牛场、带犊母牛繁育场、架子牛饲养场、育肥场、屠宰场和销售部门等各自独立且分工合作的单元。

种牛场主要负责为当地繁育场培育适合该地区使用的种公牛，服务半径一般在 250 千米以内。目前，美国肉牛品种有 100 多个，但常用品种只有 10 个。肉牛品种选育已不再向大型化发展，选育目标以体长和体宽为主要选择性状，并要求降低体高，增加净产肉量和优质肉块产量。带犊母牛繁育场（也叫母牛—犊牛生产场）是肉牛产业的基石，一般情况下把 80%的断奶犊牛出售给架子牛饲养场，20%留作后备母牛饲养。架子牛饲养场一般会在冬季或夏季收

购断奶犊牛，然后将其放到草场上饲养 4～5 个月，直至其年龄达到 1 周岁，体重达 270～405 千克后销售给育肥场。育肥场对经历了架子牛饲养阶段或 1 周岁的公牛进行集中饲养，并根据体重和品质需要喂养不同的饲料。

不同养殖单元进行专业分工，让各单元可以更科学方式准确安排养殖数量和投入产出。越来越多育肥场开始垂直整合，与商品犊牛生产、青年架子牛生产和包装、零售整合，形成了稳定的生产联盟，减少了肉牛生产风险和成本，提高了肉牛产品质量，改善了流通，有效维护了肉牛产业的发展。

（二）产业布局合理，饲草料成本低

美国发达的种植业为畜牧业提供了有利的发展条件，其肉牛产业布局与玉米、大豆种植带高度吻合，为肉牛养殖提供了丰富、廉价的饲草饲料资源。为保证牛肉品质和提高饲料转化率，美国肉牛育肥期多采用高精料日粮方案，玉米消耗大（约占饲料干物质 60%～65%）。2016 年美国玉米价格为每千克 0.9 元，比中国平均 1.6 元的价格低 43.8%。根据中美两国成本收益统计数据，每千克牛肉饲料成本美国为 6.6 元，而中国为 8.3 元，美国比中国低 20.5%。同时，美国肉牛集约化养殖场的自动化、信息化、专业化程度较高，饲草耕作、收割，饲料加工、送料等操作都实现机械化，保障了工作质量、提高了生产效率、节约了劳动用工。

（三）支持保护水平高，养殖收益相对稳定

美国政府通过牲畜价格保险（LRP）和收益保险（LGM）两个重要金融工具，帮助肉牛养殖场抵御自然、市场等风险，保障养殖收益。牲畜价格保险是针对畜产品市场价格低于保险保障价格，而导致养殖场收入损失的风险保障保险，该保险目前在美国 37 个州实施，保险标的参考芝加哥商品交易所的肉牛期权价格设定。养殖户在通过专业养殖户资质认证后，即可在美国农业部网站了解到每日更新的保单信息，包括投保底价、可供选择的保障比例（一般为 70%～95%）、可以购买的保单期限和终保日期以及对应费率，结合自身的出栏计划下单购买，享受政府 13%的保费补贴。如果保单到期时交易所公布的综合价格指数低于养殖户选定的底价，其差值由保险机构进行赔偿。牲畜收益保险是在价格保险的基础上将饲料价格波动风险纳入保障范围，针对畜产品售价下跌或饲料价格上涨导致养殖场收益（养殖收入—饲料成本）损失的保险产品，保障投保者能获得一定的预期收益，投保者可在每头牛 0～150 美元的保障水平上自行选择，该保险保证了养殖户在牛肉和饲料价格波动时能够盈利。这两种保险任何规模养殖场都可以参加，不需要

有期货套期保值能力。

美国对牛肉进口采取关税配额管理、从量税和从价税等边境管理政策。配额管理为国别配额政策，除加拿大、墨西哥进口配额无限制外，主要配额国别为澳大利亚、新西兰、阿根廷、乌拉圭（表 11）。美国对牛肉进口高度保护，如在美国—澳大利亚自贸协定中，美国对自澳进口牛肉在 WTO 配额基础上增设 FTA 配额，18 年时间配额增至 7 万吨；同时，美国对从澳大利亚进口的 FTA 配额牛肉实施特保措施，适用数量触发和价格触发机制。

表 11　美国 WTO 牛肉进口国别配额

单位：吨

国别		配额量
无配额国家	加拿大	无限制
	墨西哥	无限制
实施配额国家	澳大利亚	378 214
	新西兰	213 402
	日本	200
	阿根廷	20 000
	乌拉圭	20 000
	其他	64 805
	配额国家合计	696 621

数据来源：美国国际贸易委员会。

(四) 资源禀赋优越，牛肉增产潜力大

美国饲料资源丰富，作为全球最大的粮食生产国和出口国，2016 年玉米出口 5 614 万吨，占生产量的 14.6%，大豆、豆粕、DDGS 出口量分别为 5 962 万吨、862 万吨和 1 148 万吨，这些产品能为新增肉牛提供充足饲料原料（表 12)。牧草是美国第三大农作物①，2014 年苜蓿收获面积为 2 284 万公顷，总产量达 12 582 万吨，产值为 108 亿美元。美国的苜蓿种植在优良的农田上，土地肥沃、灌溉条件良好、产量高。美国肉牛存栏量在 1975 年曾经达到 1.3 亿头，比目前多 4 000 万头，按目前肉牛平均胴体重 370 千克计算，出栏每增加 1 000 万头，牛肉产量可增加近 400 万吨，在国内消费相对稳定的情况下，

① 玉米第一，解决饲料中的能量需求；大豆第二，满足饲料中的蛋白需求；牧草第三，支撑草食家畜的纤维营养需求。

出口潜力巨大。

表 12　2010—2016 年美国主要饲料产品出口情况

单位：万吨

出口产品	2010	2011	2012	2013	2014	2015	2016
玉米	5 061	4 573	3 141	2 396	3 567	4 459	5 614
大豆	4 332	3 552	4 661	4 200	4 266	5 032	5 962
豆粕	834	670	675	754	782	935	862
玉米酒糟	901	768	742	967	1 071	1 256	1 148
苜蓿	377	393	422	436	327	409	467

数据来源：Comtrade 数据库。

四、进口美国牛肉对我国内产业的影响

（一）我国牛肉进口关税低，对美解禁将增加进口规模

根据我国入世承诺，在符合检验检疫要求的情况下，关税成为进口牛肉唯一的边境政策。我国牛肉关税水平较低，带骨、去骨牛肉进口的最惠国税率为 12%（占进口牛肉的 95%以上），整头及半头鲜冷牛肉为 20%、冻牛肉为 25%。2016 年我国牛肉进口 58 万吨①，主要贸易伙伴有 10 个国家，从巴西、乌拉圭、澳大利亚、新西兰、阿根廷、加拿大、智利、哥斯达黎加进口牛肉分别为 17.1 万吨、15.5 万吨、11.1 万吨、7.2 万吨、5.2 万吨、1.4 万吨、0.3 万吨、0.2 万吨（表 13）。根据美国农业部预测，2017 年中国牛肉进口增加 10 万吨，进口量接近 70 万吨，2020 年达 80 万吨，2025 年达 90 万吨；同时，美国牛肉出口呈显著增长态势。

表 13　2016 年我国牛肉进口情况

单位：万吨，%

国别	巴西	乌拉圭	澳大利亚	新西兰	阿根廷	加拿大	智利	哥斯达加	合计
进口量	17.1	15.5	11.1	7.2	5.2	1.4	0.3	0.2	58.0
比　重	29.5	26.8	19.1	12.4	9.0	2.3	0.4	0.4	100.0

数据来源：中国海关统计。

① 中国海关统计数据，折合肉牛胴体重量约为 81.2 万吨（海关进出口统计数量的 1.4 倍左右），见表 5。

此外，根据《质检总局关于进口美国牛肉检验检疫要求的公告》（2017 年第 47 号），允许进口的牛肉指 30 月龄以下剔骨和带骨牛肉，包括心、肾、肝、瓣胃、牛筋。由于我国居民特有的消费偏好以及存在的巨大价差，美国低端牛肉、杂碎可能会大量进口。

（二）美国高端鲜冷牛肉竞争力强，影响国内牛肉产业发展和升级

表面上看，从美国进口高端鲜冷牛肉与我国市场存在互补，但实际上进口牛肉不仅从数量上挤占了国内生产的份额，同时也将影响我国正处于起步阶段的高端牛肉产业发展及肉牛产业升级。由于高档肉牛的繁育、饲养及高档牛肉生产的技术要求较高，国内从事高档牛肉生产企业数量较少，高档肉牛出栏量较小，市场占有率低。目前多为从国外进口胚胎和种牛生产优质肉牛，成本高，产量小，高端牛肉年产量仅为几万吨。

（三）影响农民就业增收，不利于玉米去库存

我国肉牛养殖基本上以农牧户散养为主，目前小规模养殖农牧户 1 100 万户，涉及农牧民约 5 000 万人，多分布在内蒙古、新疆、青海和西藏等边疆少数民族地区。如果从美国进口牛肉增加 10 万吨（折胴体重达 14 万吨），按我国肉牛养殖人工用量为 30.6 工日/吨，进口牛肉将影响 1.2 万个农村劳动力就业。同时，肉牛产业发展需要大量的牧草和谷物饲料，增加进口牛肉将减少牧草和玉米等饲料粮消耗，可能对农业供给侧结构性改革和玉米去库存产生不利影响。

五、政策建议

（一）提升良种化水平和产品品质，夯实肉牛产业发展基础

肉牛品种和产品质量是当前我国与美国等牛肉出口强国差距的关键所在，也是我国发展肉牛产业的基础竞争力所在。紧紧围绕育种、扩繁、推广关键环节，加强质量安全监管，持续提升养殖良种化水平、生产水平和养殖效益。

（二）发展规模养殖，加快转变生产方式

要提升肉牛生产规模化、标准化、设施化、组织化水平，促进产业转型升级、提质增效。引导和扶持广大肉牛养殖场户走标准化规模养殖道路，提高标准化养殖整体水平。大力培育肉牛生产新型经营主体，加快培养新型农牧民，

鼓励养殖户成立专业合作组织，引导肉牛养殖家庭农场、养殖小区、专业合作社的发展，带动龙头企业延伸产业链条，推进全产业链发展。

（三）加强和完善扶持政策，提升牛肉产业竞争力

国内支持政策突出良种繁育、饲草资源开发利用、标准化规模养殖等薄弱环节，探索建立长期稳定的扶持政策体系。加大金融保险支农力度，采取信贷担保、贴息等方式解决养殖贷款难题，探索肉牛灾害、收益和价格保险，提高抵御风险能力和产业持续发展能力。

（四）加强产业安全监测预警，确保牛肉进口适度适当

建立健全牛肉生产、消费、成本、价格、贸易等跟踪监测，加强产业发展研究、分析预测和信息服务，对农牧民和企业可能遇到的生产和经营风险及时预警。要坚持国内生产为主、适度进口补充的策略，加强牛肉进口调控，充分保护好国内生产者利益，减少进口对国内产业的冲击。制定严格的进口产品质量标准，特别是要针对我国居民消费偏好，加强对牛杂进口的检验检疫。

（倪洪兴、徐宏源、吕向东、李亮科、张明霞，2017 年第 6 期）

当前美国贸易政策及启示

2018年3月，美国贸易代表办公室向国会提交了《美国总统2018年贸易政策议程及2017年贸易政策年度报告》（以下简称《议程》）。《议程》回顾了2017年美国贸易政策工作和成绩，阐述了2018年美贸易政策基本原则以及相关工作重点。该《议程》对于了解和分析美国政府贸易政策基本理念和调整方向具有重要参考意义。本文编译了《议程》2018年美国贸易政策因循的基本原则，并据此探讨了我国在农业贸易谈判中的应对思路。

一、2018年美国贸易政策基本原则

《议程》指出，特朗普总统的贸易议程遵循了美国建国之初确定的原则。华盛顿总统在其告别演说中警告他的同胞们，贸易谈判时，"没有比期望一国对另一国施以真正的恩惠更大的错误了。"他还建议，贸易协定应是"暂时的""并根据经验和形势予以放弃或改变"。华盛顿总统的上述言论为美国贸易政策设定了务实、灵活并始终以国家利益为核心的基调。美国历史上大部分时间都基本遵循华盛顿总统的建议，甚至在加入《关税和贸易总协定》后，美国不仅保留了为捍卫国家利益而采取行动的主权，而且确实不断采取实际行动。然而，《议程》认为近年来美国已经放弃了这些成功的原则，持续被动地坚持过时和糟糕的贸易协定并允许WTO争端解决机构等国际官僚机构破坏美国的利益，而非坚持主权应对不断变化的形势，其结果使得美国工人和企业在全球市场竞争中处于不利地位。

《议程》显示，在特朗普领导下，美国政府开始行动起来——退出了跨太平洋伙伴关系协定（TPP），重启北美自贸协定（NAFTA）和美韩自贸协定（KORUS）谈判，并根据美国贸易法对受进口损害的国内产业采取贸易救济措施。《议程》认为特朗普开创了美国贸易政策新纪元，其决心推动务实的贸易政策议程，通过挟世界最大经济体广泛灵活政策工具之手段打开外国市场，更有效地进入全球市场，并为美国工人提供更公平待遇。其贸易政策主要因循以下理念：

（一）保障国家安全，促进美国经济

特朗普在2017年底《美国国家安全战略报告》中（以下简称《战略报

告》）指出："强大的经济能够保护美国人民，维护我们的生活方式和支持美国的实力。""美国将不再对违反规则、欺骗或经济侵略的行为视而不见。""我们的贸易政策将是通过使用所有可能的工具来实现这些目标以维护美国国家主权和发展经济。"《议程》充分贯彻了上述理念。

《议程》除重申《战略报告》中"建设强大美国""维护国家主权（即美国不能被迫接受自身未认可的义务，不能接受国际官僚机构强加的贸易规则）"以及"捍卫美国科技世界领先地位"（通过诉诸 301 调查等措施阻止中国等以不正当手段获取美国技术，促进数字经济创新的贸易政策）等方面外，还重点强调了如何应对经济竞争对手的竞争以及如何与志同道合者合作。

《议程》的另一重要原则是促进美国经济。该部分主要介绍了美国税收法案改革的内容。2017 年，特朗普签署了新的税收法案，旨在让美国企业和工人与世界其他地区相比更具竞争力。特朗普也开始努力清除那些妨碍商业发展的多余和不必要的法规。这些措施将使美国公司更容易在全球市场上取得成功，从而促进美国经济的发展。

（二）通过谈判达成更好的贸易协议，拓展美国农产品出口市场

《议程》认为，全球贸易规则长期以来一直对美国工人和企业不利的局面必须得到改变。美国将改变或终止那些不符合美国国家利益的旧贸易协定。《议程》专门强调了美国农产品出口促进行动。

在目标上，美国政府将倾尽政策工具确保美国农民得到公平对待。政府将在贸易投资框架协议、自贸协定委员会和其他对话框架下利用所有行政手段来消除相关壁垒。同时作为扩大美国食品和农产品出口战略的核心工作，美国贸易代表办公室和美国农业部将对贸易伙伴进行日常监督以消除不公平的贸易壁垒。美国农业部海外工作人员在全球 180 个国家的 93 个办事处和美国国务院驻 180 多个国家官员的日常业务即是防止和迅速解决美国出口货物遭遇壁垒问题。美国将与其他志同道合的国家建立联盟，更有效地推进新技术监管政策、动物健康和植物健康监管政策应基于科学和风险分析的理念。

在具体行动上，美国政府将把应对美国食品和农产品出口面临的各种不公平贸易壁垒作为其 2018 年工作重点。具体包括：促使阿根廷对美国猪肉和水果开放市场；确保在澳大利亚市场对美国牛肉的标准以科学为基础制定；解决美国牛羊肉、园艺产品和加工食品对日本出口的壁垒；实现美国大米在哥伦比亚、尼加拉瓜和中国全年销售；解决美国高品质牛肉进入欧盟问题；使印度市场对美国家禽重新开放并扩大至猪肉；与中东国家、中国和其他国家一起解决食品许可证问题并尽可能保证其以科学为基础；使越南开放禽畜杂碎市场；解

决使用农业生物技术生产的美国玉米和大豆在不同国家面临的障碍。中国是美国 2017 年的第二大农产品市场，美国政府已将消除对华出口障碍作为重点工作。

（三）积极执行美国贸易法，全力捍卫美国利益

《议程》认为，特朗普相信所有国家都将受益于真正促进市场竞争的政策，但历史表明并非所有国家都自愿如此。因此，美国制定了一项严格的贸易执法议程防止他国从不公平的贸易行为中受益。美国将使用所有可用的工具，包括必要的单方面行动。

《议程》声称，美国政府将利用美国贸易法和国际多边机制，来迫使其他国家公正对待美国并遵守国际贸易规则。美国贸易法包括美国 1974 年贸易法 301 条款、201 条款，1962 年贸易拓展法第 232 条款以及反倾销、反补贴关税等美国国内法措施，并确保美国法律在 WTO 规则框架下得以执行。多边机制是指向 WTO 争端解决机制起诉其他 WTO 成员损害美国利益的贸易措施，并应对其他成员对美的贸易争端起诉。

（四）推进多边贸易体制改革，营造“公平”贸易环境

《议程》指出，美国在利用 WTO 相关机制方面卓有成效，但在过去 20 年里 WTO 的运行出现了一些问题，正在削弱美国捍卫国家利益的能力。

第一，世贸组织的争端解决机制权力过大。专家组或上诉机构对很多案件的裁决增加或减少了成员在 WTO 协定下的权利和义务，这违反了 WTO 相关规则，也在很多情况下损害了美国利益。第二，世贸组织无力达成反映当今全球经济实际的重要协议。2015 年 12 月的 WTO 第十届部长级会议上，世贸组织成员承认对于重申多哈发展授权没有共识。因此，美国政府不会以多哈授权或旧的多哈谈判文件为基础进行谈判，并认为多哈回合谈判已成为过去。然而一些成员仍继续坚持多哈发展授权，要求在该授权完成之前不能开展新的工作，这对 WTO 未来工作形成了掣肘。第三，世贸组织对发展中国家的特殊差别待遇易遭滥用。WTO 对于如何定义“发展中国家”没有标准，任何国家都可宣称自身是发展中国家，从而有权享受 WTO 规则给予发展中国家的“特殊和差别”待遇以及当前或未来谈判中提供给发展中国家的新灵活性，这意味着巴西、中国、印度和南非等较发达的国家与低收入国家享有同样灵活性，此类不平等导致很难在现有义务或新承诺中找到平衡。第四，世贸组织无法管理某些国家的崛起。世贸组织非但没有限制扭曲市场的国家，某些情况下反而为它们提供了相对于美国和其他基于市场的经济体而言不公平的优势。

《议程》强调，美国将推动改革多边贸易体制。美国强烈支持延续 1994 年乌拉圭回合谈判的改革进程，以消除不公平的贸易政策，并追求实现大幅削减农业支持和保护的长期目标。在多哈回合谈判失败情况下，特朗普在 2017 年 12 月呼吁世贸组织重新设定农业谈判，并使之恢复生机以解决当今农业国际贸易面临的现实问题。为重设谈判，美国主张各国及时按授权进行通报，提高其政策透明度，还呼吁各国接受公平和自由贸易理念，支持将市场导向的改革作为世贸组织的主要目标。关于如何处理贸易规则和发展的关系，美国认为应打破现有谈判模式，不能在新贸易规则达成之前首先谈判规则的例外条款（指多哈回合中发展中国家要求的特殊差别待遇）。全面执行世贸组织规则是可持续发展的基石，而特殊差别待遇旨在使特定成员能够执行 WTO 协定下的特定承诺，这应是具体问题具体解决而非进行一刀切。具体谈判中，2018 年美国将继续寻求降低农产品出口壁垒，推动包括促进提高透明度和补贴项目通报的渔业补贴协议谈判，并通过争端解决途径反击扭曲市场、无视世贸组织规则的成员。

二、启示与建议

从《议程》上述内容可以看出，美国贸易政策是“美国优先”理念和单边主义的直接体现，其政策目标是服务美国国家安全、经济发展等国家利益。美国将 WTO 等多边机制视为实现自身利益的战略工具，一方面试图抛弃多哈发展共识另起炉灶，打着进一步推进农业贸易自由化的旗号为其农产品出口开辟市场；另一方面联合其盟友通过操纵对规则的解释权对中国等国家经济发展进行遏制和打压。《议程》中关于政策透明度、扭曲市场等的指责主要针对中国。对此，建议从以下方面予以应对：

（一）坚定维护多边贸易体制，把握道义制高点

WTO 多哈回合谈判是对以往由发达国家主导的不公平不合理国际贸易秩序的矫正，旨在通过更公平的贸易环境促进全球特别是发展中国家经济发展。《多哈宣言》对农业谈判的授权明确提出：要建立一个公平的和以市场为导向的世界农业贸易体制，实质性改善市场准入，实质性削减具有贸易扭曲作用的国内支持，给予发展中成员切实有效的特殊和差别待遇以满足其粮食安全、农村发展和生计安全需要。美国试图抛弃多哈回合谈判并要求缩小发展中国家特殊差别待遇的适用范围，这是对多哈回合谈判的破坏和对发展中国家利益的侵害，已遭到广大发展中国家的反对。继续坚持多哈回合发展目标和谈判授权，

推动多哈回合谈判成为真正的“发展回合”，不仅处于道义制高点，而且有助于展现中国作为多边贸易体制坚定维护者和负责任大国的形象。

（二）积极准备预案做好对美国农业贸易谈判与争端应对

当前的多边贸易规则是由美国等发达国家主导制定的，利益倾向性明显，对广大发展中国家非常不公平。即便如此，美国仍通过操纵WTO规则的解释权和国际舆论甚至通过单边主义措施，进一步挑战中国等发展中国家在现有规则下的合法利益。除不承认我国市场经济地位、对我国出口工业品采取国家安全调查和知识产权调查等单边措施外，在农业领域，美国在WTO起诉我国三大主粮补贴政策和关税配额管理制度，同时着力撬动我国农产品市场进一步开放。今后一段时期，对美国农业贸易谈判磋商和争端解决的任务繁重，对此我国应充分做好准备，特别是做好美诉我三大主粮补贴政策和关税配额管理制度两个案件的应诉工作，据理力争，坚定维护我国利益。

（三）在坚持开放理念的同时保持战略定力，切实维护我国农业核心利益

美国政府退出TPP、重谈北美自贸协定及美韩自贸协定的做法再次证明，签署贸易协定只是手段，用其维护国家利益才是目的，贸易协定应为国家利益服务。当前，我国正在深入推进多双边贸易谈判，虽然涉农领域是谈判的难点和焦点，但不能急于求成，在贯彻开放发展理念、积极维护多边贸易体制、加快实施自贸区战略过程中，应从我国农业实际和乡村振兴战略需要出发，保持战略定力，切实贯彻重中之重的原则，确保谈判结果符合我国农业核心利益。

（秦天放、霍春悦、邢晓荣、王占禄，2018年第2期）

日美贸易协定农业相关安排及其影响

2019年10月7日，美国和日本在美国白宫正式签署了日美贸易协定（以下简称协定）。12月4日，协定获日本国会批准，确定于2020年1月1日生效。日美于2018年9月同意启动双边贸易谈判，日方坚持在跨太平洋伙伴关系协定（TPP）约定税率范围内与美国谈判。由于TPP协定各成员市场开放采用“一对一”形式单独谈判，从协定最终文本看，日方主要农产品在关税减让、降税过渡期、国别配额和保障措施等方面基本照搬TPP文本，除大米外其他自美进口农产品关税将降至TPP谈判水平。这表明美方通过签署日美贸易协定实现了因其退出TPP而未能享有的贸易利益，此外日本并未作更大让步。协定实施将进一步扩大美对日农产品出口，同时鉴于日本作为我国农产品第一大出口市场，美在日市场份额的增加势必影响我国农产品对日出口。

一、协定双方农产品关税减让情况

（一）日本关税减让基本维持CPTPP水平

由于CPTPP已于2018年12月30日正式生效，因此日美贸易协定敏感产品降税过渡期较CPTPP少1年，基本上实现了与CPTPP同步降税。

日本对水果、坚果、蔬菜等非敏感农产品立即取消关税。协定生效后日本立即取消自美进口的杏仁、核桃、蓝莓、蔓越莓、西梅、甜玉米、花椰菜、谷物高粱、食品补充剂等超过13亿美元共225个税目的自美进口农产品关税。

日本对家禽、乳品等一般敏感产品采取3～20年过渡期取消关税。日本对加工猪肉、牛杂碎、禽肉、禽蛋、奶酪、乳清、橙、苹果、樱桃、冷冻土豆、果蔬加工品、葡萄酒和乙醇等与CPTPP协定准入条件相匹配的30亿美元56个税目农产品将在3～20年过渡期内取消关税。

日本对牛肉、猪肉等重要敏感产品采取3～20年过渡期关税部分削减。分阶段对自美进口牛肉和猪肉等29亿美元46个税目农产品关税进行部分减让。牛肉关税将在15年内由38.5%降至9%，猪肉关税将在9年内由每千克482日元降至50日元。

日本对小麦、大麦等全球配额管理产品实施门槛价格，降低“加价”水平。为设定最低售价，日本对全球配额内进口小麦和大麦实施最高进口加价。对自美小麦和大麦配额内进口加价水平 8 年内降 42%，每千克小麦进口加价由 16.2 日元降至 9.4 日元，大麦进口加价 8 年内由 7.6 日元降至 4.4 日元。

（二）日本大米未对美国开放国别配额

日本对自美国进口的小麦及其制品、麦芽、乳酪、乳清粉、葡萄糖、果糖、玉米淀粉、马铃薯淀粉、菊粉采取了与 TPP 谈判时基本一致的国别配额，未将 TPP 文本中的大米国别配额纳入。

小麦进口国别配额 6 年内由 12 万吨递增至 15 万吨，8 年内将配额内进口加价降 42%。面包糕点调制品及面团等国别配额 5 年内由 1.08 万吨增至 1.2 万吨，配额内免税。

麦芽、乳酪、乳清粉、葡萄糖、果糖、玉米淀粉、马铃薯淀粉、菊粉国别配额分别在 5 年或 10 年内递增至一定水平，配额内免税。

（三）日本通过保障措施对特殊敏感产品予以保护

日本将对自美进口的牛肉、猪肉、乳清粉、橙子和赛马进口设置数量触发标准，当进口激增时实施保障措施，即进口至某一数量时，暂停实施协定优惠关税。其中，对牛肉和橙子设立了国别触发水平，对乳清粉前 4 年设立了国别触发水平，而猪肉、赛马和乳清粉（第 5 年之后）仍按 CPTPP 总体触发水平。

（四）美国农产品对日本关税减让低于其在 TPP 谈判时的承诺水平

美国将对自日进口的花卉、西瓜、甜瓜、巧克力等进口额约 4 000 万美元的 42 个税目农产品实施立即免税、10 年内免税或 5 年内关税减半优惠政策，同意通过与日本签署补充条款来修改美国牛肉进口配额以使日本牛肉享有更大份额。美国对日本农产品开放水平低于其在 TPP 文本中的承诺水平。TPP 协定中，美方农产品尽管降税过渡期较长，但最终都免除关税，同时给予日本牛肉和食糖国别配额。

二、日美贸易协定对日本国内农业影响

日美贸易协定是日本在 CPTPP 和日本与欧盟经济伙伴关系协定实施情况下对农产品出口大国的市场开放。据日本农林水产省发布的评估报告，协定生效后，大量廉价美国农产品将冲击日本国内市场，对小麦、大麦、牛肉、猪

肉、乳制品等相关产业产生影响。报告重点评估了关税水平在10%以上、产值10亿日元以上的19种农畜产品、14种林水产品，结论是日美贸易协定将导致日本农林水产品产值减少约600亿～1 100亿日元（6亿～10亿美元）；若综合考虑CPTPP的影响，产值将下降约1 200亿～2 000亿日元（11亿～19亿美元）。

（一）对牛肉、猪肉、乳品影响较大

协定将对牛肉、猪肉以及乳品等日本国内与国际市场价差较大的农产品产生较大冲击。由于双方产品品质相差无几，但价差较大；协定一旦生效，大量廉价的美国猪肉、牛肉及乳品将进一步冲击日本国内相关产业，导致其产值大幅下降。

影响最大的产品为牛肉，肉牛产业产值将下降237亿～474亿日元（2.3亿～4.5亿美元）。2018年日本牛肉产量33万吨，进口62万吨，其中自美进口25万吨，占日牛肉进口总量的40.3%。日自美进口牛肉价格仅为其国内牛肉价格的60%。以和牛为例，2018年产量24.1万吨，单价3 091日元/千克；而进口自美国牛肉价格仅为686日元/千克。美国低价牛肉的涌入除占领日本国内牛肉消费市场份额外，还将导致国产牛肉价格下跌，日牛肉产值大幅下降。

影响第二大产品为乳品，乳业产值将缩减161亿～246亿日元（1.5亿～2.3亿美元）。2018年日本乳品产量728万吨（折原奶量），其中鲜奶产量405万吨，黄油、奶油、脱脂奶粉、奶酪合计折鲜奶323万吨；进口517万吨，其中自美进口48万吨。日产乳品与美国同类进口产品品质几乎完全一致，价格却是自美进口产品价格的2～3倍。

影响第三大产品为猪肉，生猪产业产值预计下降109亿～217亿日元（1亿～2亿美元）。2018年日本猪肉产量90万吨，进口92万吨，其中自美进口26万吨，占日本猪肉进口总量的28.3%。日本猪肉分为铭柄豚肉（顶级猪肉，多数是来自世界各地的原种猪，根据成长、保育、消费等因素进行杂交养殖，优中选优而形成）和其他猪肉。2018年铭柄豚肉产量45.1万吨，占国内产量的50.3%，单价为776日元/千克，受美国低价进口猪肉冲击（进口价格为509日元/千克），产值预计缩水24亿～48亿日元；其他猪肉产量44.6万吨，单价723日元/千克，受美冲击影响更大，将导致产值下降85亿～169亿日元。

（二）小麦和大麦影响较小

由于小麦、大麦为配额管理产品，均设有门槛价格以保护国内产业，而且协定规定逐年增加美国国别配额，因而与牛肉、猪肉及乳制品相比受冲击较小。

小麦产值预计下降34亿日元（3 000万美元）。2017—2018年日本小麦平均产量为84万吨，进口量平均为530万吨，其中自美进口276万吨，占日本小麦进口总量的52.1%。协定生效后，美国小麦国别配额不仅增加，其加价水平也将下降，导致日产小麦价格下跌，产值下降。

大麦产值预计缩减0.5亿日元（46万美元）。2017—2018年日大麦平均产量13万吨，进口量平均为26万吨，其中自美进口3万吨，占日大麦进口总量的11.5%。协定将导致日本国产大麦每千克下跌0.4日元，产值也相应下降。

三、日美贸易协定对我国农产品出口影响

日本是中国农产品第一大出口市场，中国也是日本农产品第二大进口来源国，仅次于美国。2018年中日农产品贸易额为119.4亿美元，比上年增长7.7%；其中中国对日出口农产品107.6亿美元，增长5%；自日本进口11.8亿美元，增长40.4%；中国农产品贸易顺差95.8亿美元，比上年扩大1.8%。中国主要向日本出口水产品、畜产品、蔬菜和水果等农产品，自日本进口水产品、饮品等。无论是在区域全面经济伙伴关系协定（RCEP）还是在中日韩自贸区谈判中，日本都是我国农产品出口利益市场。由于我国尚未与日本签订双边自贸协定，此次日美贸易协定的签署势必影响我国农产品在日本出口利益。

（一）受影响程度相对较大产品

一是水产品。日本关税减让表中，水产品关税大部分采取了立即降零的减让方式。水产品是我国对日本出口第一大农产品，2018年出口额40.5亿美元，占对日本农产品出口总额的37.7%；主要出口品种为墨鱼及鱿鱼、鳗鱼、比目鱼、章鱼、对虾、鳕鱼及其他鲜冷冻鱼和加工鱼类。日本也是我国水产品第一大出口市场，占我国水产品总出口额的18%。2018年美国对日本出口水产品14.4亿美元，占对日本出口农产品总额的10.2%；主要出口冷冻鱼，出口量较大的品种包括鳕鱼、带鱼、黄鱼、墨鱼及鱿鱼。协定生效后，日本水产品4.5%的平均进口关税将立即取消，美国对日本出口成本相应降低。美国将在出口价格方面对我国形成较强竞争优势，势必侵蚀我国水产品在日市场份额。在当前我国水产品出口增速放缓，顺差不断收窄的情况下，日美贸易协定对我国水产品出口将产生一定影响。

二是鸡肉。日本是我国第一大鸡肉出口市场，2018年出口额8.9亿美元，

占我国鸡肉出口总额的 56.5%，主要出口鸡腿肉罐头和鸡胸肉罐头，出口额分别为 5.3 亿美元和 1.8 亿美元，占我国对日本鸡肉出口总额的 59.6%和 20.2%。中国也是日本鸡肉产品重要来源国，自华进口占日本鸡肉进口总额的 25%，仅次于泰国（占 52.5%）。美国对日本出口鸡肉 3 120.6 万美元，占日本鸡肉进口总额的 0.8%；主要出口冻鸡块，占美国对日本鸡肉出口总额的 92.3%。尽管在具体出口品种上我国与美国有差异，但考虑到产品间有较强替代性，日本对美国鸡肉产品关税减让也将影响我国对日鸡肉出口。如泰国与日本签定自贸区后，鸡肉对日出口增加并超越中国成为日本第一大鸡肉进口来源国。

三是蔬菜。蔬菜是我国对日本出口第二大农产品，2018 年出口额 22.9 亿美元，占对日本出口农产品总额的 21.3%；主要出口品种包括竹笋、洋葱、蘑菇、菠菜、大蒜、胡萝卜、干辣椒、大葱等。日本也是我国蔬菜第二大出口市场，占我国蔬菜出口总额的 15%，仅次于越南（占 15.6%）。2018 年美国对日本出口蔬菜 7.8 亿美元，占对日本出口农产品总额的 5.5%；第一大出口品种为马铃薯及其制品，出口额 4 亿美元，占美对日蔬菜出口总额的 51.3%，是美国在日本具有重要出口利益的蔬菜产品。在日美贸易协定中，日本将取消大部分马铃薯产品关税，包括立即取消鲜薯关税（4.3%），在三年内取消冷冻薯条关税（8.5%），在五年内逐步取消脱水薯关税（20%），美国对日本马铃薯出口份额将进一步扩大。尽管我国对日本马铃薯及制品出口额相对较小，仅为 0.3 亿美元，协定生效后我国马铃薯对日本出口也将不可避免地受到美国同类产品的冲击。

四是水果。水果是我国对日本出口优势产品，2018 年出口额 5.7 亿美元，占对日本出口农产品总额的 5.3%；主要出口品种包括柑橘罐头、苹果汁、桃罐头、草莓等。2018 年美国对日本出口水果 2.2 亿美元，主要出口品种包括葡萄干、橙、鲜葡萄、鲜樱桃、鲜草莓等。在日美贸易协定中，大部分水果立即实现零关税。以冷冻草莓为例，2018 年日本自中国和美国分别进口 1.3 万吨和 0.5 万吨，进口到岸价格分别为 2.3 美元/千克和 1.7 美元/千克，9.6%的关税取消后美价格优势更明显。尤其水果在 2018 年首现贸易逆差、2019 年逆差继续扩大的形势下，日美贸易协定的生效也将使我国水果对日本出口形势更加严峻。

（二）受影响程度相对较小产品

一是猪肉。我国对日本猪肉出口主要是加工品，2018 年出口额 1.3 亿美元，占我国加工猪肉出口总额的 27.1%。猪肉及其制品是美对日出口重要利益产品，2018 年出口额 16 亿美元。日本是美国第一大猪肉出口市场。此次关税减让，日本将对加工猪肉产品于 5 年内降零，美国猪肉在日本市场份额将进一步扩大。考虑到目前我国内猪肉市场供求状况，协定生效对我国猪肉出口影响较小。目前，非洲猪瘟疫情导致我国生猪产能下降，猪肉价格持续上涨，市场价格机制将使得我国内猪肉生产首先满足国内需求。在我国内猪肉需求存在较大缺口，尚需通过进口满足的情况下，预计我国猪肉出口将会减少。因此尽管猪肉是美对日出口重要利益产品，但从近期看对我国猪肉出口影响不大。

二是牛肉。我国对日本牛肉出口也主要是加工品，2018 年出口 0.4 亿美元，占我国加工牛肉出口总额的 47.1%。牛肉也是美对日出口重要利益产品，2018 年出口额 21 亿美元。日本也是美国最大牛肉出口市场。日本将在 5～15 年内取消加工牛肉关税（50%），美国牛肉也将能以同样的市场准入待遇与其主要竞争对手澳大利亚和新西兰竞争。考虑到我国牛肉出口规模本身较小，且需进口满足国内消费，因而协定生效对我国牛肉出口影响较小，对美牛肉主要竞争对手澳大利亚牛肉和新西兰牛肉出口影响更大。

（张明霞、孙玥、吴薇，2019 年第 4 期）

2019 年美国农业支持及其调整

美国是世界主要农产品生产国和出口国。据美国农业部数据，2019 年 1—10 月，美国农产品贸易额 2 445.4 亿美元，其中出口 1 163.8 亿美元，同比下降 3.7%；进口 1 281.6 亿美元，增长 1.6%；贸易逆差 117.8 亿美元，扩大 1.2 倍。受中美贸易摩擦以及洪水等自然灾害影响，农户生产积极性不高，农产品产量下降。面对严峻的国内外形势，美国加大了对国内农业的支持力度，2019 年农业国内支持总额达 1 318.3 亿美元，较上年增加 118.6 亿美元。

整体来看，2019 年美国农业支持政策结构变化不大，主要政策工具在《2018 年农业进步法》内容框架之中，营养计划、商品计划、环境保护、作物保险等农业国内支持主要项目是核心内容。年内比较显著的变化主要有三项：一是再次实施紧急援助计划，金额达到 160 亿美元，突显了特朗普短期政治利益诉求；二是为了强化农业风险保障，商品计划支持水平上调，实际财政支出远超预算；三是增大了贸易计划和环境保护计划的支持力度，旨在为美国农村发展注入新的增长动力。

一、年内商品计划支持水平上调，基本与生产脱钩

受美国农产品市场价格持续走低以及 2019 年上半年频繁洪涝灾害影响，主要农产品如谷物和大豆种植面积和产量均下降。为稳定生产者收入，并提高农户种植积极性，美国投入大量财政支持以促进国内农产品生产，商品计划则是其中的突出代表。

在 2019 年财政支出中，商品计划支出显著增加，高达 186.11 亿美元，远高于预算水平，较 2018 年增加了 1.1 倍。这主要是因为其中最大的两个计划——农业风险保障补贴计划（ARC）和价格损失保障计划（PLC）在新农业法中进行了调整。首先，农业风险保障补贴计划和价格损失保障计划的支付公式使用了新的有效参考价格，这一参考价格较旧农业法参考价格高 15%。其次，为了提高保障计划的灵活性，生产商们在新农业法下可以在农业风险保障补贴计划和价格损失保障计划二者之间进行自主选择转换，美国农业服务局

（FSA）分别于 2019 年 9 月和 10 月组织农户进行了 2019 年和 2020 年两个作物年份的选择转换。第三，更新了农业风险保障补贴计划的计算方法，不仅对该计划所覆盖的农产品的历史平均单产和实际平均单产进行了趋势调整，还将年度产量上限从 70%提高至 80%。

除此之外，2019 年商品计划，通过营销援助贷款计划（MAL）、无保险作物灾害援助计划（NAP）、牛奶利润保障计划（DMC）等为生产商提供融资贷款、风险保护和追溯支付。

以上措施表明 2019 年美国农业部加大了对农产品的财政支持，其补贴形式多元且覆盖全面，旨在将绝大多数生产者利益损失降至其可接受范围之内。这些与生产脱钩或半脱钩的商品计划更加突出农业保险和援助贷款在抵抗市场风险中的积极作用。此外，商品计划在扩大补贴水平的情况下，同时有效控制了农产品价格的扭曲并减少了政府对农户生产决策的干预，使得支持政策向市场化方向转变。

二、贸易计划着眼于市场准入与开发，为农产品出口增加新援助

受中美贸易摩擦影响，同时以巴西、加拿大和阿根廷为代表的农业强国竞争力提高，美国农产品国际贸易形势逐渐恶化。为此，美国希望通过一系列贸易促进项目，进一步开发国外市场、消除贸易壁垒、提高市场竞争力。

贸易计划主要由粮食援助项目和农产品进出口贸易项目两部分构成。2019 年美国国内支持把关注重点放在后者上，将现有的市场准入项目（MAP）、外国市场开发项目（FMDP）、新兴市场项目（EMP）和特种作物技术援助项目（TASC）整合为新的农产品贸易促进和便利化计划，但考虑到方案的灵活性，这四个项目仍旧保持着其独特的功能规划和不同的分配级别。2019 年 2 月，外国农业服务机构（FAS）拨款超过 2.04 亿美元用于市场准入和外国市场开发项目，为出口促进提供资金和技术援助。

美国超过 20%的农产品用于出口，这为农户收入增长和农村地区经济繁荣做出了重要贡献。自特朗普上任之后推行的一系列贸易保护措施，极大地阻碍了美国农产品贸易的发展。因此，2019 年对贸易促进计划实施的改进，一方面是在对农产品出口进行财政支持，调节国内和国际农产品市场，保障农业生产者收入；另一方面也是在为美国农产品的出口贸易寻求新的突破口，从技术、营销推广和双边合作的角度入手，扩大国际市场，为国际贸易注入新的动力。

三、环境保护计划加大支持力度，调高了休耕上限面积

环境问题与发展如影随形，随着气候恶劣带来的生产压力，越来越多的农场主意识到保护农业农村资源对农业生产的重要性。对此，美国农业部上调了耕地保护计划、休耕计划、环境保护承诺计划等的支持力度，确保在农产品供给充足的前提下，环境不会被破坏。2019 年环境保护计划支出 53.5 亿美元，同比增长 16.6%，基本与预算持平。其中，土地休耕保护计划（CRP）、生态保护管理计划（CSP）和环境质量激励计划（EQIP）是三个最重要的项目，2019 年共计支出 52.3 亿美元，同比增长 2.4%，占此类总支持的 97%。这些计划为农户提供一系列环保系统和管理方案，以保护水和空气质量，减少水土流失，保护野生动植物栖息地和湿地。

根据新农业法，环境保护项目在 2019—2023 年农业财政支出预算中达 5.55 亿美元，增幅最大，成为未来农村发展工作的重点。2019 年，美国重新授权和扩大了土地休耕保护计划、生态保护管理计划和环境质量激励计划，多方面实施环保项目，加大了对环境保护的支持力度。

四、特朗普第二轮紧急援助计划，成为 2019 支农政策的最大调整点

随着中美贸易摩擦的持续升级，美国农产品出口受阻，农户收入水平大幅下降。为保障农户基本生活和稳定政局，美国政府不得不开始实施贸易援助补贴政策，先后声明对农户提供 120 亿美元和 160 亿美元的贸易援助资金。为此，特朗普推动了市场促进化计划（MFP）、食品采购和分配计划（FPDP）以及农业贸易促进计划（ATP），以期解决现存的市场准入壁垒。7 月，美国宣布了 160 亿美元紧急援助一揽子计划。11 月起美国农业部表示将开始向美国农户支付 2019 年第二批贸易援助款项。农户将获得 2019 年一揽子援助计划预期总支付款项的 25%，而此前他们已经收到了总款项的 50%。另外，若条件允许，第三批援助款项将于 2020 年 1 月开始注册发放。

（一）市场促进计划（MFP）

市场促进计划（MFP）运行时间为 2019 年 7 月 29 日到同年 12 月 6 日。美国农业服务局将根据商品信贷公司法案授权向补贴产品范围内的生产者付款。此次市场促进计划主要有四点变化：一是扩大了产品的补贴范围，具体产

品种类由 9 种扩大到 28 种；二是支付将根据 2019 年单县税率乘以农场总面积分配给农作物；三是符合条件的付款种植面积总数不得超过 2018 年总种植面积；四是必须在 2019 年 8 月 1 日之前种植覆盖作物的播种面积才有资格获得补贴。该项目补贴资金计划分三次拨付，美国农业部于 2019 年 8 月中下旬开始支付第一笔款项，第二次和第三次将分别在 2019 年 11 月和 2020 年 1 月进行。

（二）食品采购和分配计划（FPDP）

该项计划补贴资金为 14 亿美元，由农产品营销服务局（AMS）实施，以购买受贸易摩擦影响的剩余商品，如水果、蔬菜、加工食品、牛肉、猪肉、羊肉、家禽和牛奶，由食品与营养部门（FNS）分配给食品银行，学校和其他为低收入人群服务的商店。其中，补助金额最高的商品有家禽、猪肉、牛肉和柑橘，分别是 4.32 亿美元、2.08 亿美元、1.51 亿美元、1.04 亿美元。

农产品营销服务局将分四个阶段购买受影响的产品，从 2019 年 10 月 1 日开始执行，2020 年 1 月开始交货。购买的产品可以在不同阶段之间进行调整，以适应由项目能力、产品可用性、市场条件、贸易谈判状态等原因引起的变化。为了扩大农产品营销服务局供应商群体以及购买新产品和现有产品的能力，农产品营销服务局将扩大其供应商的注册范围。此外，该服务局还将继续举办一系列免费的网络研讨会，向行业团体和相关方进行宣传。

（三）农业贸易促进计划（ATP）

该计划补贴资金为 2 亿美元，旨在帮助美国农业出口商开发和进入新市场，提供成本分摊援助。2019 年 7 月，美国农业部通过该计划向 48 个组织提供了 1 亿美元的资金支持，以帮助美国农户进入新的出口市场。作为对受到贸易中断影响的农户的新一轮支持的一部分，美国政府考虑为这些团体组织的工作提供额外支持，旨在促进美国农业、食品、鱼类和林业产品出口。

该计划实施以来已经取得一定进展。如进一步开拓巴基斯坦市场，通过开拓该市场，美国 2019 年豆类作物对巴出口将达到 1 000 万美元；对阿拉斯加海鲜的新营销计划已使对越南和泰国的鲑鱼销售额超过 400 万美元。

美国政府应对贸易损失的紧急援助不属于农业法内容，美国农业部通过商品信贷公司法案贷款绕开了国会的审批，此举被称为是一个短期过渡措施（short - term bridge），旨在让政府有时间来完成“惠及农业和整个美国经济的”长期计划。美国农业部对紧急援助资金的使用，主要是通过市场促进计划、食品采购和分配计划以及农业贸易促进计划三个新项目给予生产者直接支付，其效果是多方面的，短期政治利益诉求更加明显，但经济效果非常有限。从 2018 年的 120 亿美元补贴以来，美国农业收入陷入大幅度下滑的泥潭，相比 2017 年已经下降 13%，而特朗普再度增加的 160 亿美元的补贴仍不能挽回美国农民的损失。对于特朗普政府获取和运用向农民提供紧急援助的权力，目前美国国内有着不同的声音，这种援助实际上是消极、被动和低效的，也不能改变其他国家挤占美国产品国际市场份额的倾向。

五、政策作用与效果

（一）美国农业总体支持一直维持在一个较高水平并且呈上升趋势

支持变化的重点主要集中在农产品生产贸易和农村发展上，但整体支持形式丰富多样，不同农业支持政策之间衔接紧密，既保证了政策选择的公平性，也使得农业政策更加有效率。

（二）美国国内支持的思路主要生产和生活两个方向

一是从农产品入手，降低生产的风险水平，保障农户的收入；二是从生活入手，加强基础建设、重视环境保护、改善居民营养和食品质量。这两个方向的本质都在于缩小城市与乡村间的差距，实现农业的可持续发展，强化农业部门对国家发展的促进作用。这也为我国进行农业支持改进，促进我国农民增收、农业发展以及农村进步提供了新的思路。

（三）特朗普第二轮紧急援助计划成为 2019 年美国国内农业支持最大的关注点

这笔资金是由政府直接从商品信贷公司（CCC）获得，绕开了国会的审批，其灵活性强、针对性高，主要是给予生产者直接支付，尽可能快速地覆盖农民的部分损失。这些措施不能完全解决美国当下面临的贸易争端问题，经济效果非常有限。即使短期内它能够筹集到所需资金，也是特朗普解决农业问题不得已的行为。

（田志宏、王逸飞、王琪，2019 年第 6 期）